曹林 著

时评中国

用静能量对抗狂热

②

北京大学出版社
PEKING UNIVERSITY PRESS

目 录

自　序　没有一拳可以击倒对方的论述 9

第一辑　锐评

> 时事评论永远不能失去批评的基因，批评不自由，则赞美无意义。对社会丑恶现象，对腐败和滥权、无耻和缺德、肮脏和龌龊，必须毫不留情地批评，这种锐评所凝聚的正义自信，对一个社会而言，是比"鸡汤"更能抚慰人心的正能量。分享一个读者鼓励我的话："看到你还在坚持批评，我就放心了。"

不要指望没有舆论监督的舆论引导 3
不要让新年献词的调门高过媒体报道的贡献 6
记者无力，则国民无力国家无力 9
论法，你们法盲；论德，你们缺德；论情，你们冷血无情 12
警惕煽情网文，警惕眼里常含泪水 15
不要脸地编，不要脸地信，不要脸地蹭，不要脸地甩锅 18
"新闻易感人群"与"新闻无感人群" 21
关键少数保持理性，社会就不会太撕裂 24
为什么我最烦你说"总比什么好" 27

不知道离开你我会怎么样？不过我想试试 30
别矫情了，你为屌丝，除了努力奋斗你别无选择 32
强大的公民常识感守卫着正义底线 35
爱国须凝心聚力，而不是撕裂内耗 37
王利芬的"10万+"猎物和自媒体达尔文主义 40
洗稿洗得理直气壮，周某的资本不只是不要脸 44
只追求让自己舒服的阅读，所以你毫无长进 48

第二辑 暖评

> 原先并没有想到，在我所有的评论中，读者最爱看的竟然是这些"暖评"。也许自媒体中涌动的负能量太多了，人们整天目睹着不公、阴暗和丑陋，需要温暖去疗伤。暖评不是唱赞歌，不是回避丑陋，不把负面当正面，而是从常情常理常识中找到阳光，在人们陌生、麻木和无感之处觅得暖意。我想通过这些暖评告诉朋友们，批评中也能汲取到温柔和暖意。

马云也是暖男 53
不要用诗意美化苦难，那是咬牙活着的灵魂 55
那个写给外婆看的公众号让我泪流满面 58
亲爱的你谈起春运时不再是谈悲情 60
5毛钱红包凭什么让人觉得骄傲 63
做一个让人安静的平静讲理者 66
对那些不能理解的大善大爱保持敬意 69
朋友圈留几个总跟你较劲儿的人 72
你跟我一样欠服务员很多表扬 75
致敬霍金——我从小到大作文里必写的例子 77
一万个让别人体谅自己的理由 79
感谢在快时代慢下来精耕的工匠们 82
求求你别再把悲情和苦难当佳话 85

拿报道奉献给你，我们的宝贝 88
让学生想念是一件很幸福的事 91
一个人的毕业典礼完胜所有演讲 94
没有人会嫉妒卡车敢死队的 260 万元 97
愿好人能被这个世界温柔以待 100
向超越个体悲痛的公益情怀致敬 103
牵着妈妈的手，像儿时妈妈牵你一样 106
中国运动员最幸福的事儿是遇到这届观众 109
就喜欢看你没把金牌当回事的逗比样子 112
不需要你做大英雄，只要你对得起你的饭碗 115
我们不能连为正义点赞的勇气都没有了 118
理解质疑声，珍惜被质疑淹没的温暖留言 121
会向民众道歉的警察更让人有安全感 124
"一个人的婚礼"错在宣传者 127
记者节，问一声"你还好吗"太沉重 130
无理由地信仰规则，即使守规则的人死了 133
理解医生辛苦，更要理解他们回天无力时的无奈 136
你知道医生为何那么怕媒体高调赞美吗 139
你负责貌美如花，一定有人在承担"丑"的代价 142
适应春节期间的种种不便，也是一种文明 145
有一种对赞美的拒绝更让人肃然起敬 148

第三辑 热评

热点此起彼伏，年度的记忆就是由这些热点组成。我从不刻意去追热点，也不会回避热点，在热点观察中保持一种独立的姿态，不盲从，不消费，不偏执，不汇入那庸俗的大合唱，做一个有正确"三观"的"理中客"，用评论给过去那些年留一份历史的底稿。

对不起，对疫苗事件我无话可说 153
李方老师你已从评论员堕落为"网红" 155
以维护柳岩之名将柳岩推上烤架 161
雷洋之死我为何没有更多的评论跟进 164
公正扭来扭去只能导致公正消失 169
哀悼吴建民，留住他睿智冷静的声音 172
不要让君子之辩成为网络绝唱 174
更可怕的是吃人血的"舆论老虎" 177
老虎咬人事件归因中种种喷子逻辑 181
全民捉奸狂欢，正义凛然地造谣义愤填膺地信谣 184
谈女排精神怎么惹你了，你那冷艳的样子很狰狞 188
就喜欢看谌龙打一手好球又冷对媒体的样子 193
女排终于让奥运压过王宝强，这届所有金牌加起来都比不上女排 196
女排拼搏让中国军团有了精神领袖，金牌落后英国已变得无所谓 199
面对王宝强离婚，精英与大众的彻底决裂 202
用法律洁癖苛责王宝强的人们请圆润离开 206
稀里糊涂地感动，不明不白地捐款，最后急吼吼地求真相 210
罗一笑事件带来的应该是理性，而不是冷漠 214
他没那么恶，你真不必用笔如刀 216
为华中师大"请走范冰冰"点一百个赞 219
真的很同情孙俪这些舆论弱势群体 222
这届明星太能出轨，话题疲劳下只有段子手还兴趣盎然 225

第四辑　专评

> 身在这个新旧变换的媒体大变局时代，媒体转型成为焦点，身在传统媒体，如何看待媒体艰难的转型和媒体人的转身，是这一年我的核心关注点之一。保持专业定力，保持传统媒体人内容生产自信，不要在盲目转型中与新闻渐行渐远，是我一直努力坚守的。集体唱衰纸媒，我仍在坚守新闻。

宁去传统媒体哪怕先做校对，也比去新媒体当首席编辑好 229
把"名记者"往"网红"上培养，完全是转型转晕了头 232
报考季再妄评各高校新闻系的气质 237
为什么要拉黑劝你别报新闻系的人 249
这些获奖的评论未必是我最满意的 254
媒体人不要盲目跟风转型 258
"郎咸平房事"刷新了自媒体的丑陋下限 261
跟王永治打个赌吧，你输了你辞职 264
我给湘大新闻学子讲新闻和评论 269
不是传统媒体不行，是你自己能力不行 278
媒体转型别像《深圳晚报》透支自己的"脸"，营销超过实力必死无疑 284
教育的蓝翔化和新闻的民工化——答吕文蔚同学 288
新人跳来跳去绝跳不成"名编""名记者" 292
耸人听闻的"震撼了，出事了，紧急通知了，轰动全国了" 295
为《财新周刊》代言 298
我为报纸代言，白纸黑字的公信担当 300
新华社原本就是这个新华社 304
不必给"90后""00后"读报的理由，报纸没必要迎合年轻人 313

第五辑 新评

> 如果说我的评论有什么独特的气质，除了客观理性外，另一个核心气质就是：换一个角度看问题。我喜欢从正常中看到反常，从反常中去发掘正常，在别人可能停止思考的地方再思考一步。评论需要给读者提供这种"更深一点""眼前一亮"的附加值。不是标新立异，而是拒绝偷懒，跳出思维舒适区。

崛起的女白领话语权 319
同情怜悯不能浇灭医生的愤怒 321
你最缺的是失意时的那个吻 323

在耳光与亲吻中与孩子渐行渐远 325
今天的年轻人只是变得更会哭穷而已 327
别让语言贫乏到只剩下金句段子 329
不妨原谅王楠老公暴露自己曾经的幼稚愚蠢 333
没有对富人消费的想象和嫉妒,就没有社会进步 336
面对农妇杀子,任何单一归因都苍白无力 340
以打土豪心态逼捐,是很丢人的事 343
对女生可以理解的虚荣贪念与恐惧,不必用笔如刀 346
女大学生的被子和女性表达的物化困境 351
没有什么能挡得住真爱与自由 354

第六辑 舆评

> 热点就是舆情,外行看热闹,内行看门道,在过去一些热点舆情中,我总结了一些舆情发酵、网络传播、舆论引导规律。当局者迷,旁观者清,作为局外人,试图给舆情局中人们一点旁观者建议。

丽江的塌方式舆情,资源傲慢使其触犯了所有最低级的舆情禁忌 359
38元青岛大虾:漠视"黄金周新闻定律"引发的舆情灾难 364
去公关化的海底捞式回应,避免致命危机进一步恶化 369
总理敦促部长们当第一新闻发言人 374
永远别把"拒不回应"当舆情应对技巧 377
"东北网记者体验式采访雪乡"的词频和修辞分析 380
洪水与口水:南方洪灾中的八大舆情分析 383
从王宝强离婚舆情看新闻发布和引导技巧 391
舆情回应将告别"倒逼"模式,开启国务院"直逼"模式 395
信不信,这一次口水战郭德纲肯定输 400
有雄辩却无事实,郭德纲赢了口舌却输了舆论 403
甘肃农妇杀子案的官方通报不及格,"情绪稳定"不是人话 407

顶着骂声开微博的"局座"挺了不起 411
中国气象局难得好玩一回，我为何给它不及格 414
天津成为一座没新闻也要蹭新闻的城市 417
"乱开远光灯看灯1分钟"并无不妥，理解深圳交警的善意 420

第七辑 闲评

> 这一辑多是在《羊城晚报》的专栏文字，女人减肥、饭局态度、马桶思考、剩男剩女、社会历史、时政生活情爱，无所不聊。时政之外的生活趣味和日常发现，用社会学的视角去解读，试图给读者分享自己灵光一闪的思考火花，并带来一点小趣味。

爱吃就让他吃吧 425
空姐的微笑 426
专注被热爱毁了 427
当一个女人说要减肥时，她在说什么 428
不三不四的饭局 430
不培养点儿"非职业兴趣"你真就白活了 432
有多假就有多热情 434
雾霾与套套 436
板蓝根时评家 437
称呼的混乱 438
烟鬼的神通 439
凡事一省略就变坏 440
你的多数问题都源于你太穷了 442
我们都装得很厉害的样子 443
剩男剩女多是宅男宅女 445
马桶上的无聊 447
让女生最烦的十大用语 449

少说"要听老师的话" 450

网络友谊说翻就翻 451

标签的奴隶 452

承认自己的偏见 453

你听过最假的一句话是什么 454

越是失败的领域越多专家 456

年龄的焦虑 458

撞鸡汤 459

教师是老板还是服务员? 461

暴力情境 463

享受舒适且不尴尬的沉默,不必没话找话 465

交浅言深,你我都在刷着假朋友圈 468

附 录 TA评 471

自 序
没有一拳可以击倒对方的论述

读李金铨先生主编的《报人报国：中国新闻史的另一种读法》，在"代序"——"报人情怀与国家想象"读到一句话，觉得讲得很好，与朋友们分享，他写道："哲学是什么？一位学哲学的朋友告诉我，哲学就是'没有一拳可以击倒对方的论述'（no knockout statement），因此对话才可以不断继续下去。"

金铨教授针对的是新闻史研究，意指历史真相是曲折、复杂、具体而矛盾，更不可能"一语定乾坤"，唯有多视角多维度探索，切磋琢磨，才能慢慢地还原历史场景，逼近历史"真相"，配合时代的呼唤以获致更真切而有意义的了解。我是写时事评论的，觉得这段话也同样适用时事评论写作。哲学是爱智慧的学问，有对话才有智慧，时事评论的思想也在于此。

新闻学界一个基本共识是，与新闻靠得最近、最有专业亲缘的学科应该是史学。今日的新闻就是明日之历史，观察当下的时事，评论眼下发生的事，也需要借助对话、切磋、多维度探索，以进入复杂"真相"的史家审慎精神，不要指望"一语定乾坤"，别总想一拳就击倒对方，像媒体人柴静做采访时常自省的一句话："有没有另外一种可能？"

现实中那种常把天聊死的人，是很不讨人喜欢的。习惯成为对话的终结者，一句话把人噎死怼死，把话说死说绝，这种人不会有朋友。可一个让人忧心的现实是，在新媒体舆论场上，这种"把天聊死"、拒绝对话的新媒体文风，大行其道，泛滥成灾。任性下断语，结论总超出论据所允许的限度，立场和情绪胜于事实的效度，以真相和真理垄断者自居，面目狰狞，杀气腾腾，毫无节制地渲染情绪，充满着一拳把人击倒的坏逻辑戾气。——可怕的是，这种文字往往有着奇高的阅读量。

前几天"高铁扒门"事件中，看到一篇新媒体奇文，真把我惊着了。原以为，无论如何应该有这样的基本认知——"扒着高铁门"肯定是不行的。没想到这篇文章竟然为扒车门女子辩护，题目非常煽情——"合肥女教师阻止高铁发车，她用自己的尊严，为弱势群体维护利益。"明显违法的行为，竟然被说得这么清新脱俗正义凛然，真是服了。原以为只是正话反说或标题党刺激阅读，没想到人家是认真地、一本正经地胡说八道。再一看后面的阅读量、点赞量和打赏数字，吓我一大跳，早早过了"10万+"，5万多的点赞，1400多次打赏。估计很多人根本不关注具体事实，"尊严""弱势群体""维护利益"，这几个字就让一些读者热泪盈眶地高潮了。

尊严、弱者、捍卫、正义、自由，类似泛道德化的政治正确标签，就属于那种"一拳可以击倒对方的论述"。

求真还是求胜？

总觉得网络舆论场上到处蔓延着"求胜"的荷尔蒙，而没有多少"求真"的欲望。数亿网民围观的场景、站队、意气、面子、对抗、口舌之快、粉丝欢呼，也许决定了"求胜"的追求。所以我一直觉得，有些事在私人场景也许能有一个好的解决，闹到网上就没有退路了，背后粉丝的鼓呼会把一个人的立场不断推向极端。当下的舆论场很像人声鼎沸的拳击场，"打倒他，打倒他"，观众呐喊声中，每个拳手眼里都充满"一拳击倒对方"的欲望。

一些"微博名人"之所以越来越偏执，很大程度上就是粉丝惯出来的，"脑残粉"与"脑残名人"互相成就。过度依赖微博的名人，能够感觉他们的面孔会越来越狰狞，名人感觉很好，好像自己指挥着千军万马，指哪打哪，其实很多时候是被粉丝所绑架。我认识的一些名人，现实中很谦虚温和，可一上网就变得面目可憎。——显然，这种面孔就是粉丝塑造出来的。貌似将数百万上千万的粉丝变现了，其实在迎合和取悦中活成了讨粉丝喜欢、却是自己过去无比厌恶的可怕样子。明知错了也不能承认，那样粉丝会失望；明知观点偏执不合常识，却只能在偏执上一路狂奔。

常有朋友问我，为什么看你很少用微博了？确实比较害怕那种太闹的地方，有意识地保持一种距离，总觉得那个像广场一样的舆论场所涌动的求胜欲望会扭曲人的心灵——抱团站队、打嘴仗、被围观、贴标签、打脸、怼、挂、表演，没法安静和理性地讨论一个问题。

我的求胜心不是那么强烈，在课堂上与学生讨论问题，没有觉得被学生问住、被人驳倒是一件很丢脸的事，能获得另外一种看问题的视角，长了见识，是很好的事啊。我写过一篇反思当下网络中毒鸡汤和丧文化的评论，觉得如今很多年轻人太丧了，这种丧从诸如"人生就是这么起起落落落落落的""失败并不可怕，可怕的是你竟然还信这句话"中可以看出。一个学生后来写文章批评说，丧文化不仅不可怕，还是反抗滥情的良药。她在文章中说："表面上的丧，反映了某种更为微妙的社会语态，即对逆袭神话等励志故事的怀疑，这种怀疑是基于人们对现实环境更为丰富和清醒的认识。"

看到这位学生的文章后，我拍案叫绝，写得真好，于是便在我的公号推送了这篇文章并给了高分。那次给学生布置的评论作业是"驳论"，学生首先便拿我作靶子进行评论练习。很好！这也是我一直在课堂上鼓励的，不迷信不盲从，敢于去挑战一些看起来冠冕堂皇正义凛然的事物，对"似乎理所当然的结论"保持质疑能力。我没有觉得"被学生批评很没面子"，反觉得是我的荣耀，说明我的课堂教学很有成果，激发了学生的独立思考力、批判力和换个角度看问题的判断力。

我后来谈到丧文化这个问题的时候，视野也开阔了很多，比如在《你心不丧，便百毒不侵》中谈到："一般能在网上发这个丧段子、生产这些丧文化的，内心一定不会丧到哪里去。表达出来，与别人分享，一起去面对，便不会压抑成为负能量，这正是网络表达对社会健康的重要之处。那种看不见的丧会积压成一种可怕的、病态的阴暗人格，最终变成仇视社会、反社会的垃圾人。前段时间某地发生的那起爆炸案中，有关部门发布的调查称，在凶手住所墙上多处留有'死''亡''灭''绝'等字，真让人触目惊心。刻在自家墙上的丧，最终变成了残害无辜的丧心病狂。"——这便是抛弃了"求胜"了的"求真"带来的认知提升。

即使面对魔鬼也不必一拳击倒

爆款网文一般都有种叙述套路，就是建构一种"天使—魔鬼"二元对立的故事框架，竭力塑造一个无恶不作、无底线地欺凌弱者的魔鬼，激起人们对魔鬼的痛恨，从而在愤怒和焦虑中收割流量。

比如，江歌案中，这些标题就带着二元对立的叙述节奏："泣血的呐喊：刘鑫，江歌的冤魂喊你出来作证！""江歌，你替刘鑫去死的100天，她买了新包包染了新头发。""江歌为刘鑫挡10刀致死，被闺蜜妈妈说活该短命！"——眼里常常含着泪水的人，看了这些标题，恨不得就手起刀落了。

我的很多评论都尝试让读者从这种二元对立的叙述中跳出来，倡导一种不被带节奏的独立怀疑，即使面对魔鬼，也不必一拳击倒。其一，对方是不是魔鬼；其二，即使是魔鬼，魔鬼也有发声的权利，也要有耐心听听魔鬼怎么说怎么想，听听魔鬼那一边的道理。

倒不是替魔鬼说话，而是觉得很多时候真相都并非"天使—魔鬼"那么简单，需要深入细节之中探寻复杂的因果逻辑和幽暗人性，探寻哪些关键事实被叙述者有意遮掩。高铁扒门女子确实违反规则了，但是不是就像网帖所曝"丈夫迟到就扒住高铁不让走"，是不是管理问题就可以忽略。索酬不成就摔死小狗的女子，确实不可饶恕，但是否就可以剥夺她的隐私权而肆意"人肉"。刘鑫的回避确实应受批判，但是否就如网帖所描述得那么冷血无耻。这些都需要在"对话"中还原事实场景，而不是一拳击倒对方。

新闻之所以常常反转，就在于人们过于迷信"魔鬼—天使"的二元对立叙述，一边倒地指向魔鬼，可人们渐渐会发现，魔鬼不完全是魔鬼，天使也不完全是天使。我并不是一个道德虚无主义者，也不是价值相对主义的信奉者，但我相信作家刀尔登那句话："事不宜以是非论者，十之七八；人不可以善恶论者，十之八九。"

直接奔向结论的简单粗暴

有朋友善意地批评我："读你的文章，总觉得不像很多'网红'作者那么过瘾和解气，你好像特别舍不得下判断和结论，有时看半天不知道你的立场到底是什么。"

我是把这种批评当成一种"赞赏"的，我确实不太爱下结论，因为很多时候论据并不能支撑一个清晰的结论。评论员并不在新闻现场，并没有掌握所有的事实，不得不保持一种谨慎和克制，避免表现出一种既有事实所无法支撑而读者却热衷看到的果断和绝对。英国哲学家斯泰宾教授在《有效思维》中多次提到，"我们往往坚持一种信念超过我们所掌握的证据所允许的程度，还有，我们有时候拒绝接受一种有足够证据的意见。带感情色彩的词语可能不但是使听众，也使我们自己，看不见这样一个事实，即已经在论证之前就作了结论"。

斯泰宾特别强调了演讲者的责任："演讲者应避免采取一种非常自信的姿态和腔调，要避免利用自己的风度和口才征服他的听众而并未用道理说服他们。"

我特别反感的一种评论是，从头到尾都是结论，却不给出支撑结论的论据；或者说，没说几句就忍不住下结论，总想把结论强塞给读者，而不尊重读者的判断。日裔美籍语言学家早川先生在《语言学的邀请》中淋漓尽致地批评了那种"爱下结论"的人,他说:"美国的杂志有低级和高级之分,在写给大众看的杂志里,极少会有作者依赖读者自己的能力让他们自动获得结论。为了不让读者费心劳神伤脑筋,作者们总是直接就替他们作出判断,越是低级的杂志,这种现象也就越明显。反之,高级杂志的趋向却是更多依赖读者自身进行思考。当事实看上去一目了然的时候,它们就不下判断,或者每下一个判断,必定会提供相当多的事实,以便读者若是愿意,完全可以自由地另下判断。"

早川先生还举了一个形象的案例,倘若你是在听乡下老太婆讲故事,你就会发现,她讲不上几句话,或者最多等到讲完一个故事时,一定会下一个结论:好心有好报,老天有眼,罪过,活该(看看那些新媒体爆款文,多像这没文化的老太婆)。与之相对,受教育程度较高的人说话时自行下结论的情况就比较少,他们更多的时候都是在陈述事实。

我的朋友六神磊磊写过一篇文章说,一个人的蠢,往往蠢在论据而不是论点。新媒体舆论场中,人们都急于盯着奔向那个结论,作者没有论证耐心急于奔向结论,读者无阅读耐心而急于看结论,迷恋那种"一拳击倒对方的论述"的粗暴节奏,这种恶性循环使我们的舆论场讨论停留于非常肤浅的层次。

对自身理性局限的怀疑

2017年我做了一件至今都觉得很疯狂的事,在媒体当了13年评论员后回到校园,到高校在职读博,老老实实当一个学生。很多朋友都不理解:你在传统媒体工作挺好,有自己的位置和专长,没有转型和求职压力,也在名牌大学兼着教职,不需要学历去给自己的身份镀金,这年龄了,为什么非要去读博?

我也不知道为什么，也许是写评论写了10多年，写着写着，怕把自己写空了。做媒体的，每天都面对着新鲜事新热点，在此起彼伏的热点中重复常识，这种节奏缺少一个恒定关注和厚重关怀，很容易在社会表层的喧嚣中变得油腻和肤浅。评论了这么多年，有很多困惑，越来越感到自己的浅薄，想回到课堂系统地读一些书，静下来研究一些问题，做一点让自己有职业归属感的学问。

其实，七八年前那波"读博热"时我考过一次博士，也考上了，笔试面试都很顺利，母校新闻学院已经准备录取我。不过，很对不起导师，左思右想纠结一天，最终还是放弃了。现在想来，可能那时没想清楚到底为什么读，纯粹是赶时髦，弄个博士文凭装点身份，没有强烈的读书和研究冲动。

现在不需要文凭镀金了，倒想沉下心来做点儿学问。评论写作陷入了一种自我重复，很多时候失去了表达兴奋感，无法跳出那种固化的思维框架和盲区。

在中国人民大学的校园上了一学期课了。第一周，从新奇很快过渡到恐怖，特别不适应那种从业界跨到学界的思维转变过程——写论文跟写评论完全不一样，学界语态跟业界语态完全是两个世界，读文献跟平常读书不是一回事，站在台上讲课跟坐在台下听课自然感觉也不一样。所以，刚读了两周，心理就近乎崩溃，特别想退学。心想，自己干嘛受这罪啊，纯粹找虐啊。咬着牙坚持下来，两个月后就慢慢适应了，后来很享受"再过一次校园生活"的充实感觉，跟"90后"一起听讲课读文献做讨论，仿佛自己也"90后"了。

这个选择，可能也源于我内心一直有的那种自我警惕，心理学家说我们要警惕自己内心那个"极权主义自我"，固执己见，看不到自己的盲区，傲慢自负。我知道自己的缺陷——知识缺陷、性格缺陷、思维缺陷，所以总想突破这种缺陷。突破的方式，就是不断跳出自己的舒服区和温暖区。说实话，我在媒体待着挺舒服的，写写评论，给学生讲讲课，到媒体单位做做讲座，挺受欢迎的。但越是舒服，我越是感到不安。不到40岁，就这么舒服，这辈子也就这样了。能看到退休后的生活状态，好无趣。圈子让人愚蠢，舒适区让人平庸，出于对舒服区和圈子的反抗，我努力向上跳了一下。

现在看来，这是近十年来我最满意的一次选择，进入一个陌生的新圈子，认识了很多新朋友，看了很多书，开阔了视野，对一些社会问题有了新看法。过去看书很随意，可看可不看，没什么压力，看一本扔一本，像狗熊掰玉米，没有形成积累。这半年看的书，比过去10年加起来还多，而且比较系统，在文献阅读中打开了一幅知识地图，系统深入地研究一个问题。葛剑雄先生曾说，为求知而读，读书就要学会选择，为研究而读，穷尽阅读方可创新。

就把这拉拉杂杂的文字当成这本书的序吧。书中文字是这一两年文字的精选，《时评中国》受到那么多读者喜爱，让我有了继续出版下去的动力。虽然这些文章所依附的热点早成为云烟，但我写时也没过于依赖那些热点，而是想借那些现象和个案去烛见人性人心。其中文字，多不是为媒体所写，没有截稿压力，不必迎合立场，日子过得还行，也没有变现压力，是自媒体中"自由而无用"的写作。

想起《新闻的十大基本原则》中一个同行的自白，美国一个担任过新闻播报员的媒体人说："每当我和主管经理或编委会成员讨论问题时，一直坚守一条底线：我不为你工作，你给我发工资，我非常高兴。但事实上我不为你工作，如果说到忠诚，我只忠于那些打开电视的人。"

对于我来说，我在公号里写的这些文字，甚至不是忠于那些关注我公号、点开文章阅读的人，我忠于的是我的内心。

2018年1月

第一辑
锐评

时事评论永远不能失去批评的基因,批评不自由,则赞美无意义。对社会丑恶现象,对腐败和滥权、无耻和缺德、肮脏和龌龊,必须毫不留情地批评,这种锐评所凝聚的正义自信,对一个社会而言,是比"鸡汤"更能抚慰人心的正能量。分享一个读者鼓励我的话:"看到你还在坚持批评,我就放心了。"

不要指望没有舆论监督的舆论引导

有感于近来一系列公共事件中地方媒体与地方政府态度过于一致，面对地方出现的问题，一些媒体失去应有的舆论监督功能。地方旅游生态曝出问题，当地媒体不是去直面问题、推动问责和改进，而是生硬地磨皮，竭力地洗白，迫不及待地制造正面对冲负面——大雪暴露了城市应急弊病，公众通过网络表达批评，当地主流媒体上却找不到相关新闻，看不到相关批评。媒体失去监督功能，不用监督权去推动"线下解决问题"，而完全站在地方立场对公众进行舆论引导，这种引导不仅无效，很多时候也使媒体跟公权一起陷入"说什么也不信"的危机。

与领导干部聊到"舆论引导"这个话题时，我一般都会谈到这个观念——舆论监督和舆论引导是媒体的一体两面，不能指望没有舆论监督的舆论引导。一些地方领导，只希望媒体在地方陷入某个丑闻、卷入某个舆论麻烦时，能帮着政府部门去引导舆论，让公众相信官方。却不欢迎媒体日常的舆论监督，甚至以软性或硬性的方式抵制媒体的监督，听不进批评，看不得"负面报道"。媒体如果没有舆论监督所积累的公信力，根本不会有舆论引导力，说什么公众都不会信。

舆论引导，不是想引导就能引导，引导是需要"资本"的，这个"资本"就是公信力。公信力的本质在于，说了别人会信，让别人相信自己的能力。对于媒体来说，就是通过日常报道证明自己是一个说真话、报道事实、捍卫公共利益、负责任的媒体。而这种公共性，很大程度上是通过舆论监督报道所形塑的，激浊扬清，鞭挞丑恶，揭露腐败，追问真相，回应民众的诉求，尊重公众的知情渴求，与民众有着良好的互动。权力是依赖的函数，当公众充分依赖一个机构，遇到问题去寻求曝光，有疑惑时向其寻求确定并权威的解读时，这个机构就拥有了公信力。

当然，媒体要报道这个社会的方方面面，不只是批评和监督，也有阳光、温暖、柔情和岁月静好，总之，要客观地反映这个真实的世界。在媒体公共性和公信力的塑造中，舆论监督报道扮演着非常重要的角色。没有监督，没有批评，没有问题，媒体呈现的肯定不是一个真实的社会。"批评不自由，则赞美无意义"，这话说得有点儿极端，但现实是，当人们从媒体报道中读不到真实、真诚和真相时，对媒体说的所有话都会持一种保留态度，媒体也就没有了公信力。

公信力是引导力的前提，失去了公信力，说的话没人信，那媒体怎么去进行舆论引导呢？可能很多地方干部已经尝到了"媒体缺乏公信力"带来的恶果，出事后，通过本地媒体发通稿，借助地方媒体发声，可媒体说什么老百姓都不信，人们把媒体当成官方"附庸"。

中国当下在公共管理中，最缺的资源也许是"第三方资源"，即让谁去说公众才会相信。"第三方"是一个社会最重要的公信资源，也就是站在中间，利益无涉，切蛋糕的不分蛋糕，踢球的不当裁判员。如果既当运动员又当裁判员，身陷利益之中，老子儿子关系、上级下级关系，有着千丝万缕盘根错节的利益输送勾连，不是利益无涉的第三方，说话当然没法让人信。所以，舆情当前，很多地方常会陷入"谁说都没人信"的陷阱中，这个部门说，没人信，因为面子相连；那个部门说，没人信，一损俱损一荣俱荣；另一个相关方说，也不行，会包庇下级。无论谁说，公众都觉得不是客观中立的第三方，都有某种利益和权力关系。

第三方在哪里呢？一个健康的社会中，法院和媒体应该是最主要的"第三方资源",权利受到侵犯,普通人起码有两个渠道可以寻求救济,一是法院,一是媒体。也就是法治社会人们挂在嘴上的两句话:到法院告你去!到媒体曝光你!法律面前人人平等,由法官做出裁决。可现实是,我们的司法存在不少问题,有时候判决缺乏公信力,维权者常去寻求媒体报道的救济。媒体应该成为另一种可依赖的"第三方资源",站在客观中立角度,用符合新闻专业规范的报道,以事实和真相去"澄清谬误"和"明辨是非"。可如果一个媒体平常看不到舆论监督,都是正面报道,都是歌颂赞美,人们怎么会把媒体看成是可信的"第三方"?

"塔西陀陷阱"这词这段时间很火,说的是公众对一些地方政府部门失去信任,无论官方说什么,公众都不信——即使说的是真相,公众也觉得是政府在"洗地",辩解就是掩饰,掩饰就是事实,老百姓成为"老不信"。其实,最怕的不是官方落入"塔西陀陷阱",而是媒体也跟着一起掉进这个陷阱,媒体的报道也没人信了。人们觉得媒体跟官方"站一起",那是最糟糕的。热点事件中,媒体应该能成为客观的第三方,用客观报道去还原真相,用事实和常识驱逐谣言,用理性驱散情绪,可当媒体失去舆论监督能力和批评功能,都是正面消息,都是点赞鼓掌叫好,跟政府绑得太紧,甚至完全成为地方传声筒,怎么能让公众相信"舆论引导"中所言是事实和真相呢?

听得见最尖锐的批评,提高对批评和监督的耐受力,尊重新闻专业主义,尊重媒体的舆论监督,尊重媒体累积公信资源的公共性实践,而不能用过于工具化和功利性的心态看待媒体的舆论监督功能。回归常识,尊重媒体成为有公信力的、让公众依赖的第三方,是媒体之幸、公众之幸,也是政府之幸、国家之幸。

(微信公众号"吐槽青年:曹林的时政观察"2018年1月8日)

不要让新年献词的调门高过媒体报道的贡献

辞旧迎新之际,我知道,各大媒体的新年献词已经在路上,一大波卖情怀、卖温暖、卖阳光、卖诗和远方、卖希望豪情的媒体献词,将要占领这一两天的朋友圈。我担心这些新年献词会一如既往地油腻、一如既往地矫揉造作、一如既往地充满文艺小清新,所以想先说几句不中听的话,泼点冷水降降温,预防感冒发烧。

前几天,《南方周末》新年献词曾引发一波讨论。我一直很喜欢《南方周末》,佩服那些坚守初心的同行,也知道如今的《南方周末》写这种新年献词一定压力很大,有钱没钱,总得过年,这时候总要拿出一篇新年献词来,为赋新词强说愁,难!有人喜欢那篇文章,也有人拿着跟过去的献词比,感慨远远不如过去那么触动人心。我觉得,不是这届《南方周末》评论员不行,不是他们文采和思想跟不上,一个很大的原因在于,新年献词的调门超过了媒体报道的贡献。

一句话说得很好,永远不要让自己的脾气超过实力。本事不大,脾气就不要太大,否则你会很麻烦。同样,对于传统媒体的新年献词来说,献词的调门永远不要超越过去一年自身报道为社会所作的贡献。新闻和调查是一家媒体的核心竞争力,献词评论的调门很高,煽情过猛,胸怀天下,却缺乏在公共事件中产生重大影响的报道作为基础,缺乏揭露真相的优秀调查报道作为支撑,缺乏硬新闻硬评论硬舆论监督作为资本,献词的调门越高,越让人产生抵触感。

　　从"让无力者有力，让悲观者前行"到"总有一种力量让人泪流满面"，从"一句真话的分量比世界更重"到"我们从未放弃，因为我们爱得深沉"，再到"从今天起，我们更要彼此珍惜""没有一个冬天不可逾越当年"，《南方周末》当年的那些新年献词之所以能脍炙人口，成为献词典范而进入新闻史，深刻影响了一代媒体人，关键不是辞藻的华丽和文字的诗意，不是思想有多深刻，不是那种理想主义有多么强大的感染力，而在于，那不只是轻薄的献词，而有着一整年的舆论监督和调查报道作为新年献词的基础。那些献词，奉献的不仅是一份媒体在辞旧迎新之际对家国未来的愿景，不仅是媒体精英在自家版面上抒发情怀的卡拉OK，更是一份满含深情的年终总结仪式——我们努力了，我们尽了媒体的职责，我们一起回忆和展望一下未来。

　　基于有冲击力的出色报道所积累的蜜月般的依赖，那些新年献词才有了触动人心的力量。那种让人泪流满面的力量，那种让无力者有力的力量，那种爱得深沉的力量，那种真话的分量，那种没有一个冬天不可逾越的自信——每一个字、每一句话、每一个标点符号，都有报道作为支撑。在这种媒体与公众日常互动形成的媒介磁场上，有对媒体努力的敬重，对媒体人的敬重，对媒体力量的信仰，才会有献词的情怀在人心中的荡漾。

　　当下不少媒体的新年献词，流行着一种站在云端、凌空蹈虚、强行高潮的套路和虚伪，很少有触及当下社会真实问题的，很少有谈一个具体愿景的，堆砌辞藻，罗列排比，以煽情为能事，以为把一堆朦胧诗般的抽象话语堆在一起，就能营造一种悲悯情怀。那种矫揉的情怀，不是发自内心的苍生关怀，不是基于现实问题意识的人文情感，也不是对具体人具体事物具体问题的评论，而是云山雾罩不知所云的喜词堆砌和文艺铺陈。回顾一年，又拿不出什么让读者铭记的报道，这种莫名其妙的煽情就更显得苍白无力了。

　　能不能少点套路和文艺，少点对"经典"的拙劣模仿，少点精致的煽情主义，从那高高的抽象层次上走下来，多谈点具体问题和实际愿景。能不能别让献词的调门超过媒体报道的贡献，站在实实在在的土地上用朴实的人话去献一些真诚的表达。

想起当年媒体一些特立独行的新年献词，多么朴实啊。胡适应媒体之约，写了三个新年愿景，都非常具体，胡适说："这三个期望都不是奢望，都是很平易的期望。我们很恳切地期待它们的实现。"1920年《申报》辞旧迎新当日刊登《新青年》巨幅广告，向青年致意："时间又过去一年了，青年诸君的进步如何？"1937年《大公报》的《祝岁之辞》称：'中国建国之基础已定，全民族将立于一条线上，不容阵线之分立。'1981年《中国青年报》的《新年三祝》："一祝青年朋友壮志满怀。……二祝青年朋友努力成才。……几年来，青年在学习上蔚然成风，家里刻苦攻读，书店顾客盈门，聊天不忘求知，虚心求师请教……三祝青年朋友生活愉快。……在周末、节假日和其他休息时间，让歌声飞扬，舞步蹁跹，过着生动活泼、色彩绚丽的生活。"这些当年的献词亲近、温婉、接地气。

我们媒体新年献词的文风该改改了，谈具体问题远比那些"强行高潮"的空洞抒情好多了。"穷则独善其身，达则兼济天下"，传统媒体这几年过得不容易，给自己一些期许：跟读者报告一下自己一整年的努力，版面和频道尽量不出错别字，远离假新闻，多去新闻现场，在传统媒体衰落语境下努力活下去，在商业面前多点尊严，努力奉献更多深度和舆论监督的报道，在公共事件中不缺席，说真话，说人话。

求求你有话好好说，别煽情了，别让献词的调门高过你们报道贡献的高度。

（微信公众号"吐槽青年：曹林的时政观察"2017年12月30日）

记者无力，则国民无力国家无力

河南某媒体曝光一家公司的负面新闻，该公司一名负责人通过微博对记者说：别高兴得太早了，等着省委宣传部、市委宣传部的诫勉谈话吧！

记者报道不一定准确，媒体并非就代表着正义，但这种以权压人的威胁口吻让人反感。记者采访中时常遭遇种种呵斥——会被指责"媒体尽给我们惹麻烦"，会被嘲讽"不就是为了挣两个稿费"，会被威胁"再采访就拘了你"。当然，不只是话语上的威胁，还不乏殴打记者和"跨省追捕"。

以陕西曝光天价烟的记者在隐秘的官方压力下被停职为代表，近来一系列记者受打压的事件，让媒体人隔段时间就会出现的受辱感、受挫感和无力感再次爆发。重重压力下履行舆论监督之职，曝光腐败鞭挞丑恶，却不料背后中枪，噤若寒蝉之余，更让人无比寒心。

有人在微博上发了记者被打压的信息后，引来无数转发、评论和声援，一个政府官员跟我感慨地说："你们记者真惹不起，惹了一个就群情激愤了。"其实，"记者被打压"的信息之所以在微博上引起极大关注，透出的信号不是"记者惹不起"，而恰恰是"记者很好惹"。其一，这种群情激愤，说明了记者受打压不是偶然个案，而是普遍现象，所以激起了从业者共有的焦虑和公众普遍的共鸣；其二，说明了记者骨子里有一种弱者意识，强者总是独来独往不可一世的，弱者才会惺惺相惜抱成一团。

令媒体人感动的是，在此类事件中，民众总是毫无保留地表达了支持。

公众对媒体人的声援，表现出了一种可贵的公众理性，他们明白，记者面对公权力时的贫弱，是公民权利贫弱的一个缩影。弱势的记者群体背后，是弱势的公民社会和弱势的民众。

监督公权力，曝光丑恶，是记者的天职——如果说这是一种权利，它蕴含于"权力源于人民赋予，所以每个公民有权批评和监督政府"的公民权利，与公民权利共生同源。很多人喜欢将媒体称为社会的"第四种权力"——如果媒体和记者手中掌握的真是一种权力，这种权力也是源于民众授予，为了让民众知情，为了代表民众监督公权力，为了民众的利益而站在社会的船头做一个瞭望者。所以，记者权利是一个社会中民众权利的晴雨表，记者权利常受侵犯，记者权利缺乏保障，很难寄望民众的权利会有保障、民众的权利不受侵犯。桀骜不驯的公权力面前，记者没有尊严，其他公众更没有尊严。

相比普通公民，记者并没有特权，记者与公民无法分离。所以，并不存在"连记者权利都不受保护，更何况普通公民"的现象。记者权利是公民权利的一部分，记者就是公民，记者不受保护，就是公民不受保护。如果一个社会，担负着满足公众知情权的记者的权利得不到保护，报道真相的人被打压，真相被公然地遮掩，信息被操纵和垄断，民众不知情，民意就无法得到表达，民权就得不到伸张。

所以，有公共责任感的公民，一个告别一盘散沙的公民社会，会从记者的无力中，感受到公民的无力、社会的无力。实际上，记者无力，不仅是国民无力，这个国家都会无力。一个强大的国家，应该有强大的国民，而国民的强大，应以知情权得到充分保障为前提。

记者有力，贪官污吏才会无力，腐败官员才会慑服于舆论监督的力量，而不会嚣张地反击记者，"拿这点钱怎么了，你怎么不去曝光那些贪更多钱的官员"；记者有力，公权力才会被驯服，被规训于严格将权力用于为公众谋福利，而不是以权谋私；记者有力，社会的丑恶现象才会被揭露，而不是被一些人捂着捂着，捂成了危害社会的大矛盾、大麻烦；记者有力，民众才能知情,这个国家才会安全,诚如哲人所言,让人民知道的真相越多,这个国家就越安全;记者有力,记者身后的民众才会有力,国家的强大并不是表现在强大的官员、强势的权力上,而是表现在每个公民的强势上。

　　高层一再强调"要创造条件让人民监督政府","创造条件让人民讲真话","不要轻易把不同意见说成杂音噪音"。能树立一个国家形象的,不是花天文数字般的钱去国外做形象广告,而是实实在在的公民形象、公民权利。

(《中国青年报》2012 年 7 月 3 日)

论法，你们法盲；论德，你们缺德；论情，你们冷血无情

相信每个有正常情感的人，看了《中国青年报》那篇《大学女教师患癌被开除事件调查》后，都会既心疼又愤怒，心疼那个刚患癌症就被学校开除、忍着剧痛摆摊为生、32岁就离世的大学老师刘伶利，愤怒于学校缺乏基本的人情人性。一个对员工有着基本关怀、对法律有着起码敬畏的学校，都不会在员工身患重病后绝情地将员工开除。可兰州交通大学博文学院这么做了，把法律和道义踩在脚下，像甩麻烦一样把曾为学校付出辛劳的重病老师甩掉。

人心都是肉长的，当博文学院的领导在"开除决定"上签上自己的名字时，那一刻其人性已经泯灭——失去了对自己员工的关怀之心，失去了对一个重病患者的怜悯之心，失去了人性应有的温度。这个签名不仅将成为自己永远的耻辱，也把一所大学钉在了耻辱柱上。对不起，我已经尽力克制着不用粗话脏话。

法院判决这所学院的"开除决定"违法后，学院不仅不履行法院判决，竟然还好意思上诉——有什么好说的？论法，你们是法盲；论情，你们冷血无情；论理，你们还好意思跟自己的学生讲什么叫良心、什么叫道理、什么叫正义吗？无耻的你们，让一个曾为你们辛苦工作的年轻老师在离开这个世界前感受到的都是这个世界的深深恶意。

论法，你们确实是法盲。有起码法律常识的人都知道，单位是不能与患

病员工随意解除劳动关系的。按我国《劳动合同法》规定，因患病在医疗期满后不能从事原工作也不能从事用人单位另行安排的工作的，用人单位提前三十日以书面形式通知劳动者本人或者额外支付劳动者一个月工资后，可以解除劳动合同。也就是说，起码得经过医疗期、换岗位、协商后才能解除劳动合同。可博文学院这么做了吗？在明知刘伶利患病并电话请假的情况下，还依然认定刘伶利旷工。老师生重病，不指望校方的看望，不指望领导的同情，不指望学校帮员工渡过难关，起码应该遵守基本的法律底线，不侵犯员工的基本法律权利。

可这家学院撕破了底线，做出了最让人不齿的决定，开除患重病的员工，将本就因病陷入困境的女老师推到了绝境，让这个才32岁的老师在生命的最后阶段不仅没有感受到来自学校的起码关怀，不仅承受着癌症带来的剧痛和重压，还要跟自己曾深爱过的学校打官司求治病费，让她在临终前感受不到丝毫的温暖，而是让人齿寒的恶意。

正因为这种法盲行为，兰州两级法院都判决博文学院的"开除决定"违法，要求恢复劳动关系，可这家学院在法盲的路上越走越远，直到女老师离世也没有履行法律判决。

论情，你们是冷血无情。不要说是自己的员工，就是面对一个陌生人，也不能作出如此无情的决定。想起前段时间大学毕业季一张曾感动了很多人的照片——一个人的毕业典礼。与一般看到的万人大礼堂的热闹毕业典礼不同，这张照片上只有一个学生，简陋的民房前，校长低身为这个穿着毕业服、拄着拐杖的学生拨穗。西北农林科技大学2016届毕业生王功娜因某些原因无法参加毕业典礼，孙校长一行驱车四个多小时，专门赴柞水为王功娜授学位。王功娜同学身体因车祸致残，但她坚持学习，老师在病房为她单独授课，帮助她完成学业并取得学位。校长给她的寄语是："让每一位同学感受大爱的力量，这是我们挚爱的这所大学的道德价值观。"

"让每一个人感受大爱的力量，这是我们挚爱的这所大学的道德价值观"——这也是大学让人景仰的地方。在这种大爱的对比下，更能显出博文学院的冷血和猥琐、无良和缺德。据媒体报道说，在兰州中院开庭审理刘伶利案件的当天上午，同一法院至少还有三名与刘伶利一样在兰州交大博文学院工作的患病职工被校方开除的纠纷案件在审。这样的学院，怎能让员工不寒心？

论理，你们真没有脸再跟自己的学生讲什么叫良心、什么叫道理了。当学生向你们问起其中的法理和人情时，你们会怎么跟学生解释？一般单位做出这样的事，公众可能还不会如此愤怒，但这是一所大学，一所以教书育人为宗旨的学院。人们对大学有更高的道义期待，觉得大学应该是社会风气的引领者，应该成为这个社会的道德高地，应该用良善的行为为社会作出典范。可这所学院，不仅没有成为道德高地，甚至成为了这个社会的道德洼地，成为违法缺德的示范。

那位在"开除决定"上签字的领导，你自己可以不要脸，但你们的行为丢的不仅是个人的脸，更让所在的大学蒙羞，让无数师生蒙羞。连大学都这样，更给人心注入了无数感人故事也冲不掉的负能量。

（"长安剑"公众号 2016 年 8 月 20 日）

警惕煽情网文，警惕眼里常含泪水

看到题目，你们就知道我想说什么了。是的，我想说的是你要提高自己的判断力，不要被那些常常刷屏的煽情网文所操纵，不要眼里常含泪水。偶尔泪流满面，是你爱得深沉；眼里常含泪水，就得去看医生了。

自媒体时代一道独特的舆论奇观是，热点常常是由一篇或让人泪流满面、或让人义愤填膺、或让人激情澎湃的煽情网文所设置。煽情网文就有这样的魔力，精准地抓住人们的痛点泪点，一夜之间刷遍全网，像操纵木偶一样让所有人都被网文营造的那种情绪所传染。无论是《罗一笑，你给我站住》，还是《每一对母子都是生死之交，我要陪他向校园霸凌说NO》，都产生这样的传染魔力，成功地让整个舆论场陷入文章所营造的情绪中。

防火防盗防煽情网文。不是我没有怜悯同情心，看了这些文章，作为一个父亲、一个母亲、一个心怀善良的人，确实会感动。但也原谅我是一个媒体人，我常常克制感动，对其真实性进行苛刻的审视。像这样听起来再让人动情的故事，在我看来只是一个需要核实的新闻线索，是需要倾听另一方声音的某一方说法，是"观点"而不是"事实"。

经历了这么多被煽情网文误导之后，这么多次被反转新闻打脸后，我们应该学会摆脱"新闻易感状态"，而对那些试图让你进入其节奏的煽情网文保持一定的免疫力。

可能跟所从事的职业相关吧，向来对过度煽情的文字会有一种心理抵触，而把事实和逻辑放在首位，毕竟新闻不是文学。好好说话，不要动不动就煽情。总觉得"煽情"这种修辞术，是一种试图降低人的思考能力和判断智商的话术，以泪掩过，以悲遮羞，以拐弯抹角、层层叠叠的形容词和情感充沛的惊叹号遮掩逻辑的苍白，越是用力煽情，越是想遮掩什么。很多时候看待社会问题和热点需要"将心比心"，但又要防范身份过度代入，在保持同情同理心的同时，不能失去一个"公正旁观者"的冷静视角。

煽情网文越是煽情，越是提醒我们，这是带着某一方强烈情感的单方说法，而不是事实。也就是说，这是一个需要核实的新闻线索，而不是事实。人们常常把那些需要证实的网帖当成事实，这就是常常被反转新闻打脸的关键所在。永远要警惕，故事可能会有另外一个版本，这个当事人是这样叙述的，另外一个当事人说的可能完全相反，不能听了这方跟着这方走，听了那方跟着那方走，而要听完双方的叙述、综合媒体报道后再作判断。

想起一位"名记者"说过的一件事，当他从网上看到《中国电子报》副总编被羁押六年、最后被宣判无罪、举着自己那双严重扭曲的手时，他心里想的不是"他遭到了刑讯逼供，应该获得赔偿，应该帮他维权"，他想的是这是一个好新闻，我应该把它做出来。这不是冷漠，而是一种冷静，替当事人维权是律师要做的事，记者的职业是报道真相——真相不是听哪一方说，而是在尽可能多方采访中还原事实。

我担心煽情网文的写作会成为一个产业，一篇煽情网文就能操纵舆论，就能完成一次审判，就能形成一边倒的热点效应，将形成很不好的示范——不要找律师，不要求法律，不要媒体的客观报道，找一个能策划和写作煽情网文的写手就可以了。

很多煽情网文可能都是真情实感，或真悲愤，或真坦诚，但再真诚，作为一种个人叙述，难免带着个人利益、视野、偏见和情绪；再真诚也只是"真诚的偏见"——作为公正的旁观者，需要关注这些网文提出的问题，但对其说的是不是事实,需要多个心眼。

(《晶报》2016 年 12 月 14 日)

不要脸地编，不要脸地信，不要脸地蹭，不要脸地甩锅

用一个词概括一下昨天扫黄引发的那场网络狂欢，就是"不要脸"：不要脸地编，不要脸地信，不要脸地蹭，不要脸地甩锅。

扫黄新闻好像是刺激网络活跃度的最好"春药"，没有什么比这样的新闻更能挑逗起群众的围观亢奋感了。一条扫黄新闻，把网络上那些不要脸的东西都扫出来了。

首先是不要脸地编。某个不知名的自媒体公众号根据不明来源的网传信息，编了一份"扫黄被抓名单"，声称有多少创投界的大佬被抓，号称一些公司早会都没法儿开，营造一种"我有权威信源，我啥都知道，我就不告诉你，你去猜吧"的神秘感，在一堆虚假信息中掺杂一点儿看起来像真的模糊信息，用故弄玄虚的描述诱导充满窥视癖的"吃瓜群众"去联想某个具体人物。

有哪一条信息有靠谱的来源吗？没有。有哪一条信息有可证实或可证伪的元素吗？没有。有哪一条信息最终被证明为真的吗？没有。网上到处传闻哪个互联网大佬被抓了，可基本没有谁说身边哪个具体的人被扫黄了。炒作营销的惯用套路，再次套住了那些兴奋的围观者。

这条不明来源的传言可能源于一些猜测的拼凑——被扫黄的三个俱乐部是有钱人常去的地方，现在创投界的那些人最有钱，他们的商务社交可能经常在这样的场合，所以嘛，扫黄扫到的肯定是他们嘛。这样的推理纯粹是抽象逻辑的推演，并没有事实基础，很多谣言都是由这种脱离事实的抽象推演

滋生出来的，虽然没有任何事实依据，却因为符合抽象逻辑推演而很具欺骗性、迷惑性。

然后是不要脸地信。相信并传播这种"三无信息"的人，看起来很无辜，其实一点不无辜。你有没有一点判断力，经历过这么多的炒作营销，被那么多的反转新闻打过脸后，不长一点记性吗？没有一点靠谱信源的信息，你竟然就那么轻易地信了？营销炒作者和公关公司最喜欢的就是这种没有判断力的"吃瓜群众"，轻易被设置议题，轻易被牵着走，轻易被诱导指向某个矛头，指哪打哪，要感动就有感动，要愤怒就有愤怒，要同仇敌忾就有同仇敌忾，要眼泪立刻就眼里满含泪水。

很多人其实对真相毫无兴趣，他们只是想消费这样的谣传，真假不重要，重要的是这样的信息能满足某种猎奇、恶搞和仇富的阴暗需求，想象"别人的不开心"让自己开心开心——你看，那些创投界的大佬，平常人五人六的，没想到私下干这种不要脸的勾当，现在丢人现眼像孙子一样了吧，也满城风雨身败名裂了吧。是不是事实不重要，关键是这种围观创投界大佬丑态窘态的想象，能让很多人无比兴奋，充满颠覆和逆袭的道德快感。也许，这种没有任何事实依据的传言正是为迎合屌丝情绪而量身定做的，正是为迎合屌丝的期待而制造的一场践踏创投精英尊严的大众传播。

那些创投界精英，面对这种针对一个群体的污名，没有义正辞严的反驳，没有"三观"很正的回应，也没有让人肃然起敬的态度；而是一种暧昧而滑稽的姿态，甚至自己都用"朋友圈报平安""怎么没有我"这种方式去配合营销炒作，不要脸地蹭热点，不以为耻反以为荣，让人怀疑创投界是否真如传言说的那么不堪。

最后就是相关方不要脸地甩锅。面对有关部门的扫黄，面对涉黄俱乐部多年在自家大楼内经营的现实，面对眼皮底下的声色犬马、肮脏龌龊，相关方竟然能毫不知情地装作无辜样子，生硬地切割，声称自己的商标被盗用，还要保留追究侵权责任的权利。面对这种"我知道你知道我不要脸也拿我没办法"的无耻样子,你真的没有什么办法。

(微信公众号"吐槽青年:曹林的时政观察"2016年12月27日)

"新闻易感人群"与"新闻无感人群"

对待热点新闻，朋友圈里有两种人，两种态度对比着看挺好玩的。

一种人，感动点和兴趣点极低，什么新闻都能大惊小怪一番，我把这种人叫"新闻易感人群"，轻易感动，轻易激动，轻易被激怒，轻易被吓住，轻易热血沸腾，轻易被诱导，又轻易地遗忘健忘，沉浸到新的热点中，容易被只是个案的新闻热点触发感慨。"新闻易感人群"有一个共性，就是缺乏坚定的、不可动摇的信念，没有对个案和普遍问题的区分能力，情绪容易被牵着走，爱跟风，易摇摆，见风就是雨，在此起彼伏的热点中一惊一乍，只会大发感慨，而不能做出理性的判断。看到"野生动物园老虎伤人"的新闻，就感慨以后再也不去野生动物园了，感慨别跟易怒的女人交朋友；看到哪个名人猝死，根本不看原因，就感慨"千万别拿命换钱"。

另一种人，则完全相反，再大的新闻都无法触动其"高贵冷艳"的灵魂，再轰动性的消息也无法将其从自我封闭的小世界中拉出来，我把这种人称作"新闻无感人群"，完全没法聊天。无论说什么事，这种人只有两句话回你，要么是"关你屁事"，要么是"关我屁事"。

"新闻易感人群"和"新闻无感人群"是新闻态度中两个不可取的极端，一个缺乏判断力，容易被牵着鼻子走，一个自绝于媒介环境而表现出十足的冷漠；一个说啥信啥，一个说啥都不感兴趣。理性的新闻态度应该是：面对各种夺人眼球的新闻，既不易感，也不无感，而是能把握分寸，有自己的价值判断，在保持敏感的同时，有自己独立冷静的判断。

比如，很多新闻看起来很耸人听闻，其实只是标题党制造的惊悚效果。有媒体报道说，数据显示，因自拍导致死亡的人数已经超过鲨鱼袭击。自拍竟然有那么大的危险，该怎么看待呢？不要被吓住，要学会理性地分析数据。看了《每日电讯报》的原文（不能只看标题，也不能只看网络转载后的摘编，而要养成看新闻原文的习惯，传播过程很容易变成一个让新闻带"毒"的过程），是2015年某段时间的数据，说那段时间死于鲨鱼袭击的有8例，而死于自拍的有12例。看到了统计方法，就会知道这种统计太不靠谱了，我把它叫作"野鸡"调查，结论必然是"野鸡"数据。

其一，一段时间的个案统计说明不了问题，没说样本和统计方法。其二，这可能是一种新闻幻觉，心理学上叫"媒体的可得性幻觉"，人们更容易被从媒体上轻易获得的信息所误导。被鲨鱼袭击，不是新闻，我们会觉得正常，很多时候媒体不会报道；而自拍导致死亡，让人觉得很怪异，用常理难以解释，自拍怎么会导致死亡呢？自然成为大新闻，媒体肯定报道。很多被鲨鱼袭击的案例没有成为新闻，根本没有媒体报道，怎么进行比较呢？伊斯特布鲁克说过，美国人被杀人狂谋杀的可能性，比被雷电击中的可能性还要低。可媒体上充斥的都是杀人狂的坏消息，而对雷电击人关注甚少，营造出一种"杀人狂谋杀比雷电击人多多了"的感觉谬误。

如果缺乏数据分析能力，区分不了个案和普遍、真和假、夸大和事实，无法理解"媒体的可得性幻觉"，自然就"易感"了，社会新闻中好像多是各种坏消息、各种死亡案例，看多了很容易抑郁，还能不能好好地活了？当然，对这样的新闻也不能无感，毕竟还是反映了一定的社会问题。如果你要冒险，你就要承担风险的代价。正常地自拍当然不会导致死亡，什么情况下自拍才有危险呢？分析这方面案例可知，其实不是自拍导致的死亡，而是冒险自拍导致的。在悬崖边自拍等，已经不是正常的自拍，而属于"不作不死"的自拍，追求刺激，迷恋极限感觉。不能用极危险状态下的死亡去渲染自拍的危险。举个例子，战地记者的死亡率高于矿工，但不能说记者的死亡率高于矿工，因为战地的死亡率本身就高，不正常的状态和正常的状态，是不可比的。

　　从这个小案例可以看出避免"易感"和"无感"的方法，就是提升自己的媒介素养，看到数据背后的新闻机理和统计背景。当然，也就不会无感，不会有"关你屁事"和"关我屁事"的麻木了。对新闻还是应该有感的，冒险就要付出代价，不想付出那种代价，就好好过日子。如果对新闻无感，不善于从新闻中汲取教训，新闻也许就会找上你。

（《青年记者》2016 年第 31 期）

关键少数保持理性，社会就不会太撕裂

很多经常上网的人都忧虑于这样的网络现象，那就是阶层在网络上的撕裂。网络似乎并没有带来交流，而是让各利益群体的立场更加固化和强化了，使很多话题变得极端化、尖锐化、对立化，变得不可讨论。一事当前，很多人不问真假是非，只凭利益立场站队。医患发生冲突，医生骂患者，患者骂医生；涉警话题，警察站一边，网民站另一边；航班延误，民航工作者与乘客形成不可调和的矛盾，站在各自立场上互相在网上对骂。

为什么不能互换一下角色，为什么不能将心比心，为什么不能将事实置于立场之上，为什么不能超越利益立场而寻找共识？我觉得，寄望于相关利益方能够理性、客观和冷静地超越利益立场，只是一种美好的愿景，甚至是一种不切实际的虚幻期待。站在自身利益立场说话，这是人的人性和社会性的本能，是人之为人无法超越的弱点和局限。在现实中，"将心比心"和"角色互换"，部分理性的人或许可以做到，但很多人并不能做到。

怎么办呢？任由这种对立和对抗发展下去，从而使不同阶层和群体不可调和的对抗越来越激烈？不是，我一直认为，群体间的对抗不是大问题，人们站在自身利益、立场去表达，甚至很情绪化地自说自话，只顾立场不顾事实，也不算什么问题。因为大众就是如此，大众天然带着情绪和盲从的"原罪"，是"非理性"的代名词，永远别指望所有人都能保持理性思考。但是，只要这个社会的"关键少数"保持理性，社会就不会变得多糟糕。

哪些群体是这个社会的关键少数呢？比如媒体人、法官、公务人员、意见领袖等，比如那些从事跟公共利益相关职业的群体。

具体来说，医生如果站在医生立场说话，不是大问题，患者为患者代言，这是本能，甚至有些网友偶尔说一些极端的话，也没必要把这种极端情绪太当回事。但是，如果两方发生冲突时，媒体并没有站在医患中间客观地报道事实，理性地评论，而是跟风站队，或寻找一个能给自己带来"眼球利益"的立场，也把自己当成"患者"，带着"为某一方维权"的立场去报道，就是大问题了。当两个群体发生冲突时，媒体人应该是引导理性思考的"关键少数"，记者的客观报道应该引导双方去关注事实而超越情绪，媒体的理性评论应该给偏激的情绪降温。毕竟，多数人都是旁观者，而不是当事人，即使旁观者一开始会去站队，但看到媒体报道的客观事实后，也能够作出理性判断，从而成为"公正的旁观者"。

但如果作为"关键少数"的媒体，不是客观报道事实，而是火上浇油，用非专业的报道刺激双方，让医生更愤怒，让患者的受迫害情绪强化，只会让本就愤怒的两方往更愤怒的方向狂奔。当医生觉得媒体在报道时戴着有色眼镜，医媒关系会比医患关系更对立，这才是更大的问题。

跟媒体人一样，法官是这个社会更为重要的"关键少数"，因为他们执掌着能定纷止争的司法。一个觉得自己受到欺负、侵犯、迫害的人，即使再情绪化，在网上的表达再缺乏理性，可他还是寄希望于法律给自己带来公正的。有一个群体，必须始终站在公正立场，就是法官。很多矛盾之所以不可调和，一些利益群体之所以用非理性的方式解决问题，就在于对正义的底线失去期待，对法律失去信任，不相信法官能给自己带来公正。医患对立不可怕，官民撕裂也不是最可怕的，可怕的是，一些人对法官这个"关键少数"不再信任，对借助法律维护自己的权益失去信心。

此外，意见领袖也是"关键少数"，当利益群体变得越来越对抗，而引领着公众意见的舆论领袖也失去讲理的耐心，或被利益操纵，或为追求"网红"

效应语不惊人死不休，或为了点击量不择手段，或迎合多数暴力而不顾社会责任，那就会变得非常糟糕。

所以，关键问题不是吁求利益群体的理性，而在于这个社会的"关键少数"能够保守自身的职业理性——记者客观报道事实，法官作出公正裁决，意见领袖表达冷静的判断。有了"关键少数"捍卫理性的防线和底线，社会就不会坏到哪里去。

(《新华每日电讯》2016年6月7日)

为什么我最烦你说"总比什么好"

北京近来似乎一直为单双号限行做舆论准备，又是大谈单双号限行带来的种种好处，又是摆出如果不限行的话会有多少问题，各种放风试探。很显然，政府注意到了舆论对单双号限行的反对声，北京一位官员近来苦口婆心地解释："限号是讨骂不讨好的事儿，但不得已而为之，总比堵死好一些，希望大家理解。"（综合近日媒体报道）

官员还知道老百姓在骂，挺好——相比那种对舆论批评视而不见、自以为是的粗暴与傲慢，苦口婆心地解释是一种进步。但那句让人熟悉的"总比堵死好一些"实在让人不舒服，日常中我们听到多少部门用过这样的逻辑啊。

舆论批评大拆大建，会说，总比原地踏步好一些；公众批评大吃大喝，会说，总比把钱塞进个人腰包好一些；公众批评摄像头侵犯隐私，会说，总比光天化日下被偷被抢好一些；公众批评一刀切地禁止学生春游，会说，总比万一出事故好一些。"总比什么好"的比坏逻辑似乎已成官方受到质疑时万能的防卫盾牌。

这逻辑貌似替公众考虑，其实不讲理。

其一，"堵死"是一个伪问题，是一个最坏的结果，起码目前还没有出现"堵死"这种极端状态，不能为了让公众接受，而把问题推到"要么放任要么堵死"这两个极端状态，用"堵死"这个极端状态去吓公众。

其二，就算现在交通状况很差，已经到了非采取措施不可的程度，但治理交通问题有很多选项，可以加大公共交通投入，可以进一步完善大城市的交通管理水平，可以在城市道路规划上进行挖潜，可以讨论拥堵费、提高停车费等方式——单双号限行的必要性在哪里？在其他方面是不是穷尽努力了？是不是有其他选项？这是需要论证的，而不是当成唯一选择，逼着市民做非此即彼的两难选择：要么堵死，要么接受单双号限行。

看一些部门在谈到交通拥堵问题时，从来不反思管理上的问题，而都把矛头指向别人。比如最近北京市交委官员谈到2015年道路拥堵突然加剧时称："经分析，一是油价大幅度走低刺激使然；二是网络约车加剧道路拥堵，注册十几万辆车，每天活跃的有6万辆，一天六七十万单在路上跑。"管理部门永远是没问题的，问题永远出在车主身上，所以永远是拿车和车主开刀，拣软柿子捏。

其三，谁才是公共利益的判断者呢？你怎么知道公众会作出这样的选择呢？比如有人就会说，宁愿堵在路上慢一点，也不想买了车却只有一半使用权。到底是"宁愿忍受限行的不便，也不愿堵在路上"，还是"宁愿堵着慢一点，也不想被单双号限行"，这个选择不能由政府专断地替公众决策了，然后强加给公众一个"政府自以为对公众有利"的决策，而需要经过公众讨论和民主决策的程序。民众的偏好，需要以民主方式去实现。

其四，单双号限行本身的正当性和必要性是需要论证的，可一句"总比堵死好一些"省略了论证的过程。为了防止可能的堵死，就可以剥夺车主正常用车的权利吗？先是尾号限行，再是单双号限行，是不是哪一天要禁止开车出行了？车主的权利是不是可以无限地被剥夺？

如果我说，"比堵死好一些"的选择可能有很多，为什么非得是单双号限行？那么，另一种坏逻辑就会跳出来："那你说啊，什么方法更好呢？你能提出什么可操作性的建议呢？提不出具体的建议，那你就别瞎说。""已经很不错了，总比那谁谁好吧，你觉得不好，那你提一个好的；你觉得这里不好，那你滚去好的地方啊。"听不进批评、不让人说话的逻辑,都是坏逻辑。

(《晶报》2016 年 1 月 27 日)

不知道离开你我会怎么样？不过我想试试

男孩对他霸道的女友说："不知道离开你我会怎么样？"——当霸道的女友得意扬扬地享受着被依赖被离不开的良好感觉时，男孩说："不过，我想试试。"这个梗用在这一次青岛市民和罢工的出租车司机之间，太贴切了。出租车公司本想通过五天罢工要挟和"绑架"市民，让市民寸步难行，借此驱逐专车，让公众哭着喊着求他们回来。没想到路上一没出租车，路况变好了，出行方便了，公众欢乐了。当一场严肃的罢工淹没在市民欢乐的海洋中时，罢工者完全被碾压了。假戏真做，市民当真了，怎么收场呢？

市场经济下，谁离不开谁呢？当服务者以"离开了我你们就甭想活"的大爷姿态面对消费者时，必然会自取其辱。青岛市民说，五天不够，求求你们一直罢下去吧——得多反感和失望，得对出租车积压着多少怨气，市民才会这样说。碾压傲骄出租车的不是市民的情绪，而是市场的力量。

这一次的笑话应该能让很多自以为是上帝的出租车公司和自以为是大爷的人意识到，你们并非不可取代——你们不是解决问题的人，恰恰相反，你们本身就是需要被解决的问题。你们不干，一堆市场力量会替代你们的位置。邮局不努力，成就了顺丰。银行不努力，成就了支付宝。通讯不努力，成就了微信。商场不努力，成就了淘宝。出租车如果不努力，也会被各种专车所替代。尝到市场甜头的消费者怎么会怀念落后的生产力？整天把问题推给别人，把自己说得不可取代，一场罢工就自己脱下了谎言的底裤。

罢工之后，还得复工，这一记耳光是个教训——到底谁更依赖谁，到底谁才是问题？没有消费者，你真的什么也不是；不尊重市场规律，不提升自己的服务，想依赖垄断的力量维护既得利益，当垄断被市场力量撬动口子后，就会被当成落后力量而淘汰。别指望人们会流一滴眼泪，人们只会欢呼落后产能的淘汰，欢迎先进的市场力量。

出租车司机们不用再想市民离开自己会怎样了，应该担忧的是，当没有了市民和消费者支持，自己将怎么办？出租车公司应该明白，专车不是自己的敌人，自己最大的敌人是落后的机制和服务所导致的公众不满——当不满积蓄到一定程度，就会变成"用货币投票"的强大力量。这一次青岛市民的欢乐所表达的民意，出租车公司应该能看懂。起码表明，人们在心理上已经离开了对出租车的依赖，当人们抛弃你时，你满地打滚也没用。

应该反思的是落后的出租车管理体制，是出租车公司旱涝保收的份子钱，是专营安排下对其他市场力量的排斥，是垄断惯出来的一堆毛病。这些问题，祸害公众久矣，但公众没有办法让出租车不上路啊——这一次出租车公司自己罢工，自己不上路，自己搬石头砸了自己的脚，把自身的问题暴露得淋漓尽致。实际上，辛苦的出租车司机师傅们也是这种问题的受害者。

（《九江日报》2016年6月23日）

别矫情了,你为屌丝,除了努力奋斗你别无选择

房价这一波的非正常飙涨,搅动了很多人的心情,让很多人感慨奋斗很多年不如倒手一套房子,让企业感慨做实业不如炒房子。《人民日报》最新一条报道称,近1/3的上市公司打拼半年不如卖2套学区房。前段时间该报让年轻人不放弃奋斗的评论《失去奋斗,房产再多我们也将无家可归》,招来一片吐槽。其实,吐槽归吐槽,冷静下来你不得不承认,那篇评论的道理讲得很对。抱怨疯狂的房子消解了奋斗的意义,也只是抱怨一下而已,抱怨过后,你还是会调整好被房价搅乱的失衡心态,该干嘛还干嘛,老老实实地回到奋斗的节奏。

作为没资本、没背景、又没贼胆干坏事的屌丝,除了奋斗,你真没有其他选择。奋斗一下,兴许你还有买得起房的可能;不奋斗,你永远只能做一个愤世嫉俗而一无所有的屌丝。

不要把那些靠买房卖房赚了很多钱的人说得很 low,仿佛别人没有奋斗一样。没有奋斗的话,买房的钱从哪里来的?要知道,现在入市的门槛是很高的,比如在北京买套房,首付可能需要几百万,这钱是偷来抢来的吗?也不要把买房赚钱的人想成不劳而获者,人家也付出了很多,花那么大笔资金买房,有勇气做出决定,冒很大的风险,付出机会成本。在哪里买房,什么时候买,买多大,怎么买,什么时候出手——投资房产赚钱,是需要能力和资本的,需要投资意识、风险判断、政策预期、形势判断等,要有强大的心

理承受一时的涨跌。这些，你有吗？

别说什么房子消解了奋斗的意义，好像一赌气就准备放弃奋斗而去炒房一样——付不起首付，担心风险，不敢下手，怕倒腾麻烦，对那个市场不熟悉，怕政策突变让自己的钱套进去。说到底，还是不敢，没有能力。说实话，有能力和有资本通过房子赚钱的人，早就去赚了，而不会在这里抱怨"房子消解了奋斗的意义"。你的问题就在于，没有能力这么做，不甘于既有生活状况，又无力去改变，心态严重失衡，才会那么愤懑。

既然无法么么做，那就老老实实地奋斗吧，不奋斗，未来连做房奴的资格都没有。

我相信，那些一直有着坚定的奋斗信仰的人，不会被外界所谓创富神话干扰，而清楚地知道自己应该干什么。他们不会一听身边人通过炒房成了千万富翁，就立刻怀疑人性，怀疑自己奋斗的价值。不会一听哪个同学创业成功身家上亿，就急躁地想放弃既有的努力，也去做创业的梦。不会听到这个人赚了多少钱，心里一阵酸楚，那个人赚了多少钱，心理失去平衡。他们有着自己对奋斗的理解，知道自己的未来在哪里，知道奋斗终会有回报。他们听到那些诱人的创富神话和致富故事时，只会淡淡一笑，心里十分平静——别人看到的只是表面的神话，但他们知道，没有不费力就可以赚到的钱，没有不奋斗就可以取得的成功。庸人看到的只是别人创富的辉煌，智者能理解背后每一份汗水的不易，知道表面轻松背后的默默拼命。

诱惑、小恩小惠，只能改变和动摇那些本就不坚固的东西。不是风动，是心动，本身对奋斗的意义缺乏定力，外界一些小诱惑就能在内心掀起大波澜大风暴，轻易怀疑自己的坚守。一看有人靠房子赚钱了，比自己赚得多多了，就怀疑人生，就高呼不公，就心态失去平衡，就否定奋斗的意义——这样的你，会有什么出息呢？而内心有着奋斗追求的人知道，别人靠房子赚钱，也付出了很多，是奋斗的结果，同时也失去了其他很多。自己通过奋斗，积累了很多未来所需要的资本，获得了别人没有的品质，而房子，终会有的。

一个有着坚韧奋斗追求的人，也是一个心理健康的人，他总有能力让自己的心态保持一种健康的平衡，因为他会给自己的心灵设定一个正确的参照系。不会比烂，不会在比烂中把自己拉到一个很 low 的层次；也不会跟那些异质的人比，追求不同，有什么好比的，他炒他的房，我有我的新闻理想追求；不会跟那些与自己的阶层离得很远的人比，那是别人的生活，我有自己的梦想。当然，也不会跟那些病态的追求比——既然不能像贱人那样做很贱的事，又不能像狂人那样做疯狂的选择，又无能承受风险，只能老老实实做本分的事了。心理容易失衡的人，总源于他总在设定错误的参照系。

奋斗了，你才可以选择你想要的生活，而不是活在郁闷嫉妒和愤世嫉俗中。不想去努力，又眼红那些成功者，所以你活得很累很累。

（微信公众号"吐槽青年：曹林的时政观察"2016 年 10 月 13 日）

强大的公民常识感守卫着正义底线

山西长治屯留一中24名教师自费聚餐被县纪委通报批评引爆了舆论，论法不合法规、论情违反常情、论理有悖天理的做法，使该县纪委成为众矢之的。这件事之所以引爆公众反感，不只在于个案的荒唐，更在于触动了公众的痛点：一些地方在执行"从严"时走过了头，对象弄错了，从一个极端走向另一个极端，好像越走极端越能表明"执行到位"，有违常情常理，让人厌恶。

很多人看了这条新闻后都义愤填膺，这让我看到了温暖，这温暖来自民众面对一个社会问题时所表现出的共通的是非感和集体的常识感——新闻让人愤怒，但看到民众在评论中所表现出的集体反对，我就放心了。这种温暖，源于价值认同的温暖，源于底线被捍卫的温暖，也源于常识共鸣的温暖。个别官僚表现出的法律冷漠和常情缺失并不可怕，可如果整个社会对此麻木不仁，毫无权利被侵害感，毫无捍卫常识的共识感，平静地接受了权利被侵犯的现实，那就非常可怕了。

总有人不断尝试挑战着人们的常识感，比如对某个政策或制度的执行，总会用力过猛，背离初衷和常识，走向让人反感的形式主义，往极端的方向一路狂奔。比如，"八项规定"的初衷，显然是为了约束党员领导干部的公款消费，遏制大吃大喝的恶劣风气。但少数地方，不知道是理解力太差，还是想凑"典型案例"，或者有别的目的，总会把好经给念歪了。教师节前自己花钱聚餐，也没大吃大喝，也没违反规定，你凭什么处理人家？纪委这样粗暴地干预民众的正常生活，颠倒是非，只会激起公众的强烈反感。如此违反制度精神的极端做法，名为执行规定，实为抹黑规定，替规定拉仇恨，制造公众与规定的对立，是为"高级黑"。

总有一些人，习惯把一些做法推到违反常识常理的极端，好像越极端就越革命。他们知道，这样做虽然过了，即使引起反感，但起码能在上级面前树立一种"坚决执行规定"的存在感——我是在雷厉风行地执行啊，只不过是有点"过"了。千万不能纵容这种"越极端越革命"的过头取向，远离了制度初衷和常识，危害性甚至比"不执行"还强。我想问问，县纪委那么多人，难道没有一个人有这种常识感吗？难道都觉得这样的通报批评合法合理吗？

可贵的是，社会主流保持着应有的常识感，支持"从严"，但知道这种"严厉"的尺度在哪里，知道主要矛头应该指向谁，知道公权与私权的界限，知道哪些事情纪委可管、哪些不归纪委管，心中有一把理性的尺子去衡量是与非、合法与非法、美与丑。可一些地方部门失去了这种常识常情感，该管的不管，不该管的乱管，沉浸于任性、自负、全能的权力幻觉中。

看新闻很愤怒，看评论很温暖，民众致力用评论去纠正那些明显偏离常识的任性行为，用舆论的力量去驯服任性的权力。正如一句名言，"在这个社会转型期，最大的悲剧不是坏人的嚣张，而是好人的过度沉默"。从"老师自费聚餐被县纪委通报批评"的新闻跟帖中，看到了民众的不沉默，看到了人们捍卫常识而避免权力肆无忌惮入侵私人领域的努力。只要公民保持着这种常识感，一个社会就不会坏到哪里去。

(《中国青年报》2016 年 10 月 14 日)

爱国须凝心聚力，而不是撕裂内耗

这几天舆论场上关于爱国的话题热得发烫，激起了很多争论。对于一个国家内部来说，爱国本应是一个最有凝聚力和感召力的话题，却引发了如此多的纷争，令人深思。爱国是一种本能的情感，人人都会有，只是表达方式不同，有人喜欢热泪盈眶地喊出来，有人喜欢默默放在心中，还有人喜欢用行动去表达……每一种朴素的爱国热情都值得尊重。但是，爱国不能是一种冠以爱的口号就可以任性所为的标签。

爱是需要能力的，爱国当然更需要。这种能力包含怎么做才更能捍卫国家利益的判断力，凝聚更多人一致对外的感召力，求同存异团结在爱国旗帜下的包容力，超越情绪和口号而在日常中对提升国力作贡献的行动力。爱国应该是最基本的共识，也是诸多价值中最大的公约数，不要把爱国变成撕裂和内耗。

有爱国能力的人，总能用理智克制自己的情感，避免让那种高贵的爱国情感多走一步而走向极端，避免自己的言行掉进以下几个陷阱。

其一是把爱国悲情化，并把这种悲情变成一种内在树敌的非理性仇恨。落后就会挨打，这是中国历史带来的沉痛教训，正是在那种"事关中华民族生死存亡"的巨大悲情下，这个民族迸发出强大的凝聚力，最终赶走了侵略者。但今天不一样了，中国已经强大起来，不再是当年那个不被尊重、受人欺负、在外交上任强国宰割的弱国，我们在军事、外交、政治、经济上已经有实力去捍卫国家利益，不需要依靠那种悲情的内部动员去救国，而是可以游刃有余地在外交、军事、政经层面去捍卫，去让民众感受到国家的强大。

强大而自信的中国不需要自己的国民那么悲情了，悲情是弱国心态的表现，国民在爱国表达上应该更自信。毫不客气地说，那种悲情的内部动员不仅解决不了外交问题，反而会给国家制造一些问题，在内部制造矛盾，甚至拖外交的后腿，给国家添麻烦。

其二是把爱国排外化，也就是在走向极端中变成一种盲目的排外。冤有头债有主，哪个国家侵犯了中国的国家利益，我们就应该支持国家以相应方式让侵犯中国利益者付出代价——要相信国家是有能力去这么做的。不客气地说，抵制这抵制那，可能是一种弱势的表现，我不理解的是，这一次一些人为什么要抵制肯德基，为什么要抵制"苹果"？仅仅因为这些品牌跟美国相关吗？这跟爱国无关，而是盲目的排外。爱国需要辨别力和判断力，需要克制自己热血沸腾的情绪，在全球经济一体化、企业生产互相嵌入的时代，很多时候你的抵制，抵制的是自己人，伤害的是无辜者和自身国家利益。

拒绝盲目的排外化中，尤其需要防范谣言和传言，避免听到一两句迎合愤怒情绪却毫无依据的信息就诉诸极端的行动。比如前几天有传言称苹果手机的输入法有"击沉中国"的联想，是侮辱和攻击中国，然后号召抵制苹果的产品。可后来很多官方媒体都辟谣称，这其实是一个计算问题，这是所有国人自己使用苹果输入法造成的结果，并非别人特意设置这么个无聊的恶作剧，更不是什么别有用心之举。一个手拿锤子的人看什么都像钉子，如果脑子里都是盲目排外的情绪，很容易自己去找钉子。爱国热情值得尊重，但爱国需要明辨是非的能力，不能在盲目中失去理性。尤其需要警惕的是极个别人将爱国流氓化，冠以爱国的名义去发泄自己的不满情绪，就像当年发生在西安的那场闹剧，不仅砸日系车，还砸开日系车的人，制造了血腥的悲剧。

今天的爱国应该包含着这样一些自信的理念：做好自己手中的工作，相信外交部和解放军有能力捍卫国家利益；尊重多元的爱国表达方式，有人喜欢放在心中，有人喜欢喊在嘴上；爱国就是让外人看到我们的团结，抛弃分歧凝聚一心；爱国就是不需要那么愤怒就可以让外人敬畏；爱国就是从自己做起去提升我们的国力，欢乐地看着外人明明有时不喜欢我们却不得不尊重我们的样子。爱国可以是滚烫的热情，但不应该烫着自己人。

(《中国青年报》2016 年 7 月 20 日)

王利芬的"10万+"猎物和自媒体达尔文主义

我曾忠告过很多做自媒体的朋友：一个人如果脸上写满"10万+"的欲望，却没有价值底线，没有道德敬畏，没有克制、良知和专业主义精神，那么当第一次出现"10万+"的时候，往往是自己丢人现眼的时候，即使一时能小人得志春风得意，总会有摔大跟头的时候。

这些话，被无数自媒体前仆后继地用惨痛教训证明之后，最近又在"前资深媒体人"王利芬和"现自媒体暴发户"周冲两人身上进一步得到了验证。

好事不出门，坏事传千里，王利芬老师十数年的创业故事可能没几个人知道，可她犯了一次错，立刻传遍全网。事实大体如此："80后"创业代表人物、万家电竞CEO茅侃侃自杀去世的消息被媒体曝出，就在网友们纷纷为茅侃侃惋惜之时，王利芬老师在微博中称，自己发布的微信文章《茅侃侃的离世，掀开了创业残酷的一个角落》阅读已超过"10万+"，并称"努力皆有可能，达到目标的速度远比我想象的要快很多，先高兴下"，并号召大家都来关注自己的公众号。一时间，"消费死者""人血馒头"等争议声四起。

"人血馒头"这个词用得很重，我不太愿意用这种带节奏的词把人架到道德烤架上，没那么严重，不是那种坏人，无非就是口无遮拦口不择言。王利芬很快意识到问题，删帖并道歉。虽是无心之错，暴露的问题却值得那些陷入"10万+"病态追求的人反思。

王利芬的表达有两方面让人很反感，多数人只注意到了一方面，即消费死者，不顾死者之痛庆祝自己以死者为话题带来的"第一次10万+"，只要我的"10万+"，哪管别人的痛苦。其实还有另一面让人反感之处，一个也算是见过大世面的资深媒体人，在主流媒体也算做过不少有着极高收视率、极大影响力的报道，竟然失去了起码的定力和自信，在"10万+"面前那么不淡定，表现出近乎脑残粉式的不自持不自重，把那个数字看得那么重，重过自己的职业尊严和他人的生死。

虽是无心之错，可无意识背后却可能深陷一种自媒体意识形态之中，我称之为"自媒体达尔文主义"。这种自媒体舆论场上盛行的意识形态包含着两种取向，一种是没有道义只有弱肉强食丛林法则的社会达尔文主义，一种是边沁式的极端功利主义。这两种"坏主义"所杂交的价值观主导着当下的自媒体场域，使进入这个场域的人不知不觉都感染了那种不择手段的"10万+"欲望，受这种欲望驱使把更高的阅读量当成最高原则，眼中没有道义与是非，一切坚固的东西都烟消云散，一切不过都是"10万+"猎物而已。别人的死亡是猎物，丢人现眼是猎物，仇恨和焦虑都是猎物，一个个张着血盆大口，面目狰狞，伺机扑向那个倒霉的猎物。

这种自媒体达尔文主义，扭曲着人的价值观，越往阅读量和粉丝数的金字塔尖走，价值观被扭曲得越严重。以至于有人说，粉丝超过百万的大号，已经很少有像六神磊磊这样三观很正的大V了。在自媒体达尔文主义的弥漫下，王利芬不过是轻度患者，被批评后还知道自己错了，知道道歉，开放微博评论接受最尖锐的批评，吸取教训。而很多人根本意识不到自己有什么错，就像被指责洗稿的周冲那样，回应六神磊磊时通篇写满不服：我错了吗？我错了吗？我错哪里了？

社会达尔文主义是一种可怕的状态，这种价值观把动物界的适者生存、优胜劣汰、弱肉强食、胜者为王的丛林规则嫁接到人类社会中，对弱者没有同情，对败者没有怜悯，对贫穷没有关怀，对失落者没有关爱，鼓励自私和不平等，用某个单一的标准去度量进步，张扬血腥和暴力中的血淋淋竞争，没有人性视角。看当下的自媒体舆论场，自媒体达尔文主义是一个多么恰如其分的概括：弱者被嘲讽为"穷逼"，仇穷成为一种流行，老人孩子被正义凛然地踩踏，歧视被俏皮恶搞所建制化，死者被毫无心理障碍地消费，流量被肆无忌惮地当成王者。

杰里米·边沁是功利主义的鼻祖，他对很多道德哲学家所奉为圭臬的自然人权观念完全不以为然，嘲讽为"踩在高跷上的废话"，他认为道德的最高原则就是使幸福最大化，使快乐总体上超过痛苦，快乐是我们至高无上的主人。迈克尔·桑德尔在《公正》中对边沁的功利主义有很多批判，书中提到了功利主义在捷克的一个案例。由于担心吸烟使医疗费用不断攀升，捷克政府考虑提高烟草税额，而烟草公司的研究称，吸烟给政府带来的收入要远大于支出，原因在于尽管烟民在世时会在预算中花费更多的医疗费用，可他们死得早，因此能在医疗、养老金以及养老院等方面节省很多费用。——这就是功利主义典型的思维方式和计算方法，这个得失分析引发公众强烈抗议，一名评论员这样写道："烟草公司过去常常否认烟草能够杀人，可是现在他们却为此吹嘘。"

这样的功利主义思维在自媒体舆论场上被演绎到无以复加的地步，王利芬的表达只表现出一个侧面，实际上这是很多自媒体通行的计算方式，无论如何，"10万+"是自媒体的硬通货。前几天看到咪蒙在新榜大会上发表题为"爆款方法论"的演讲，开口就是："近几个月我们做了什么呢？第一个是'刘鑫江歌案'做到1470万阅读量，'携程亲子园'是1400多万阅读量，还有榆林产妇事件，当时也是1200多万阅读量。"——你看，她只会谈"刘鑫江歌案"的1470万阅读量，不会谈事实和真相，不会谈那篇创造了她近期公众号阅读量纪录的《法律可以制裁凶手，但谁来制裁人性》文章制造了多少谣言，传播了多大戾气，带来多少伤害。只谈榆林产妇事件1200多万的阅读量，不会反思自己粗暴的判断与后续报道的事实有多远。

在极端功利主义者和自媒体达尔文主义者眼中，一切都是流量猎物罢了，哪有什么正义和三观。不过，自媒体达尔文主义者终究也会被这种当下从中受益的意识形态所害，哪一天丢人现眼的时候，会成为跟自己一样狰狞者的流量猎物，这就是自媒体达尔文主义的生态链。

（微信公众号"吐槽青年：曹林的时政观察"2018年1月27日）

洗稿洗得理直气壮，周某的资本不只是不要脸

自媒体江湖刀光剑影，六神磊磊怒怼"周冲的影像声色"，新年第一撕煞是精彩。从六神磊磊的《今儿就从头彻底扒一下周冲，看是什么成色》罗列的证据来看，周冲显然洗稿了。"洗"是一种遮掩的话术，其实就如传媒法学者魏永征所言，涉嫌抄袭，名"洗"实"剽"。周冲的《面对漫天非议，我愿接受所有合理批评》，是我见过的最差劲的回应了，她并没有否认那些洗稿指控，而用了一种极为拙劣的自我洗白逻辑：已经解决的事儿干嘛提呢？那些我都是付了洗稿费的（她的表达是"被洗文字的稿费"）。

"洗稿费"应该是周冲的一大发明。以前洗稿者都知道这是件丢人的事，偷偷摸摸遮遮掩掩地洗，现在竟可以公然谈"被洗文字的稿费"了。这样的脏概念，见证洗稿已经到了多么不要脸的地步。

以往洗稿后被作者追上门后，周冲是怎么"解决"的呢？对这个指控其洗稿的作者说声"多多体谅"，然后发个170元的红包，说这是"洗稿费"（言下之意，洗洗睡，别闹了）；对那个找上门来的作者说声"老师辛苦了"，然后付个140元的洗稿费。么么哒，欢迎成为我们的作者噢。从其不以为耻、反以为"光荣和解"的截屏聊天记录看，最高洗稿费好像就只400元。400元啊！洗有洗德，还算厚道，没给作者开个250元。周冲似乎很委屈，我都付了被洗文字的稿费了，你六神磊磊怎么还提那事啊？

从这个逻辑就可以理解，为什么很多人洗着洗着就洗成"洗稿惯犯"了，

因为洗稿成本太低了——洗一次140元，高一点170元，最高400元，这么低的"剽资"（剽窃之资），不洗哪有天理。佩服有些人的脸皮，能脸不红心不跳地创造出"被洗文字稿费"这样的龌龊概念，并好意思开那么低的稿费。（洗的是别人的思路角度，却只按文字计费？洗了别人的稿，难道不是赶紧删文、道歉、赔偿，并吸取教训不再洗稿吗？）自己洗一次稿的收益是迅速的"10万+"、数万点赞和几十万广告费，却只愿给被侵权作者140元。从她的委屈看，她误以为付一点洗稿费，就等于把那些洗稿污点都已洗掉了，仿佛从没发生过；她更误以为，既然付了钱，那些文字从此就是自己的了，付洗稿费了还能叫洗稿吗？

理解那些作者为什么接受这种在我看来近乎侮辱性的洗稿费，让这种"号大欺人"的主儿从身上拨根毛，已经很不容易了。自媒体江湖洗稿成风，维权很难，对簿公堂会面临各种困难——取证难，鉴定难，判决难，执行难。人家"号大"，又能颠倒黑白，拖下去对作者一点好处都没有，嗯，差不多就算了。正是这种"差不多就算了"的心态，惯出了那些"洗稿惯犯"的毛病，盗别人的创意，洗一下收益巨大，代价却只有140元，不会身败名裂，无须删文道歉，不必赔出痛感，干嘛不洗啊。

洗稿成本太低的另外一个表现是，再无耻的洗稿行为，都会有脑残粉托底辩解。所谓脑残粉，就是无论你犯什么错都会脑残地支持，这种无原则的站队会让洗稿者形成一种幻觉——我错了吗？我错了又怎样？说来很惭愧，我就错了！从而有恃无恐变本加厉。自媒体舆论场的变态就在于，一个人在网上稍微有了点名气，便会聚拢一批脑残粉，无论"偶像"犯多大的错，都不乏脑残粉的辩护声。别说洗稿了，就是酒驾、打人、嫖娼、吸毒，留言中都是蝗虫般的脑残辩护——你知道他有多努力吗？你们想红想疯了吧？宝宝犯一次错还真不容易，宝宝不哭，我们挺你，敢于认错，还是优质偶像。

就拿周冲洗稿这事儿来说，无论如何，连周冲自己在回应中都承认洗过稿件，但看看她公众号下的那些留言吧："1. 接过扔来的石头，建成堡垒，加油，挺你。2. 加油，谁说你只有一个人，还有我们呢。3. 很多公众号也窃取过你的文章，但从未见你抱怨，且不说花露水的文章论据根本不堪一击，单从姿态来说，反衬他就是一跳梁小丑。4. 真的是理智又不卑不亢，喜欢这样的你。5. 明显在欺负人，那个叫什么磊磊的就不能光明磊落点。6. 感觉很搞笑，六神磊磊还好意思说自己原创，看不得别人阅读量比自己高就这样，真是没品。"

是不是立刻能想起《天龙八部》中的星宿老怪，一出场就是众喽啰齐喊"星宿老仙法力无边仙福永享寿与天齐"。有这么多脑残粉的支持，真看得人热泪盈眶，又怎么会觉得自己错了呢？怎么不理直气壮地死扛呢？很多时候，坑死作者的就是这些脑残粉。我一直认为，脑残粉与脑残作者是互相成就的，有什么样的名人和作者，就有什么样的粉丝，三观不正的文章培养出脑残粉的狂热，而三观扭曲的脑残粉的拥戴又进一步扭曲作者的三观，形成格尔兹所说的"内卷化"。一个以文字为生的人，最怕什么？最怕被读者抛弃，可当无论做什么总有脑残粉兜底时，就可以无所敬畏了。

最后一方面的问题是，"阅读量为王"的自媒体恶劣风气惯出来的毛病，拉低了这个场域的价值底线。无论如何，总有"10万+"在遮丑，这里的规则是：笑"无人关注"而不笑偷，笑"理中客"而不笑偏执癫狂；崇拜花言巧语的瞧不起讲道理的，只要能变现就是有本事，阅读量可以遮百丑，三观越不正打赏越高。你看看这个榜那个榜，哪个会把美誉度和三观当回事呢？都是以流量为王，按阅读量排座次。在商言商，广告主才不管你洗不洗、剽不剽、腥不腥、骚不骚，能给自己的产品带来高曝光量就是投资对象。这也正是洗稿者可以藐视批评、可以厚颜无耻的地方，越骂我越红，只要不影响阅读量，其他都随便。"入鲍鱼之肆，久闻而不知其臭"，"10万+"扭曲着这些人的心灵和三观，拉低了人的价值底线，道义和规则被踩在脚下。

看看某些人，现在的面目是多么的狰狞，忘了自己也是寒门小作者出身，靠公众号赚了点钱便一副暴发户嘴脸，恶怼家乡60多岁的老社长，欺弱媚强，恶对前来维权的弱势作者；攀附只对她的作品说了句"呵呵呵呵呵"的名人，踩踏弱小，谎言连篇，满身戾气。论法，洗稿违法；论理，蛮不讲理；论德，失去一个作文者应有的文德。

　　周某人不知道，她正是被那些轻易接受了自己140元洗稿费的人给害了，觉得洗个稿太无所谓了；被公众号留言中"真的是理智又不卑不亢，喜欢这样的你"之类的脑残粉给害了，沉浸在女神和大师幻觉中；被自己所热衷的、带来巨大收益的阅读量所害了，认为有了流量，做成大号，就可以无所忌惮为所欲为。从这个角度看，六神磊磊怒怼周冲，这才是自媒体真爱。教蠢坏做人不是六神磊磊的义务，但六神磊磊担当了这样的义务，狠泼一盆冷水，醒醒，知道洗稿是一件多丢人的事，别有点小名气就不知道自己是谁了。

　　　　　　（微信公众号"吐槽青年：曹林的时政观察"2018年1月29日）

只追求让自己舒服的阅读，所以你毫无长进

2017新年第一天，与朋友分享我对读书的一点感悟，分享一种"付出成本"的阅读。"付出成本"有两个层面：其一，真正有附加值、有营养的信息，需要花钱去购买；其二，真正能给你带来收获的阅读，需要你身心的专注投入。

信息过剩到让人厌倦的地步，但我一直认为，真正有价值的新闻信息仍是稀缺的。而那些真正对我们有价值的信息，需要我们付出成本。成本的一个重要层面是，通过付费获得优质的新闻产品。互联网惯出了免费阅读的毛病，但新闻生产是需要成本的。不能一边抱怨有价值的新闻越来越少，深度调查越来越萎缩，新闻越来越垃圾化，一边却不愿为那些追踪事实、开掘真相、深挖独家新闻的生产者支付哪怕一毛钱。

媒体的责任是生产优质新闻，读者的责任是花钱支撑生产者——不是心安理得地享用免费午餐，而是花钱买报纸去支持原创，付费才能看到高质量的新闻，让生产者而不是复制者受益，才能激励生产者生产高质量新闻。不去支持报纸，而是手机点击和浏览从传统媒体转载的新闻，是纵容着媒体业的不劳而获，支撑着"生产者为转载者打工"的不平等分配格局，在打击生产者积极性之下推动着新闻质量的低劣化。

"付出成本"的另一层含义是，阅读是需要专注投入的，跳出熟悉区和舒服区，坐冷板凳花费时间硬着头皮啃一些"对自己而言陌生、专业而难读

的东西"。有两种阅读方式，一种是消遣娱乐，翻翻看看，满足感官愉悦，知道就行了，乐一乐，完全不用费脑子；一种是带着思考寻求知识的专注阅读，读一些系统化理论化的经典，探索未知领域，沉浸于其中获得知识。前一种阅读其实算不上阅读，只是浅层的信息消费，后者才是能带来知识增长的思想训练的阅读，坚硬的阅读。这种坚硬的阅读，需要你能抵抗热闹的诱惑，能排除"功利"和"有用"干扰，能克服那种刚开始读不懂就想放弃的惰性，要沉浸于其中，要一边读一边思考，而不是被动地被别人的思想所灌输。

有一句话说得太好了，如果一辈子只读你读得懂的书，那你其实没读过书。如果永远只看合乎你想法的书，你永远只会知道你已经知道的事。现代人的一个问题是，太追求让自己舒服的、不费劲的阅读，把阅读当成一种休闲娱乐，于是那些碎片化、随机化、标题化的手机浅阅读成为流行病，这种浅阅读当然不会让人获得营养。要想从阅读中获得价值，有必要付出专注的成本，别总指望一分钟让你明白、一张图让你了解、一条微博让你掌握——你不费成本获得的信息多是垃圾。花10分钟深入地读一篇报道，了解事件的前因后果；花半个小时弄懂某个一直困扰的问题；花一个小时读一篇严肃的、需要主动投入逻辑思考的文章。没有用心用脑的投入，你就不会从阅读中获得价值。

阅读就是阅读，是需要全身心投入的。有人把阅读分为浅阅读和深阅读，虽做不到深阅读，但起码可以浅阅读吧。其实阅读并无深浅之分，浅阅读就是白读了。我们常有这样的感觉，翻一本书，随便翻翻，没有用心边读边思考，过了一段时间再去翻，一点印象都没有了，完全不记得读过这段——虽然某句话下面还用笔划了，可那是自己划的吗？怎么完全没印象了。别沉浸于浅阅读的幻觉中了，没有付出成本的浅阅读，等于白读了。

看过一个朋友这样教育他的孩子，在他孩子10岁时，他对孩子说："每天看五分钟'中国好声音''非诚勿扰'之类的节目，坚持10年，你仍将是一无所知的废物。每天5分钟，读一点经典，学几句法语，同样10年，你将有一技之长。"——将"中国好声音"和"名著经典"对立起来,有点极端,看书看累了看看"好声音""好歌声"什么的,没什么不好。不过是一种提醒,不要陷入那种消遣性、消费性的浅阅读中,如果你的阅读建立在这种微信鸡汤、微博段子、电视娱乐、知音故事会、手机碎片化浏览基础上,坚持10年,你必然是一无所知的废物。

白纸黑字是一种知识和信息生产的仪式,严肃的阅读,也需要一种仪式感:静心、孤独、专注、啃的心理准备。

(微信公众号"吐槽青年:曹林的时政观察"2017年1月1日)

第二辑 暖评

原先并没有想到,在我所有的评论中,读者最爱看的竟然是这些"暖评"。也许自媒体中涌动的负能量太多了,人们整天目睹着不公、阴暗和丑陋,需要温暖去疗伤。暖评不是唱赞歌,不是回避丑陋,不把负面当正面,而是从常情常理常识中找到阳光,在人们陌生、麻木和无感之处觅得暖意。我想通过这些暖评告诉朋友们,批评中也能汲取到温柔和暖意。

马云也是暖男

"暖评"专栏开篇,编辑让我报个题目,正好看到一条新闻:"马云提议浙商给自己定四条纪律:不行贿、不欠薪、不逃税、不侵权。"我觉得这虽不是豪言壮语,都是商人该有的本分,难言什么感动,但在当下如真能坚守也是一种温暖。便跟编辑说想写这个题目。

编辑给我回复说,这些都是商人应遵守的法定义务,建议再找找其他选题。我知道编辑是想让我找那种有着优美道德剪影的温暖故事,故事里要有牺牲、奉献、磨难、坚强,尤其是平常人做不到的超越品质。但我觉得,头顶商界精英、青年楷模光环,在年轻人中有着巨大感召力的马云,能倡导"不行贿、不欠薪、不逃税、不侵权"的价值观,对社会也是一种正能量。这种能量也许算不上多温暖,也不会触动人们感动的神经,却有一种很强的现实针对性。

不错,从不行贿、不欠薪到不逃税、不侵权,这些都是商人的本分、法律规定的义务,甚至是底线,可当下最大的社会问题,就是这些本分、底线和起码的职业精神被掏空了,一面在唱着高调,一面却在失去底线。

我们的心灵需要温暖的滋养,需要正能量的支撑,需要积极、阳光、感动的滋润。但寻找温暖能量的支撑,要从道德神坛和高调上走下来,从底线、平凡、地气中去打捞和发掘那些本分的精神,从中去汲取温暖的养分。诸种温暖人心的力量中,本分也许最不起眼,最难打动人,对于现实却最需要。

温暖不是用来观赏、仰视和消费的，而是在激发共鸣共情后去让大家共同行动，从而让这个社会变得更好。

另一条新闻坚定了我的想法，媒体报道了这样一位老师："河南大学古典文学老师常萍，不出书、不发论文、不申报职称，专注教学30年，退休时仍是讲师。学生赞她是'口碑教授'，课堂堂堂爆满，有人驱车数百公里只为听她一节课。"一家媒体把这条新闻放在"暖新闻"中，到底是什么在温暖人心呢？也是本分。老师老师，最本分的事本来就不是写论文和评职称，而是好好教书育人，把课讲好，教学是老师最本分的事。可最本分的却成了最稀缺的——我们需要通过赞美这种本分去让老师们回归本分。

那个被网友称为最帅的良心油条哥，不用有害的复炸油去炸油条，而是用健康的油向顾客提供健康无害的食品，这也是本分。抵制生活中的各种诱惑，坚持做本分的事，向别人传递本分的力量，社会需要像马云这样"不行贿、不欠薪、不逃税、不侵权"的暖男。

最近一个叫"白衣奶爸"的儿科医生写的文章也温暖了很多人。新年之际，他收到了去年医治过的两个宝宝发来的新春祝福，他与读者分享了他收到祝福的喜悦。看他写的故事，也并没有多少感人至深的事迹，他只是在尽一个医生的本分——对病人的耐心和对治病救人的责任感。

这可能也是我写这个"暖评"专栏的定位，我不是来向读者兜售心灵鸡汤的，不是来卖弄抒情煽情文艺腔的，不是报喜不报忧，不是带着放大镜去寻找感动、阳光和美好，不是通过粉饰和回避去营造正能量的幻觉，而是通过发掘那些被我们忽略的、漠视的本分价值来传递积极向上的力量，通过面对真实去寻找温暖的支撑。

我们会在"暖评"中致力于去发掘那些有温度和人情味的东西，以温暖的视角看待这个社会的美好。

(《中国青年报》2016年1月15日)

不要用诗意美化苦难,那是咬牙活着的灵魂

一个女生让一个节目火了,一个节目让唐诗宋词火了。在这追逐热闹和流行的浮华背景中,40岁的河北乡村妇女白茹云传递了一份超越诗词本身、让人肃然起敬的安静能量。她让我们热泪盈眶的,不是她读的诗,不是泥土上的文艺追求,不是她的悲情和苦难,而是她咬紧牙关的灵魂,咬牙活着的坚韧。谈起自己的重病和艰难治病经历,她淡定乐观;说到弟弟的重病时,她却哭了。她的诗词素养,是在给重病弟弟读诗时,自己一个人在医院里打发孤独缓解病痛时积累的。

网友的这些留言是发自肺腑的感动,有的说,"热爱生活的样子真的很美";有的说,"诗和田野你都有,真正活出诗意的女子";有的说,"这个一定要转,转给那些轻松筹款轻松敛财的人看,转给那些觉得老天就是亏待我的人看,这样活下去,是这个世界上最大的诗意";有的说,"最敬佩这种生活艰辛但仍有诗和远方的人"。

我并不喜欢人们用诗意去美化她的苦难——家境清贫,病痛折磨,现实沉重。苦难就是苦难,一点诗意都没有。"诠释了真正的诗意""把日子过成诗"这种评价,纯粹是文艺小清新的无病呻吟,是他者千里之外站在云端的诗化逻辑和鸡汤思维。诗是诗,苦难是苦难,白茹云用沙哑的声音吟诵诗句,并没有遮蔽她经历的苦难,只是她咬紧牙关活下去、让自己多点儿精神支撑的一种方式。在她的生命中,诗并无其他,只是如你我正常生活的一部分,

她从容地读诗,走上电视的舞台,只是为了让自己跟平常人的生活一样,不想别人以"看一个身患重病的人"那样不正常的眼光看她。

这不是一碗鸡汤,并没有诗意,而是一种让人肃然起敬的生命韧性。活着,无论如何都要活着,活得从容和漂亮一些。当人们都觉得身患重病的人是怎样一种形象时,她活出了另外一番形象。舞台上的白茹云从容淡定,淡定地谈着别人听起来很可怕的病痛,不介意自己的穿着与其他选手的差别,不介意什么颜值,没有晋级却觉得自己很完美。这种淡定是装不出来的,而是咬紧牙关坚持走过来的,是痛而不言,是经历过绝望折磨后的新生。这种淡定,当然也不是什么诗意,不是读诗带来的。恰恰相反,因为她的淡定和坚韧,她才会去读诗。她热爱诗词,是因为诗词陪伴她经历过生死。

舞台上的她淡定如水,比一般选手更放得开,笑得比一般人更放松,主持人如果不提醒,她如果不说,人们根本看不出她的身份和经历。生活,谁比谁活得更容易呢?只不过有人呼天抢地,有人紧锁眉头,有人笑着面对,经历着苦难的她也许更明白这个道理:喜欢微笑,并不表明自己现在过得很好,而是知道,只有微笑,以后才会过得比现在要好。

"生活不只眼前的苟且,还有诗和远方。"——去年这个时候,这句流淌着诗意和想象的歌词很是流行。当这句话从一个没有经历过苦难、生活无忧的人嘴里说出来时,充满着小清新、小文艺、小中产的骚,洋溢着虚伪、矫情、轻浮、说教、无病呻吟的鸡汤味。没有什么比经历更有说服力,白茹云微笑着讲出她的故事,微笑着吟诵那些动人的诗句,比一万句"生活不只眼前的苟且,还有诗和远方"有力万倍。

"人生得意须尽欢。""蹴罢秋千,起来慵整纤纤手。""多病所须唯药物,微躯此外更何求。""归去,也无风雨也无晴。"——其他人是生硬地背这些诗词,而她是用心去读,去生活,去咬牙坚持。

这不是一碗热腾腾的鸡汤,不是一个供人学习的榜样,而是一个需要我们静心聆听、用心体味的故事。是的,生活和苦难没有诗意,就是一种永恒的、沉重的努力。

(《中国青年报》2017 年 2 月 10 日)

那个写给外婆看的公众号让我泪流满面

有个朋友的公众号文章,基本上每篇我都会转到朋友圈。她讲的故事感动了我,让我愿意传递她的暖意。

她在业余时间做的这个公众号,纯粹就是为了关爱和陪伴老人。我问她办这个公众号的初衷,她的一个问题就戳中了我的内心,让我差点落泪。她说,你知道为什么很多老人容易被上门传销的小姑娘骗吗?因为那些小姑娘能陪伴他们。

一开始办这个公众号,也许只想给家里的老人看,特别是含辛茹苦养大她的外婆。她现在提起那个场景时仍会流泪,读书时每年假期回老家,外婆就一层层摊开她那块洗破的手帕,拿出早已准备好的皱巴巴的钱给她。结婚后为了育儿着急买房的时候,八十多岁的老外婆竟然把准备的"棺材钱"都掏出来帮着买房。为了报恩,她在读研的时候拼命地兼职赚钱,有一年每天只睡三四个小时,只为了存钱给外婆买东西。她比同龄年轻人积累了很多给老人购物的经验。

她现在每年回老家,都会尽量留在家里去陪伴等了自己一辈子的老人。但她知道,一年这几天的陪伴时间,对老人是远远不够的。陪伴是最长情的告白,牵挂是最温暖的承诺,这个公众号,就是一种长情的精神陪伴。

在公众号中,她介绍国外老人丰富的生活,86岁登山刷吉尼斯纪录的奶奶,就因为会臭美,一个满脸皱纹的奶奶刷爆了"歪果仁"的朋友圈;她推荐"无龄感"这样的新词，说一个被年龄追着跑的人很累；她推荐很多适合老人看的电影，教老人怎么把羽绒服穿出时尚感。她知道，外公外婆爸爸妈妈会读她写的和推荐的每一个字，她也知道，他们会在自己的朋友圈里转这些文章，温暖更多的老人，也让更多的年轻人去陪伴和关爱身边的老人。

让我感动的地方，不仅有她对老人细微情感的洞察力，更在于她身上那种"老吾老，以及人之老"的情怀，她把对外婆的爱扩展到对一个群体的关爱中，用新媒体的方式去温暖更多的老人。

曾经有朋友想帮她把公众号做成媚俗的、涨粉快的营销号，她拒绝了，她说，她不在乎有多少粉丝，如果看到有同龄朋友、中老年朋友竟然会转，就觉得开心，成为自己做下去的动力。

她说，很多年轻人其实都想关心老人，但关心的前提是了解他们。每次接父母电话，我们其实都挺没有耐心，不知道跟他们聊些什么。这个公众号也是让同龄人知道我们的父母在想些什么，他们需要什么，他们应该怎样过他们更积极的生活，而不是不知道聊什么匆匆地很尴尬地挂了电话。

我尤其感动于她在微信这种新媒体上展现老人积极生活的努力，用年轻人的话语权为在新媒体上缺席的老人代言。

这种温暖的情怀让人充满敬意。

(《中国青年报》2016 年 1 月 22 日）

亲爱的你谈起春运时不再是谈悲情

看到这几天媒体在讨论"高铁上泡面会不会影响其他人"的话题，一个好友发朋友圈说，这是一种进步——我很不解，为泡面问题"撕"得面红耳赤，这怎么就进步了呢？朋友一番话就让我服了："你看，以前春运在讨论什么问题，而今天在讨论什么？"以前都是一票难求的怨愤和悲情，深夜寒风里排长队买不到票，千里冒险骑摩托回家，一路站回家挤回家的痛苦，媒体上充斥着这种"买不到票回不了家"的春运悲情。

可现在的春运话题不一样了，已经从当年悲情焦虑地抱怨"一票难求"，悄悄变成了讨论在高铁上吃什么、如何吃得更好、环境如何更舒适的问题——话题的变化折射的是需求的提升，当"一票难求"问题得到极大缓解后，人们对春运的需求已经从"跪求一张回家的票"变成"能不能让我们的归途更舒适"。

春运到来时我们还在谈论春运，但我们谈论春运时的话题和情感在悄然变化。是啊，从这个角度看，确实是一种进步。讨论什么样的春运话题，讨论某个话题时的集体情绪，背后都隐藏着深刻的变化。

当谈论春运时你在谈论什么？以前浮现在我们脑海里的可能都是一些负面标签——买票难、黄牛党、拥挤、服务差、如厕难、人山人海、艰难、麻烦——这些标签拼凑出一个悲情的春运画面，让我们提起春运就头疼，快到春运时就各种焦虑。而如今我们对春运的想象在悄悄发生变化，悲情在被快乐、温暖和回家的幸福感所替代。

媒体的报道直接反映出这种变化,以前这个时间翻开报纸打开电视,有关春运的新闻很多是负面的、沉重的和愤怒的,买不到票的悲情,对黄牛党的控诉,骑摩托回乡的艰辛,拥挤把农民工逼疯,如厕难把人憋病,等等。如今媒体上已经很少有这种新闻了。

虽然媒体和网友仍在批评铁路部门,逢铁路必骂,但批评的话题已悄然发生变化,不再是义愤填膺地发泄买不到票的愤懑,而是转移到对服务细节的不满,抱怨为什么没有更便宜的快餐、为什么不让泡面、为什么没有更体贴的服务。铁路部门应该理解公众的这种批评,"一票难求"虽然得到了极大缓解,但人们的春运需求已经远不止于回家,而是更舒适、更快乐地回家。

千里骑摩托车返乡的春运场景仍然出现在媒体上,但已经从当年的悲情,变成了今天的温暖。不再是底层返乡者充满悲情和危险的孤独背影,多方的合力参与让骑行返乡变得温馨。中石化中石油在旅途上为他们免费加油,铁路部门为了缩短他们骑行回乡的路程和减少危险,免费提供摩托车托运和回家的车票。从悲情到温暖,这一幕也许最有代表性。

这种变化,确实体现着这个社会深刻的进步,尤其是交通领域的巨大进步。一代人曾深深纠结和耿耿于怀的"一票难求"问题,已经在高铁的大发展中得到了极大缓解——深陷于"一票难求"中是无法奢谈其他需求的。如今不能说每个人都能轻易买到票了,无法回避一些热点路线和高峰期仍存在"一票难求",可正常的交通运力永远无法满足春运这种人流大迁徙的非常状态。高铁极大地增加了运力,缩短了城市间的距离,提高了旅途的舒适性,再加上实名制加大了黄牛党倒票的难度,还有服务理念的提升,社会对一些问题的合力解决,使悲情不再是春运的底色。即使是一个人的旅途,朋友圈里的分享和互动也让归程充满温馨。

当然还有人们观念的进步,春运到来时不都是挤着回家,而有了主动的分流,有的留在工作的城市,有的把父母接过来,有的举家到温暖的南方度假,有的到国外过年,有的借着这长长的春节假期去旅游——穷时别无选择,当富起来的国人有了更多选择的时候,春运也有了更多的另类温暖记忆。

亲爱的你谈春运时不再是谈悲情,悲情春运成为历史,我们都松了一口气。我们终于可以不必沉重和焦虑,而是在谈到春运时谈诗和远方的家,谈亲爱的旅伴,分享旅途的美丽风景和对面女孩的微笑。

(《中国青年报》2016年1月29日)

5毛钱红包凭什么让人觉得骄傲

这个刚过去的春节，你可能收到和发出大大小小的各种红包，千儿八百的，一两百的，百元似乎已经成了当下社会的红包基本单位，其他面值的都不好意思往红包里塞。礼多人不怪嘛，好像红包越大越让人温暖——无法想象，如果打开红包，里面竟然是5毛钱，你会是怎样的表情！别开玩笑了，这个时代哪里会有5毛钱的红包？微信红包吗？

前段时间去山东淄博出差，听《鲁中晨报》的朋友说，当地临淄区凤凰镇南太合村有个已经三十多年的规矩，红白喜事，除主家直系亲戚或平时与主家相交甚好的亲朋，一般乡里乡亲统一都收5毛钱礼金。如果没零钱，给50元也会找回49.5元。

听到这个故事，你一定会觉得太不真实了，太像一些杂志煲出来的鸡汤传说。但真不是传说，当地好几家媒体都报道过这个村的故事。虽然礼金少，但乡亲们之间并没有因为随礼少而变得生疏。虽然也有一两名村民将礼金涨到两元，但事后遭到异议，后来就再没有人破坏规矩，5毛钱的礼金成了他们村最大的骄傲。

单听这个故事，你可能不会觉得这个5毛钱红包有什么了不起，甚至觉得古老而刻板，如果听到另一个故事，你就能感受到5毛钱红包所包含的暖意，并对这种规矩肃然起敬。据武汉媒体报道，一个本打算过完元宵节再上班的白领余小姐，被黄冈浠水老家的发红包习俗吓到，连夜逃回武汉躲清净。

各种必发的红包得 1 万多元，可她月薪才 4500 元。

不要以为压力只在发红包的那一边，收红包的一样有压力，因为人情总要还的。结婚时收到人家多少红包，都要记下等着还。孩子收的红包，大人给别人家的孩子还。你以为给别人一个大红包给的是温暖，是对别人好，其实传递的是压力。红包本是礼仪，却在攀比和哄抬中越来越成为一种互传压力互相伤害的陋俗，增加着现代人的焦虑和压力，制造着浮华、虚荣和庸俗。理解了这种浮华的压力，就能理解那些淳朴的村民坚守 5 毛钱红包的意义，他们是用 5 毛钱的刻板规矩抗拒人性中无法自制的虚荣攀比和人情文化难以避免的异化。

很多有孩子的人可能都有过这样的纠结与尴尬，过年带孩子去朋友家玩，朋友家也有孩子，互相给孩子发红包，这时候红包给多少呢？如果给 500 元，但朋友给的红包是 800 元，会觉得很丢面儿，也觉得失礼。如果给 1000 元，可朋友给的是 800 元，会觉得让别人尴尬和难堪，给别人压力了，别人下一次肯定也会给 1000 元，甚至是更高来补偿上次的不对称尴尬——那你下次怎么给呢？变成一种类似"囚徒困境"的"红包困境"。人情就是这样，红包只会越来越大，而不可能变小。久而久之，越来越成为负担。很多时候不是钱多钱少的问题，而是算来算去给多少才不"失礼"和"合宜"的精神负担。于是，在这种困境中，红包从物质和精神上极大地抬高了人们的社交成本。

红包问题只是这个社会的一种隐喻，很多社会问题都是像红包困境这样形成了一种死循环，人们本身并不愿意承受这种压力，却被一种强大的力量拉进那种互相传递压力的死循环中，像上了发条一样，根本停不下来。人们困于其中，却无法挣脱。吃喝之风，是互相的吃请所哄抬的；择校之风，某种程度上源于家长的虚荣攀比——以为孩子好的名义，什么都选最好的，以对别人的好来感动自己，其实只不过是把自己的焦虑和压力传给了孩子，并传给了其他家长，其他人再把压力反传过来，最终变成一种让每个人无法挣脱的社会压力。每个人都深陷其中，是问题的一部分，每个人却又都把矛头指向别人；每个人都知道是问题，却又无力摆脱和解决，只能在抱怨中增加社会戾气，集体无意识中形成死循环。

这就是为什么我觉得5毛钱红包让人温暖。一句名言说得好，鱼群从来不会为反对捕鱼业而团结集体斗争，它们只是想怎么从网眼里钻出去。5毛钱红包，就是一种尝试超越人性弱点而寻求问题突破的努力。

(《中国青年报》2016年2月26日)

做一个让人安静的平静讲理者

围绕"上海女"和"江西男"的话题争论了整个春节假期,众多评论和分析文章中,我觉得陆晓娅的那篇文章《上海女生的文化休克和知识青年的精神休克》无疑是最好的,既有知识和经验的附加值,更在这个争议话题激起的一片喧嚣和敌意中给人心传递了安静的能量,让人静静地思考,让人在一个撕裂的话题上有了宽容和理解。这篇文章谈的虽是一个人年轻时的痛苦经历,甚至是一代人的身心伤痕,却能通过耐心的叙述和理性的分析向躁动的人心传播一种静能量,文字让人充满暖意,涌动着思想的暖流。

上海女生跟江西农村男友回老家,震惊于贫穷而一顿饭后就逃离——"上海—江西""城市—农村""城市女—凤凰男",这个故事中带着天然的对立和撕裂,很容易让人陷入喋喋不休的标签口水战中。可撕的点太多,以至于让很多人怀疑这是一个营销和炒作者设置的话题。舆论场上本就涌动着关于地域、年龄、城乡、代际等一触即发的情绪冲突,这个话题像火星一样,将这些情绪全部点燃,舆论场上一片战火,评论文章各种站队,地方媒体的加入更像火上浇油一样,向人心输送愤怒、对立和敌意。

一片吵闹和戾气之中,这时候,陆晓娅的文章让人安静下来。

这篇文章并没有回避问题,但不是停留于那几个容易让人愤怒的标签,而是向文化冲突和历史深处去寻找答案。她引入了"文化休克"这个概念(指一个人进入到不熟悉的文化环境时,因失去自己熟悉的所有社会交流的符号与手段而产生的一种迷失、疑惑、排斥甚至恐惧的感觉），认为这个上海女生经历了文化休克——她没有纠缠于讨论上海女生，而是讲起了自己年轻时所经历过的文化休克。陆晓娅15岁就到陕北插队，当过赤脚医生、生产队会计、大队妇女主任，她所叙述的文化休克经历，不仅看到了知识青年当年接受贫下中农再教育的真实心路，更让读者了解到上山下乡的真实历史、土窑洞中的各种shock、忆苦思甜时听到的真相，目睹逃荒时的心理冲击，苦闷、感到没有出路时被击垮的精神世界，以及上世纪80年代读到法国诗人波德莱尔《恶之花》中诗句时被击中的感觉。

读完了陆晓娅的文章，你只会沉浸于历史的深处久久回味，安静地思考那些沉重的真问题，回忆自己所经历的那些文化休克，而不会纠缠于"上海女""江西男"这些肤浅标签中。好文章就是有这样一种力量，让人超越口水而去思考，超越对抗而去理解，超越浅表的吐槽而在心灵深处去寻找共同情感。这个闹腾的舆论场中，我们的情绪常被卷入各种热点之中，被偏激的氛围干扰，被充满撕咬的戾气感染，被不断反转的新闻所绑架，跟着浮躁热点的节奏一起感动、愤怒、热情、无聊、吐槽、讨伐、消费流行语，很少能够安静下来去思考。

我常说，人在热血沸腾、激情澎湃的时候，可能是最脑残的时候，陷入某种受操纵的情绪中而没有了思考空间，失去判断力，而只有安静的时候才有思考的能力。陆晓娅的这篇文章，就在一个可能让人不安的话题上，传递了这样一种让人平静思考的静能量。她保持着知心大姐的耐心和细腻，还有老派报人的深刻和情怀。

这个喧闹的舆论场上，做一个像陆晓娅这样让人安静的平静讲理者，很不容易。流行的快餐文风在降低着人们的思考能力，比如像"上海女"与"江西男"的话题，流行的评论或者是急于去寻找一个"撕点"，站到某个立场去挥舞道德大棒；或者是找到一个批判对象，寻找到一个靶子，去激烈地抨击，用语不惊人死不休的激烈言辞获得病毒般的传播效果；或者是当道德的判官，急于对一件事实还不清楚的复杂事实作出简单的是非判断；或者停留于就事论事，根本没有到历史中寻找答案的智慧和耐心。并不是每件事中都有一个敌人，并不是每件事都是那么黑白分明；然而，流行的快餐文风并不鼓励读者安静和独立的思考，而是急于和乐于把读者带进自己感动、激动、冲动的浅薄情绪中。我们常常看到的是，非理性的评论者让本就不理性的大众进入更癫狂的境地。

陆晓娅擅长心理咨询，是《中国青年报》著名记者。她1991年创办了"青春热线"，通过电话为成长中的青少年提供心理帮助，后来成为这方面的专家。我2004年进报社的时候，陆晓娅快退休了，给我们做入职培训。我清晰地记得，她的培训方法很独特，一个细节是：给我们新记者每人一张纸，让我们在上面写下自己的从业理想，想成为什么样的记者，以及自己的职业规划，然后一个个地用信封装起来。多年后我们都忘记这事儿了，有一天陆晓娅来到我办公室，把这个信封还给我，让我自己去看几年前写的职业规划。

就像那篇深刻的文章，那张白纸和那个信封也是一样，陆晓娅总在致力于给人创造一个安静思考的时空，用她充满情怀的叙述温暖我们的精神心灵。

（《中国青年报》2016年2月19日）

对那些不能理解的大善大爱保持敬意

如果你买彩票中了大奖会干什么？你可能会想到一万种花钱的方式，满足自己平常想都不敢想的欲望。如果中大奖的是个穷人，我们的想象空间可能就更加有限了。最有想象力的人可能都想不到海南电网电工李克恩的选择，买彩票中了20万元，家境贫穷的他首先想到村里那些比他更穷的人，把其中一部分以发红包的方式发给了困难户。

你肯定不能理解，说实话，当我在采访中听到这个故事时，也不是太能理解。

不仅此事，对于这个被称为"电力济公""感动南网"的人身上的很多事迹，我起初都不能理解。比如：15年来，因为工作，他几乎没有离开所在的镇，没有出过一趟远门，担心离开后突然线路跳闸没人抢修（这么不可或缺吗？）。每天巡线直到天黑才回到所里，等用电高峰期后才回家，很少能够照顾到家里，家里有一位82岁的父亲，家务、农活儿都是由妻子操劳（不顾家真的很好吗？）。

作为一个评论员，出于对"宣传拔高"的警惕，我一再追问和核实以确认其真实性。了解的信息越多，越能理解。比如，贫穷的他之所以中奖后分钱给别人，是因为他知道更穷的苦，也觉得不是自己劳动赚来的钱自己花着很不安。他之所以没有离开过所在的镇、不敢出远门，是因为养殖户太依赖电了，一旦停电，虾池缺氧的后果不堪设想。

可能还有很多人用自己的经验和逻辑无法理解这种善——我们能做的，就是对这种不能理解的大善保持一份敬意。我们自己做不到这种善，可以做一个在旁边给他们鼓掌的人，这也是一种善，这种敬意是维护社会道德生态的一个部分。人的境界是不一样的，会处在不同的道德认知水平，总有一些善超出我们庸常的经验逻辑，总有一些善我们不能理解。对那些行善者保持敬意，就是我们的责任。

舆论有一种很不好的风气，就是用世俗、世侩、粗疵的眼光去消解崇高，用自己的庸常和精致的利己主义去嘲讽那些自己无法理解的大善。当看到一种大善和大爱自己无法理解时，不是保持敬意，不是"虽不能至心向往之"，而是质疑动机，想通过质疑、消解和颠覆将那种爱和善拉低到自己的层次。很多事情自己做不到，不是敬佩那些能做到的人，而是质疑别人的动机，恶搞别人的高尚，嘲讽别人的付出，用自己的庸常去度量和矮化那些不平常，在"谁也不比谁更高尚"的媚俗暴力下解构这个时代的英雄们。

我厌恶典型宣传时的拔高和造假，但我也深深地明白，我们之所以不能理解那些真实的大善大爱——不是因为别人假，而是因为我们做不到。我们这些"做不到"的人的责任，就是给那些能做到的人点赞鼓掌。这就是道德生态，这种生态中，并不苛求每个人至善至爱至美，让每个人去做道德圣人的社会是可怕的。但总有一些人比社会平均的道德水平要高一些，甚至高很多，高到用我们的常情不能理解。我们在这种道德生态中的责任就是为超越我们的人鼓掌，这才会形成一个道德水平不断提升的生态。否则，当质疑、消解、颠覆、恶搞之风包围善良时，只会不断拉低整个社会的道德水平。

我在一篇文章中谈到过这种道德生态的层次：人要积极行善，当行动上做不到时，心要向善；当自己做不到时，要对那些行善的人保持敬意，为行善鼓掌也是一种善；最低的层次，你不去致敬和鼓掌，起码不要去贬低、嘲讽和抹黑。这个社会多数人可能都是庸常的，庸常没什么不好，但庸常者不能用庸常的逻辑去度量一切，不能把自己的庸常当成常识。有些人习惯把自己不理解的都当成假的,把自己未知的都当作不存在,自己做不到的都当成虚伪。可人的理性是有限的,对那些不能理解的事物保持一种敬畏吧。

读懂了这些,也许就能对那位中了大奖却把钱发给别人的"电力济公"充满敬意了。

(《中国青年报》2016年4月1日)

朋友圈留几个总跟你较劲儿的人

欧阳是一次听完我的讲座后加我为好友的,但我有点讨厌他,好几次都特别冲动地想把他从我朋友圈里删掉——因为他总跟我较劲儿,常在我享受朋友点赞温暖时给我泼冷水,跟我唱反调。你肯定也烦这种人。

第一次想删除他时,是听完我的讲座后,发微信说不同意我的某个观点——不同意很正常嘛,我耐心听完他的批评并表示了感谢,后来又连续挑了几个毛病,我都觉得是鸡蛋里挑骨头式的较劲儿,便有些反感了。当然,他的批评有一定的道理,但人有这样的缺点,当你对一个人有了抵触心理,就算那人说的每一个字都有道理,也会很烦——而且那人说得越有理你越烦他。在微信朋友圈中,人的这种自负和自闭表现得更为明显,习惯了被点赞包围,习惯被朋友们虚伪、客套和礼仪性的褒奖娇惯着,习惯评论中是一片顺耳之声,任何一点反对声都会觉得非常刺耳

自负自闭本就是人性的缺陷,人性这根曲木,本就造不出笔直的东西——商人创造的微信技术,在充分地迎合、强化着人性的这种"人以群分人以圈聚"的自闭。可以随时拉个群,可以随意把兴趣相投的人加为好友,稍有不满之处,便可以随意地删除、屏蔽、拉黑。微信让人变得偏执,在自己主导的朋友圈中追求一种"都跟我一样""都很喜欢我"的温暖。

那一刻特别想删除欧阳,忍了忍没删,后来他常在我转发的文章下批评我,好几次又想删,也都忍住了——我知道每个人都要警惕自己身上的"网

友"身份,防范自己以网友身份表达时的专断与冲动,网上发言会太快、太轻易地把我们本来不想传播的情绪、未经深思熟虑的想法发出去,"忍一忍"会让自己明智很多。后来习惯了欧阳的批评,常从他的批评中受到启发,成了很好的朋友。我有不少文章写完后,都先发给他看,让他拍砖帮我完善逻辑。毕竟人的智识和理性是有限的,很多时候看不到自己的问题,别人才能看清。

朋友圈里,点赞和支持是一种温暖,而像欧阳这样的较劲儿者,也是一种温暖——他认真看你的文章,并提出批评,让人从另一个角度思考问题。有一句话虽有点粗俗,却颇有道理——"生活中遇到傻瓜怎么办?支持他一切观点,把他培养成大傻瓜。"我们不能在朋友圈软乎乎的、廉价的点赞声中被培养成自以为是的大傻瓜。

诤友,在这个时代越来越成为稀缺品,技术助长着人的自负与自闭,微博上选择自己喜欢的、认同其观点的人关注,微信里稍稍触动了反感情绪立马就屏蔽删除,这使我们营造了一个让自己很舒服的封闭媒介环境,却屏蔽丰富多彩的另一个世界、另一个可能、另一种声音,也让自己的思维越来越自我强化,偏执极端,浑身缺点却不自知。有人说,如果永远只看合乎你想法的书,你永远只会知道你已经知道的事——这就是人心灵的自我封闭。在那个让你很舒服的世界里,你知道的是你已经知道的事,了解到的是十分认同的观点,停留在原点,生活在幻觉中,见识越来越低。

在朋友圈里留几个总跟你较劲儿的人,克制那种"听到批评时的不爽"和"受到挑战时的不舒服",抵制那种随意拉黑"较劲儿者"的任性,冷静下来看,这种诤友是人生的一笔财富。乞丐一定不会妒忌百万富翁,只会妒忌收入比他高的另一个乞丐——这就是坐井观天。微信朋友圈中那些不善于点赞而总跟你较劲儿的人,说不定能打破你的视野局限。

网络和技术提供了一种无限开放的可能,可因为人性的弱点,我们在微信上却把自己关进了自闭的圈子,强化了"人以群分人以圈聚"。一篇题为

《网络让人类思想变得不再开明》文章提到："我们都只在各个窄小的圈子里相互交流，最终可能会变得越来越难以接受新思想，越来越害怕不同于自己圈子的东西。"确实，是应该从那种点赞的温暖舒服中走出来了，在不同中呼吸新思想，汲取新营养，这种温暖也许你很陌生。

(《中国青年报》2016年3月25日)

你跟我一样欠服务员很多表扬

到深圳出差,返京时在贵宾室休息候机,突然听到广播里叫我的名字,到前台才发现我的手机落在餐厅了,她们费了番力气才查到是我的手机。我连说几声"谢谢",回到座位。过了会儿,一个服务员走过来,递给我一张小纸条,轻声跟我说:"不好意思打扰了,曹先生,能否麻烦你给这上面的客服打个电话,表扬一下刚才捡到你手机的那个服务员。"

虽然充满谢意,但这样被要求"打电话表扬",心里还是略有点别扭。她显然看出我的小别扭了,解释说:"请曹先生谅解,其实我们也不愿意提这个要求,不过我们挺缺少这种鼓励和表扬的。我们的态度稍有让乘客不满意,服务稍有不周,乘客就会吐槽和投诉;可如果我们的服务让乘客很满意,比如像刚才这样替你收好手机,很少有人会打电话感谢和表扬的。其实满意的乘客远比不满意的乘客多很多,但因为人们爱投诉,却不爱表扬,让我们有时承受很多压力和委屈。"

几句话让我感到很羞愧,立刻给客服打了一个感谢的电话。是啊,你是不是也跟我一样,欠着别人很多这种表扬。以前听说"求求你表扬我"的故事时都不是太能理解,听了服务员这段话,我理解了她们的无奈。

登机后,刚坐下,就听到邻座一个大叔打电话大声地投诉:"你们太过分了,我是你们尊贵的白金卡客户,刚才办登机牌时我要第一排的座位,你们说没有了,我现在上来了,明明第一排还有空位。别解释,别解释,告诉我你的工号。"这大叔可能误解了,第一排空着的那个位置其实是空保坐的。确实,人们太爱投诉了,稍微遇到一点儿不爽就愤怒地投诉。

有位教授称:"为什么中国空姐要有研究生专业?不就是推个车倒个水吗?"这句话近来引发了舆论热议——这句话对空乘人员真的很不公平,空姐还真不只是"推个车倒个水",这个职业需要有超强的心理素质,一是面对空中各种问题,一是面对各种刁难的乘客。坐飞机的很多都是有着极强维权意识的中产阶层人士,航班延误又常会导致各种乘客情绪,这些都考验着她们的心理。她们的笑容和体贴服务很少受到表扬(看你看书会替你打开阅读灯,看你睡着了会给你盖个毛毯,看小孩哭了会帮着一起安抚),可稍有不周就会被投诉。

乘客下飞机时,乘务长一般都会站在舱门口,一边鞠躬一边对每一位经过的乘客说:"感谢您的乘机。"有人做过统计,这种情况下,很少有人会说一声"感谢你们的服务",甚至连起码的眼神回应都没有,大家都觉得这好像是应该的。我们觉得花钱买机票,享受这些服务是天经地义和心安理得,却没有意识到,我们的关系是平等的,花了钱并不是大爷,感到满意了就应该说声"谢谢",就应该打一个表扬的电话。要形成一个健康的服务生态,绝不是"成全别人、恶心自己",绝不只是服务者的笑脸,也需要被服务者的体贴理解和善意的回应。

我们太习惯把"维权"挂在嘴上了,缺少一份同情的理解;动不动就打电话投诉,却吝于说一声"谢谢",吝于打一个表扬的电话;要求服务人员时刻保持笑脸,自己却板着一张脸,意识不到微笑其实应该是相互的。我们在服务员面前,把自己的缺乏耐心和缺乏尊重表现得淋漓尽致。一个人的素质体现在他对服务人员的态度上(还有人说,男人婚前对待服务员的态度就是婚后对待老婆的态度),我们很多人习惯了对服务人员提各种要求,习惯在服务人员面前颐指气使,还没有学会怎么尊重服务人员,没有学会怎么做一个礼貌的、得体的被服务者。

(《中国青年报》2016年4月22日)

致敬霍金——我从小到大作文里必写的例子

看到霍金开微博引发的舆论热潮，你就不会再怀疑中国年轻人对科学明星的崇拜和追星热情了。霍金仅仅发了两条微博，立刻掀起一场狂潮，无数网友兴奋留言评论，不到一天粉丝量迅速涨到200多万，评论、转发和点赞数有数百万，创造了微博的一个奇迹。哪个明星能有如此高的热度呢？霍金在中国微博上享受到了比当红娱乐明星高得多的待遇。

记得去年屠奶奶得诺贝尔奖后，曾有人拿屠奶奶获奖和黄晓明婚礼引发的关注做比较，批评媒体和网友追娱乐明星的热情远胜过科学明星，冷落了科学家而过度追娱乐明星。现在看来，这种批评是不对的，这种比较也是一种误导，看看霍金微博下的评论就知道，中国年轻人并不缺乏对科学家的尊重和对科学的热情。

很多关注霍金的年轻人并不一定能理解他的黑洞理论，也看不懂他的"突破摄星"计划和"纳米飞行器"，但都知道霍金的传奇且励志的故事：全身瘫痪，不能说话，唯一能动的地方只有两只眼睛和三根手指，其他地方根本不能动。医生曾诊断身患绝症的他只能活两年，可他一直坚强地活了下来，写出了科普名著《时间简史》，证明了广义相对论的奇性定理和黑洞面积定理，提出了黑洞蒸发现象和无边界的霍金宇宙模型，让人类脑洞大开。所以，很多年轻人都给霍金留言说："关注了您的微博让我感觉连接了宇宙，谢谢您为人类作出的贡献。"

中国的年轻人不仅是就霍金的理论贡献向其致敬，更是向其精神致敬。一个网友的留言赢得了数万人的点赞认同："您是我从小到大作文里必写的例子，是我们的榜样。"是啊，我们这代人有几个人的作文里没举过霍金的例子？又有几个人没把霍金作为自己的励志榜样？

这样的留言会令霍金温暖，也能唤起我们这些在作文里一起写过霍金故事的人的温暖记忆。很多这样的励志故事，要么是悲情的，要么是残缺的，要么是沉重的，而霍金是快乐的，始终能给人传递一种乐观向上的韧性，在让人惊叹奇迹时感受到温暖。

从我们熟悉的这些霍金名言中能感受到这种温暖的韧性："虽然我行动不便，说话需要机器的帮助，但是我的思想是自由的。生活是不公平的，不管你的境遇如何，你只能全力以赴。一个人如果身体有了残疾，绝不能让心灵也有残疾。我的手指还能活动，我的大脑还能思考，我有终身追求的理想，有我爱和爱我的亲人和朋友，对了，我还有一颗感恩的心。"

过去，我们只是从霍金的故事和名言中感受他的正能量，这一次他来到了微博上，让中国的年轻人感觉随时可以跟这位科学偶像对话，从他的微博中汲取正能量。一个网友惊呼："妈啊，我和霍金交流了，虽然是单方面的，这将是世纪性对话。"另一个网友说："我感慨世界之大，又感慨世界之小，微弱的连接，就好像用手指轻轻触碰宇宙。"霍金开微博，不仅会掀起一阵追星热和科普热，引起年轻人对科学理论的关注热情，更通过霍金这个符号向微博输入了一种精神。

网友们在霍金的微博下也表现出了可贵的素养和理性，有的说："评论请注意素质，每一句都影响别人对中国的印象。"还有的说："希望不要问教授一些愚蠢的问题，不要拿教授开玩笑。"微博向来鱼龙混杂，可面对霍金时的这种自觉让人充满暖意。在一颗伟大的心灵面前，人们无法不肃然起敬。

（新华网"思客"专栏 2016 年 4 月 15 日）

一万个让别人体谅自己的理由

被一条很小的新闻感动了。

前几天的上海地铁8号线列车上,一对看上去60岁左右的爷爷奶奶带着自己的孙女上了地铁。小女孩一上车就表现得很不舒服,贴着冰宝贴,应该是发热了。然后可能是恶心了想吐,爷爷就把外套脱下来给她吐在里面。看到这一幕的乘客十分感动,将爷爷用外套接孩子呕吐物的照片传到网上,也感动了很多网友。那个乘客说,小女孩也很懂事,最后下车时和爷爷说不要抱,要自己走。

半是感动,半是惭愧——惭愧是因为我可能做不到这种文明,如果遇到这种情况,我可能会急于去照顾孩子,而不会太多顾及吐到地上会给其他人带来多少不便。我会为自己这样做找到很多理由——孩子生病,应该体贴;老人带孩子,应该体贴;孩子吐地上了,其他乘客和工作人员应该都能体谅和理解。看到过很多这种情况,不仅是孩子,大人在这种情况下有时也会吐在地上,让公共场所一片狼藉,不堪入目。

可这位爷爷没这么做,他也许可以找到一万个让别人体谅自己的理由,可以找到很多理由容忍孩子吐在地铁上。可他没有这么做,而是想到去体谅别人,体谅对其他乘客形成的干扰和造成的不舒服,体谅地铁工作人员清扫的不便,体谅公共环境的卫生,选择了用自己的外套接呕吐物的方式,最大限度地减少对其他人的影响。这也是对孩子最好的公民教育方式,教育她区分公域、私域，传递尽量不给别人添麻烦的良善文化。

如果说这种情况下乘客们宽容和体贴生病的孩子是一种文明，那么，家长没有利用别人的宽容，而是在细节上照顾到别人的感受，这是另一种可贵的文明。这样互相体贴和包容，在给别人造成影响时不那么理直气壮，不利用和消费别人对自己的理解，在礼让和谦让中形成彼此尊重的文化，从而成为一种城市文明。

从图片上看得出来，那位爷爷是带着可能会影响其他乘客的歉意这么做的。谨小慎微地考虑到可能给别人带来的不便，这是一种很可贵的美德——在日常生活中，人们太习惯以自己为中心了，什么事都考虑着自己的方便，觉得自己不容易；什么事都希望别人体谅自己。当大家都这么想时，很容易引发冲突。比如该不该给老人让座引发的冲突——老人说，我年纪这么大了，在公交车上站着，你们这些小年轻怎么不给我让座啊；而年轻人会说，下班高峰，我们辛苦工作了一天，累得不行，你们怎么不体谅下年轻人，为什么非赶这时候来挤公交车。都考虑自己，缺乏彼此的体贴，结果就是充满戾气的"撕"。

即使从常情来看，别人应该包容你给别人带来的影响，也不能那么心安理得和理直气壮，应该带着一种感恩和歉意，并努力最小限度地影响他人。我不止一次地看到，小孩子在飞机上想上厕所尿尿，大人来不及带着去上厕所，就在座位上把尿。甚至还看到过这样的新闻，大人让孩子蹲在地铁上大便。至于在公共场所随便让孩子裤子一脱就尿的，就更多了。似乎能为这么做找到很多理由，也会为让别人包容这种行为找到很多理由——脱口而出的理由是，小孩子嘛。其实，别人也能找很多个不包容这种行为的理由。你期待别人包容，向别人施加某种容忍的义务，可别人并不接受，于是，冲突在所难免。

我们习惯张口就说"这点小事至于嘛"，可这完全是一种以自己为中心的自私视角。有一句话说得很好，你往别人胸口插一刀，然后你说别人敏感；

别人把刀插回来,你却说别人"这点小事至于嘛"。

  我们生活中的多数冲突,其实都不是界限清晰的是非之争,而是权利模糊地带——你觉得别人应该宽容你,应该让着你,可是别人觉得没有这个义务。所以,在很多事情上应该少一些"别人应该让着你"的傲骄思维,带着谦让和尊重之心。不要觉得别人天然就应该体谅你,你体谅别人了吗?体谅别人的体谅,不利用和强迫别人的体谅,互相包容,才会有和谐与文明。

(《中国青年报》2016年5月31日)

感谢在快时代慢下来精耕的工匠们

从硕士到博士,从象牙塔里的"理论突破"到无线供电系统的"实战突围"……进入南方电网广西电科院4年时间的祝文姬,用19件国家发明专利、30余件实用新型专利、6项计算机软件著作权,率领团队开创了全球电动汽车无线供电新时代。

这么牛的成绩单,而且还是个"80后",你一定对她的故事非常感兴趣。

跟其他记者一样,我也是带着听新异、动人、奇妙、天才故事的心态走近她的,想听到诸如像牛顿冥思时被苹果砸了脑袋、爱因斯坦的小板凳、爱迪生做实验差点被硝酸弄瞎眼睛之类的"事迹",在与众不同的"典型事迹"中发掘精神闪光点。可问了很多,看了很多,很失望,她身上并没有什么特别的、让人眼前一亮、符合我们对科学家天才想象的新奇事迹,有的只是我们这些外行人听起来很琐碎平常、不断重复、不断推倒重来的工作。可这个"80后"就是在这些看起来很琐碎平常的工作中,创造了让国内外同行惊叹和羡慕的科技进步。

看起来很平常很平淡,但细细品味,让人感动的就是这份平常,就是在繁琐重复的工作中精雕细琢、精益求精的工匠精神。科学没有捷径,哪有那么多天才和奇迹,我们看到的只是令人瞩目的结果,却看不到他们在无数次重复实验中的耐心、专注、细致和每一个关键点都不能马虎的严苛。

投资人徐小平的一句话戳中了很多人的痛点:"不幸的人各有各的不幸,

而幸福的奋斗者都是一样的。他们好学、敬业,在别人看来特别简单、没什么意思的行业里,凭借敬业和重复实践的意志,做出卓越的事业。"这番话说的不正是祝文姬吗?其实说的也是每个成功者。敬业和重复实践的意志,是每个优秀的人都必备的素质。常人与卓越者最大的距离也正在于此。

浮躁的社会中,这种敬业、重复实践的意志和一丝不苟的工匠精神,有一种动人的力量。

在快得让人窒息的焦虑氛围中,人们都热衷于追逐着快的刺激,以快为美,追求一夜成名,一纸风行,一张图让你了解,一次行动登上头条,一分钟创造奇迹,一次创业成为亿万富翁……每个人都像被施了魔法上了发条,使耐心、沉浸、安静、细致变得越来越稀缺,使"勤劳"成为贬义词,使"专注"被人嘲讽。

可在一片喧嚣之中,有这样一群人,他们没有被那种快节奏所干扰,而坚守着自己的职业所需要的慢节奏,岿然不动,慢慢打磨精品,慢慢追求卓越,慢慢为突破和蝶变进行点滴的累积。在快速的变动所虚化的模糊背景下,这些慢的剪影更加动人。

实际上,能够让人记住、不断创造出影响人类的文明成果、推动着社会前行的,恰恰是那些在热闹的舞台上看不见他们身影的人,专注做那些看起来很慢的事业。

不只是科研,每个行业都需要这种精神。《中国青年报》的"冰点周刊"在业界有着很好的口碑,出了很多新闻精品和特稿经典,成了行业写作的一个标杆。远有《最后的粪桶》《回家》《永不抵达的列车》,新近有《湍流卷不走的先生》《无法呼吸的村庄》。谈到"冰点"为什么能出这么多精品,负责人从玉华说:"'冰点'其实像是一个十几个人的小作坊,我们都说自己是手艺人,如果有人写稿的时候背景没有化开,文章比较粗糙,上下过渡、起承转合不自然,我们会说:你做得太差了,我们要求你的文字处理起来没有线头,没有瑕疵。"

在新闻生产求大、求快、追热闹的流水线生产节奏下，正是小作坊手艺人的专注、安静、精雕细琢，反抗着流行的"差不多就行了""已经挺不错了""那么认真干嘛"，从而生产出那些撼动人心、影响并推动社会进步的精品。

在别人看来特别简单、不断重复的工作中以作坊工匠的精细去打磨和创造，你也能成为祝文姬，你的工作也能成为自己行业中的"冰点故事"。

(《中国青年报》2016年5月20日)

求求你别再把悲情和苦难当佳话

前几天看到一条新闻,报道了一位离休教师、孤寡老奶奶92岁还坚持捐款的故事。她生前省吃俭用捐款五十多万元,捐出的最后一笔1.2万元慰问金,用于帮助二十多名留守儿童。

看这篇报道,有两点让人欣慰的地方。其一,从读者留言看,很多读者并没有像过去那样停留于浅表的感动中,并没有在高调的赞美歌颂中去把这位可敬的老奶奶捧上道德神坛,而是觉得很沉重、很心疼、很辛酸,觉得欠这个老奶奶很多——心疼老奶奶,觉得92岁的老奶奶其实更需要关怀,不应该让一个本来最应该受到社会救助的老人去帮那些本不该是她帮助的人。弱者对弱者的慈善,会让人觉得很沉重。对这种爱心,我们应有亏欠和愧疚之心,而不是在一片廉价的赞美中把悲情装扮成佳话。

另一点让人欣慰之处在于,报道者也有这种问题意识,并没有用惯常的"典型笔调"去渲染老人的崇高,没有用悲情衬托老人的高大,没有用让人无法理解的逻辑去歌颂,而是谈到了政府和社会对老人的关怀。她是一名孤寡老人,学校每周都会派两个人来照料她的生活,退休工资很高,晚年生活过得很愉快——她的这种爱心和善意,更多可能出于感恩和回馈。正如她自己所说,她要努力回报社会,要将一切还给人们——这种善不是无缘无故的崇高,而是一种以善还善的生态。

读到这些,我们可能会心安很多,也更能理解老人的善举。

这个社会的一大进步就表现在，人们越来越排斥那种用悲情衬托高大、用牺牲烘托崇高、用苦难催生感动的典型宣传，而是回归对人性和常识的尊重。人们不再轻易地被某一种悲情的叙述带入泪流满面的感动，而是学会了在感动中思考，甚至学会了拒绝感动，抗拒消费苦难，抗拒用别人不该有的奉献、牺牲、奋不顾身和不该承受的苦难来滋养自己的感动癖。

所以，当有人还用过去的那套"典型塑造"逻辑来报道那些好人故事时，会受到越来越多的排斥。比如，当媒体报道了诸如"5岁女童独自一人撑起残缺的家"的事迹时，人们不会赞美女童"穷人的孩子早当家"，不会感动于女童的担当，不会当成佳话去传播和消费，而会无比心疼，并去追问社会救助的缺失和公共保障的缺位。有人说，感动和赞美是正能量，而一追问社会保障就成负能量了。这完全是对正负能量的误解，让孩子弱小的肩膀承担她无力、也不该由她承担的重压，把孩子架到成人所制造的道德神坛上，把她的苦难当成佳话去欣慰，这才是最大的负能量。

苦难就是苦难，需要悲悯、克制和解决。在过去，人们会习惯把苦难当成佳话去励志，熬成鸡汤去贩卖，编成故事去说教，今天人们会拨开覆盖在苦难上的诗化悲情而看到苦难中的种种问题，这是莫大的进步。

前几天看到一篇文章，批评过去的一些宣传套路给人形成的印象：好工人停留在脏乱差穷不顾家，好干部停留在清廉绝症不要命，好受害者停留在原谅宽容倒贴钱……总而言之，不把当好人做好事搞成最惨的事，就不罢休。这种反思是非常可贵的。我们很多人还是习惯于拔高、用别人无法理解的东西去生硬说教，而不习惯用符合常识和人性、将心比心的东西去触动人心。

想起一次采访"试飞员"的经历，飞机交付使用前需要有人试飞，试飞是一件很危险的事，是和平时代最危险的职业之一。听一个试飞员讲他们的历险故事，他们其实并不是"不怕死"，也不是"为了别人安全飞行而不顾自己的生命"，谁不害怕死亡呢？感动我的是，从试飞员口中听到的不是"不怕死"，而是他高超的专业技能，能在遇到危险时用专业的冷静克服对死亡的恐惧，在生死几秒间成功脱险。他热爱试飞事业，不是为了别人，是源于那种好奇和对新的追求而产生的热爱与坚守。他说，每一次新机型新飞机造出后，他都跃跃欲试，都想去飞一下，感受和挑战一下，那种成就感无与伦比。飞别人已试飞过的，没有成就感和挑战。这种实话，比"不惜自己的生命"听起来更能触动人心。

(《中国青年报》2016 年 5 月 27 日)

拿报道奉献给你，我们的宝贝

含着眼泪看完了新华社在儿童节这一天推出的特稿《受伤的花蕾——中国儿童性侵现状调查报告》，四位年轻记者奔赴各地，深入农村和山区，用脚采访，用笔还原，让公众在这个节日里看到了"留守儿童被性侵"这一触目惊心的社会问题。在这个似乎应该充满阳光和快乐的节日，人们习惯看到的是城市孩子们天真烂漫的笑脸、花式的才艺表演、阳光下幸福的歌声，可几位年轻记者让我们看到了另一个世界、另一群孩子的遭遇，没有歌声没有笑语没有童趣，只有让人窒息的晦暗和沉重。

"几年前，在广西玉林市兴业县，13岁的留守女童晓雪遭遇至少10名中老年人性侵。晓雪的父亲报警后，多人获刑。此后，据媒体反映，晓雪一家却遭到了整个村庄的孤立，关于晓雪的风言风语，让幼小的她饱受歧视与排挤。"

李莹曾接手了轰动社会的百色助学网创始人王杰性侵贫困女生的案例（本报曾报道）。其间，起诉的女孩被认为给家里丢人了，甚至被要求"滚出去"。

记者采访时问了当地所有受害女童同一个问题：为什么不大声呼救？不公然反抗？让记者吃惊的是，每一个孩子都给了记者几乎相同的答案："他是老师。""家里总说，要听老师的话。"

感谢记者在儿童节，给孩子和社会奉献了这样一篇报道，一篇触及真问题的报道分量比整个世界还重，没有什么礼物比这样深入接地气的报道更可贵，让儿童节更有意义。这样的节日里，农村的孩子常常是沉默失语的，被性侵的儿童更是最沉默的那群人，她们羞于启齿、不敢发声，她们常被忽略、无力发声，而记者的一大职责正是应该在一片嘈杂中打捞沉默的声音，替无力者发声。记者深入的报道也让公众看到了性侵问题的复杂，不是一句充满义愤的"支持化学阉割"可以消解的，只有用脚走进那里，耐心地倾听她们的叙述，深入地调查，才会看到问题的复杂——不只是性侵者的禽兽不如，还有留守中隔代监护的漏洞、乡村封建观念的文化暴力和劣根性、顺从教育埋下的隐患、防性侵教育的缺失，等等。

　　这样的报道读来很沉重，让人感觉胸口被什么堵着——堵得你心痛的不是报道，而是无法回避、无法假装看不见的沉重问题。以刺痛的方式报道真相、引起关注、解决问题和推动进步，这正是记者的职责。记者这个职业不是通过掩盖问题和粉饰丑恶来营造虚假的感动与温情，而是通过报道丑恶和曝光问题来传递温暖。在报道的推动下，当被侵害孩子和家长的声音被倾听，当侵害孩子的禽兽受到严惩，当一直呼吁关注留守儿童问题的研究者的课题受到大众关注，当那些触目惊心的数字引起相关部门的重视并致力解决，当很多孩子因为报道带来的变化可以免于魔掌，这难道不是最大的正能量、最暖人的事情吗？

　　有人说过，一般有专门节日的群体，都是这个社会的弱者，比如妇女节、儿童节、劳动节、记者节等。确实如此，因为是弱者，才需要以节日的方式提起议题以关注他们的生存状态，以过节的方式表达和提升群体权益。因此，很多节日的意义，并不是欢庆和表彰，不是把他们当成道具来消费和表演，不是以替他们过节的名义一群人玩乐一番，而应该体贴他们，让他们成为中心，倾听他们的声音，解决他们的问题，维护他们的权益。儿童节，对于孩子，这尤其重要。他们的声音常被忽略，他们的诉求常被轻视，尤其是弱者中的弱者，那些儿童，那些被留守的儿童，更应该受到关注。

这也正是这篇报道最让人感动和尊重的地方，不与流行的赞美诗为伍，以孩子为中心去理解节日的意义，体贴被性侵的儿童之痛，用这样的方式给孩子们送了一份节日礼物。当然，这个礼物不是一篇报道可以做成的，需要政府和社会来一起完成。

感谢这几位年轻记者，在这个流行用网搜资料拼凑文章的时代，能够走进大山，写出带着泥土气息的报道；感谢记者，在很多同行都追着热点和个案跑的时候，能沉下来静下来去追着那些不是热点、却无比重要的问题；感谢记者，在别人只是空喊几句"阉掉这些禽兽"口号时，你们奉献出这样的报道去推动问题解决；感谢记者，在很多人在这个节日里消费着孩子、让孩子表演这表演那的时候，你们真正地把受伤的花蕾捧在手心。有人调侃记者这行的辛苦时说，今天流的汗和泪，是当初选专业的时候脑子里进的水。我想说的是，令人尊敬的你们流的每一滴汗和泪，都会为你们赢得尊重，为你们所从事的职业赢得光荣。

（《中国青年报》2016年6月3日）

让学生想念是一件很幸福的事

毕业季是让人快乐和感伤的季节。高考完的孩子感慨"兴奋了一阵子，怀念了一辈子"，大学毕业生也感慨"花四年时间感叹大学过得太慢，花余生时间感叹大学过得太快"。不约而同，很多学校的毕业典礼都请来了最受学生喜欢的宿管阿姨和保安大叔一起走红地毯、做毕业演讲，甚至出现了感人一幕，宿管阿姨演讲时，学生们齐刷刷地全体起立，高呼："阿姨，我们爱你！我们永远记得你！"

可能没有什么比这种"爱你，永远记得你"的全体欢呼，更能让一个宿管阿姨有成就感、幸福感。也许平常会得到很多荣誉，但没有什么荣誉比常被学生记起和想念更至高无上、更宝贵。

毕业典礼是学生离开校园的一个重要仪式，宿管阿姨和保安大叔被学生请到典礼现场，请上演讲台，传递着很多感动与温暖——对平凡工作岗位的尊重，对几年来朝夕陪伴自己成长、给了学生们很多帮忙的人们的感恩，对校园里那些不起眼、容易被忽略的工作者的致敬。

让学生们记住并想念，是一件很幸福的事。我想，当同学们为宿管阿姨和保安大叔欢呼，把最热烈的掌声和最高的敬意给了这些校园里平常不太起眼的工作者时，在场的老师们在感到温暖和感动的同时，也一定充满羡慕和嫉妒——感动长大的孩子们懂得了感恩，羡慕于宿管阿姨享受到了学生的这种热爱。并不是每个老师都能被学生想念，甚至多数老师很快被走出校门的学生们忘记。

想起几年前,一个老师发微博对自己的研究生提出了公开的要求:"当你40岁时,没有4000万元身家不要来见我,也别说是我的学生。贫穷意味着无能、懒惰、耻辱和失败。"这句话引发了很大的争议。我能理解这位老师这样说并非瞧不起赚钱少的学生,而是用一种极端的表达去给学生励志。但从反弹来看,多数学生都很反感这种粗暴的励志方式。

我想,老师永远不要谈什么"没4000万元身家别来见我",而应该思考的问题是:你的学生走出校门之后,到了40岁的时候,还能不能记得你?让学生记住并想念,是需要能力的。并不是每一个老师,都能享受到学生毕业多年后还记得你、还会回来看你的荣耀。只有那些在学生学习时,真正关心过他们,以渊博的学识给学生留下深刻印象,以高尚的品质影响了学生的价值观,以博大的胸怀关怀过学生的老师,才能赢得学生的尊重和爱戴。而尊重的方式,就是记住并想念,记得常给老师一声问候,在毕业多年后回来看看老师。一个有育人情怀的老师,应该常怀这样的忧虑和反思:自己有能力让学生想念吗?

很多学校的宿管阿姨和保安大叔之所以能受到学生的致敬——这种致敬,不只是毕业典礼上的欢呼,还有多年返校后的看望——是因为细致的关爱和长情的陪伴,整天与学生陪伴在一起,有了很深的感情。这应该让很多老师汗颜,当你平常很少花费时间和精力在学生身上,很少与学生交流,很少给学生上课,学生很少有机会接触你的时候,你就没有让学生记住并想念你的资格。

记得那个老师说了"没4000万元身家别来见我"之后,就有人在其微博上吐槽说:"别说40岁时见不到老师您了,现在想见一面都很难,只能到各种论坛上才能见到您。"很多老师名片上头衔无数,兼职无数,忙着走穴于各种总裁班研修班……整天四处走穴,心思哪会放在学生身上?在外讲演像打了鸡血一样兴奋,回到学校课堂像吸了鸦片一样无精打采。还有一些老师,带十多个研究生，导师太忙，只好放羊，一年见次面都很难。作为老师，主要精力不放在学生身上，怎么能让学生记住、感恩和想念呢？这也是很多学生离校多年后记不住校长、记不住老师而只记住宿管阿姨、保安大叔和食堂师傅的原因。

扪心自问，老师怎样做才能像宿管阿姨那样被学生记起并想念？

（《中国青年报》2016 年 6 月 17 日）

一个人的毕业典礼完胜所有演讲

近来媒体都在盘点校长教授们在毕业典礼上的精彩表现，各种金句、各种鸡汤、各种幽默、各种情怀——但我觉得，这些致辞中的金句、幽默和才华横溢的寄语，在"一个人的毕业典礼"所表现的大学情怀面前，都显得很逊色。

与万人大礼堂的热闹毕业典礼不同，只有一个学生，在简陋的民房前，校长低身为这个穿着毕业服、拄着拐杖的学生拨穗。西北农林科技大学2016届毕业生王功娜出于某些原因无法参加毕业典礼，孙校长一行驱车四个多小时，专门赴柞水为王功娜授学位。王功娜同学因车祸致残，但她坚持学习，老师在病房为她单独授课，帮助她完成学业并取得学位。校长给她的寄语是："让每一位同学感受大爱的力量，这是我们挚爱的这所大学的道德价值观。"

看到这里，眼睛湿润的我首先想到的竟然是影片中常听到的婚礼誓词："无论是顺境或是逆境、富裕或贫穷、健康或疾病、快乐或忧愁，我将永远爱着你、珍惜你，对你忠实，直到永永远远。"——这是恋人间的海誓山盟。在一个人的毕业典礼上，我也感受到了大学与学生间的这种不离不弃的大爱：学生因车祸致残，老师去病房为她单独授课，助其完成学业；无法参加毕业典礼，校长专程为她一个人寄语和拨穗。校长不正是通过这样的行动告诉学生："无论健康或疾病，富裕或贫穷，将永远爱着你、珍惜你。"

那些华丽的致辞在一个人的毕业典礼面前之所以逊色，就在于这不仅是

"言传",更是"身教"——致辞也许不华丽,校长也许没有慷慨陈词,但为了一个学生做的这一切所传递的精神,胜过千言万语。让人想起了《拯救大兵瑞恩》,想起了"一个人的课堂",想起了"一个人的车站"——日本一座火车站,已基本无人乘坐,为节省运营成本准备关闭车站。但这个地区,有一个女高中生,要每天乘坐这趟列车上学放学。在今年3月的第一天,等这个女生乘火车参加了高中毕业典礼不再需要乘坐这趟列车后,这座为了一个人而留的车站才关闭。

"一个人"总有一种动人的力量,让我们感受到了对人的关怀——这是对以人为本的最好阐释。涉及人的时候,1不是100的百分之一,而是跟100、1000、10000一样重要。

校长爱学生的佳话,听起来总是那么触动人心。想起听过的一个故事,某地一银行招聘,规定应聘者必须来自"211"大学。学生写信给他们的校长,校长安慰道:"银行招聘人员素质低,不必在意。"第二天,他让学校财务处撤回学校在该银行的所有存款,"如果银行再不改,就号召两万多学生的家长把存在这家银行的钱全部提出来"。涉事银行很快改了招聘启事。一个人的毕业典礼,不一样的故事,让人看到的是同样的校长情怀,像父亲爱护自己的孩子一样爱护自己的学生,每一个都一样。

大学在学生的记忆中不是抽象的,而是具体的,校长很多时候就是大学的象征符号,提起大学就会提到校长。但很多校长离学生太远了,只有毕业典礼上才能远远看一眼。只有那些常常出现在学生身边、常常帮学生解决问题的校长,才会留在学生的大学记忆中。我到西北农林科技大学做过多场讲座,听很多学生讲过校长给自己回信的故事,讲过如何爱学生的佳话——一个人的毕业典礼不是校长对学生突兀的爱,而是日常之爱的延续。

这种"身教",是最好的、最有意义的大学最后一课。大学对人精神的塑造就表现在这里,大学怎么对待学生,学生以后就怎么对待其他人。这种一个人的毕业典礼对学生的影响,甚至比热闹喧嚣的礼堂中的浮华致辞更有精神的穿透力,它有一种安静却直抵人心的力量。大学不仅是大楼、大师,还有大校长、大爱之心。我想,经历过这种一个人的毕业典礼的学生,走上社会时,会更理解人本的意义,在与人交往时会懂得尊重人。受到这种毕业典礼感染的学生,不会那么自私,不会陷入精致的利己主义,不会将私利凌驾于别人的生命之上,会更懂得去爱人。

(《中国青年报》2016年7月1日)

没有人会嫉妒卡车敢死队的 260 万元

谈钱伤感情。在我们的网络上，只要事关钱的事儿，都容易引发情绪和争议，或羡慕，或嫉妒，或仇恨，或撕裂。钱的数目越大，就更容易滋生口水。但面对这 260 万元，我没有看到任何一个人表现出任何一点的负面情绪，有的只是肃然起敬，只是觉得这 260 万元还远远不足以表达敬意的集体亏欠感。

这 260 万元是给卡车敢死队的补偿金。那惊心动魄的一幕也许会写进中国抗灾史。7 月 10 日上午，湖南华容县新华垸发生溃口，华容县临时征用民间卡车，用连车带石的方式堵溃口。这群驾驶员被称为"卡车敢死队"。他们的卡车是养家糊口的工具，但在抢险关头，他们毫不犹豫、听从指挥，义无反顾地用卡车去堵溃口。身系安全绳的抢险人员，在载满石头的卡车坠入溃口前，跳出驾驶室。

再脑补一次卡车冲向溃口而司机跳出驾驶室那危险的一瞬，你就能理解，为什么没有人会嫉妒那 260 万元的补偿和奖励，并还觉得补偿远远不够。

人们会为金钱斤斤计较，为一点利益争得面红耳赤，甚至会仇富，但如果钱真正用在看得见的公共利益上，花在那些为了公共财产和民众利益作出巨大贡献的英雄身上，人们一定不会吝啬和眼红。也许没有什么比这种补偿和奖励更能体现公共财政的"公共"之意义。如果钱不花在这个时候及这种事务上，不去奖励这些用自己的财产甚至生命保护无数人生命财产免受毁灭的英雄身上，还有什么花费有公共性和正当性？

　　奖励和补偿发给那些勇士，温暖留在人们心中。很多人身上可能都缺乏卡车勇士们身上的那种勇敢，作为他们英勇行为的受益者，我们能做到的，就是乐见政府部门用公众的纳税去奖励勇士，并为他们鼓掌。相比这些勇士所保护的生命财产和带来的精神价值，那260万元的补偿和奖励远不算多。当然，金钱奖励只是致敬的一种方式，很多价值不是金钱能衡量的。

　　这些卡车勇士都很纯朴，他们在接受采访时称，现在想想挺后怕，但当时只想人逃出来，把口堵住。有的说，其实当时心里还是有点遗憾，毕竟车是刚买的，但没有时间想太多，我们至少回来还有家，别人连家都没有了。有的说，当时的情形很危险，自己也是华容县人，意识到那种危机感，脑袋里根本就没想到别的。无须用"毫不犹豫地踩下了最后一脚油门，冒着生命危险将自己爱车送进了汹涌的洪水中"来修饰，那些朴实的话语足以让人们对勇士充满敬意。

　　人们不仅不羡慕嫉妒，而且还希望给勇士更多的奖励。这既是表达敬意，也带着一种"自私"——一个社会花越多的钱奖励那些见义勇为的英雄，自上而下越多地尊重像卡车敢死队这些英雄，人们越会有安全感。因为这种奖励会成为一种驱动着人心向善的道德源泉，使我们身边不缺英雄，不会担心遇到恶人时无人出手相救，不会担心老人出门摔倒时无人敢扶，不会担心民众生命财产受到威胁时喊破嗓子都没有响应，不会担心一切都成了见钱眼开而没有了道德血性、没有了路见不平一声吼、没有了守望相助、没有了"老吾老，以及人之老"、没有了纯粹利他的纵身一跳，不会担心人们的血液里只剩下了金钱的算计而没有了对崇高、牺牲、利他、博爱、奉献和大爱的追求。

　　英雄不是金钱驱动的产物，但英雄需要受到尊重。人们都对这句话耳熟能详——"没有英雄的民族是可悲的，一个拥有英雄而不知道珍惜的民族是不可救药的。"珍惜英雄，最重要的也许是，要让英雄知道社会在珍惜他们。

英雄也许是默默在行动，不求回报，不求名利，但社会不应该让他们悄无声息被忽略和遗忘，而要以看得见的方式让英雄们感受到社会尊重，让英雄有获得感。那些卡车勇士越有获得感，公众才越有安全感，这样才能形成一个社会良善资源不断涌流的道德生态。

(《中国青年报》2016年7月29日)

愿好人能被这个世界温柔以待

南阳老人陈天青，曾是执教 41 年的山村学校老校长。大孙子患上过敏性紫癜，小孙女患上再生性障碍性贫血，花光了所有积蓄和借来的 20 万元。78 岁的陈老不顾烈日当头，上街卖瓜帮孙女凑治疗费。古稀之年，却未享半日清闲。配着老人在烈日下卖西瓜照片的新闻刊出后，牵动了很多人的心。有志愿者帮他卖瓜，有市民不问价钱，不问生熟，放下钱转身就走。他教过的学生也送来了在同学群里募捐到的钱。

我看到很多网友转发这条新闻时，都在问老人的联系方式，想出一份力。评论中出现最多的就是这句话："不帮老人分担一点会觉得很不安，希望这个世界能对好人温柔一些。"让人稍感欣慰的是，仅两天就募集瓜钱 10 万元，而且数字还在增加。这个数字里就包含着无数好心人"希望这个世界能对好人温柔一些"的温暖期待。

在我们的媒体上，这似乎是一个普通得不能再普通的爱心故事，面对别人的苦难，人们慷慨解囊、扶贫济困。但这个故事格外让人感到温暖，因为其中不仅是单纯的好人善举和奉献爱心，更有好人对好人的温柔以待，包含着善良的人们期待我们身边的那些好人能得到好的对待的良善之心。要像保护珍贵的大熊猫那样呵护陈老这样的好人，让他在陷于困境时感受到温暖，让他在困顿时不感到孤单无助，让他不必在烈日炎炎下辛苦地卖瓜，让他古稀之年能享天伦之乐。

陈老是一个好人，我们从媒体上看到的只是"执教41年的山村学校老校长"这个简单的描述，可这背后有多少令人感动的故事，有多少让人肃然起敬的情怀和坚守。山村老校长的故事，从他教过的学生听到他卖瓜的困境后纷纷为他捐钱中可以深切地感受到。一个善待学生的老师和校长，才会让学生铭记、牵挂和感恩。陈老很善良，很了不起，虽然付出了这么多，教了那么多学生，但当他在古稀之年遇到如此困境时，没有向别人伸手，没有心安理得地要求别人为他做什么（其实他应该得到帮助），不想给别人添麻烦，而是自己咬着牙，冒着酷暑去卖西瓜，靠自己的力量去救孙女。

陈老从事他的山村教育事业时，一定没有想过让别人来报答自己，他在努力着做一个好人。从公众的反应看，社会没有亏待这样的好人，学生不会让自己的老校长独自背负这样的压力，媒体和公众不会忍受在自己的身边出现"好人没有好报"。所以，这不仅是一个扶贫济困的爱心故事，更是人们维护这个社会良好道德生态的一种努力，我们也许没有力量让每个陷入困境的人得到帮助，但我们必须让好人得到好报，必须让付出那么多的陈老被爱心包围，让善良得到善良的对待，让善心感受到善心的滋养。这是一个社会对好人应有的道德承诺。

爱德蒙·伯克说过："邪恶获得胜利的唯一条件，就是善良的人们保持沉默！"换个角度看，可以把伯克的这句话改为："社会变得越来越坏的一个明显迹象，是人们对好人的坏遭遇保持着可耻的沉默。"一个社会要形成好的道德生态，是需要道德养分去滋养的；而最重要的道德养分，就是呵护人，让好人得到好的对待，这样才能形成鼓励更多好人的良性循环。社会也许并不需要每个人都有英雄主义情怀，都能做到大善大爱，像陈老那样当"执教41年的山村学校老校长"，我们能坐在一旁给好人鼓掌，向大善大爱致敬，当好人陷入困境时毫不犹豫地伸出援手，这样，我们也为这个社会变得越来越好贡献了自己的微薄之力，我们也为这个社会形成好的道德生态浇灌了道德养分。

有人说，帮他应该是政府的事，社会保障到哪里去了？政府救助到哪里去了？每有这样的新闻必有这样的声音——这样的思维貌似正义，却可能是自私和狭隘的，事事推给别人，只会让人心变得越来越冷漠和僵硬。愿好人能被这个世界温柔以待，呵护好人是每个人的责任。

(《中国青年报》2016年7月18日)

向超越个体悲痛的公益情怀致敬

"天涯"副主编金波地铁猝死离世,让朋友悲痛欲绝,让圈内人痛心,让公众惋惜。但时间就是这么残酷,再有影响力的人一旦离去,热点过后,人们也会很快遗忘。不过,人们也许会常常想起金波,因为他的名字与一项事业联系在了一起,爱他的人以他之名发起成立了一个"心唤醒"基金,在公共场所添置包括AED(自动体外除颤器)在内的心脏骤停救援设备,建立服务心脏骤停病人的快速应急体系。一个人的不幸离世,促成一场公益行动,无数人可能因此受益,从而避免金波的悲剧。

金波生前以他的工作赢得了很多人的尊重,这一公益行动,使他及其家人赢得了更高的尊重,他两个可爱的双胞胎女儿一定会为父亲骄傲。

曾看过一张照片,至今想起仍忍不住落泪:11岁的深圳小学生梁耀艺身患脑瘤,临终前他和家人决定捐出肾脏和肝脏去挽救别人的生命。手术结束后,医生将小耀艺的遗体推出手术室,向小耀艺和他的母亲鞠了三次躬,母亲还是捂住脸号啕大哭。

金波亲人的决定有着同样触动人心、感人至深的力量。有一颗公益心非常了不起,能在失去亲人的巨大悲痛中仍保持着公益的情怀,尤其了不起,我们多数人都做不到这种超越个体悲痛的大爱,做不到在自己心在滴血的时候还想着爱他人。向他们致敬,他们都有两颗心,一颗心在滴血,一颗心在爱人。

那种悲痛中的理智让人肃然起敬。金波爱人的哥哥邓飞说,我们稍感遗憾的是,医学人士指出金波躺在地铁站长达50分钟期间,没有获得专业心肺复苏设备的有力支持。你可能认为,家属接下来会抱怨缺乏专业救援,批评相关部门,可他们没有,而是在对现场施救者表达感谢后,做出了成立"心唤醒"基金的决定。这份理智尤其可贵,金波亲人未必没有抱怨,未必心中不涌动着各种"假如"——假如有专业的心肺复苏设备,假如地铁有专业救援人士——但他们没有将这种痛心的遗憾变成抱怨和指责,而是化成了补救的行动,设立爱心基金避免其他人重蹈金波的悲剧。

我们的社会从不缺批判和指责,甚至因为习惯性的指责太多而让生活中充满戾气——缺的是行动。作为逝者家属,有着无数个理由可以去抱怨,去接受别人的同情,人们也会体谅,但金波亲人选择的是当一个行动者,唤起更多的人投入到这个行动中,用行动改变现实,而不是沉浸于个体悲痛之中。舆论还在热议地铁急救系统时,他们已经开始行动。

有人说,因为有邓飞,才会这个行动。作为一个资深的公益人,邓飞有着敏锐的公益洞察力和振臂一呼的行动力。但我觉得这不是最重要的,这一次,邓飞不是一个旁观者,不是一个热心的公益人,而是逝者的亲人。所以,能有这样的公益行动,最重要的不是公益敏感、资源和行动力,而是那种融入血液中的公益使命和公共关怀,这种关怀使他们能超越个体的悲痛而有着强大的共情能力,真正地"老吾老,以及人之老;幼吾幼,以及人之幼"。自己的亲人走了,两个可爱的双胞胎女孩失去了至爱的父亲,悲剧已经发生,需要避免这样的悲剧再发生在其他人身上。有这种公共情怀和关怀,才能从巨大的悲痛中走出来,含着泪水去促成爱人的"心唤醒"行动。

还有人说,"心唤醒"基金这是做了政府应该做的事。我想,金波亲人做这件事的时候,不会这样狭隘地去思考,不会想着是在"替谁做事"。他们这样做,也许只是想完成自己的心愿,只是觉得这样的事应该有人做,只是不希望发生在亲人身上的悲剧重演。政府和社会本就有很多交叉之处,别总用对立和排他思维来看,漏洞总得补上,问题总得解决,停留于归咎和指责的喋喋不休中,不如积极去行动,这也正是"心唤醒"行动那么有感召力的地方。

(《中国青年报》2016年7月18日)

牵着妈妈的手,像儿时妈妈牵你一样

宋丹丹母亲前几天去世。临终前,母女二人一直拉着手。宋丹丹写了一条微博,配着母女俩拉着手睡去的照片,看哭了很多人。

"妈妈:谢谢你把我带到这个世界上来,给了我很好的教养,让我拥有那么精彩的人生,谢谢你在离开这个世界的时候,选择了我独自陪伴你,感受你的灵魂升上天堂……妈妈,我是那么那么爱你,我会永远惦念你!你最小的女儿丹丹。"

一条微博泪洒互联网。能看出这条微博下的很多网友留言是含着泪水写下的,我也是含着泪水读完的。有的说:"生命轮回,安然就好,愿天下的父母在临终时都可以拉着子女的手度过人生的终点。"有的表达了遗憾:"我没能在我母亲去世的时候陪伴在一起,也好想这样一直牵着她的手。"有的说:"只希望倾其所有报答父母,可即使这样还是觉得不够。"还有的说:"哭了,我没能做到这样,可我还是希望以后的某一天我的孩子也能紧紧握着我的手,让我觉得自己不是孤单地离开。"

这画面,戳中了每个人内心最柔软的东西,让人心疼。牵手的温柔一幕,有一种强大的共情力量,让每个人想起了自己的母亲,多久没跟妈妈一起聊天了,多久没牵妈妈的手了。不能等最爱你的那个人离开你后,才怀念那双再也牵不到的、再也感受不到温度的手。宋丹丹用这张触动人心的照片,表达了对母亲的爱与思念,也以柔软的方式向自己的孩子进行了一种爱与生命的教育。

母女的牵手之所以那么触动人心，是让人们看到父母在垂暮之年的脆弱和对子女的依赖。我们常说老小孩，人到了老年，似乎就回到了婴儿时代，会像你在婴孩时代依赖她一样依赖着你，她入睡时要拉着你的手，就好像你小时候要拉着她的手一样才会安然入睡。小时候，牵着爸妈有力的手才有安全感，今天，他们老了，辛劳一生变得憔悴，双手不再那么有力，需要牵着你有力的手才会觉得踏实心安。

看多了新生儿牵着妈妈的手熟睡的幸福温馨画面，很少看到像这样握着年迈母亲的手，让母亲在感受着儿女体贴中安然睡去。陌生而温馨的画面背后，是我们对父母情感的忽略。

她们像孩子一样，害怕黑暗，害怕孤独，害怕未知的世界，害怕与亲人分离，需要陪伴。当我们是孩子时，她们会陪着我们，一声啼哭就能让她们倾注全部的注意，把我们抱在怀中，呵护在手心。可今天，当她们成了"孩子"，年迈之后回到了幼婴的脆弱，我们却拿不出她们当年对我们百分之一的爱对待她们。我们的心思已全部到了自己的孩子身上，很少感受到父母对我们的这种依赖感。

婴儿是用哭闹来表达对大人的依赖，而老人表达依赖的方式，永远是电话中一句"没事，你们忙你们的，不要担心我们，我们好着呢"——总想把所有的爱都留给你，总担心一句话会引发你的担心，总害怕给你带来什么压力和不便。我们很少想到，她们有时让你感到不耐烦的唠叨，拉着你不停地说事，过度地关心，频繁做你最爱吃的菜直到你厌烦为止，都是表达对你依赖的一种方式。多想，让你多陪一会儿；多想，牵着手多抱一会儿，可我们似乎已经对这种爱的表达非常陌生。

是的，这世上最美好的事情就是，我已长大，你还未老；我有能力报答，你仍然健康——趁父母能感受到你的爱的时候，读懂和珍惜他们对你的依赖，多点陪伴，多点耐心，多点牵手，多点像你在儿时父母那么惯你一样去惯着父母，多点像你爱自己的孩子那样去爱着老人。这样，离开的日子不会带着太多的遗憾。你陪我长大，我陪你变老！

(《中国青年报》2016年8月26日)

中国运动员最幸福的事儿是遇到这届观众

这届中国运动员很幸福，因为遇到了一届最宽容、最不把金牌当回事，也最有体育娱乐精神的观众。

这届观众不仅宽容运动员，宽容运动员的失败，还宽容中国选手一次次憾失金牌，甚至已经到了纵容的程度，把运动员"惯"得有点儿不像样了。比赛之初被寄予厚望的宁泽涛在男子100米自由泳半决赛中游出48秒37，无缘晋级决赛。宁泽涛接受采访时毫不在乎地说："我对自己非常满意，非常开心，我也非常骄傲。"

在往常，运动员如果发挥不好而没进决赛，是绝不敢这么说，会非常惶恐和羞愧，充满"罪人"的负罪感，会说很多遍"对不起"。这样的成绩，还好意思说满意、开心和骄傲，你骄哪门子的傲啊？回忆一下当年被寄予夺金厚望的刘翔突然退赛，被羞辱成什么样子，甚至多年抬不起头来。相比之下，你看宁泽涛多幸福，不仅不用说"对不起"，还说很满意很开心，舆论也没因此把他骂得狗血喷头。真让人感觉这届观众把运动员"惯"得有点没样儿了。

孙杨夺得银牌后，在微博上向公众道歉。评论和留言是一边倒："你不需要向任何人道歉""你不欠任何人一枚金牌"，或者是温暖的"孙杨需要一枚银牌让自己成熟""孙杨喜获一枚银牌"。傅园慧没有靠金牌成了"网红"上了头条，她的快乐和率真感染了无数人，很多网友都留言说："不管你游出什么成绩,我们都喜欢你。""不要你得金牌,只要你欢乐。"也许正是被观众的这种宽容所感染,没进决赛的宁泽涛才敢说"我对自己非常满意非常骄傲"。

不敢说那些体育官员怎么看金牌,但可以说,这是中国奥运围观史上最没把金牌当回事的一届观众。有什么样的观众,就有什么样的队员,观众很放松,中国队员也在赛场上表现得格外放松。

可以感受到中国媒体的这次里约奥运表现得很娱乐化,各种段子手可以吸引人们的眼球——解说员成段子手,运动员成段子手。很多时候娱乐化不是好事,但对体育运动来说,是好事。体育本就是让人快乐的,竞技本就带有娱乐功能,让观众快乐,让运动员快乐。过去绷得太紧,紧盯着金牌,对憾失金牌耿耿于怀,动辄上升到民族荣誉和国家形象,体育意义之外的竞争心态让观众和运动员都很紧张。娱乐化,体现的是祛魅和回归体育本真的从容和放松。经过这么多年的发展后,中国人已经有了娱乐化地看待奥运的资本——不需要借助金牌证明什么了,需要的只是竞技的快乐。

往年的奥运观赛中,中国观众也很容易愤怒,太在意成绩,太在意金牌榜座次,会用阴谋论和受害者思维看待一些项目上的"憾失金牌",甚至有人问中国运动员为什么那么爱哭,中国观众为什么那么容易愤怒?愤怒地声讨裁判,声讨主办方,声讨对手,把赛场上的争议裁决看成是故意针对中国——带着这种受害者情绪看奥运,很累很累。而如今,观众多了一颗平常心,受害者心态弱化了很多。此次奥运会虽然还在抱怨裁判不公,但多是就事论事,据理力争,而没有当成针对中国的阴谋。

奥运会主办方把中国国旗弄错,这在过去,敏感的国人肯定会被激怒,人们的口水会把主办方给淹了。但这次人们并没有上纲上线,没有愤怒,只是敦促主办方改正,借机传播正确的国旗知识。霍顿攻击孙杨,有人批评霍顿,但也有人理性地反思自身的问题,并没有一味地护短。当媒体聚焦金牌得主时,公众会提醒不要冷落了银牌、铜牌得主。

国民心态的转变是在社会发展中以看不见的方式悄然发生的,在奥运会这样的坐标性事件中才能清晰地感觉到。

(《中国青年报》2016年8月12日)

就喜欢看你没把金牌当回事的逗比样子

人们喜欢她，就是喜欢看着她没把金牌当回事的逗比样子，轻松自信毫无压力的样子，享受体育的快乐并把快乐带给别人的样子。她在奥运赛场上的轻松快乐，不是没见过世面的新手的无知无畏，她是拿过金牌的人——2015年喀山世锦赛上拿过两枚金牌；也不是电视镜头前刻意装出来的，看她的微博和以往受访时的表现，一直都是如此逗比。

已经没有什么词能够准确地描述傅园慧火的程度了，碾压所有"网红"，超越所有明星，盖过所有奥运冠军。很多人未必知道帮中国队拿到首金的是谁，但无人不知傅园慧。像我这种已过了追星年龄、过去也没追过啥星的老同志老司机，也在看了好几遍她的受访视频后，忍不住关注了她的微博，追着看一个非主流运动员的日常生活。

傅园慧为什么突然火了？我们的奥运新闻从来都是围着冠军转的，她似乎创造了中国奥运新闻史的一个奇迹，不是奥运冠军，也不是夺冠热门，却抢了所有冠军的风头，占据了社交网络和奥运热门的头条位置。火也许不是偶然的，不仅因为她接受采访时夸张的表情、不端不装的回答和极具喜剧天赋的段子手表现，更在于她的气质让公众眼前一亮，给了人们一种前所未有的奥运审美：虽然与金牌没有什么关系，但她轻松、阳光、快乐、自信，追求单纯的享受比赛和快乐运动。

傅园慧让人们看到，原来奥运选手在电视镜头前可以这样的真实。当她知道自己的成绩时,瞪大眼睛张大嘴巴说:"我有这么快!我很满意!"当谈到自己是否有保留时,她说:"没有保留……我已经,我已经用了洪荒之力了!"她还说:"这是我历史最好成绩了,我用了三个月去恢复,鬼知道我经历了什么。"俏皮而真诚,幽默而自然,调皮而阳光,轻松而自信。

人们之所以疯转这段视频,是因为过去太少见到我们的运动员在镜头前有这样的个性、真实与阳光。我们平常习惯在这种采访中听到的是那种一本正经、充满套路的"感言腔"——感谢这个感谢那个;为这争光为那争光;发扬这种精神那种精神;很不容易;谢谢鼓励;努力拼搏。傅园慧才20岁,她在镜头前表现了一个20岁的年轻人在这个年龄应有的样子:不那么成熟、调皮和快乐的玩心。没有一面对镜头就开始装,对自己的逗比个性似乎毫无掩饰——不管你怎么看,不管你对我有怎样的期待,我就是这样想的,我觉得快乐就好。

人们之所以追捧傅园慧,也是厌烦了那种一味围着金牌转、一切以冠军为中心的奥运审美。是的,我们希望自己的国家队获得更多的金牌,我们会为获得金牌而欢呼,但今天的中国人已经不像过去那样迷恋金牌了,实力在那里,拿到过很多金牌了,不再需要金牌证明什么实力和滋养民族荣耀感,不再需要运动员去替自己争光——人们更多地希望别把运动员当成夺金机器,而要让他们享受体育的过程和快乐。在这种回归体育本质的奥运审美下,人们厌烦那些悲情沉重、苦大仇深的冠军报道,厌烦拿奥运冠军当励志典型,厌烦鼓励那种冒险的带伤训练、残忍的带病夺金,厌烦用血泪、磨难渲染冠军的光环,把伤痛当成运动员的勋章,厌烦动不动就上升到什么精神,厌烦了各种泪流满面。人们希望从那些沉重而宏大的意义中走出来,而看到运动员享受运动和比赛的单纯快乐。

众里寻她千百度,人们在傅园慧的调皮中看到了这种单纯的快乐,从她的表情包和各种受访回答中看到了她健康体魄背后健全的人格和快乐的生命。网友们都说:"不管你决赛成绩如何,就是喜欢你。""不要你当冠军,只要你快乐。"这种表白不只是说给傅园慧听的,更是在宣示一种超越金牌的奥运审美。

(《九江日报》2016 年 8 月 10 日)

不需要你做大英雄,只要你对得起你的饭碗

以时事评论为业的人身上多少都有某种无力感,这种无力感很大程度上源于不得不重复面对一些同样的悲剧,再痛心、尖锐、呐喊、愤怒的评论,都无法阻止一些悲剧的重复发生,都无法让草菅人命者对生命稍有点关怀。就拿"教师粗心导致幼儿闷死在校车中"这种新闻来说,每年这时都会发生,而且常常各地接连发生。失去孩子的父母再撕心裂肺的痛哭和评论员再愤怒的批评,都叫不醒那些像被魔鬼附体的粗心者。最新几起悲剧不过是过去的翻版,两幼儿被闷了一天,校方和老师竟然浑然不觉。

这样的疏忽就那么难以避免吗?如果对教训稍微重视一点,对孩子的生命稍微负一点责任,为人师者多一点关爱,为领导者多一点谨慎,下车时多一个清点人数的环节,甚至将车上每一个座位都认真检查一下,又能多花多少时间和精力呢?成人世界的这种残酷的健忘,对教训惊人的无视,对孩子生命的不负责任,让人们每一次面对这种孩子被活活闷死的新闻时,都有一种深切的歉疚感和负罪感:对不起,孩子,你是被成人世界对生命的冷漠所谋杀。成人世界有许多可耻的疏忽和遗忘,将孩子遗忘在校车中被闷死,是最可耻、最不可饶恕的一种疏忽。

细心与粗心不是小节,对像教师这样的职业来说,人命关天。细心与粗心之间的距离,很多时候就是生与死。越是看多了这些让人痛并愤怒的新闻,越会被前段时间看到的一条新闻所感动。你会感受到细心不只是一种好品质,

对像教师这样的职业来说，更包含着一种对学生细致入微的体贴和关爱，这细微敏感的关怀有时候甚至能救命。

前段时间，湖南邵东黑田铺镇光明小学五年级班主任朱雄军、三年级班主任许卫东在学校例行的安全晨检时，发现黄钟棋和黄雄棋兄妹俩未按时到校。两位老师立即打电话询问孩子家长，可接连打了四五次均无人接听。兄妹俩属于留守儿童，纪律观念非常强，平时从不迟到、旷课，这次又没请假。高度的责任感让两位老师心急如焚，一人在校守堂，一人赶往学生家，发现祖孙四人煤气中毒昏迷不醒！老师立即打开门窗通风，拨打120，救了四条命！

两个幼儿在校车里被闷了一天，老师竟浑然不觉；老师点名时发现异常，紧急家访救了四条人命——新闻对比着看，你就不会低估粗心和细心的差别，不会把疏忽仅仅当成一种小节，而会对那两位细心的老师肃然起敬。

其实，这两位可敬的老师并没有什么令人震撼的壮举，只不过是在履行他们作为老师应有的职责，对每一个学生负责，不放过每一个可能置孩子于险境的魔鬼细节。认真地进行安全晨检，而不是走形式，不是马马虎虎觉得"差不多都到了"——必须一个都不能少，必须一个一个地确认。发现兄妹俩没有按时到校，没有想当然地认为只是偶然的迟到，而敏感地察觉到背后的问题——因为认真负责，了解每一个学生的特点，知道他们平常从不迟到旷课，对留守儿童问题的敏感，意识到其后的反常。察觉问题后，没有凑合着先上课，必须对每一个学生负责，必须一个都不能少，于是有了打电话，有了紧急的家访，救了四条人命！

这种"一个都不能少"的职业关怀，对老师来讲是多么的可贵，它不应该只是电影中的优美剪影，更应该是一种融于血液中的职业精神。上课一个都不能少，上下校车一个都不能少，出外游玩点名一个都不能少，不厌其烦地盯住每一个细节，这种坚守平常看来似乎显得刻板而繁琐，甚至觉得是一种麻烦，但从这些新闻中看到，粗心与细心之间是人命关天，"一个都不能少"

事关生死!

  让这个社会更美好,远离那些令人痛心的悲剧,并不需要多少英雄的壮举、无私的奉献和崇高的牺牲,需要的只是一些平凡的职业精神。比如对老师来说,只是仔细地点一次名,别让一个孩子落下,别让一个孩子被遗忘。这有多难呢?不需要你做一个无私奉献的大英雄,只要你对得起这份职业,对得起这个饭碗。

(《中国青年报》2016年8月5日)

我们不能连为正义点赞的勇气都没有了

常州市朝阳中学校长殷涛拒绝为成绩优异的女儿"小升初"择"名校",而是让女儿进入了自己所在的外来打工者的孩子占到大多数的中学,这也让他承受了身边人的不少压力。最近,殷涛的一篇文章《校长的孩子都去择校了,谁会相信我的教育理想》又让他成为"网红",殷涛的做法获得了常州市教育局局长的力挺、点赞。不少家长说,我们本来要择校的,知道你女儿在,我们就不走了。曾有一位家长因为孩子没有择校成功而整夜失眠,看校长的孩子没择校就放心了。

对于这位校长的行为,网友也有一些争议,有人说他这样做对孩子不负责任,有的说他为了自己的理想而牺牲了孩子,甚至有人说他是做秀——说做秀的人真太没有良心了,哪有拿自己孩子做秀的?说"为了教育理想牺牲自己的孩子",也是妄言。没有谁比父母更爱自己的孩子、更对孩子的前程负责,让孩子留在自己任校长的学校,并非什么"悲壮的牺牲",更多是传递一种对自身教育理想的充分自信。作为父亲,他对女儿的前途负责;作为老师,他对自己的教学方法负责;作为校长,他对每一个孩子的未来负责。

殷涛以把女儿留在本校的方式表达了对理想的自信,我们有什么理由不给他点赞,不支持他的教育理想呢?

我想,很多人之所以没有为殷涛点赞,甚至有一些争议,并非是觉得校长做得不对,而是自己做不到这一点,没有勇气承认校长的正确。人们都知道校长做得很对，本就应该这么做，却没有勇气去给他点赞。在当下的教育环境下，多数家长可能都做不到像殷涛这样。别说孩子成绩优秀，家中又有资源让孩子去名校读书，即使成绩不好，也没有条件和资源，家长都会竭尽所能、绞尽脑汁把孩子往名校送，高价买学区房，耗尽人脉找关系，砸锅卖铁厚着脸皮，说什么也不能让孩子输在起跑线上。

人们对自己做不到的事情，常抱着一种复杂的心情——不去点赞，甚至质疑，并非觉得别人做得不对，而是为自己"做不到"找一个借口。公众面对殷涛"拒为女儿择名校"时的复杂心情，就是如此。

其实不必如此，殷涛有勇气通过"将女儿留在自己的学校"向择校说不，我们不能连点赞的勇气都没有。说实话，作为一个父亲，一个在理念上批判择校的媒体人，一个也有点教育理想的人，我也没有殷涛这样的实践勇气。我也曾想摆脱那种教育现实主义和功利主义的束缚，尊重孩子的天性，不让孩子去报各种兴趣班，不去择校。可等孩子渐渐长大，我的想法开始松动，因为身边的人都在想方设法给孩子择校。作为一个评论员，我可以从容地谈论那些教育理想，可一旦置换成家长身份，进入到那种功利和焦躁的社会氛围中后，立刻被现实打得灰头土脸，卷入那种对"起跑线"的焦虑和追求中。

我们没有殷涛那样的行动勇气，但起码应该有勇气为他的行动鼓掌。想起一段名言："一个理智的人会让自己去适应这个世界，而一个不理智的人则会坚持尝试让这个世界去适应他。因此，这个世界所有的进步，都依赖于这些不理智的人。"应该向殷涛这位从我们庸常的角度看起来"不那么理智的人"致敬！

一边绞尽脑汁让孩子择校，一边为不择校的校长鼓掌——不必觉得自己很人格分裂，不能苛刻一个社会中人人都至善至真至美，多数人都是有缺点的平常之人。在我的价值次序中，我是这样排序的：首先起码要有基本的是非感，即使不言不行，但起码不说假话不做坏事；第二层是敢言者，即使没有行动，但勇于说出一些真话；第三层是行动者，行胜于言，一个积极的行动胜过千言万语；第四层是又言又行，并且言行一致，既向社会输送着理想主义，又在行动上去积极推进。殷涛就属于这一层吧，既言又行，保持着父亲、老师、校长身份上的言行一致，用行动去推动自己的教育理想。我们多数人虽然做不到这一点，没有能力超越世俗功利而去实践，但起码有能力做到前面两个层面，保持着基本的是非感，为敢言敢行者点赞。

在很多做面包的不吃自己做的面包、养鸡的人不吃自己养的鸡的语境中，一位把女儿留在自己学校的校长太珍贵了。今天看起来，这样的理想主义都可能有些悲壮，但他们是对的，社会的进步依赖着他们。带着羞愧、歉意和敬意，为这样的校长鼓掌。

(《中国青年报》2016年9月23日)

理解质疑声，珍惜被质疑淹没的温暖留言

前几天珠海突降暴雨，一名环卫工人无处避雨。一辆车停了下来，车主说："快上车，我送你回去。""不行，我还没有扫完这条路"。于是，就出现了这一幕：车主停车后打开后备厢盖，坐在车尾陪着环卫工人一起避雨。这一幕被路人记录下来，引发网络热传。车主很快被认了出来，是珠海市公安局出入境管理处的一名民警。

这一幕很温暖吧，你的心肯定被触动了。看新闻觉得好暖，但点开下面的评论，你会觉得很难过。因为评论中有很多刺眼的质疑声，有人质疑："这难道不是违章停车吗？为什么停车后没放三脚架警示？万一有车冲过来怎么办？"这种质疑还算客气的，其他的就更看不下去了。有人说："为什么不坐到车里而坐车后备厢呢？坐车里不方便拍照吧？"有人说："嗯，这车价格不低。"有人说："请问冒雨拍照的是哪位？原来做好事都有人在路边记录的，为什么下那么大的雨环卫工人还在扫马路呢？"还有人质疑城市的不人性化："在这个城市里，你居然找不到地方避雨，珠海真是一个没有屋檐的神奇城市。"

不得不感慨，人们在质疑一条新闻时表现出来的脑洞之大、联想之丰富、角度之刁钻、批判之严苛，真让人叹为观止。有时你会觉得，冷漠无情的都是路人，义愤填膺的都是网友，人们最大的恶意和最苛刻的评论，很多时候都表现在对好人好事的挑剔上了。越是挑剔好事，似乎越能找到一种变态的

优越感——你那种感动是多么的廉价，而我的批判是多么的深刻。

看到这些质疑声，当事民警一定会觉得很委屈很郁闷，没想到以这种方式陪环卫工人避雨，会招来角度如此刁钻的质疑。我觉得如果这位民警熟悉网络生态的话，就不会被那些质疑所干扰，而会保持着手有余香的阳光内心和好人自信。珍惜那些被质疑声遮住的温暖留言，感谢那些愿意相信美好和善良的单纯之心。毕竟，在这个处处弥漫着不信任的时代，当丑陋和阴暗不断突破着人们的心理底线，当单纯的信任一次次被愚弄之后，人们已经失去了信任的能力，变得不敢轻信。理解那些怀疑的目光，好好珍惜那些保持着信任并温暖留言的人。

我相信那些质疑者并不是心理多么阴暗的人，不是没有阳光和善意，他们肯定有过被反转新闻愚弄的经历，看到过温暖表象背后的欺骗，见识过光鲜包裹着的丑陋，所以变得不敢轻信，没有了信任的能力，于是习惯了用批判和质疑的眼光看待社会。当看到那些温暖的事物时，不会被轻易感动，而会多个心眼，不惮用最大的恶意去揣度一下。他们不是不愿相信，而是不敢轻易相信。

理解了这些，对那些苛刻的质疑就不会那么介意了，不必心生"不敢做好人""好人没好报"的郁闷，而坚守做好人的自信。毕竟，质疑之外，还有那么多人被这温暖所感动，愿意相信身边的美好和人性的善良。比如一个网友的留言就赢得了很多人的认同，他说："一群围观者，就是你们的不信任让这个社会越来越缺少温暖，只知道在微博里转发做慈善，只知道怀疑看到的一切，你们还做了什么呢？扪心自问，有没有亲自做过一件哪怕是再小的善事！问环卫工人为什么不坐到车里避雨，一看你就是高高在上、不食人间烟火的贵族，你不知道他们怕踩脏别人的车吗！放下手机，抬头看世界吧。"

越是怀疑的时代，越需要信仰。信仰很重要的一个方面，就是内心的强大，保持着相信美好的能力和做好人的自信，坦荡、真诚、阳光、平静，不矫情，不比烂，不与环境同流合污，不被外界评价干扰，有自己坚定的信仰。

做了好事,自己觉得心安,那就足够了。看到受助者的笑容,听到一声"谢谢",就更心满意足了。如果还有很多人从中感到了温暖,甚至还有一些人为之鼓掌,那就无比欣慰了。至于其他,根本不必介意,平常心看待。没必要苛求每个人的感动和点赞,对苛评恶评也不要义愤填膺,人们看问题的视角本就千差万别,更何况信任在这个时代早成了稀缺品。

放下手机,翻翻手中的报纸,抬头看看灿烂的星空,心里会平静很多。

(《中国青年报》2016 年 9 月 13 日)

会向民众道歉的警察更让人有安全感

这条新闻，读来让人觉得暖暖的。9月3日晚间，重庆市涪陵区警方在一家餐馆内抓捕一名持刀嫌疑人，抓捕结束后，带队的民警不忘向餐馆内的食客解释原因并道歉，称"刚才我们在抓捕一名极其危险的犯罪嫌疑人，给大家用餐带来不便，打扰大家了，我向大家道歉"，用餐的食客纷纷表示理解，并有人为警察的道歉鼓掌。视频被发布到网络后获得大量网友点赞，公安部官方微博也转发了该视频。

在个别警察粗暴执法恶化着警民关系、抹黑着警察形象的舆论生态下，这样的场景、这一声道歉尤其让人觉得很温暖。低头道歉似乎是一种示弱的表现，但警察的这一声道歉，不仅没有矮化警察的形象，反让人更对警察充满敬意，让公众对警察更有依赖感和安全感。是啊，警察就应该像这样，对犯罪嫌疑人毫不留情，让坏人畏惧，而在公众面前保持一种温和谦卑，让公众感到亲切和安全。

让坏人觉得怕，让常人觉得亲切而有安全感，警察就应该向公众传递这样的形象。过去很多人在警察形象的塑造和认知上有一种误区，刻意塑造警察"让人怕"的威严形象，认为"让人害怕"才能强化警察的权威，凸显公权力和执法者的威严。前段时间媒体报道过一条新闻，让一些警察朋友看着很不是滋味——迷路女童看到民警很慌张，父母教她"不乖会被警察带走"——难道我们的警察是为了树立这种"让人怕"的形象？难道警察不应该是让孩子觉得很有安全感,遇到麻烦时第一时间向警察求救?这不是个案,我们小时候都或多或少地从成人那里听到过这样的恐吓:"再哭警察叔叔就来抓你了,再不乖警察就把你带走了。"

　　人们今天的"惧警意识",跟自小的这种"拿警察吓孩子"的教育有不小的关系。"拿警察吓孩子"的"惧警教育",传递了人们骨子里对警察的怕,见警察绕着走,看到警察就紧张,觉得跟警察打交道是一件让人害怕的事。而追根溯源,"惧警教育"的背后是一直以来警察形象塑造的错位和失败——警察应该让坏人怕,让犯罪分子畏惧,而不是让普通人怕,让正常人紧张。相反,警察向普通公众传递的应该是亲切感和亲和力,在街上看到警察就觉得很安心,因为警察会保护我们的安全。

　　这声道歉就传递了一种正确的警察姿态:对坏人毫不留情,而在普通民众面前很谦卑。会向民众道歉的警察让人更有安全感。

　　餐馆内抓捕犯罪嫌疑人,对其他人造成打扰,警察没有觉得这种打扰是天经地义的,没有觉得自己是在"执行公务"就可以理直气壮地让其他人配合,"为了公共安全"就可以侵犯他们的正常权利。公众看过太多那种自恃手持"公共利益"大旗时的霸道,将"公益""公务""公事"凌驾于民众权利之上。从这个角度看,警方的道歉,不仅表达了一种谦抑的职业态度,更对公私权界有着清晰的法律认知,没有用公权力去压倒私权利,而是意识到公权力和私权利的边界。抓捕犯罪嫌疑人虽然是执行公务,其他公民也有"配合执法"的义务,但对其他人造成了干扰,在道义上应当表达歉意,如给公民造成损失,也应依法赔偿。

　　当下很多警民冲突,都是公权与私权的冲突所激发。公权力觉得"执行公务"时可以理所当然地让民众配合,有着不容置疑的正当性,很多"麻烦"是民众享受安全感所必须承担的义务。而民众则觉得给自己带来的干扰,影响了自己的正常生活,侵犯了自己的法律权利,各不相让于是形成对抗。道歉的警察树立了一个典范,让人们看到,公权力与私权利并非不可调和,当执行公务给公众带来打扰时，一声歉意也许就能化解冲突。

(《晶报》2016 年 9 月 7 日)

"一个人的婚礼"错在宣传者

被冠以"一个人的婚礼"的新闻都触动过无数人内心,让人泪流满面。未婚夫殉职,悲痛欲绝的新娘带着未婚夫的遗照完成"一个人的婚礼";未婚妻在婚礼前重病离世,欠爱人一个婚礼的新郎隔着阴阳两界完成"一个人的婚礼"。但这次的"一个人的婚礼"不仅没收获感动,反而引来群嘲群讽。16日是贵州公安特警大比武的日子,也是参赛民警朱俊再结婚的日子,但为了事业他放弃了婚礼,毅然参加比武。新娘张东芳支持丈夫的事业,一人拜堂成亲。

特警放弃婚礼去参加比武,新娘一个人拜堂——又是"为了特警事业和铜仁公安的荣誉",又是"毅然放弃",又是"热爱公安事业",从这些"典型塑造"的惯用腔调和宣传修辞来看,通讯员显然是把这件事当成莫大的"爱岗敬业典型"来宣传。真的,这样的宣传稿写得越热情洋溢,就越让当事人尴尬难堪,也越侮辱着公众的常情常理常识感。本意是想宣传警察的爱岗敬业,可你知道吗?这一次对"一个人的婚礼"最激烈的批评就来自警察同行,警察们拒绝这样的典型,他们不想让公众觉得警察是那类背离常情、没有温度、让人无法理解的人,他们不想为这样的"高级黑"背锅。

"一个人的婚礼",真的必须这样吗?难道参加特警大比武比自己的婚礼还不可替代?难道不可以让其他人去?错过大比武以后还有机会参加,可婚礼只有一次啊。再退一步讲,如果真的觉得参加比武很重要的话,难道婚礼不可以改期？于情于理、于传统、于常识、于人性、于对伴侣的尊重，能找到一万个必须参加婚礼的理由，而找不到一个让新娘一人拜堂的理由。那些让人感动的"一个人的婚礼"，都有着令人心碎的无奈，而像这样的"一个人"，让人感受到的只有背离常识的无情。

很多人把矛头指向了当事人，觉得两人的行为都无法理解：一个为了比武而狠心让新娘一个人拜堂，一个不改婚期就一人拜堂了。或者觉得两人不正常，或者觉得这事太假。我愿意以最大的善意相信他们是真诚的：男方太热爱公安事业，太珍惜这一次特警比武的机会，也许这样的比赛在他心中有特殊的意义，他内心对警察事业有别人无法理解的特别感情。而女方又特别理解丈夫对事业的热爱，全心全力支持丈夫的选择，但婚期早已定好，改期会带来很多麻烦，她也觉得仪式并不重要，重要的是两人相爱，互相尊重彼此热爱的事业。用这种善意去理解，也许就不会去苛责这对新婚夫妻了，不会觉得他们反人情和人性。

我愿意去理解和相信这对夫妻，尊重他们的个人选择，别人也许有自己的特别情感和特殊情结，你没有权利以自己价值观去让别人做出跟你一样的选择，尤其这是人家夫妻两人共同的选择。

我想说的是，"一个人的婚礼"没有错，错的是宣传者。我相信当事人的选择是单纯的，并没有说过"为了特警事业和铜仁公安的荣誉"这样的豪言壮语，完全是宣传者的上纲上线，这种用力过猛的宣传既把当事人放到了非常尴尬的境地（被人质疑，遭人嘲讽，受到调侃），更刺激了公众的反感。不宣传，那这就是两个人自己的事，不需要别人的理解；一宣传，就代表着一种官方认同，代表着一种价值观强化，代表着引导和示范效应——把常人用常情无法理解的极端选择塑造成典型，用极端的选择去表现"爱岗敬业"，是对公众朴素常识感的挑战，是对人性人情的背离。

"一个人的婚礼"即使完全真实，也不宜作为典型去宣扬，因为这不是值得鼓励的选择，也与当下的公众主流认知相悖——起码别把这种背离常情的事情当成多么光荣。这个开放的时代，大众是常识的信徒，一切反常识的事物在今天都会成为笑话，新闻宣传永远不能失去这种与大众共情的常识感，偏离公众常情而自我感动，只会制造荒诞的"高级黑"效果。

（《晶报》2016 年 11 月 22 日）

记者节,问一声"你还好吗"太沉重

媒体在记者节到来之际发一篇社论庆祝自己的节日,最平常不过了。近几年媒体不景气,发社论的都少了——没想到,在很多为了生存而疲于转型的媒体无暇写一篇记者节评论时,一家与媒体没有关系的"网上订餐"企业却专门发了一篇社论为记者鼓劲——《记者节:但愿心有所持,温和坚定》。

充满情怀的文字,让很多同行眼睛湿润了:"无论到了何时,我们仍然渴望你的光荣与尊严,渴望一个被你的名字温暖、影响并改变的世界。一个社会的无力,以记者的无力为标志,一个社会的堕落,以记者的堕落为底线。既为记者,必然意味着对于共同价值的坚定,对于公共利益的守护,对于职业操守的践行。"

看到题目时,我就知道是老杨写的,太熟悉了,以往每到记者节、元旦、春节这样的节日,老杨总会应媒体之约写一篇情怀美文作为社论。在媒体江湖,老杨以善写这类"情怀社论"而闻名。

很多年轻人不清楚这篇社论的作者背景,于是各种猜测。有的说,记者已经堕落到需要外行人操心的地步了。有的说,"饿了么"发社论了,接下来是不是要坐等淘宝、美团和大众点评了?他们不知道,这是一群曾在媒体打拼过、对媒体有着深厚感情、内心仍保持着理想主义激情的前媒体人,以这种方式向昔日的同行致敬,为仍坚守在新闻岗位上的朋友鼓劲——因为你的存在,我们才可以拥有一种可以与之抗衡的力量,拥有和煦与正义。

有人问，一个订餐企业发什么社论啊，社在哪里？我告诉你，社在心里！曾经为新闻洒下汗水和热泪，曾经用文字写下历史的底稿，用手中的笔担当过道义的人，无论今后走到哪里，从事什么职业，所从事的工作与新闻有多远，他们心中总是有一个报社的。媒体人、记者、新闻，那是他们职业的故乡，会在自己的职业生涯中烙下深深的印记。

隐藏在他们心中那些关于记者的回忆，在某个深夜的时候，会翻涌而出。正如记者节前的这个深夜。

我知道，老杨心里是有一个报社的，虽然职业离新闻已经很远，但仍保持着一个媒体人的初心——因着这种初心，心系媒体，心系同行命运，笔下才能流淌出那番让同行眼眶湿润的文字："总有为了理想的顺应，也总有为了坚守的转型。报纸或将死去，媒体终将存在，当新闻在那里，记者就不会走远。你日拱一卒的努力不会全无是处，你日复一日的坚守终会云开日出。"在媒体待了数十年的老杨，终归放不开他热爱的事业。正因为这份热爱，他才选择了离开待了十多年的地方，到陌生的城市尝试做新媒体，也因为这份热爱，他在到企业做公关之后感慨："我做公关跟媒体打交道才知道，有些媒体同行是多么的无耻。"

老杨在"饿了么"发的这篇社论，不是问记者"饿了么"，而是问"你还好吗"。这一声"你还好吗"很沉重，在这个常常传来坏消息的传统媒体的冬天，格外让人觉得心疼。我不觉得这是一家企业借热点营销，而是一群曾经的媒体人为昔日的同行真诚地鼓励，也是借机缅怀自己当初的理想，并以理想的名义一起抱团取暖。千言万语，一切都在社论里："在今天，哪怕所有的媒体都偃旗息鼓，也并不意味媒体的使命已达。哪怕满盘皆输，离乱凉薄，也并不意味你曾致力追求的公平与正义已经得偿所愿。"

一家企业通过单位自媒体发记者节社论，创造了新闻史的一个纪录。这个"纪录"的时代背景是，在这场媒体变革大潮中，很多优秀的传统媒体人离开了自己所热爱的新闻，或者奔向了新媒体，或者进行云创业，或者走向了与媒体打交道的企业公关。有人说，记者当公关是对初心的背叛，可我觉得，当过记者、爱过新闻的人，无论到什么岗位上，心底总会保存着那份理想和热忱的，就像老杨这样。媒体人四处飘零，新闻从业经历在他们身上刻下的理想印记也许能散作满天繁星。

亲爱的同行，晚安，好梦！

(《九江日报》2016年11月9日)

无理由地信仰规则，即使守规则的人死了

前几天好几条新闻看起来让人很不是滋味，沉重、压抑，甚至心碎。

10月26日中午，北京市朝阳区北苑家园门口，一位年轻姑娘走下台阶来到路口，人行道绿灯亮起，所有车都停下等候，姑娘也趁此时穿过马路。突然，一辆奥迪车从后方高速冲出，没有任何减速迹象，瞬间撞毁了前方多辆车，并压住了这位过路的姑娘。

还有北京通州出租车惨案。北京的哥李师傅按照交通规则停在停车线内等待红灯转绿，此时一辆装满石料的大货车为了避让另一辆忽然压实线并线的小轿车向右急转弯，结果发生侧翻，货车连同成吨的巨石正好压在李师傅的车上，在距家仅10分钟车程的地方，李师傅永远离开了这个世界。

有网友说："几起车祸有个共性，不守规矩的活着，守规矩的却死了。"很多人惊呼："还有没有天理，这让守规则的人情何以堪？法律为什么保护不了守规矩的人？这让我们这些守规矩的人如何有规则自信？"

这些问题都是坏问题，用一个很坏的逻辑设置了一个很坏的议题，很容易产生误导。不守规矩的活着，守规矩的却死了——这是一个搅乱人心、颠倒是非的错误命题，真正的矛头指向应该是那些违反规则的人，因为自己的不守规则，制造了惨烈的车祸。正确的反思姿态应该是：你们看，那些不守规则的人在制造着多少罪恶和悲剧，牵连了多少无辜者。车祸跟"守规矩"没有关系，不是"守规矩"导致了死亡，而是别人的"不守规矩"。

人们不要被那些因果错乱的坏逻辑所误导，不要被"守规则的人死了"这样的坏命题所污染，而去怀疑和动摇自己的规则信仰，变成那种"守规矩会吃亏"歪理的信徒。

产生"守规则的人死了"这样的坏议题，不仅反映了一种社会情绪，更说明很多人骨子里对规则缺乏坚定信仰，并没有把规则当成一种内心认同的律令，而是以功利主义和实用主义的态度去看待规则。规则对自己有好处，那就遵守；没有好处的时候，那就不遵守。今天有好处，就是一个规则支持者；明天没好处了，就完全抛到脑后。

在这种实用主义态度下，人会处于摇摆之中，随时被一些小恩小惠所改变，随时被一些新闻中呈现的个案所干扰。看到新闻说有人扶摔倒的老太太后被冤枉，就立刻惊呼和撒娇"以后谁还敢做好人"，而不会把"做好人"当成一个做人原则；看到有新闻说"守规矩的人被车撞死了"，就感慨说"以后谁还敢守规矩啊，你看，不守规矩的却活下来了"；看到有新闻说某个海难中"听老师话的学生被淹死了，而不听话的却活着"，就反思"以后还要不要听老师话了"。或者是一种"比烂"的心态，我守规则，他却不守，我是不是吃很大的亏了？

其实，即使从"好处"的角度看，遵守规则在绝大多数情况下会给我们带来很多好处。比如，遵守规则，红灯停，绿灯行，绝大多数时候能让自己更安全，也让别人安全，但不排除在极少数情况下，当有人不守规则时，你遵守规则却遭无妄之灾。一方面，这只是个案，不能因个案统计而怀疑规则的必要；更重要的是，问题不是因为守规则带来的，恰恰相反。但容易被个案干扰的规则实用主义者，看不到这些方面，有一种根深蒂固的"害怕吃亏"心态，对那些"守规则吃亏"的新闻格外敏感。

别撒娇了，你不守规则试试看？

遵守规则，需要一种信仰。所谓信仰，是不需要理由、不需要证明、不需要条件的认同，是不随个案和利益干扰而摇摆的坚信。无论别人讲不讲规则，无论规则会不会有好处，都会选择相信规则的力量。你要做的，是信仰规则；法律要做的，是让违反规则者付出沉重代价。即使有违反规则者偶然逃脱惩罚了，也不能干扰你对规则的坚信。

(《中国青年报》2016年11月14日)

理解医生辛苦，更要理解他们回天无力时的无奈

一条新闻，看着让人感觉暖暖的。在医患关系并不怎么和谐的语境下，更让人眼眶湿润。

"老人经历 6 小时抢救后苏醒，手写'护士没吃饭'。"——近日，陕西咸阳一位七旬老人在医院经历 6 小时的抢救后苏醒，醒后第一件事，就是向护士要过笔和纸，颤抖地写下"护士没吃饭"五个字，"当时护士的眼泪就下来了"……老人的家属随后还为护士买来了食品。她老伴说："其实就是将心比心，多互相理解。"

这种"将心比心"的彼此体贴太重要了，与医生打交道，我深有体会。有一次带孩子去看病，挂了个专家号，等的时间挺长。终于轮到了，医生耐心看完后说，没什么事，药都不用开，多喝点热水就行了。然后他说："没什么事，去把这个专家号退了吧，不用花这个钱。"我很感动，医生很体谅家长，给家长宽心，站在患者角度替对方减轻负担。最后我没有退这个号，毕竟医生也付出了劳动。

医生和患者都要习惯看到彼此的好，而不是在极端个案的情绪摇摆中彼此伤害。对这条"护士没吃饭"的暖新闻，感动之余，我想到了另一个角度：哪行哪业不辛苦呢？医生最需要别人理解的也许不是他们的辛苦，而是他们的无奈。

这是一个有好结局的故事，老人经历 6 小时抢救后苏醒过来了，充满感

恩，心疼"护士没吃饭"，第一件事就是表达感恩，让护士吃饭，医护人员感觉被体贴了，都心里暖暖的。可如果情节稍微变一下，某个时间，急救室里一群医护人员抢救一位老人，遗憾的是，经过6小时的努力抢救，无力回天，结果会是怎样呢？这时候，场景还会这么温馨吗？医患还会是这样让人感动的温暖剪影吗？

医治结果很好，患者能体会医生的辛苦，这很让人欣慰。在这种情况下产生这样的和谐是比较容易的，不容易的是，如果抢救结果并不好，患者还能体贴医生的努力、辛苦和那种面对生命逝去却无能为力的无奈感吗？可惜医院里有很多悲伤的结果，医生不是神仙，医生无力挽救每一条生命，医学还有很多遗憾，他们只能尽力跟死神赛跑，很多时候都会是令人遗憾的结果。医生们最需要的，可能就是那种回天无力时的理解，理解他们在这个过程中的辛苦、尽力而无奈。看看新闻会发现，医患冲突多数是发生在那些结果很遗憾的情况下，抢救无效，家属失去理性，悲痛中把矛头指向医护人员。

想起本报记者贺延光拍过的一张照片。非典肆虐时，医生竭力抢救一个非典患者，最后还是没能抢救过来——照片上，一个心力交瘁的医生面对躺在手术台上死去的患者、背对着镜头双手叉腰、束手无策的样子。人们应该记得，那一年，非典中死去的相当一部分人是医护人员。

这时尤其需要将心比心，医生应该能够理解抢救无效后家属的悲痛欲绝，专业之外多点人文关怀；家属更要理解医生，医生尽力了，人类在疾病面前还远远做不到药到病除、妙手回春。医生与患者之间不是消费关系，不是你付了钱就可以要求医生能治好病，医生只是接受了患者的托付尽力去治疗。这是他们的职业，他们凭什么不去尽力呢？就像一名有新闻追求的记者，面对一个新闻，他凭什么不尽力去挖掘事实真相呢？

医患冲突，很大一个方面就源于患者对医生不切实际的期待，以"我是消费者、我花了钱、我有向你提要求的权利"之心态来跟医生打交道。带着这种消费者的优越感，自然就失去了对医护人员之辛苦的尊重；而会理直气壮地认为,我花了钱,你辛苦是应当的,我花了钱,理应替我治好病。失去了对别人劳动的尊重,没有对医学的理性认知,也就没有将心比心的理解。而这种理解,其实是辛苦的医生们最期待的。

(《中国青年报》2016 年 10 月 28 日)

你知道医生为何那么怕媒体高调赞美吗

近来很多官方微信公众号都转发了这样一条新闻,感动了很多人——"感动!如果监控没拍下,你不会知道医护们有多拼!"这是最近山东栖霞市人民医院住院部6楼监控拍下的一幕:一名市民突发脑出血,心内二科护士王亚萍及现场医护人员全力抢救,最终挽回他的生命。救死扶伤,争分夺秒,他们守护着每个人的健康。善待医护,就是善待自己!

看着监控视频中护士一直不停地在按压病人胸口,抬上急救车后,还跪在车上不停按压。那个跪地不停按压的背影,还有在场其他医护人员的奔走抢救,让人看到了医务人员在生命面前分秒必争的职业本能。

跟一个医生朋友聊起这事,他对舆论的反应有点惊讶,说这件事其实很平常,如此场景在医院急救室很常见,急速奔跑的脚步、焦急的神情、争分夺秒的节奏,是很多医护人员的工作常态。只不过外人一般很少看到,才会被偶然拍下的视频深深触动。他说其实没什么,救死扶伤,与死神赛跑,这是医护人员的天职和本能,本来就应该做的事,无须太高的赞美。

他说的另一句话很让人深思,他说,并不希望人们对医生有多高的赞美,把医生捧成"天使",而是能更多地理解医生的工作状态。他不敢享受这些彰显医生品质的"正能量新闻"对医生毫无保留的赞美,捧得越高他越觉得不安,因为他知道,这些赞美是靠不住的,网民情绪很容易摇摆。今天看到这条有关医生的正面新闻,人们会用世界上最美的词来形容医生;可有一天媒体报道了一条对医生不利的新闻，就会看到人们用最恶毒的词去咒骂医生，仿佛医生成了世界上最邪恶的群体。

很多医生都表达过同感，特别害怕媒体对他们高调赞美，经历"过山车"的他们，知道舆论的无情。他们厌恶了这种"过山车"式的舆论摇摆，他们并不需要那些把他们形容为天使的道德高帽，但他们也拒绝在个案中被污名化和妖魔化，厌恶因为一些个案就把医生说得一无是处。

特别能够理解医生拒绝高调赞美的焦虑，坐惯了"舆论过山车"后，对高调赞美有了本能的恐惧——对于情绪化的舆论来说，赞美有多高调，恶评就会多狠毒，高调赞美之后必有恶毒评价。作为媒体人，也经常在这"舆论过山车"里忽上忽下，考验着心理的承受力。警察、城管、教师，哪个职业没有这样的焦虑？做了再多的好事，戴了无数"最美""最帅"的高帽，一条负面新闻就能把所有努力打得稀里哗啦，翻脸速度比翻什么都快，哪还会记得昨天曾经那么温情脉脉地叫你天使，叫你园丁，叫你卫士，叫你"社会的良心"。

医生群体尤其能感受到"舆论过山车"的可怕。当发生一起患者被侵权的事件后，舆论会高举道德大棒，把医生当成敌人，一边倒地站到患者那一边，严词谴责医德的堕落和医风的败坏。而过段时间发生一起医生被伤害被羞辱的事件后，舆论又会站到同情医生的那一边，谴责患者的蛮横、偏执和极端。关于医患关系的舆论风向，就随着这些极端的个案，不断发生着周而复始的情绪化摇摆：患者被伤害了，就同情患者谴责医生；医生被伤害了，就批评患者同情医生。这样的舆论摇摆，带来的不是宽容与和解，不是理性的反思，而是不断强化的敌意和冲突。医生感觉受到了莫大的委屈，患者感觉受到了巨大的伤害，在这种"受害者"意识中都会对对方充满防范和敌意，于是形成一个恶性循环，医患关系在摇摆中自然不断恶化。

人们需要摆脱这种"过山车"式的情绪化，而应该对医生保持一种不被个案所摇摆的信任。这种信任基于这样一些判断：医生有救死扶伤的天职，医生比你了解你的病情，医生掌握着专业知识，你只能毫无保留地信任医生。保持这种不被个案所摇摆的信任，保持对这个职业群体的尊重，看到保持着职业精神的大多数，无须捧到天上，更不能踩到脚下，医患关系的困境也许才能找到突破口。

（微信公众号"吐槽青年：曹林的时政观察"2016年10月20日）

你负责貌美如花，一定有人在承担"丑"的代价

北方多地飘雪，如诗如画、美不胜收的雪景刷爆朋友圈。不过，有媒体转发的一张照片让人们看到了另一种雪景：丑，却美着。

媒体的微博是这样写的："你愿为这张沾满污水的脸转发吗？——今早，山东济南，四名环卫工正用机器清理积雪。一位环卫工人的脸上沾满了机器喷出来的灰色水渍。他身上的橙色环卫工服，也完全看不出原来的样子。据了解，他们凌晨2点多就到街头清理积雪，一直持续到8点，连口水都没喝。致敬平凡岗位的坚守！"

这些人身上的泥泞和脸上的水渍，似乎是与雪的美不相容的"丑"，可这种"丑"感动了很多人。人们纷纷留言向这些看不到他们留言的平凡人致敬，有人说："有些事不是鼻子酸酸就能解决的，希望不要乱扔垃圾，希望可以提高他们的薪资水平。"有人说："希望有关部门能为他们配备劳动保护用品，而不是转发致敬一下就完事了。"有人说："我愿意递给他一块手帕、一杯热水，但是我不愿意转发，因为没用。"

这张照片也许能让人们想到，当你负责貌美如花时，一定有人在承担"丑"的代价。

想到另外一组照片，也关于"丑"。媒体发了一组警队里的"丑照"，他们有的扑向了引爆汽油桶的嫌犯，有的用血肉之躯为被绑少女撑起安全天空，有的在库房面临爆炸时冲向火场。他们的脸上和身上留下无数伤痕，脸上被

炸得面目全非；面部神经受损，永远笑不出来；双手残疾再也提不起重物。网友说这种"丑"是他们的勋章，每道伤痕都是一枚勋章。当看到那些"夜读鸡汤"中诸如"哪有什么岁月静好，不过是有人替你负重前行"的句子时，人们会觉得很矫情，可看到这些让自己震惊的"丑照"时，就会理解"负重前行"的每一个字，都是用血写成的。

从人性需求看，人们都追求安全、美丽、整洁、安静、优雅、闲暇和美好，但我们所追求的这些并不是天然存在的，需要付出代价。一些职业就是为了承担我们所追求的美好而付出了代价。当你欣赏美的时候，背后有人在承担着"丑"。当你享受安全时，有人将自己置于危险之中。当你逃离火场时，有人逆向而行冲向火场。当你享受天伦之乐时，有人白发人送黑发人，白发人又随黑发人而去。前段时间吉林一警察缉凶时牺牲，追悼会现场，母亲因过度悲伤突发心脏病去世，心疼得让人窒息。

你可以冷冰冰地说，这是社会分工，不同的职业做不同的工作，承担着不同的风险。比如对环卫工人的那张"丑照"，也有人这么说："他们挣的就是那个钱，他们只能做那样的工作，那是他们应该的。工地上的人更累，更危险，怎么没人致敬？其实每个岗位上的人都一样，只不过分工不一样，才会觉得环卫工人那么辛苦那么可怜，只有义工才值得尊敬，其他都是为了钱。"我知道，持这种扯淡观点的人不在少数，这种冷酷的观点貌似有一点道理，其实浸透着庸俗、冷血、工具化和抽离了价值敬畏的自私，是一种精致却失去人味的、冰冷无情的利己主义。

很多工作，确实是"社会分工"的结果，但为什么你不愿去做那样的工作呢？罗曼·罗兰的一句名言常常成为"鸡汤佐料"："世界上只有一种英雄主义，就是看清生活的真相之后依然热爱生活。"我想说的是，那种比"热爱生活的英雄主义"更让人肃然起敬的是，看到职业面临的种种危险和重压，仍选择赴汤蹈火的英雄主义。对那些承担着比普通人更多危险、义务、担当的人和职业，人们不能失去应有的温情敬意。没有谁天然就应该去做那些需要牺牲、奉献精神的事,没有谁有天然的义务在别人追求美丽和安全的时候,自己却与这个社会的危险、污浊、丑陋和阴暗打交道。职业并无高低贵贱,但总需要有人去做那些需要逆火前行、负重前行的工作,不能因为那是一个饭碗,他们拿了工资,就降低他们应受到的尊重。

(《中国青年报》2017年2月24日)

适应春节期间的种种不便，也是一种文明

社会文明进步的一个体现是，人们已经逐渐习惯了快递、保姆、餐饮、媒体等服务行业春节休假，尊重这些行业的工作者跟自己一样的休息、休假、回家过年的生活权利。前几年，每逢春节放假，快递也一起休假，当城市很多社会服务停摆的时候，人们还各种吐槽，抱怨快递休假给自己带来的种种不便。而如今，吐槽越来越少了，人们开始习惯年前就把各种必要事务安排好，有了"春节不像平常那么方便"的心理准备。

不过还是有人不适应，比如某媒体就发了一篇评论谈"快递企业春节期间不宜过年休息"，抱怨快递休假让公众生活很不方便，文中谈到："对于服务行业的企业而言，节假日恰恰是最忙、销售的佳节，消费者过节，他们不能打烊，放过赚钱的机会不是傻吗？这个道理同样适用于快递企业，因为快递企业属于服务行业。因此，快递企业亟须转变观念，理应放弃'过节休息'的老观念。当然，快递企业要确保节日发货且保证时效，还需要改革用工制度与机制，建立健全稳定的快递员工队伍。为此，要在工资、福利待遇等方面，舍得投入，等等。"

这样的评论腔调，洋溢着"消费者是上帝，无论如何，让消费者不爽不方便，就是你的不对"的大爷心态。让快递企业春节期间不休息，不合理，不近人情，也不正当。

评论中有句话挺有意思："节假日恰恰是最忙、销售的佳节，消费者过

节，放过赚钱的机会不是傻吗？"——是啊，放过赚钱的机会不是傻吗？人家不傻，谁都知道这是一个赚钱的机会，可人有比赚钱丰富得多的需求，你可以休假和家人团聚，别人凭什么不能呢？"生活不只眼前的苟且，还有诗和远方。"这话听着有些矫情，可对于快递小哥们很现实的是，生活除了送不完的快递，赚不完的钱，还有远方亲人的召唤。消费者和服务者都是人，消费者有家庭团聚的需要，服务者一样有，双方是平等的，不要以为"我是花钱的"，就可以带着优越感去要求别人以消费者为中心，围着消费者转。穿梭大街小巷辛苦送快递一年，别人也需要回家休息归乡过年。

评论给出的一个理由是，因为快递企业属于服务行业——服务行业就必须永久以你为中心、一年到头不停地为你服务吗？这不是一个平等和正当的要求。我一直觉得，"消费者是上帝"是一句张扬着消费话语霸权、极不讲理的话，双方明明是平等的契约关系，并没有谁高谁低谁尊谁卑，一个给钱，一个提供服务。你给钱，可人家不想提供服务时，你不能以"你是服务者"去绑架别人、强迫别人非要提供服务。当然，你可以给更多的钱，但别人愿不愿意当服务者，得尊重别人的自由，尊重别人的休息权、休假权和归乡过年的情感需求，正如你也期待别人尊重你同样的权利一样。你可以付钱，别人有拒绝的权利。

这些快递企业跟公共服务还不一样。为了城市不至于陷于混乱和停滞，得维持一种最低限度的公共服务。比如，无论如何，公共交通、电力、供水、垃圾清理、消防、医疗等是不能停滞的，这是城市正常运行的最低服务保障，所以这些公共事业往往是国营。而快递、保姆之类则不一样，并非维持社会运营的基本保障，并没有那种"无论如何总要保持服务状态"的承诺。市场化企业可自主自由安排，公众没有要求他们"不能回家过年""节日期间必须提供服务"的权利。实际上，只要你愿意多付钱，总有市场化的方式能解决自己的需求。

这篇评论提到："快递企业亟须转变观念，理应放弃'过节休息'的老观念。"这还是太自私、太以自己为中心了。为什么非要快递企业转变观念，而消费者不能转变一下观念，不能放弃那种"过节还要让人服务"的老观念呢？不要自己生活稍有不便就骂娘，而应将心比心去体贴，容忍和适应春节期间的社会服务停摆，习惯打车比平常难很多，习惯叫不到快递，习惯吃饭时找不到开门营业的酒店，习惯找不到保姆。有人情味的态度是，在这种短暂的春节状态中意识到服务者的重要，意识到城市对外来务工者的依赖，日常对他们更多点尊重和关怀。

  这几天从春运新闻中看到不少让人感到心酸的报道，比如为了春运服务很长时间不回家，两岁儿子只能在舱门口看一下父亲；为了保障日常服务，夫妻常年见不着面。每看到这样的新闻，人们总会被感动，并觉得这样挺不人性化。我们不能一边看到这样的新闻很感动，觉得很心酸，一边在生活稍有不便时就苛求苛责服务者。生活再不方便也不要忘了，服务者也跟我们有一样的休息权利和情感需要。适应春节期间的各种不方便，也是一种文明。

  （微信公众号"吐槽青年：曹林的时政观察"2017年1月23日）

有一种对赞美的拒绝更让人肃然起敬

一直觉得,拒绝批评是人的本能,所以,虚心接受批评的人是很了不起的。但比接受批评更了不起的,是拒绝对自身的赞美。虚心接受批评,需要的也许只是克服某种不舒服,而拒绝施加于自身的那些浮夸美誉,则需要克服更多的人性弱点:虚荣、自恋、贪婪、不诚实、无原则。

因为难能,所以可贵。于是,有一种对赞美的拒绝更让人肃然起敬。比如近日一位警察对那种不切实际的浮夸和拔高的拒绝。

为什么警察证上会标注警察的血型?有人解释,干这行容易出事,标注血型是方便受伤时急救。后来又有人进一步说,警察拍警服证件照不让笑,因为很可能等牺牲的时候要用作遗照。

标注血型是方便受伤时急救用的,这符合常识常理,也符合人们对这个职业的认知,可"警服证件照不让笑是因为牺牲时要用作遗照",就让人无法理解了,如此煽情可能有点用力过猛,背离常识了。不错,确实能看到很多殉职的警察用的遗照都是警服证件照,但不能说拍照时不让笑就是为了牺牲时要用作遗照,在逻辑上这叫"倒果为因"。

令人尊敬的是,很多警察并没有接受这种不切实际的拔高,拒绝了这种用残酷的悲情衬托职业崇高的浮夸赞美。

一位成都警察撰文说:"2016 年 12 月 12 日晚,成都交警二分局民警唐鸿在出警途中,不幸遭遇车祸,经全力抢救,终因伤势过重,于 13 日凌晨 3

时 50 分因公牺牲。我从公安内网下载了他的警服证件照，去色，变成黑白，配文，通过各媒体平台向成都公安内部及社会发布了'兄弟，一路走好'，寄托哀思。当晚，一家重量级的网络媒体请我将此文发布至他家的新闻客户端。我们一起商量标题时，他们竟然已经深受那个误传的影响，建议标题为'成都交警出警遇车祸，警官证照片成遗照'！我当即内心一震，严正否定了这个标题，告知了拒绝的原因。"

他说："警察虽然伤亡率很高，但，谁拍照的时候是考虑牺牲时用啊！你愿意吗？使用警服证件照的各种情况、各种场合太多了！都是遗照？派出所接待区内整面墙的警员信息全体用的都是彩色的遗照？如果说，警服证件照用作遗照，只有一个原因，就是他们付出了生命！至死都是昂首挺胸、警容严整的警察！是条硬汉！警服证件照不是为了准备用来当遗照的，但牺牲警察的遗照一定选警服证件照！因为，这是他们这一生中最好的写照！悲情煽情，也要讲事实。不能一味强调我们的悲情，强调我们的辛苦，而应分析原因，找到对策，提升装备，加强培训，降低牺牲率。愿每一位警察兄弟平安终老。"

真的，看完这位警察拒绝赞美的文章后，我对这个群体更充满敬意。拒绝"拍警服证件照不让笑，很可能等牺牲时要用作遗照"这样的赞美，不仅没有影响警察形象的高大，反而更让人尊重。这个职业死亡率、牺牲率很高的事实，已经足以让这一群体的形象挺拔高大，足以让人尊重。中国警察网有篇文章，谈到了 2016 年金色盾牌的那些负重前行：一名特警与嫌疑人搏斗时被炸得面目全非的面孔，一名派出所所长被刺两刀后仍与毒贩搏斗被染红的血衣，一名警察为救人不幸溺水牺牲后留在码头的鞋子；还有一个背影、一场离别、一次营救、一张合影、一次回家、一次见面、一场大雨、一次休息，这些真实的故事已能说明一切，不需要用过度的煽情去拔高。

用力过猛只会起到反效果。有人说，网络时代，如果我们传播的东西 99.99% 都是事实，只有 0.01% 经不起推敲，网民就会认为所有的东西都是假的。确实如此,真实最感人,哪怕一丁点儿的拔高,都会影响传播的公信力。"牺牲警察的遗照一定选警服证件照!因为,这是他们这一生中最好的写照!"这句话之所以能触动人们的泪点,让人觉得荡气回肠,在于其真实。

毕竟,真实最能触动人心。

(《中国青年报》2017年1月6日)

第三辑
热评

热点此起彼伏，年度的记忆就是由这些热点组成。我从不刻意去追热点，也不会回避热点，在热点观察中保持一种独立的姿态，不盲从，不消费，不偏执，不汇入那庸俗的大合唱，做一个有正确"三观"的"理中客"，用评论给过去那些年留一份历史的底稿。

对不起，对疫苗事件我无话可说

好几个有孩子的朋友让我写写最近很火的疫苗事件，公众号后台也有很多粉丝让我写写这个热点，说网上这个话题那么火，你怎么不发声。好像评论员就得什么事都得凑上去说两句才行，无论是国家放开二胎，还是老家的奶牛怎么不产奶，都说上几句，才是一个人民的好评论员。

我说，对不起，对疫苗事件我无话可说。

为什么无话可说呢？评论不能跑在事实的前面，当事实模糊不清、调查记者没有深掘到真相的时候，评论是无力的，道义姿态是自欺欺人的，正义感是廉价的。这时候评论员站在常识和道义角度去批判一番，只会把自己的混乱和无知传递给本就很混乱、无知的公众。读者本就不明白，疫苗，到底问题多大，给孩子打，还是不打？看了你的评论就更不明白了。当一腔正义的评论家跑在调查记者前面的时候，各种角度"撕"成一片，文人抖机灵玩文字游戏，或者是站队秀立场比拼正义感，只会向舆论场输入混乱。

真相永远比态度更重要，我已经极端厌恶事实不清之下的观点狂欢和道德表演，我们的网络上之所以充满撕咬戾气，就在于评论跑在新闻事实前面所带来的混乱，没有事实共识之下的乱拳相向。中国舆论场最大的问题就在于，在很多事情上，事实太少，观点太多；一事当前，评论员比记者活跃，专业的调查记者失语，而人人又都是评论员。当观点太多而提供事实的记者太少时，就变成了毫无价值的"撕"。

为什么无话可说呢？因为疫苗这事跟女司机被打、车被撞翻之类的口水事件不一样，专业性很强，而且事关重大，评论疫苗事件是需要专业资格的。讲真的，我很想评，但找不到我可以评的角度，我怕我的外行评论会让人笑话，我怕我的不懂装懂会误导读者，我怕我的先入为主会成为带毒的评论。怎么看疫苗事件？关注一些相关专家的微博和公众号吧，在这个问题上，不入流的专业人士也比一流的评论家更靠谱一些。不懂就是不懂，不装。

记得有一次在武汉一所大学演讲，提问环节遇到了一件奇葩事，一个女生提问时第一句话就让我目瞪口呆，她说："我是某某精神病院的患者，今天跑出来是想问你一个问题。"然后就开始胡言乱语，各种受迫害想象。我在回答时只能跟她说："真对不起，我真不知道怎么解答你的问题。我是写评论的，你的问题我无法解答，你应该回去找你的医生，而不是问我。"

为什么无话可说呢？我知道，那种正义凛然的外围评论最没什么用了，能推动社会进步吗？能敦促相关部门公开吗？能靠吼着嗓子喊几句口号去制造舆论压力吗？我写了十多年评论，知道这种评论的无力和无用——当缺乏深度调查的基础时，评论只不过是一种口水和情绪。期待调查记者的深掘。

无话可说还说了这么多，真对不住了！

（微信公众号"吐槽青年：曹林的时政观察"2016年3月23日）

李方老师你已从评论员堕落为"网红"

李方是我的老师，我 2002 年在大学时开始写评论，经常在李方老师所供职的"青年话题版"发评论，在那里闯出了一点江湖名气，2004 年是他把我招进《中国青年报》成为一名光荣的人民评论员。常想起与李方老师共事时的快乐时光，带我抄近路爬墙进报社大院，带我去比萨店吃阳光午餐，聚餐时跟我们讲星空的故事、自己的糗事和中青论坛的逸闻。我常说，我的评论思想主要受三位"中青人"的影响——陈小川、李方和马少华。

李方老师很多观点我都认同，但这一次他关于电动自动车的评论实在是胡说八道。吾爱吾师，但吾更爱真理。李方老师肯定是乐见他的学生去批评他的文章的。不同观点间展开批评，也是"中青评论编辑部"的传统，当年同事时就常为该不该上某篇文章争得面红耳赤，据说马少华和李方还会为此在办公室拍桌子，把一边的少女少妇编辑们都惊呆了。

我觉得李方这篇《为什么说电动自行车是占了大家的便宜》纯粹是一堆情绪的堆砌，而不是一篇严肃说理的评论。一堆情绪只能激发另一堆更激烈的情绪，所以这篇评论在网上被网友拍得体无完肤很正常。起码从这篇评论来看，我觉得李方已经从一个本来很温和理性的评论员堕落为一个消费屌丝情绪的"网红"。

情绪的堆砌而非说理

分析一下这篇文章的语言，就知道文章充满情绪化——"真的，我恨电动自行车。""这会一直是我后半辈子的噩梦，这不是我一个人的噩梦。""快递小哥懂交通规则的有几个？""你是占了大家的便宜""但必须是在把现在这些货都干掉的前提下。"这些表达都很情绪，一个成熟的评论员应该知道，这些情绪化的语言，怎么可能会引发理性的讨论？只会刺激更暴戾的网民情绪，变成一场"撕"。有时候不能怪别人"撕"，当你的文章中充满"撕"的兴奋感和"撕"的语言时，别人凭什么会跟你讲理？

这篇评论是从一个充满情绪化的个人身边经历谈起的，讲了一个关于自己的女同事被电动自行车撞后的悲剧。这事确实让人觉得难过，尤其是自己身边人遭遇时。可这种个案并不能推出"电动自动车有什么原罪"的结论，只能说明那个车主违反了交规。情绪化地叙述这样一个故事，把对电动自行车的批判建立在这样一个感性个案上，缺乏逻辑的力量。评论中的这种感性个案确实有感染力，但要有说服力的话，必须有更多的统计数据支持。手持孤证，无法包打天下。

李方举一个电动自动车肇事的案例，网友可以举无数个小轿车肇事的更惨烈的案例，那也要禁小轿车吗？个案统计并不能推出什么普通的结论，至多只能说明电动自行车需要加强管理，而不是像深圳这样的方式，政府部门规制不能专拣软柿子捏。

李方说："这不是我一个人的噩梦。你可以去任何城市的社区论坛，搜一下电动自行车，看看市民们怎么说。"——看看市民们怎么说呢？如果写到这里，李方老师弄个截屏，或者做个统计，让公众看到市民对电动自行车的批评和投诉，就有一定说服力了，可惜没有，只有一句自以为是的"你去看啊"，这不是论证，而是情绪描述。到底市民怎么说呢？李方的文章在网上获得了数万条批评，深圳的政策受到了广泛的批评，难道这些批评者就不是市民了？

"快递小哥懂交通规则的有几个？"——我真不相信这样的话是从一位成熟的评论员笔下写出来的。这样信口开河可以当成网络吐槽，但不能成为评论语言，尊敬的李方老师不能把自己拉低到"网愤"的层次。不进行严格的区分，不区分合规的电动车和违规的电动车，不区分不正当的少数和正当的大多数，情绪化地搅在一起说，这种乱喷不被喷才怪。

最后再说说李方这篇评论的主要论点，用"成本说"来论证电动自行车占了公众便宜。这个逻辑真是奇葩，到底谁占谁的便宜？"占便宜"这种充满精英傲慢和优越感的词，本来就容易搅动大众情绪。依法依规，各人在法律所规定的权利空间中行走谋生，谁占谁便宜呢？网购降低了公众的很多成本，这是网络给全民带来的福利，是全民享受互联网的红利。由电动自行车把矛头指向网购电商模式，这里的逻辑混乱到了令人发指的地步，原因的原因的原因不是原因，将网购与电动自动车捆绑，将电动车与车祸捆绑，这种"滑坡谬误"让错误归因归咎一滑到底。

我敢肯定，李方老师绝不是替深圳洗地，他就是在这个问题上失去了理性判断，深深陷于自闭的情绪化中。

失去公共性就不能叫评论了

收获数万条骂声后，李方又写了一篇回应文章，解释"为什么我挨了几万条骂还觉得是好事"，他理直气壮地认为："我就是代表我自己，顶多代表那些生活在电动自行车乱象阴影下的人们，对深圳市的简单粗暴表示欢迎，甚至希望自己的城市也能够简单粗暴一点。"

代表自己的阶层说话，这没错，这是作为车主和市民的李方的权利。但李方写评论的时候，应该有"公正旁观者"的身份意识，而不能过于陷于某一利益群体的身份之中。这种利益身份，将使自己的评论失去说服力。作为市民的李方与作为评论员的李方，这种身份应该有区分。

李方说:"这是我的个人利益,与'公共利益'无关。我们评论人可能有一种迷思,总觉得自己要站在公众立场上,最好连政府连国家连地球都代表了,才好意思发表看法。如果我们只代表自己的利益,或者只代表一部分人的利益,好像就失去了发言的资格似的。"

这话听起来有一定的道理,其实不对。评论人就应该有公共立场。我一直以为,一个成熟的评论人,总能够在公共事务中超越生活中的利益身份而站在一个公正旁观者的角度去进行判断,才能树立自己的公信,让自己的判断有说服力。生活中你是一个父亲、一个消费者、一个患者、一个行人、一个市民,但在分析公共事件时,你是教育事件的评论者,而不能把自己父亲的身份代入而与学校形成情绪对抗;分析消费事件时,你是企业与消费者中间的公正旁观者,而不是为消费者代言。同样,医患冲突、路权冲突中都是如此。

评论的功能不是代言,而更多是说服。代言,只能强化某一方的认同,而激化对立另一方的情绪,形成撕裂。让同阶层本就认同的更加认同,让另一阶层本就反对的更加反对,这种评论有多大的意义?评论,要说服公众接受某一种观点,"公正旁观者"的身份和表达才会有这种说服力。代言,会让另一方另一阶层产生天然的抵触感。

不要混淆评论与代议机关的功能,市民的意见应更多通过代议机关进行表达,影响决策。当然,市民意见也可以通过"读者意见"的形式发表在媒体上形成各方讨论。但评论人的文章与那种"读者来信"又是有差别的,不只是一种简单的意见,而应该有论证。论证要求必须用客观的数据,致力于摆事实讲道理,用"公正的立场"去凝聚最大公约数,形成有效的讨论。而不能说"我反对我反对我就反对,我恨我恨我就恨,我就恨电动自行车"。

其实,即使是普通的"读者来信",也不能任性地说"我就为某一方说话",任性地说"我就代表个人利益"。评论要有说服力,得论证"个人利益与公共利益的关系"——你看,一般在进行这种辩论时都会争将自己的利益与"公共利益"联系起来以强化自己的正当性,而不是撇清与公共利益的关系,这就是为什么需要客观中立的立场。评论最大的作用不是凝聚自己人,而是说服反对者——李方那篇充满个人情绪的评论,说服效果为零,甚至是负分,因为刺激了更多的反对者,甚至让一些认同深圳做法的人都反对这篇文章。评论需要论证,论证的有效性依赖于事实和逻辑的客观公正性。

"你不对我也认同你"不是博弈是盲目

网上的戾气为什么那么重?就因为站在"公正旁观者"角度理性说服的评论太少了,而偏执狭隘地站在某一方自说自话的声音太多了,形成"撕咬"。

你看,李方所言,一方面,他批评深圳政府禁止电动三轮的问题,因为很显然并没有经过充分论证,缺乏行政依据。另一方面,他说:"但我毕竟有个人情感与好恶,所以可以直说,我欢迎深圳政府的做法。"——这完全是情绪化地表达:他做得不对,我就喜欢他做得不对的样子。这是评论员应该说的话吗?不是,"网红"都不好意思说这种不讲理的话。

李方说:"我想立刻在马路上不再看见电动车们横冲直撞,我想立刻享受免于超标违章电动车威胁的自由,虽然这只是我的个人利益,我也要大声喊出来,为深圳市的决定欢呼。"这样撒娇任性的话,在朋友圈可以写着玩玩,写到评论中就是自毁形象,自绝于评论界,一路狂奔走向"网红"之路。

讲理者的格言应该是,我不认同你的观点,但誓死捍卫你的发言权。而不是,我就喜欢你明明做得不对却很对我胃口的样子。

李方说:"任何公共利益,都是不同群体利益博弈的结果,而不是不证自明的什么东西。"——这话当然没错,公共利益是博弈出来的。但怎么博弈呢?很多人对利益博弈有一种误解,觉得好像任性地各说各的就是博弈了。博弈也是讲对话规则的,博弈不是一堆不讲理的凑一起乱喷,而是得有讨论的规则,得讲基本的道理,得基于一些公共认同的事实和逻辑,得往公共利益上去凑，才能形成一个有效的讨论，否则就是乌合之众的"撕"。

李方说："深圳政府'禁电'这件事来说，它就是要解决当下市民集中关切的问题，先禁了再说。"——好一句恶狠狠的"先禁了再说"，当一个评论人的思维极端到这种不要民主程序、不要法律规范、不要倾听反对意见时，就是专断的帮手了。我想，以偏执观点博关注的"网红界"，也会鄙视这种不要底线的任性。

（微信公众号"吐槽青年：曹林的时政观察"2016年4月17日）

以维护柳岩之名将柳岩推上烤架

伴娘柳岩被捉弄引发了一场舆论风暴，兴奋的"键盘侠"所表现出的义愤填膺和正义凛然，比当事人柳岩强烈百倍。很多网友都痛骂现场捉弄柳岩的伴郎，甚至组团到几个当事男星微博里去骂，其脏其毒其恶心之程度，比婚礼上的那种朋友间的捉弄恶劣和肮脏多了。

朋友间的玩笑，稍微出格一点，甚至很不妥，也是私人朋友间的事，朋友间能以妥善的方式处理这种冲突。拿到网上进行一场网络审判，只会让事情变得非常糟糕，不仅无法捍卫什么正义，反而让相关当事人（包括受害者柳岩）都陷入非常尴尬的境地。

最后柳岩站出来道歉，我相信是出于一种自我保护和保护朋友的本能，不想因为自己而让朋友受到攻击，不想让朋友的婚礼变得如此尴尬，也不想让自己以后在娱乐圈无法混。当然，她没法让那些男星出来道歉，也无法让"替自己维权的正义网友们"闭嘴，说不出"这是我们自己的事，你们别扯了"，只好以这种谦卑、自责又无奈的方式去平息舆论。

其实，如果站在"受害者"柳岩的角度看，网友越是痛骂众伴郎和婚礼主人，表现出的态度越激烈，越是把柳岩架到风口浪尖，对柳岩越是不利。原本只是朋友间的亲密玩笑，被捉弄的那一瞬柳岩会不爽，但后来网络上纲上线到那种地步，无形中对柳岩造成的伤害可能不止是不爽了。这种貌似捍卫正义、维护女权、为弱者代言的网络哄客，将"小玩笑"说成"大羞辱"，哄抬着朋友间的对立，制造着圈内人对当事人的不满，将当事人推到了一个极其不利的境地。

这就是"键盘侠"所要的正义吗？正义难道不应该考虑到具体的语境和尊重当事人的感受？正义难道不应该是对当事人最有利的结果吗？当看到婚礼上伴娘被以那种方式捉弄时，网友觉得很反感，那种反感是正义的；可后来将这种反感变成一种强大的道德审判压力，逼着这个道歉，逼着那个道歉，骂这个骂那个，那种自以为是的正义感就走向了正义的反面，带着道德优越感张牙舞爪，成为一种戴着正义面具肆意作恶的网络暴力。在洋溢着过剩道德热情却缺乏判断力和克制力的网络上，天使与魔鬼只有一线之隔，那一瞬间，正义感就可能变成了道德专制主义的魔鬼面孔，像洪水猛兽那样冲垮正义的堤坝。

网络正义感总会走过了头，总会走火入魔，因为在网络上的某些人作为整体是缺乏判断力的，也缺乏正义思考的能力。正义远远不是一腔热情和几句口号，不是"初衷为了一个正义的目标"，正义是需要能力的。实施和实现正义，需要理智的人在制度和程序约束下去达至，网络正义总会在汹涌澎湃中淹没理性，在失控的群体戾气和正义火气中将道德变成一把刀。

虽然事情是从同情柳岩开始的，但后来事情的发展已经与当事人没有了关系，完全无视具体的语境和当事人的感受，变成了群体的情绪发泄，成了借此浇自己胸中块垒的机会，众多见不得阳光的阴暗情绪都冠以"反抗性骚扰"的正义之名——你真以为那些谩骂者是真诚地为柳岩抱不平吗？那种道德审判夹杂着无数情绪：对明星风光生活的不满，对名人财富的嫉妒，对娱乐圈"腐败"生活的羡慕，对他们怎么可以那样我怎么不可以的愤懑，等等。他们需要的不是正义，而是借题发挥。

网上对于这样的道德话题是最热衷的，没有门槛，不需要智慧，凑上去秀自己的道德姿态和正义感，键盘上喊几句道德口号就可以了，声音越高，"撕"得越厉害，越能体现自己的正义感。冷漠无情的都是路人，义愤填膺的都是网友。路边的懦弱和猥琐,心中的肮脏和阴暗,网上的正义凛然,形成鲜明的反差。

(《晶报》2016 年 4 月 5 日)

雷洋之死我为何没有更多的评论跟进

这几天没有什么新闻比雷洋之死更牵动公众的关切,写了那篇《评雷洋之死,一个手拿锤子的看什么都像钉子》的评论后,我就一直没有继续跟进评论。微博和公众号上都有粉丝留言说:"这事这么热,特别喜欢看到你的评论,看你这几天一直没评论这事,很失望。"这时候,好像不评论雷洋之死,就没资格当评论员了,就是回避热点和尸位素餐,就是不为"弱者"代言、不捍卫正义、没有良心了。

不好意思,让你们失望了。不是我不想评论,不是我无话可说,是我知道,我可能无法迎合你的期待,无法写出你"需要"的评论,无法扮演你所期待我去扮演的斗士、"公知"和批判角色。我更清楚,在当下这种靠立场站队的非理性舆情下,这时我无论怎么自以为理性地评论,都会被归类,被贴上某种偏离我的本意、会招来无数口水的标签。所以,不如选择静默。

无法写出你所期待的评论

很多朋友让我继续评论雷洋之死,我明白他们想让我写的原因。从他们的朋友圈转发的内容来看,他们对这件事是有鲜明立场的,他们让我评论,潜意识里其实并不是想看到客观的分析和理性的梳理,而是想寻找符合自己情绪和立场的评论,从而获得一种共情共鸣感。前几天我转了一篇关于雷洋之死的分析，一个朋友立刻批评我"有倾向"——其实在事实不清之下我并没有什么倾向，只是分享不同观点，寄望了解更多事实。我还转了另一篇相反观点的文章。只不过是因为这文章不符合他的倾向，他才把我"转了不符合他倾向的文章"当成了让他刺眼的倾向。这几天，我目睹了太多的微信群为这事"撕"得面红耳赤，恶语攻击者有之，愤然退群者有之。

对雷洋之死的站队已经成为朋友圈和微博的一种现象，就像其他热点话题所引发的立场截然对立一样，站队使舆论场上的很多问题陷入"不可讨论"的激化状态。很多人对事实并不是那么感兴趣，而是纠结于"信或不信"。一种冲突是：不相信雷洋嫖娼了，或者是相信雷洋嫖娼了——不信者，找出各种理由去分析为什么不会嫖，而相信者也能找出一样多的理由去分析为什么会嫖。另一种冲突是：相信雷洋是被警方打死的，相信警方肯定有暴力执法；相反的一方当然是，不相雷洋是被警方打死，不信警方有暴力执法。

当讨论不是基于既有的事实，而变成了"信与不信"的问题时，就没有讨论的价值了，因为信不信是基于固有的利益、偏见和立场，是自闭而非开放的。你永远都无法叫醒一个装睡的人，你永远都说服不了一个有了某种盲目的坚信的人接受某种相反的意见——因为，他已经沉浸于自己的"相信"中，看到的都是符合自己相信的信息，或者会把所有信息朝着符合自己相信的那一面去解释，只想说服别人，而没有可能被别人说服的心理准备。信不信在很多时候是没有价值的，那是一种情绪和立场，而不是基于事实的理性判断。

比如对这样一个"事实"，不同立场者就有不同判断。有人质疑，他的身体那么好，经常踢足球，怎么可能突发心脏病呢？可反对者基于这一信息得出的结论却是：他经常踢足球，说明他身体很好，有旺盛的性需求，很容易产生嫖娼的动机。——没法交流。还有这样一个信息，有人质疑，她老婆刚生孩子，而且是结婚纪念日，怎么可能去嫖娼？可反对者基于这一信息得出的结论是相反的：老婆刚生孩子，一段时间缺乏性生活，更有可能去嫖娼了。

支持警方者会找到以前某个相似的案例来类比，推断当事人嫖娼了，而反对者则能找到另一个相似的案例来类比，得出不利于警方的结论。这种基于推理的判断毫无讨论价值，变成一种自我强化的诡辩。

怕被戴上"洗地"的帽子

说了这么多，你到底信不信警方暴力执法了，信不信雷洋没有嫖娼呢？对不起，我对"信不信"不感兴趣，只关注事实和证据。就"信不信"去做判断，臣妾做不到。当一个舆论场不是争事实而是纠结于信与不信时，讨论层次必然流于低层次、低素质、无价值的"撕"。讨论应该基于可确证的、有共识的事实，而不是基于推断，不能把判断建立在脑补和推理的基础上。

根据既有案件，可不可以做一些基本的判断？可以，但在流行站队和表态的混乱语境中，我不敢说，怕说出来或被戴上"洗地"的帽子，被上纲上线到"你的逻辑沦为作恶者的帮凶"，或被认为"政治不正确"，或被质问你到底替谁说话，或被各种攻击谩骂所围攻。媒体人李方一篇就事论事分析，"不应该采取激烈对抗并试图逃跑""那种情况下与警察激烈对抗是一种失去理智的错误行为"的文章，被骂得很惨，被迫自删文章。

我想说的，很多人可能都觉得很刺耳。比如，有些人说，不要纠结于有没有嫖娼，说嫖娼都是转移话题，主要应该关注执法正当性的问题。我们不关心雷洋做了什么，只关心他为什么死了——人家妻子都说了，不考虑丈夫嫖娼，只在意警方执法问题。确实，即使嫖了但也不至于死。但客观地看，两件事可能没法截然分开，因为如果嫖娼了，会导致后来一连串事件，事情是联系在一起的。可以质疑执法的程序和正当性，但有没有嫖娼是一个需要弄清的事实。有些人可能不关心有没有嫖娼的问题，但要想弄清问题的前因后果，弄清那一晚的完整事实，却无法回避这个问题。

然而这道理可能没人听得进去，一说出来肯定会被贴上"替警方洗地""转移视线""污名化雷洋"的坏标签。

回归共识，尊重第三方调查

要形成有效的讨论，必须有一些基本的共识，才能交流和对话，才能让事情的解决向前推进，而不是"我骂我正义""我怀疑我正义""我批判我正义"。当下最正义的应该是尽可能还原那一晚的事实。纠结于各自的相信或不信，只会变成"撕"和口水战。应该基于一些共识：最核心的问题在于超越当事双方的信或不信，找到一个有公信力的、在程序上有正当性、从法律上让人信的第三方调查机构，对有无嫖娼、死亡原因、执法程序进行调查，尊重法律程序，给调查一定的时间。

有了这个共识，才有交流的基础，否则会陷入永无止境的纷争和不信任何事实的阴谋论中。让警方公开事实，然后警方公开了，会说警方的公开是自说自话，是掩盖真相。检察院介入调查了，检察院公开了，又可能说检察院跟警方是穿一条裤子的，官官相护，是帮着掩盖真相。更上级的调查部门介入了，又可能说公检法串通好了，官方是一体的。不相信任何调查，那就无法讨论了。

不公布视频，说掩盖事实；假如公布了视频，又会说仅有一段视频不能说明问题，或说视频是经过剪辑的；公布更多的视频，又可能说这是不完整的，当人们陷于"Believing is seeing"（信什么就看到什么），而不是"Seeing is believing"（眼见为实）时，说什么都没有用了。所以，程序比真相要重要，"由谁来调查和公开"应有一个信任共识，需要有真相调查的正当程序，需要有权威的第三方，也需要有能够接受第三方权威调查的理性公众，不能陷入"怀疑一切"的情绪中。

超越各种民间福尔摩斯自以为是的推理和"信与不信"，当事警方回避，北京市检察院作为第三方调查，舆论和警方都保持对第三方权威调查的尊重，这样也许才能推进事件的调查进程和接近真相。但我知道,这种"理中客"的判断很多人可能是听不进去了,因为他们觉得没有站在他们所认为的"鸡蛋"那一边,因为这满足不了他们的情绪需求。

  我也觉得,面对这样一个让人无法理解的非正常死亡,警方需要披露更多的信息,需要在证明雷洋嫖娼之外,证明自身执法并没有过错(需要回应种种关于执法程序的质疑,拿出视频资料),需要用令人信服的证据证明在外人看不到的那段时间发生了什么,需要回避并接受第三方的调查。这应该是共同关注的焦点,在这个共识基础上的公共讨论,也许才能推进事件的进程和接近真相。

(微信公众号"吐槽青年:曹林的时政观察"2016年5月13日)

公正扭来扭去只能导致公正消失

看到这几天发生的事情,想到10年前写过的一篇评论:扭曲高考公平去弥补其他的不公,公平扭来扭去,以不公平的方式制造新的、更大的不公,也制造着其他社会问题。教育公平是社会公平的底线,高考尤其是一个分水岭,牵一发而动全身,很容易触动家长的敏感神经。高考资源的调整,应以不损害考生既有资源为前提,应该是"帕累托改进"(在没有使任何人境况变坏的前提下,使得至少一个人变得更好),而不是损谁补谁此消彼长。高考公平和教育公平的实现,应尽可能从源头和起点上实现教育资源的公平化,尽可能在教育投入和师资上着手,而不是去破坏平等的规则,在分数和名额上倾斜。

理科状元无法读重点学校,这可以想象吗?可以,这事就发生在海南。

据《重庆商报》报道,2005年6月24日,海南高考成绩揭晓,各媒体对文科状元进行了轰炸式的报道,但对理科状元没有任何报道。7月12日,一报料人称,海南16岁的理科状元李洋是湖北移民考生,虽然取得897分的高分,但却因为海南的特殊招生政策(不符合特定条件的,限定报考本科第二批以下),李洋不能报考本科第一批志愿,面临着不能入读重点院校的境遇。记者随后的调查确认了这一事实,据有关人士透露,这已是海南第二次面临这种境况。

面对得高分而不能入名校、每天痛苦地做着噩梦的考生，有人认为，这个政策对学生很不公平，国家的高考招生政策就是以成绩来录取考生，而该政策则违背了这一原则；而有人认为，不能报就是不能报，没有绝对的公平，如果允许该考生报"一本"，这对河南省考了同样高分但由于名额限制不能进"一本"的考生就是一种不公平。

出现了这种诡异的结果，我们已经发现，我们的智识已经很难理清公平的头绪，似乎怎么说都有道理，又都没有道理，似是而非又是又非无是无非，界定公平成了雾里看花水中望月。

静下心来理清头绪可以看到，这个混乱的境况是公正原则被多重地扭来扭去的必然结果。是啊，这上面叠加着多少层的"矫正"啊：因为地区发展的不均衡，于是有了高考招生名额分配的"矫正正义"，这导致了"高考移民"；为了限制"高考移民"，有了"不符合特定条件限报'二本'以下"的"矫正正义"；如今出现了状元无法上重点的结果，又如何来矫正？

正义的基点在哪里？原始正义在何处？何种正义具有价值优先？是追求起点公正还是结果公正？公正扭来扭去，我们发现，这一切已经完全混乱，任何一个角度都可以理直气壮。之所以导致正义的价值混乱，以致使公正濒临虚无主义，在于我们的社会缺乏一种坚定的、不可动摇的正义基点，即人人平等的法律原则。这个原则的缺乏，导致公正可以被随意解读、随意阐述、随意界定，而没有一个一以贯之、共同认同的精神。

为了追求某种似是而非的表象公正，放弃了刚性的规则公平，这边扭一下，那边扭一下，必然导致公正的最终消失。这有美国的现实为例。

众所周知，美国的立法原则是"法律面前人人平等"，这个公正原则应该说是很清晰的。但后来出于政治原因，这种原则遭到了政治家的重新界定：为了矫正因历史上对黑人的不公，应强调一种矫正的公平，即在升学、就业和提升上优先照顾黑人，以"优先"弥补历史不公——后来美国为此出台了一系列照顾少数种族的"平权法案"。用亨廷顿的话来说，这种"矫正"危及了美国的核心价值，导致了美国的价值混乱。很多美国人指责，平权是在制造新的不公，因为贫穷白人家的孩子考分需要比富裕黑人家的孩子高。

到 20 世纪 80 年代后期，反对优先照顾的呼声此起彼伏，一些申请就业和升学的人为他们受到"逆转的种族歧视"而提起诉讼。种种压力终于迫使联邦法院在"里士满诉 J.A. 克罗森"一案中，裁决里士满县对少数种族优先照顾的计划无效，重申了"美国信念"——人人平等的原则。判决指出按种族把人分成几等，是有害的，若不扭转，"可能会引起种族优劣感和种族之间的敌对"，同时批驳了"那种说现在优先照顾是为了弥补过去的歧视"的论点，指出这样扭来扭去只会导致人人平等原则的消失。

可以看到，理科状元无法读重点学校，正是"扭来扭去只会导致人人平等原则的消失"的现实表现。我们今天在高招名额分配上的"无原则"，跟美国当年的问题可能如出一辙，为了一个局部的公正，对整体公正进行扭曲，为了另一个局部的公正，再进行扭曲，扭曲到最后，已经远远地偏离了公平的初衷。以公平的名义反公平，让规则留下千疮百孔，与公平越来越远。

（微信公众号"吐槽青年：曹林的时政观察"2016 年 5 月 15 日）

哀悼吴建民，留住他睿智冷静的声音

吴建民大使突然去世的消息在舆论场引发很大的震动，朋友圈刷屏，媒体头条关注。对一位外交官的去世，有如此多的关注和悼念是罕见的。吴建民的影响早已超越了其外交官身份，他更是一位在思想和舆论界活跃的社会活动家，一位在公共事务上常常发出冷静声音的政论家，一为在外交事务上发挥着巨大影响力的外交家。

吴建民在国际事务上的观点常常引发讨论，甚至引发争议。他认为中国强大起来后"最怕头脑发昏"，强调必须保持对外开放合作的势头，"开放的势头中断了，我们发展的势头肯定中断"。他一直反对民粹主义和狭隘的民族主义，反对那种"我们国家要抖一抖了，为什么咱们的态度不硬一点"的偏狭主张。吴大使的观点也许并不全都那么周全，有些是他个人经验和智慧的一家之言，但即便不认同他的观点，他的儒雅、理智也常让人折服，甚至赢得了批评者的尊重。

噩耗传来，一些昔日的批评者纷纷发声，表达了他们的哀悼和惋惜：失去这样一位可尊敬的重磅人物是中国外交界的重大损失，今天开放自信的中国需要不同的声音。

是啊，中国需要多元的声音，舆论场对吴大使这么关注和深切悼念，也正是因为无比珍视他的这些声音。像吴大使这样既针砭时弊、又有说服力、更能对公共外交事务产生影响的建言者极为珍贵。吴建民是外交界的元老，做过领导人的翻译,有丰富的外交经历,熟悉中西方文化,在西方也有着广泛的影响力。人们惋惜这样一位人物的离去,惋惜再也听不到他那些有分量的声音。

国务院新闻办公室原主任赵启正回忆吴建民时说,他是一个伟大的爱国者,他不赞成"鹰派""鸽派"的分法。然而,无论吴大使本人赞不赞成,很多人都给他贴上了"鸽派"的标签,这次突然的变故,让很多人担心中国的外交舞台上失去了一位重量级"鸽派",失去了一个对强硬立场的制衡力量。

某种意义上,吴建民的去世引起社会这么强烈的震动,传递的是一种民意,说明他的观点有着很大的舆论支持,人们支持他那些看待世界和中国的观点,认为强大对应的态度不应是骄傲,而是谦虚。中国崛起了不是获得了"抖一抖"的机会,而是终于有了谦虚的"资格",谦虚不是软弱,而是真正的强大。

人们以这样的方式悼念吴建民,更是表达对这种冷静声音的珍视。听吴建民对国际事务、中国外交、世界如何看待中国、中国如何看待世界的观点,不会让你有"很过瘾""太爽了"的感觉,不能令你义愤填膺和热血沸腾,但能让你冷静下来去思考。在充斥着极端思维和各式"嘴炮"的舆论场上,你更能体会到他那些冷静声音的可贵。悼念吴建民,应该留住他那些睿智冷静的声音。

(《中国青年报》2016 年 6 月 19 日)

不要让君子之辩成为网络绝唱

"吴建民大使的意外离世,我表示深切的哀悼。尽管我们在许多问题上,有过辩论和交锋,但都是君子之辩,君子和而不同,我很惋惜失去了一位诤友。"近日,一次内部会议上,军事科学院世界军事研究部原副部长罗援少将在正式发表演讲前,提到中国前驻法大使、外交学院原院长吴建民离世一事,表达真诚哀悼。罗援说:"我们应该欢迎不同的观点,只要出发点是爱国,兼听则明,闻者足戒。'鹰派''鸽派',首先应该是爱国派!"

你可能不认同罗援的一些观点,但他这番对待不同观点的态度,一定让你肃然起敬,感动于两人"君子之辩"的情怀——尤其当一方不幸去世,另一方表现出这种失去诤友的真诚惋惜时,更是触动人心。吴建民在天之灵有知,也一定会欣慰有这样的诤友。

有些媒体经常拿当年吴建民与罗援在电视台辩论时很多观点上的针锋相对来炒作,消费两人的"鹰鸽"对立,放大两人的撕裂。但两位"舆论领袖"并没有被网络情绪所绑架,没有迎合网络"撕"的围观需求,理性而小心翼翼地将公共讨论限于观点层面,避免被极端的粉丝所绑架而拉低为人身之争。虽然有些媒体一直以唯恐两人不撕的兴奋来报道两人的"不同",但我从来没看到过两人有过超越观点之争的人身攻击,观点争论很激烈,但都是就事论事。看到的都是两人在各种场合的激烈讨论,还有惺惺相惜——吴建民在世时,也表达过对"君子之辩"的尊重和期待。

有人说，短期交往看脸蛋，长期交往看脾气，一生交往看人品！确实，人品是最重要的，罗吴之争，你未必认同他们的观点，最触动人心的是他们在和而不同中表现出的令人尊重的人品。和而不同，不认同你的观点但能成为诤友。

罗援还提及一桩往事："香山论坛筹备期间，军科院的领导征求我的意见，邀请吴建民做主持人是否合适，我表示没问题，吴建民大使有过丰富的外交经验，适合做主持人。在香山论坛上，菲律宾副总长就南海问题发难挑衅，把'南中国海'称为'西菲律宾海'，还说是菲律宾的后院。在紧接着的提问环节，吴建民作为主持人把第一个提问机会给了我，我迅速给予了有力回击。这就是外交和军队有效配合共同应对外部势力的成功合作。"

他说，真希望与吴建民的这种合作能继续下去，可是没想到一场车祸，竟使他们的合作成为绝唱。

这种"君子之辩"之所以让人觉得很可贵，是因为今天的舆论场上太稀缺了。"五毛""二毛"互相争斗，脑残凶残咬成一片，一言不合就扣帽子，就上纲上线上升到人身攻击，把观点之争变成人身之争，使网络空间充斥着人身攻击的戾气，让很多本来可以讨论的问题变得不可调和。

罗援把吴建民当君子，吴也把罗当君子，君子相惜，于是有了"君子之辩"。但很多人在公共讨论中，缺乏这种心理准备，习惯把自己当君子，而把别人想象成小人，甚至想象成敌人——在道德上把别人贬低为小人，妖魔化为敌人，污名为"汉奸""卖国贼"。这背后是非黑即白、非是即非的二元对立思维，自以为是掌握真相和真理，把别人当成傻子和邪恶的象征，把一种合理性上升成为排他性、垄断性的真理，排斥另一种合理性，无视对方观点中的合理性，看不到有共识的90%而只盯着那不同的10%，结果必然沦为极为难看的小人之争。

或者变成标签之争，你骂我"五毛"，我骂你"美分"；你骂我"汉奸"，我骂你"愤青"；你说我"脑残"，我说你"傻子"。如学者刘瑜所言，当辩论陷入这样的逻辑,标签战就彻底沦为骂街战,公共领域将变为一个脱衣舞池;下限低的争论者也许会赢,但争论本身一败涂地。标签之争最后成了意气之争,情绪化地只图一时、一事嘴上压过对方,早忘了辩论的初心,求胜远远压过了求真。

吴建民不幸去世,罗援失去了一个理性的、一样有风度的辩手,罗吴"和而不同"的佳话已成绝唱。在"撕"成为网络常态的语境下,在"诤友"越来越让人陌生的时代,期待这样的"君子之辩"不会成为网络绝唱,期待罗吴两人的支持者也都能学罗吴"和而不同"的君子之风,学学吴的儒雅与宽容,学学罗的人品与风度。

(《中国青年报》2016年6月24日)

更可怕的是吃人血的"舆论老虎"

老虎咬死人事件的争论在继续发酵,有人说那名被咬伤的女子"承担着这个世界的全部恶意",说得一点都不夸张。这名女子一定没想到开车门这一疏忽会遭到老虎撕咬,更想不到的是,被老虎撕咬后又遭遇到吃人血的"舆论老虎",让她在承受被咬之疼、丧母之痛、自责之折磨的同时,还得承受舆论的撕咬。一场本该带着悲悯去反思教训的悲剧,在跑偏的舆论下被很多"键盘侠"当成了闹剧,老虎撕咬出的血滋养着很多人的亢奋。

偏执情绪的恶性竞争

网络和自媒体的赋权给公众带来了很多福利,但也带来一些问题——反理性的偏执情绪获得了亮相并爆款的机会。比如,很多过去只会私下扯淡、胡喷、闲聊的情绪化感慨,被人自信满满一本正经地拿到媒体平台上胡说八道。

比如看到老虎在公园咬人的新闻,大叔大妈们跳广场舞时肯定会一边扭一边感慨:唉,以后千万别去这种公园了;咳,千万要躲开那种易怒的女人;咳,这完全是贱人作死啊,真是死了活该!不作死不会死,这下母老虎遇到真老虎了。显然,这种感慨都只是一些不过脑子的情绪,是根本未经深思熟虑而是条件反射般的想法,夸大个案,乱设因果,缺乏同情,经不起理性的推敲。这种非理性的感慨，在私下叨叨一下也许可以，正儿八经地写成评论，就是胡扯了。

可现在的网络表达没有门槛，助长了一种将只适合私下感慨的混乱情绪输送到大众传播平台的恶习。这些不合常情常理的极端感慨因为符合了情绪传播的痛点，往往又能获得极高的传播，使本就情绪泛滥的网络更加泛滥成灾。那些过去只存在于私下闲聊、不登大雅之堂的谬论，在新媒体时代镀了一层金，装扮上"网红"的油彩，摇身一变，美其名曰"10万+"爆款文。

只为吸引眼球而无视社会责任的"10万+"，在很多热点事件中迫使理性退场，而变成极端情绪和偏执立场的恶性竞争。在这种情绪的恶性竞争下，对受害者应有的同情成了不合时宜，对悲剧的怜悯陷入沉默的螺旋，"死了活该"之类的冷血声音大行其道。

键盘背后的冷血和冷漠

在过去诸多"见死不救"事件中，路人受到了网友的诸多批判，人们追问，为什么冷漠无情的都是路人，而义愤填膺的都是网友。其实这是一个误解，网众很多时候确实义愤填膺，但却是义愤填膺地冷漠无情，愤怒地冷血。

这件事所引发的舆情跟前几天挺像，一个女孩打网约车时遭遇猥亵，女孩没有反抗而是强忍骚扰拍照取证，下车后报警。女孩在网上说了自己的遭遇后，下面的跟帖真是不堪入目，很多人竟然把矛头指向了女孩，有的质问她为什么不反抗，有的反问她为何坐网约车，批评她为何缺乏安全意识竟然坐前排，甚至有人批评她为何穿裙子。

虽然一个是被老虎咬，一个是被猥亵骚扰，事件不一样，但键盘背后的评论所暴露出的冷血冷漠思维是一样的。不是进入到具体语境中去怜悯和同情，不是把矛头指向真正的问题，没有设身处地将心比心，缺乏基本的善意，不惮以最大的恶意去进行批判。在他们眼中，那个被老虎撕咬的女人跟自己毫无关系，那不是一条命，而是自己饭后的谈资。当我们在评论时没有了对生命的关怀，没有了共情的能力，别人的生命只当成自己的谈资，貌似高贵冷艳实则冷血冷漠便成了必然。

背后的隐喻让人不寒而栗，野生动物园里，隐藏着很多抓住人的疏忽随时扑出来撕咬的老虎，我们的网络舆论场不能变成一个类似的野蛮丛林，那些爱吃人肉爱喝人血的"舆论恶虎"蹲守在键盘后，等着撕咬那些浸染着人血的"谈资"。

标签和移情下的舆论跑偏

很多公共事件中都存在这种"楼被盖歪、论调跑偏"的现象，悲剧成为闹剧，反思成为撕咬，受害者成为靶子。导致这种现象的除了情绪的恶性竞争和键盘后的冷血之外，还有很多原因。

比如，借此寻找道德和智力优越感。老虎吃人事件中的那名女子确实不应该开车门，不知道什么原因让她在那会儿失去理性——并非每个人都会有这样的致命疏忽，但人都会有疏忽的时候，她已经付出了沉重代价，这种代价将让其终生刻骨铭心，她是悲剧的受害者。那些像乱箭般射向她的、恶意满满的批评，除了滋养批评者的优越感外，别无用处。优越感有时真是一种病毒，不顾别人的痛楚，无视基本的是非，抓住一点疏忽得理不饶人，以对细节的苛责彰显自己的不凡。

人们都爱逼着别人去反思，而缺乏从别人的教训中自我反思的能力。女儿被老虎撕咬，母亲为救女儿被老虎咬死——这是一个需要反思的悲剧，当事人的疏忽无法回避，根本无须外在压力，自食其果的当事人自然会吸取这一血的教训。对于外人，应该更多地提醒自己，避免出现这种致命的疏忽，而不是把别人的无意的疏忽当成批判矛头。人人都自视不会有这样的疏忽，可问题却常常发生，都是把发生在别人身上的事当别人的教训，而自己只是别人教训的看客。

另外一个问题是舆情发酵中的标签效应，人们容易被某个标签牵着鼻子走。很多人根本不看老虎咬人事件的新闻细节，在新闻标题中看到"女人吵架"的诱导性字眼，脑海里的固有偏见迅速被激活，于是根本不顾事实，不看具体的新闻细节，而紧盯"女人吵架"这个字眼去脑补，很快通过脑补完成了对事件的想象：母老虎发怒失去理性，在不能开车门的地方打开车门跟丈夫吵架，遇上了真老虎，还搭上了母亲的一条命。当无视具体新闻而沉浸于这种标签想象中时，就会变成喷子。

当然还有舆论传播中的移情效应，将自己生活中的怨愤投射到相关公共事件中，借此发泄不满情绪。生活中遇到过不顾场合爱闹易怒的女人，身边有那种爱作的人，这些情绪都投射到这一新闻事件中，于是就有了那些冷血冷漠的评论。借对热点事件小题大做，来浇胸中情绪的块垒。

（微信公众号"吐槽青年：曹林的时政观察"2016年7月26日）

老虎咬人事件归因中种种喷子逻辑

八达岭野生动物园内老虎咬人导致一死一伤,成为网络热议的焦点,监控拍下了女子在园区下车后遭扑咬的经过,传出的视频使舆论争议更加激烈。延庆区宣传部通报称,动物园已停业整顿。最新报道显示,巡逻车曾提醒女子勿下车,当事游客签订过相关责任书,涉事动物园已停业整顿,警方也已介入调查。

人们热爱归因,越是外围、不在场的人,越热爱归因,而且有一种"迫切归因"的癖好——事情刚发生,就凭着一些道听途说的碎片化信息迫切地得出一个结论,原因出在哪里,问题根源在何处,责任在谁,这个锅应该由谁来背。不仅迫切地归因,而且还喜欢"单一归因",抓住某个不确定的局部细节,就以为掌握了全部的事实真相,攻其一点不及其余,无视其他可能的原因,把可能的单一原因当成绝对真理,以不容置疑的口吻说出来。

放眼望去,在老虎咬人事件的归因中,随便可见迫切归因、单一归因的喷子逻辑。

比如,有人将问题归因于那名女子的易怒,并以"网红式"的极端口吻断言"别跟易怒的人恋爱结婚"。这种满嘴跑火车、语不偏执死不休、不顾逻辑断裂而向一个哗众结论狂奔的自媒体评论,越来越泛滥成灾了。谁告诉你那女子下车是因为夫妻吵架的?那只不过是最开始的网传,只是网友对当时场景的推测,并没有靠谱的信源。从媒体最新报道看,事件中的男方正接受心理治疗，他并没有说吵架。伤者的亲友接受采访时称，两人感情和睦，肯定不是因为两口子吵架。即便当时吵架了，又如何能推出是女子"易怒"？

结论不能超越证据所允许的程度，有一分论据说一分理，有三分论据说三分理，不能有一分论据却说十分理。从既有的信息来看，虽然这件事让人觉得惨痛，并不能得出太多的"深刻教训"——不能为了显得深刻和与众不同而无视事实，评论永远不能跑在事实的前面。目前能得出的教训只能是：在这种情况下必须严格遵守公园的管理规定，无论如何都不能下车。这样的教训看起来并不"深刻"，甚至是人人皆知、无须多言的"正确废话"，但目前的事实只能让判断到这样的程度。结论往前、往深处再走一步，就需要更多的事实和论据。比如要调查清楚，当时车里发生了什么，到底那名女子当时为何突然开车门出去，是因为她不清楚公园的规定，还是误以为已经驶出危险区域，还是因为吵架中一怒之下开车门出来与丈夫理论？

可以确证的事实是，她在不应该开门的地方开了车门，这个原因导致了她被老虎扑咬——这是可以归因的，但她为什么开车门，原因需要事实的确证。在事实不清之下就下判断，这里存在两个断裂的逻辑链条。其一，女子是不是因为在吵闹中发怒而失去理性并开车门的？不能凭着自己的脑补而想象她"怒气冲冲跑到驾驶位要丈夫下来"。"怒气冲冲"不是事实，而是旁观者在迫切归因中的臆断。其二，即使这名女子跟丈夫吵架了，但能不能就此判断她是一个"易怒的女人"？从具体场景下的愤怒到性格上的"易怒"，是需要论证的。事实不清之时就迫切归因、单一归因，正应了一句话：对事实知道得越少的人，越容易形成判断，而且越容易义愤填膺地形成强烈的、单纯的、霸道的、自以为真理的道德判断。

李方老师也写了一篇题为《八达岭野生动物园缺乏安全管理冗余，必须追究责任》的评论，谈到了公园的管理责任，他的核心观点是：事故的根源是野生动物园没有尽到管理责任，未能提供安全冗余。我是人，我有可能犯错误。在你的地盘，在你的管理责任范围内，你应该想方设法让我少犯错误，这才是正道。李方老师有这样的判断，让我觉得很惊讶，一个有过传统媒体理性训练积累的资深媒体人，不应该犯那种键盘写作者常犯的想当然错误——凭一个截屏就大谈公园的管理责任，难道不需要更多现场信息吗？起码从既有报道来看，公园已经尽了充分的提醒责任，签了责任书，公园里处处可见"不能下车"的提醒，巡逻车也对推门下车的女子进行了提醒，不能苛求公园当上帝去预判一切意外。向公园强加无限责任，掩藏着一种很危险的坏逻辑，这种坏逻辑会导致对自由的剥夺。

在谨慎和克制中用事实与逻辑去说服，可以大胆假设，但必须小心求证。一分论据说一分理，这种评论美德不能被营销性自媒体、"网红"和喷子们所谋杀。

（微信公众号"吐槽青年：曹林的时政观察"2016年7月25日）

全民捉奸狂欢，正义凛然地造谣义愤填膺地信谣

王宝强离婚引发的讨论热度持续不减，创了很多纪录：在同类话题的关注量上创造了纪录，阅读量达到"10万+"的文章创造了纪录，由此一话题滋生的谣言也创造了明星离婚舆情的纪录。

捉奸视频、携款出逃、车祸阴谋、亲子鉴定、宝强夺爱、国外现身、马父曝料、遭遇家暴、冒名微博等，没有哪一个事件像王宝强离婚这样滋生出如此多的朋友圈谣言，甚至惊动了网安部门，让"吃瓜群众"一惊一乍，不断被震惊、不断被激怒、不断被忽悠、不断被激发出对"奸夫淫妇"更大的仇恨和对"宝宝"的同情。为什么这一次谣言格外的多？

事实太简单，想象空间太大

谣言传播有一个基本规律：事件本身很离奇和狗血，公众关注热情很高，信息越简单、当事人越沉默，越容易生产出谣言。王宝强离婚就符合这个规律，公众对这样的狗血事件有着无限的关注热情，可信息非常简单，只有王宝强发的一则声明披露"女方出轨，第三者是经纪人"。这个简单的框架给了公众巨大的想象空间，王宝强发完声明后就沉默了，其他当事人也没有披露更多事实信息，只有互撕和"恶有恶报"之类模糊的态度表达。

如何出轨，为何出轨，何时出轨，出轨者的态度，从结婚到出轨，中间

到底发生了什么？"吃瓜群众"对狗血情节的巨大渴求，与极其有限和模糊的事实之间，形成了极不对称的信息场域，这是谣言传播的最佳土壤——铺天盖地的谣言填补了人们对事实的渴求。

当事人隐身使谣言失去天敌

一般事件中，当事人及时的辟谣是谣言的天敌，当事人一现身，谣言自然会消散，因为当事人根本不会容忍被谣言抹黑，有着天然的动力去积极辟谣，积极提供事实。可在王宝强离婚一事中，当事人对舆论的躲避所产生的主角缺席，使谣言失去了天敌遏制，有恃无恐横行无阻，在舆论场上获得病毒性的传播力。加上这种八卦娱乐事件中的谣言，关乎个人名誉和隐私，无关社会公益，公共部门不会太多介入，更使谣言失去制约力量。

多数谣言都是指向马蓉和宋喆，王宝强客观上是谣言的"受益者"，他自然不会站出来辟谣。作为受害者，也不敢出来辟谣——全民声讨和捉奸的汹汹愤怒下，当事人躲舆论还来不及，焦头烂额，哪里还敢站出来面对舆论去辟谣？只能给自己营造一个远离舆论审判场的环境，任由谣言汹涌。

捉奸使造谣、信谣、传谣充满正义感

有人说，没什么比捉奸和捉汉奸更让人们热血沸腾并义愤填膺了。确实如此，此次事件中之所以有如此多的谣言，很大一个原因在于造谣充满了正义感。一般事件中，造谣者可能会有罪恶感，但对"奸夫淫妇"的造谣，不会有丝毫的罪感，而会带着正义的愤怒去制造一些"正能量谣言"。

一般事件中，造谣者会担心受到查处，被公众打脸。而在这一事件中根本不用有这样的担心，不仅不会被质疑和批判，还会在收获天文数字般的阅读量的同时，以"吊打奸夫淫妇"的大侠形象受到民众热烈的追捧。即使很快被证明为谣言,可有多少人关心是不是谣言呢?"捉奸"的正义幻觉掩盖着一切罪恶,使一切棒打"出轨者背叛者"的言行都有了"替天行道"的英雄光环。

正义凛然地造谣,义愤填膺地信谣,这种狂欢的土壤形成了一种可怕的自我强化,"捉奸"的正义感强化着谣言的正义性,谣言又进一步刺激着"捉奸"的正义感。人们有着天然的英雄主义情结,可现代社会留给这些有着英雄主义情结的人当英雄的机会太少了,真正地做一个英雄也需要付出巨大的代价,于是,像在网上"捉奸"这样的事件,给"键盘大侠"们提供了一个既不用付出什么代价、又能滋养自己的英雄主义情结的机会。

人们同仇敌忾,人们守望相助,人们浑身洋溢着英雄主义的道德热情,内心喊着"宝宝不哭,宝宝挺住"的宣言,以谣言作武器,完成一场对"奸夫淫妇"的正义吊打。期待那些对"奸夫淫妇"的传言是真的,把期待当成了自我强化的事实。

自媒体太多记者太少事实不够用

这样的舆论狂欢,也证明了我此前的一个判断:自媒体太多,记者太少,事实远远不够用。这场舆论狂欢中,负责新闻内容生产的传统媒体保持着"明星离婚关你屁事"的高冷,基本没有介入,新媒体自媒体在这种事务上表现出了"舍我其谁"的热情。问题就出在这里,自媒体只提供观点而缺乏事实供给,话题的爆炸和观点的狂欢制造了天文数字般的阅读量和无数"10万+"的爆款文章,而拥有调查能力的传统媒体记者不屑关注此类八卦娱乐。只有观点,而没有靠谱的记者调查,这导致事实远远不够用。有着调查能力和核实习惯的传统媒体缺席,纯粹由只靠观点吸引眼球的自媒体主导,没有靠谱的调查,没有负责的把关人,必然是谣言满天飞。

说实话,相比以前狗仔在这种八卦事件中的灵敏嗅觉,这届狗仔真不行。

没有提前弄到出轨的料,事情曝出后又没有拿出有干货的报道,狗仔的报道远远跟不上网众的"捉奸"热情,谣言就获得了垄断性的传播空间。我挺奇怪的,这次狗仔都到哪里去了?

(微信公众号"吐槽青年:曹林的时政观察"2016年8月28日)

谈女排精神怎么惹你了，你那冷艳的样子很狰狞

女排在奥运会连续上演大逆转，几场荡气回肠的胜利振奋了很多国人，人们纷纷向主教练郎平和女排的拼搏精神致敬。舆论场总有一种矫枉过正的逆反力，从一个极端摆向另一个极端：过去是精神至上，什么事都要上升到精神层面，言必称精神，精神压倒一切。这么多年的改革让精神祛魅了，却走向了另一个极端，崇高精神虚无主义，矮化和贬低精神，不承认精神的力量，甚至以谈精神为耻。这不，舆论和公众一谈女排精神，有些习惯居高临下俯视众生的人就兴奋地找到了靶子，嘲讽公众对女排精神的赞美。

谈女排精神怎么招你惹你了？那种貌似高贵冷艳的样子真的很狰狞。

有人说，女排赢球主要不是靠什么精神，而是实力。这话不错，但并没有谁说女排赢球依赖的全是精神啊，没有人把精神和实力两者对立起来啊！打球当然要靠实力，否则再有精神也没用，但在实力相当的情况下，就得比拼搏精神了。能打到奥运会赛场，实力都差不到哪里。尤其当中国队小组赛战绩不佳、不被人看好的情况下，意志、心理、团队合作、拼搏精神就扮演着很重要的角色。人们赞美女排精神，但并没有把精神捧到那种至高无上的位置，没有把精神神秘化和神圣化，只是实事求是发自肺腑地由衷赞美。

是的，女排赢球主要靠实力，但对一个外行人来说，他们其实并不看重那些技术层面，也看不懂，他们从中汲取到的是精神层面的营养。怎么在逆境中重生，怎么保持那股不松懈的拼劲，怎么在困境中咬牙坚持——逆境时

的意志、落后时的不放弃、被动时的坚强、体力不支时咬紧牙关的坚守。女排最让人尊重的是，总能让我们从她们身上汲取到很多超越体育的精神资源。有人说，带孩子看一场排球比赛，比参加很多培训班都有用——说的就是精神感染的力量。这一次女排决赛之所以引发全民的围观，人们看得不仅是比分，不仅是一个结果，或从结果中获得的荣誉感，更是见证一个不断在逆境中重生、不断逆转比赛的奇迹。我们都很脆弱，所以我们总能对那些坚强的、不断拼搏的人充满敬意！

不同的人从这几场比赛中感受到的力量是不一样的，很多人确实感受到了拼搏精神的感染力，你可以不感动，你可以高贵冷艳不食人间烟火，你可以去谈实力，但请不要粗暴地打断那些从中汲取到巨大精神力量的人去表达自己的敬意。

有人说，连郎平自己都说"不要因为我们赢了一场就谈女排精神，也要看到我们努力的过程"。郎平其实不是否定精神的力量，而是让观众要有耐心和信心，不要被一两场比赛的胜负所左右，不要赢了就谈精神，输了就让下课。经历过风雨和起伏的郎平深知舆论的情绪化，会因为一场胜利把人捧到天上，也会因为一场失败把人狠狠往脚下踩，她那么说是为了保护自己和女排姑娘们。

刻意显得与常人常情不一样，以贬低常人常情来凸显自己的冷艳，已经成为一种病。时下一些"网红"的文章很火，动不动阅读量就达"10万＋"，但很多评论读着总感觉不对劲，跟普通人认知的常情常理常识有一定的距离。似乎有一定的合理性，却总会把那么一点合理性推向极端，以真理在握、其他都是傻子的绝对口吻和粗暴方式说出来，能在情绪传播中迅速赢得很高的阅读量，却根本经不起事实和逻辑的推敲。除了谈女排精神，很多那种以高贵冷艳的姿态示人的"网红"评论都让人很反感。

比如，大众表达朴素的爱国热情，这很正常。爱国是一种本能，当国家利益受到损害，或在某个特殊的国家性节日中，民众以自己的方式表达对国家的热爱，这是人之常情。可立刻会有一种高贵冷艳的评论出来嘲讽这种爱国表达，仿佛大众都是被"洗脑"过的，而自己才是清醒理智的。谈爱国的都是肤浅的、谄媚的，像自己这样永远保持一种批判的、不同的、反对的姿态才是高贵的。评论可以指向那些非理性的爱国方式，可以痛骂那些抵制的、砸车的、搞内耗的，但对普遍人正常的爱国表达，应该保持一份尊重。

比如，当享有盛誉的文化名人去世，网友为表达哀悼，在微博微信里给逝去的名人点蜡烛，这也很正常。即使没有读过名人的书，不认识名人，点个蜡烛表达一下哀思，这也是人之常情。可立刻会有人站出来批判普通人点蜡烛，称其是跟风，或者是附庸风雅，装得好像看过很多书的样子。这也是典型的高贵冷艳，以跟大众不一样来显示自己的精英姿态，以批判大众来表现自己的优越感。大众并非不可以批判，但大众是一个集合名词，应该尽可能地将矛头缩小为精准的个体，而不是一棒子打倒一群人。

比如，魏则西事件发生后，在批判了相关企业、相关医院和相关部门后，有评论把矛头指向了患者，提出一个问题：假如一个人得了绝症，究竟该做出怎样的选择？是不惜一切代价治疗，还是顺应自然规律？然后得出一个让很多人极为反感的结论：医学是有限的，也是不完美的。虽然医者的技术追求是永不言弃，但这并不代表医者具有起死回生之力。因此，尊重自然规律，放弃不切实际的幻想，坦然地面对生与死，是最理性的选择。——多冷漠的判断啊，这样的观点未必是错的，但这是人之为人所做不到的。人都怕死，你让人得了绝症后别去治而"坦然面对生死"，就是高贵冷艳的上帝视角。评论需要在认知上有超越性，但不可没有人性关怀，理性如果反人性就容易成为冷血。

再比如，此次南方洪灾，湖南某地发生溃口，紧急中只好用卡车堵溃口。身系安全绳的抢险人员驾驶着载满麻石的卡车驶向溃口，在卡车坠入溃口前跳下卡车。应该说，用"敢死队"来堵溃口，是紧急情况下非常无奈之举，就像当年九江溃口时沉船堵溃口一样。有评论批评了这种方式，质疑"说好的科学抢险"呢？甚至质疑"以'敢死队'之名冲向溃口，是不是一种现场做秀？"这些判断，就是站着说话不腰疼了，远在千里之外安全之地，无法感受到现场的危急。不在场者在下判断时应该多一份谨慎，高贵冷艳的评论不仅让人排斥，有时还会成为笑话。

评论看问题要比普通人要深入一些，那样才有附加值。但又不能超越常情常理常识太远，超越太远，又没有在逻辑层面自圆其说，就走"过"了。好的评论应既有出乎意料的角度，又有合乎情理的判断。

高贵冷艳的评论主要源于以下几种写作态度：其一，刻意标新立异，非要跟别人不一样。其二，自诩精英，非要显得高大众一筹，在大众面前表现智识优越感。其三，认知上有缺陷，不接地气，缺乏与常情常理常识共情的能力。其四，"网红"吸引眼球的策略，语不惊人死不休，明知道观点出来后舆论会炸，就想追求爆炸性的争议效果。职业评论员的理性训练，很多时候就是为了克制这种高贵冷艳不接地气的毛病，使自己的判断更接近常情常理常识。

评论不是快餐，不应该只有一两天的生命，不应该只追求几个小时"10万+"的爆款效果，而应该能经得起理性的审视和时间的考验。今天网上那些所谓的爆款评论，有几篇能够在多年后还能被人翻出来再去阅读的？那种高贵冷艳的评论更容易速朽。坚守常识，立于中道，好好说话，才会更有生命力吧。

有人说，自媒体时代人人都有麦克风，人人都是评论员，不再需要职业评论员了。这种看法是肤浅的，职业评论员是不可替代的。评论员有作为一门职业的门槛，你有自媒体，能写评论，甚至篇篇阅读量"10万+"，成为"网红级"写手，但你不一定具备评论员的素养。评论员的一个核心素养就是，好好说话，说人话，站在公共立场平和地表达理性、中立、客观的观点，既没有迎合民粹情绪的屌丝腔，也没有高贵冷艳的精英腔；既不感性泛滥充满文艺腔，也没有过度理性的上帝视角，总能在理性与感性、常情与常理、精英表达与大众认知之间找到一种平衡,不一惊一乍,不标新立异,不走向极端,不迎合某个群体,立于中流,做一个公正的旁观者。

（微信公众号"吐槽青年：曹林的时政观察"2016年8月24日）

就喜欢看谌龙打一手好球又冷对媒体的样子

奥运会虽然闭幕了，但有些话题值得继续评论。谌龙为中国赢得金牌，一片叫好。就在夺冠前一晚，他因为赛后没有配合央视的采访，被很多人骂，甚至因此转而希望李宗伟夺冠。这种舆论争议显然给了教练和谌龙很大压力，夺冠后，教练特意叮嘱"一会儿好好接受中央电视台的采访"，谌龙也一改此前的冷淡，在镜头前表现得很配合，讲了一番媒体和公众期待他讲的话，感谢这个，感谢那个，自己很开心。

虽然我是做媒体的，但我觉得，谌龙根本没必要向媒体和舆论屈服，没有义务非要配合媒体采访，迎合媒体说一番他们想要听的话。作为一个运动员，打好比赛就行了，其他的，爱接受采访就接受，不爱接受完全可以拒绝。不能因为赛后采访成为"惯例"就把这当成运动员的义务，媒体不能以观众去绑架运动员，观众不能为了自己的观赏而苛求运动员。

有人说，举国体制下运动员花了纳税人的钱，这种赛后采访也属于公共事务，运动员应该配合。这完全是胡说八道。这种采访并没有多少公共性，更多是直播的商业需要。这种赛后第一时间的采访并非运动员的天然义务，而是媒体为了收视率做的一个节目。就拿此次里约奥运会来说，从傅园慧到张继科，再到孙杨、林丹，赛后采访创造了很多传播爆点和热点话题，成为很多观众蹲守必看的节目，为媒体带来了巨大利润。

奥运会全媒体转播权能给媒体带来很可观的收入。有资料显示，以2008

年奥运会为例，央视以2000万元获得新媒体版权，此后以3000万—5000万元的价格卖给了诸多网站，光是新媒体版权部分就净赚近4亿元。本届奥运会，央视依旧拥有着这届奥运会在中国大陆及澳门地区独家全媒体版权，有业内人士预估，奥运会给央视至少带来了10亿元的商业价值。节目有人看才能卖出去，而这种常成为传播爆点的赛后采访，也是媒体一个很大的卖点。

并不是说"商业卖点"就不必接受采访了，但也不要用所谓公共性来绑架运动员。除非国家队和媒体有合约要求运动员必须接受采访，否则，谌龙的不配合一点问题都没有。

我也一直觉得这种赛后采访挺不人性化的，人家刚从那种紧张激烈的状态中缓下来，大汗淋漓气喘吁吁，最需要的是休息放松缓口气，可还得去接受自己没有准备的采访。当然，这种状态接受采访，从媒体角度看，第一时间，很有新闻点，最符合直播所需要的形象。但有没有站在运动员的角度想一想呢？有人脑子里还一片空白，或者还没从紧张激烈中走出来，话筒和镜头就伸过来了，没有思考和缓冲的空间，很多时候只能顺着记者预设的立场去说，迎合记者的问题说几句空话套话，感谢这个感谢那个，这不容易那不容易。毕竟，像傅园慧这样总能跳出记者问题套路、让记者一脸愣住的段子手不多，多数只能顺着记者去说——你采访用套路，我回答说套话。套路对套话，也让这种赛后采访其实没有什么内容。比如前几天，央视记者冬日娜的一个问题就问懵了男子4×100米决赛中起跑比较慢的中国小将："你起跑反应全场最慢，是求稳吗？"运动员只能顺着说："啊……对……差不多……以这个……安全为主吧，对的。"

有人喜欢面对镜头，一见镜头就兴奋，而有的人不喜欢，就应该尊重这种不喜欢镜头的运动员，而不是要求别人来配合你。谌龙的性格跟林丹完全不一样，林丹比较张扬，镜头前很兴奋，而谌龙比较内敛，不善言辞，所以常躲避镜头。运动员在赛场已经承担了巨大的压力，不要再用镜头给人家压力了。我喜欢傅园慧在镜头前的率性,也喜欢谌龙的木讷,人家打好球就行了。奥运赛场,要尊重运动员这个主角,不要为了"收视"喧宾夺主。

(《晶报》2016 年 8 月 23 日)

女排终于让奥运压过王宝强，这届所有金牌加起来都比不上女排

太激动人心、太酣畅淋漓的胜利了。虽然打塞尔维亚将是一场硬仗，女排离金牌还有一定距离，但女排这两场的表现，已经给国人带来很多比金牌珍贵得多的东西。毫不夸张也毫不客气地说，这次奥运我们获得的所有金牌加起来，可能都比不上女排。

这场比赛开始后，我所在的每一个微信群差不多都在关注比赛，关注我们女排姑娘的每一个漂亮扣杀。朋友圈也都在关注着扣人心弦的比分———一场比赛让国人万众瞩目，让大家屏住呼吸，这是本次奥运在我的朋友圈没有出现过的景象。

这届奥运关注度史无前例地低。关注度越来越低，越来越娱乐化，越来越不被人们当回事儿，社交平台上各玩各的，王宝强离婚话题的眼球效应，更让奥运新闻的关注度降到了历史的冰点。只有女排姑娘们做到了让人们重新对奥运赛场有了兴趣，只有郎平教练带领的这支队伍终于压过了王宝强带来的舆论热度，让人们不再谈论王宝强，而是谈论女排，为奥运新闻争回了头条和颜面。

不要斥责热心于王宝强话题的网友，不要怪公众热衷八卦胜过关注奥运表现，有多少值得公众关注的奥运新闻呢？又有几场比赛像女排这样打得绝处逢生、扣人心弦并且荡气回肠，让人心潮澎湃热泪盈眶，让人真正感受到了"更高更快更强"的奥运精神震撼？

有人说这次我们的奥运新闻空前娱乐化——一方面，这种娱乐化体现在国人观赛心态的放松，不再像过去那样把金牌和输赢看得那么重，奋斗了这么多年，终于有资格摆脱对金牌意义的过度依赖而从容观赛了。可从另一个角度看，过度的娱乐化暴露的是奥运比赛失去吸引力，中国健儿表现缺乏引人关注的亮点。赛场上没什么可看的，没什么值得大书特书的亮点，媒体和公众只好关注一些花絮、幕后、颜值、采访表现，于是段子手大行其道，娱乐口水淹过对赛场的关注。

媒体报道总要寻找新闻点，当奥运赛场上没有了新闻，我们选手低迷的表现让这届奥运成了没有新闻的奥运，舆论只能关注娱乐八卦。王宝强话题压过奥运，一方面源于全民热爱八卦，更深层次的原因是中国选手在这届奥运上表现实在平平淡淡，在热点和吸引眼球的竞争中，奥运新闻被远远甩出头条。

女排成功地把人们的注意力从王宝强话题上引回奥运，也提振了中国军团的士气，如果这样的比赛来得早一些，有如此荡气回肠惊心动魄的比赛提气，有如此拼搏的精神、如此激烈对抗的比赛在示范，中国代表团此次奥运不至于如此低迷，金牌数不至于创下近五届最低谷。这种士气对一个国家队在奥运赛场上的表现太重要了，在普遍被不看好的情况下，淘汰大热门东道主巴西队，再成功复仇曾碾压过自己的荷兰队，打出了实力，打出了精神，打出了气壮山河的冠军气魄，打出了那种当年曾让国人扬眉吐气的、熟悉的王者气质。

从比赛第一天开始，中国军团就缺乏这样的精神，上下弥漫着松懈之风。我在《平静面对兵败里约，这届运动员表现配不上这届观众》一文中写过："观众越来越成熟和宽容，不像过去那样看重金牌和在意成绩了，这种外围减压本应该让队员更放松，有更好的表现。观众看淡金牌是进步，而参赛者必须去拼，而不能变成一种集体的松懈，失去过去令人尊重的闯劲拼劲。宽松的舆论氛围下，总感觉一些运动员似乎有点被惯得没边了，身上缺乏一股劲儿。"缺什么劲儿？缺的就是女排这种劲儿——不松懈，逆境重生，永不服输，永争第一。没有什么必得金牌，没有什么双保守，没有什么稳赢稳输，没有什么绝对优势，每一场比赛都要去狠拼。

（微信公众号"吐槽青年：曹林的时政观察"2016年8月19日）

女排拼搏让中国军团有了精神领袖，金牌落后英国已变得无所谓

女排赢了，赢得气势如虹气壮山河。我没有看电视直播，不敢看，比赛太激烈，心脏受不了，一直在微信群里看别人的比分直播。最终比分还没出来，当我听到楼上楼下和对面楼传来一片欢呼时，我知道，我们赢了！有统计显示，女排决赛收视率逆天，中国超半数电视观众都在看。这个收视数据从楼上楼下传来的欢呼可以看出，从所在的微信群没有不在关注决赛可以看到。

上个世纪80年代，人们关注奥运比赛和金牌，关注每一场比赛，是因为需要金牌去证明那种民族荣誉感。进入新世纪后，我们的国家日益强大崛起，人们对金牌渐渐不那么看重了。这次的女排决赛，可能不仅创造了此次里约奥运国人观赛的纪录，甚至创造了新世纪以来国人观看奥运的纪录。人们当然期待中国队的每一场胜利，可新世纪以来，可能国人没有哪一次比这次更期待中国队赢！人们太需要一场这种酣畅淋漓的胜利了。

中国军团在这次里约奥运上整体表现并不好，一些队伍缺乏斗志，表现低迷，甚至连蔡振华在赞女排精神时都公开批评说，"女排精神伟大！不像某些队不团结没韧劲"。人们并不看重金牌数量，但看中的是有没有去拼，莫名其妙地犯规，莫名其妙的低迷状态，让观众很受伤。在这届运动员身上，缺的不是金牌，而是一种让人提气的精神，有一种被掏空的感觉——不是一两个队的问题，而是整体缺少一个精神领袖和灵魂。一个队伍是不能没有灵魂

和领袖的,没有精神领袖,一两场比赛失败所带来的消极影响就可能在全队传染,从而带来连环的失败,失去气势,兵败如山倒。

里约的低迷,最让人焦虑的就是觉得这届运动员中没有那种能独当一面、提振士气的灵魂人物和精神领袖。有段子手,有颜值高的小鲜肉,有各种破纪录的冠军,就是没有一个能往全队身上输送精神、向观众传递正能量的精神灵魂。直到女排告别低迷而在逆境中拿下巴西和复仇荷兰时,人们惊喜地看到,这不就是中国队失落的精神灵魂吗?这不就是能提振中国军团整体士气的精神领袖吗?郎平在逆境中的指挥若定、队员们的气势如虹、低谷后对巅峰的征服,不就是我们熟悉的精神灵魂?有了这个灵魂,才能激励更多队员不断创造奇迹,不断在逆境中崛起,不断追逐更高更快。

这场决赛创下如此高的收视,人们不只是看一场激烈对抗的比赛,亲眼去见证奇迹,更想感受这种精神。我前天写的那篇评论《女排终于让奥运压过王宝强,这届所有金牌加起来都比不上女排》,很多人不认同。有人说,每块金牌含量都一样,都是拼来的,不要厚此薄彼。我并不是贬低其他金牌,而是想说,这块金牌格外不容易,是当下中国队最需要的,因为它能向中国军团输送一种最需要的精神能量,能让我们的军团有了精神灵魂,让我们于逆境中重生,在低谷中拼搏,永不言输,永远对胜利保持渴望,永不松懈。有了这块金牌,有了这种胜利,有了这种拼搏,中国队即使这次整体成绩不好,金牌数大大缩水,甚至被英国赶超,这些都已经变得无所谓了。

中国女排在那个时代创造过辉煌,成为过全民偶像,她们的精神激励过整整一代人,但后来有过低谷——甚至这次比赛前被普遍不看好,但她们没有放弃,而一直在拼,从而创造了奇迹。其实,这不是奇迹,而是实力,是拼来的成绩。这种拼搏也证明了一个道理,实力强大才是根本,不要总臆想什么阴谋论,不要总沉浸在受害的悲情想象中,不要总把问题推给外在,实力和拼搏才是根本。你必须强大,强大到别人再怎么着也撼动不了你的位置,不要把自己的命运交给别人。

微信圈里流行着各种励志的鸡汤，但没有哪种鸡汤，比女排精神更能给我们一种强大的精神支撑。这个娱乐化的时代，能成为精神滋养的东西太少了，女排精神弥足珍贵。在普遍抱怨"身体被掏空"的集体萎靡中，在郁闷和消极弥漫的背景下，女排精神有一种超越体育的力量，让人站起来去追逐卓越，去超越自我，去超越自怨自艾而埋头奋斗。你真的愿意去努力，最坏的结果也不过是大器晚成。再强大的焦虑，也会败在行动力和坚持面前。人总要努力拼搏，才能活成自己喜欢的样子，得到自己想要的结果。一个不努力的人，别人想拉你一把，都找不到你的手在哪里。

　　女排有过低谷，受到过指责，被人漠视过，被世界强队扫成二流三流，但她们咬着牙挺过了没人支持没人重视的日子，输过很多比赛，但从没有放弃过拼搏，这是每个人需要补的"钙"，是一个民族需要的精神之钙。

　　　　　　（微信公众号"吐槽青年：曹林的时政观察"2016年8月21日）

面对王宝强离婚，精英与大众的彻底决裂

关于王宝强离婚，被各种文章轰炸了一天，该静下来思考一些严肃的问题了。

面对王宝强，大众和精英表现出了截然对立的态度和立场，可以说是彻底地撕裂与决裂，这很耐人寻味。实际上，这种对立似乎表现在每一个公共事件中。

大众用朴素的自然正义观作出嫉恶如仇的判断，而精英总显得高贵冷艳，用一种冷峻的态度去否定大众，与大众判断保持着距离。舆论面对柳岩被骚扰、老虎伤人事件是如此分裂，面对王宝强更是如此。

大众和精英对王宝强的评价本就是分裂的——他是大众眼中小人物跻身上层实现梦想的成功典范，却是精英眼中一个小学没有毕业的暴发户——婚姻的失败，更为双方这种分裂的评价找到了自我强化的理由，从而把决裂推向极致。

大众眼中的"宝宝" V.S. 精英眼中的野夫

新闻后的跟帖和留言是大众的武器，而精英是不屑于跟帖评论的，而是通过有表达门槛的长文章和自媒体来表达系统的观点。所以，看大众的态度，是到新闻后的跟帖和微博留言中去看，而精英的立场，则表现在评论长文中。

大众以群体形象出现，以数量为优势，占据着跟帖留言，用天文数字般的评论、转发、点赞表达着"民意"。而精英则是个体化的，以有事实和逻辑的系统论证为优势，以具备议题设置能力的媒体或自媒体为平台，以舆论领袖的身份去启蒙和引领大众。

　　分裂就表现在这里，看王宝强、马蓉、宋喆等几位当事人微博下的留言，几乎是一边倒地同情和支持王宝强，激烈地批判出轨者和背叛者。从民间朴素的正义观来看，朋友妻不可欺，这种出轨和背叛差不多是诸恶之中最不能容忍、不可饶恕的——兄弟和爱人间的信任，是民间最珍视的两种信任，竟然同时崩塌。王宝强充满受害者愤怒的离婚声明，把大众的愤怒完全激发出来了，数百万的骂声像决堤的洪水涌向公众眼中的"奸夫淫妇"。

　　而精英则不约而同地将矛头指向了王宝强，而不是出轨者和背叛者。他们似乎能容忍出轨和背叛，却不能容忍一个被出轨者被背叛者看起来有点愤怒的声音。他们没有对王宝强表现出应有的同情的理解，而是用圣人的标准要求王宝强——意思似乎是，被戴绿帽子就忍了吧，好聚好散，礼貌和平地分开吧，不该这样"手撕"孩子他妈，这样将家庭丑事公之于众很不好。从下面这些标题可以看出他们对王宝强的态度：《吊打"奸夫淫妇"，王宝强还迷恋农耕时代的价值观》《王宝强离婚声明：乡鄙野夫的野蛮复仇》。

　　在大众看来，在判断的价值次序上，王宝强首先是一个出轨和背叛的受害者，然后才是一个愤怒的反击者。那种能容忍背叛和出轨，却不能容忍受害者一纸愤怒声明的判断，彻底激怒了大众，让大众觉得充满了精英对成名草根不知从哪里来的偏见与傲慢，觉得自己朴素的正义观受到了强烈的挑战。大众仍以跟帖和留言为武器，攻占了这些评论的留言区。

　　其实，大众与精英的分裂并不仅仅表现在一纸离婚声明上，而深层体现在对王宝强身份的认同与拒斥上。在大众眼中，王宝强是一个靠自己努力而打破阶层固化并走出贫穷，比很多人多奋斗了十多年才能跟明星一起喝咖啡，多付出了很多汗水才跻身上流社会的小人物。这个草根明星的存在，对屌丝和大众是一罐鸡汤,是一种希望和象征。

他们亲切地称他为"宝宝",只要努力,也能像"宝宝"一样。他们会对文章的劈腿冷眼旁观,对李亚鹏的离婚当游戏看,却无法以轻松的心态看待王宝强的婚姻失败——他们对这个出身草根的"宝宝"有一种天然的身份亲近感和命运关联感,会把这种被出轨被背叛看成一种阶层受辱的象征。精英所使用的"农耕价值观""乡鄙野夫""野蛮复仇"之类的傲慢字眼,深深地伤害了他们。他们眼中的草根偶像,在精英眼中只是一个"没教养""门不当户不对难免被抛弃""没有褪去脚上的泥腥味"的土豪,这加剧了大众的受迫害和被剥夺感。

在看待爱情上的傲慢大众无法接受的另一种精英态度

是,有些人一边批评王宝强这样的离婚声明是吊打"奸夫淫妇",是农耕时代的价值观;另一方面,却用"门当户对"这种更封建、更农耕时代的价值观去暗示王宝强不配他的爱人,暗示出轨的必然性与正当性。

比如有文章这样写道:"假如有一天你上升到和配偶一样的阶层,却仍然褪不掉你脚子上的泥腥味、土渣味,也就是说,你是富而不贵,你的价值观仍然故步自封,不是共同成长,还是傻根的段位,生活习惯、气质修养、兴趣爱好没有半点提升。"这种对来自底层人充满身份优势的姿态,当然会让大众觉得非常抵触。

没有指责出轨者背叛者,却把矛头指向了受害者,想象受害者身上的泥腥味造成了出轨,暗示王宝强要为出轨负责——这种判断是不负责任的。婚姻这种事,没有谁比当事人更清楚,你怎么就知道出轨的原因是这个,怎么就说王宝强价值观仍故步自封、仍充满土渣味?

凭什么说双方就没有爱情,又凭什么说"他买得起爱马仕,却买不起爱情""她嫁给王宝强,不是嫁给爱情"?有些人说女当事人当初是因为名气和金钱才看上王宝强，而不是因为爱情——这既伤害着王宝强，也在道德上贬低着女当事人。小人物不能有自己的爱情吗？爱情难道不能跨越阶层和门户？今天的出轨，并不意味着他们当初就没有过自己的爱情，不意味着当初只是女色与名气的结合。

把出轨说得义正辞严，为出轨者辩护，却对受害者极尽嘲讽之能事，大众的朴素正义观是无法接受这种高贵冷艳的。

女权的戏仿与反讽

一个滑稽的跟帖，让公众看到了另一个角度的态度：

"哪个女人不出轨？逢场作戏罢了，只要她还肯回家就是好女人。外面那些妖艳贱男只是一时刺激，等她老了玩不动了，自然就能回到你身边。出轨固然不对，但为了这么点事就离婚的男人我也是呵呵了，一点包容心和责任感都没有，不懂爱。孩子不能没有妈妈，再说男人年纪大了又带着孩子，再找能找到比现在好的吗？"

显然，这不是正经的表达，而是女权者的一种反讽——当然，也可能不是女权者的声音，而是有人对女权态度的戏仿。过去每当有男人出轨时，总会有这样充满男权视野的声音出现，轻描淡写地说"犯了一个男人基本上都会犯的错""我真的就是个普通人""我并没有做伤天害理的事"。过去明星劈腿事件，多是男方出轨，这一次是女方，男方成了受害者。女权者终于找到了一个奚落男方的机会。看新闻后的大众跟帖会比较有趣，男性和女性的视角真的很不一样。

(《九江日报》2016 年 8 月 16 日)

用法律洁癖苛责王宝强的人们请圆润离开

见过法盲的，没见过这么法盲的！某公众号竟然发了一篇评论，批评王宝强侵犯了马蓉的出轨隐私权，说马蓉和别人发生了性关系，是她个人的隐私，王宝强没有公布自己妻子隐私的权利。这位龙树先生，用不知道从哪里来的傲慢，一棒子打倒了所有人，以"世人皆盲而我独醒"的救世主口吻说："王宝强'离婚门'是一场法盲的狂欢。"在数落了一通并贴了"无知"标签后，这位先生最后教训王宝强："在结束离婚诉讼之后，王宝强应该去读个MBA，或者找一个明白人做人生导师。"

就是这个公众号，前几天发了另外一篇也让人大跌眼镜、很奇葩的评论，题目叫《王宝强离婚声明：乡鄙野夫的野蛮复仇》——只看题目，就知道其中充满自以为是的精英自负和让人恶心反胃的高贵冷艳了。

也就是这个公众号，"发刊词"中曾满带知识分子的忧郁和对自媒体的警惕，雄心勃勃地说："我们想要对抗和挑战新媒体时代所普遍流传的肤浅和偏激的气质，我们想要在新媒体时代，重塑一种严肃、健康和思考的媒体气质。"——看看，可能没有什么文章比这篇《王宝强"离婚门"是一场法盲的狂欢》更带着普遍流传的肤浅和偏激的气质了。为了"10万＋"的阅读量，剑走偏锋，语不惊人死不休，为了流量不顾公众号形象和自媒体最珍贵的健康度，也真是拼了。

自以为是地滥用隐私权概念

王宝强侵犯了马蓉的隐私权？"隐私权"在我们的语境中已经是一个被泛化的概念，过去缺乏隐私意识，现在推向另外一个极端，把什么都当成隐私权，开口就是"你侵犯了我的隐私权"。

什么是隐私权，比较有共识的说法是：让别人闭上眼睛的合理期待。我对我卧室里发生的事情有让别人闭眼的合理期待，我对个人独处时的所为有让别人闭眼的合理期待，我对夫妻间的事情有让别人闭眼的合理期待。但马蓉如果真的出轨了，在婚内跟其他人发生不正当的关系，侵犯了王宝强的婚姻权利，是一种不受法律保护的关系，就失去了隐私的合理期待了。

王宝强做得并不过分，只是在离婚声明中谈到了离婚的原因——一方出轨，而且是跟经纪人，只是事实陈述，并没有发布捉奸照片和其他细节，没有像一些失控者当街扒出轨者衣物，无关隐私。如果非要说隐私，离婚及离婚原因本是王宝强不想让大众知晓的痛苦隐私，但作为一个公众人物，一个愤怒的被出轨者、被背叛者，他让渡了自己的隐私。马蓉破坏了婚姻，侵犯了王宝强的权利，王宝强只是发了一份陈述事实的声明，已算很克制。

马蓉如果是单身，与人发生性关系，是她的隐私，但作为王宝强的夫人，与第三者发生性关系，当然就不是个人的隐私了。王宝强与马蓉夫妻私人间的事，那是属于他们两人的隐私。王宝强的夫人马蓉与第三者间的事，这属于三个人之间的隐私——外人披露，属于侵犯隐私，但作为婚姻权利受侵犯者的当事人王宝强自己透露，无关侵犯隐私，而是通过声明主张自己的权利。不能把那种不受法律保护的所谓"出轨的隐私权"凌驾于王宝强受到法律保护的一系列婚姻权利之上。

王宝强是将出轨当成一个事实进行陈述的，表达很克制，并没有道德审判，也没有公布照片和证据，没有当街撕打——可以就这个"事实陈述"进行法律考量，如果没有出轨，那是王宝强侵犯了名誉权，如果出轨了，无关隐私权。

无视王宝强权利受到侵犯的基本事实,却剑走偏锋创造出"出轨隐私权"这样的虚无概念,带着自以为是、自以为角度独到的法律洁癖去苛刻地要求一个被出轨被背叛者,这已经不只是法律素养缺失的问题了,而是缺道德缺失一颗良善的心。

还有人用法律对王宝强的离婚声明一字一句地批判,这并不是一个法律文本,不是律师声明,而只是一个当事人的声明罢了。声明而已,一切还要走法律程序,那种洋洋自得的法律癖还是收了神通吧。

不要苛求一个被出轨者的优雅

《王宝强"离婚门"是一场法盲的狂欢》一文谈到了默多克和邓文迪,盛赞两人处理问题方式的文明,他们没有撕,而是联合发布离婚声明:"我们非常高兴地宣布,我们已经友好地就离婚事宜达成了协议。出于对彼此的尊重,我们向前跨出了这一步,日后我们也将继续分享两个女儿所带来的健康和快乐。关于此事我们不会再做进一步的评论。"

默多克和邓文迪处理问题的方式好,这是他们两人的事,家家有本难念的经,人与人不一样,事与事不一样,王宝强的家事跟默多克的家事和境况可能不一样。当然,如果你觉得默多克处理得好,你可以向默多克学习宽容大度,可以做一个优雅的被背叛者。但默多克的处理方式不是一个法律判例,不是法律标杆,并没有普适性,没有理由苛求其他人跟他一样。王宝强有王宝强的个性,有自己的处理方法,只要不违法,就行。

《王宝强"离婚门"是一场法盲的狂欢》一文还谈到:"前些年,经常可以看到,有出轨的受害者四处散发、张贴小传单向社会广而告之,谴责不忠的丈夫或妻子。但是,这样的做法并没有得到法律的支持。"——将那种写有侮辱攻击性语言、不实传言甚至侵犯隐私权的照片的小传单与王宝强的行为比,是极不恰当的。王宝强作为一个公众人物,只是在自己的微博发了一份陈述事实的离婚声明,两者并无可比性。

是的,冷眼旁观不跟风是知识分子应有的品性,但这种冷眼不能变成那种刻意表演与大众不同的、表现精英优势感的冷血,最后很容易狂奔向偏执,这是一种病。冷眼应该是基于常识常情常理,没有了常识心,没有了善意,就成了自己所批判的那种光为了流量的"肤浅和偏激"。

关于王宝强一事,我写了三篇评论了。有人说,别关心这种娱乐八卦话题了,多关心奥运,多关心民生,多关心什么什么。我不想被别人设置议题,我有自己的关怀。在话题选择上也要摆脱那种鄙视"娱乐"的精英自负,我也并不觉得这只是一个供饭后闲聊的娱乐话题,虽然当事人是娱乐圈的人,但他的权利不是用来娱乐的,也牵扯到很多严肃的、重要的议题。虽然他的事似乎是扯不清的家事,但既然到了公共空间,就不是普通的家事了,有讨论清楚的必要。

(微信公众号"吐槽青年:曹林的时政观察"2016年8月16日)

稀里糊涂地感动,不明不白地捐款,最后急吼吼地求真相

从上午满屏的感动到中午满屏的质疑,再到晚上的各方表态,罗一笑事件的网络情绪反转也就花了不到一天的时间。想起我以前写过的一篇评论《互联网上没有什么感动能超过一天》,感动的、质疑的、批评的、围观的、生产阴谋论的,在网上撕成一片,一会感动一会愤怒的"吃瓜群众"这一次很茫然,到底信谁的?这事的真相到底是什么?谁能告诉我们真相?到底怎么面对这种个人网络募捐?

急于感动,急于质疑,急于求真相

记得事实反转时,好多朋友在公众号后台问我,真相是什么,曹老师你的观点是什么?我只能说,我也不知道,我也在关注各方信息中等待事实真相。在网络舆论场上,常常会出现"信息过载"和"真相稀缺"共存的混乱状态,罗一笑事件就是如此,一方面是刷屏的信息和情绪,一方面事实又是那么模糊。冗余信息和情绪太多,可确凿的事实严重不够用。

这时候,人们最想知道的是真相。不过我首先想说的是,别指望立刻能掌握真相,要有等待事实真相的耐心,"迫切知晓事实真相"并不符合事件调查和事实浮现的规律。一个朋友说得很好:"早上被罗一笑刷屏,各种说法满天飞,谁是谁非?这不就是典型的媒介缺失论吗?公众期待有一个最终的、

确定的说法，所以此刻也是传统媒体最权威发声的时候。我们一味追求转型，追随各种新，那些号称每篇阅读量"10万+"的自媒体，在舆论哗然时，你们在哪儿？"

确实，这时候就知道，超高阅读量是没用的，传递的都是混乱和模糊，自媒体提供不了事实，只能生产情绪和观点——可这时候情绪和观点是严重过剩的。我知道的是，多家传统媒体正在深入调查罗一笑事件，是真是假，背后的真相是什么，相信很快会有初步调查结论，请给调查记者以时间。很多阴谋论和谣言，迎合的就是公众"事件一发生就迫切想知道真相"这种不切实际的期待。

短时间内，关于罗一笑事件形成信息井喷。我想提醒的是，一方当事人的声音不可靠，自媒体不明来源的曝料不可靠，没有信源交叉印证的报道不可靠，说得有鼻子有眼、仿佛知晓一切、能激起你强烈的情感却不给出信源的说法，更不可信了。人们之所以不断被反转新闻打脸，就在于网络发酵速度太快了，事实调查跟不上情绪发酵的速度，判断总远远跑在事实调查的前面。急于感动，急于质疑，急于知晓真相，总那么急，就总会被反转新闻打脸。实际上，直到晚上传统媒体采访到当事人，医院做出回应，官方有了声明后，事实才渐渐清晰。

稀里糊涂地感动，不明不白地捐款

事实渐渐浮出水面，这一事件让本就脆弱的网络募捐受到了更多质疑，感觉被愚弄的公众更不敢轻易信任了。这个过程中很多方面都值得反思。

比如，这事之所以引发争议和质疑，很大一个原因是不透明，公益慈善最忌讳的就是做得不明不白。我一向并不支持这种个人网络求助筹款方式，而支持通过公益基金或慈善组织救助的正规渠道——个人网络筹款貌似成本很低，其实社会成本很高，人们之间的信任感非常脆弱，稍有不透明，就会耗费信任资本和透支社会爱心。通过公益慈善基金会，虽然看起来成本高一些，但经过审核能保障真实性，避免过程中和事后的问题。

当然，这是个人的权利，你可以选择个人网络求助筹款，但必须足够透明，尽可能地考虑到每一个细节的透明，这样才能避免透支信任。网络慈善，看起来很厉害，一下就能凝聚爱心，吸收很多捐款，可是也极其脆弱，一个质疑就能把人们的爱心和信任打得粉碎。

就拿罗一笑事件来说，几篇公众号文章，信息极其有限，没有医生诊断，没有票据，没有其他可证实或证伪的具体信息，只凭几篇煽情文章，稀里糊涂地感动，不明不白地捐款，很难不引发质疑。网络捐款不该是这么来操作的，陌生人之间的慈善是很脆弱的，来得快，去得更快，而且会产生一种强大的逆反情绪，唯有足够的信息透明才能避免信任的破碎。

孩子得了白血病，这本是家庭隐私，但当要借助社会救助进行救治时，就必须尊重慈善的原则，透明地公开信息。透明，不只是针对慈善组织的要求，当个人成为求助主体时，也应主动遵循这一原则，让公众判断这个家庭是不是真需要救助，需要多大的救助。求助者的义务是公开透明，公众的责任是伸出援手。

营销炒作消费公众单纯的善心

另一点可以确定的是，这种借机营销炒作的方式让人极其反感。即使求助之事是真的，孩子真需要社会救助，但渗入了营销炒作的元素，将一个悲情的故事和营销绑在一起，就让慈善变味了。同情是一种高贵而温柔的情感，一旦人们感到自己的同情被绑架和消费了，就会变成强烈的愤怒。当慈善之爱反转成被欺骗之恨时，这种愤怒程度要比一般的愤怒强烈很多。

我一直觉得，慈善是一种易碎品，应该好好呵护，小心翼翼，应该尽可能地去私利化。很多事情都可以"在让个人获利之时也带来公共利益"，但慈善可能是有洁癖的，尤其当激发人们善心的是一个悲伤动人的故事时，人们尤其会有道德洁癖。这时候，任何一种私心杂念都会破坏人们单纯的善良。人们毫无私心杂念地行善，慷慨解囊，也需要别人毫无私心杂念地告诉他们真相。一旦这种单纯的善心感觉到被愚弄，就会变成强烈的愤慨。

慈善是阳光的事业，应该以正当的方式去做慈善，以正当的方式唤起人们的爱心。现在一些慈善，打着慈善的幌子，以慈善之名做生意，用很多不正当的方式去消费人们的同情心——编一个让人同情的故事，制造一个引人的噱头，制造一个网络热点——也许背后确实有一个需要救助的人，但只要沾上了商业元素和营销目的，就是对社会爱心的透支。

愿孩子早日康复，为了慈善，为了孩子，请说出真相。舆论如今也不必一边倒地谴责孩子的父亲，更不必嘲讽那些刚开始热情捐款的公众，不必因为这一事件中的蒙蔽而改变自己单纯的善良。罗一笑事件带来的应是理性，而不是冷漠。

（微信公众号"吐槽青年：曹林的时政观察"2016年11月30日）

罗一笑事件带来的应该是理性，而不是冷漠

从上午满屏的感动到中午满屏的质疑，再到晚上的各方表态，罗一笑事件的网络情绪反转也就花了不到一天的时间，这一事件似乎再一次证明了我的判断：互联网上没有什么感动能超过一天。媒体采访到当事人，医院做出回应，官方有了声明，事实才渐渐清晰。孩子确实病重，不过孩子父亲的描述存在夸大，并不需要那么多钱。严格来说，算不上是骗捐，也不是借病情营销，我愿意用最大的善意去理解，这是一个救女心切的父亲用力过猛的表现，他本应该客观描述，本应该拒绝营销元素。

用力过猛的网络募捐，用力过猛的网络感动——引发质疑后，变成用力过猛的网络愤怒，不明不白的感动变成义愤填膺的声讨。特别不想看到这一事件带来什么网络后遗症，产生用力过猛的警惕，即当面对真实的苦难时失去了同情和爱心。罗一笑事件带来的应该是理性，而不是冷漠。

看到一篇反思这一事件的文章，题目就让人很反感——《低智商的善良，不如高智商的冷漠》，嘲讽那些善良的捐款者。我喜欢另一篇文章的题目所表达的善意——《你被罗尔的话打动了，不是什么羞耻的事》。是啊，感到羞耻的应该是说谎者，而不是被悲情的故事感动的人，悲悯和同情是人之常情，无论如何，我们应该保持着这种悲悯感，而不能因为一些欺骗就失去悲悯和同情的能力。确实，悲悯之外需要理智的判断，但这种理智的判断不能变成一种对单纯善良的高贵冷艳的优势感：你易感动，你被欺骗了，所以你很弱

智你很 low；我冷艳，所以我有智商优越感。

这种让人不舒服的智商优越感会变成一种冷漠，这不是反思罗一笑事件应有的正确态度。

记得前段时间我写过一篇文章，批评"守规则的人死了，不守规则的却活下来"这个坏议题坏逻辑。几条新闻中，确实能看到遵守规则的人死了，而不守规则的却活下来了，然而，正确的反思姿态应该是：你们看，那些不守规则的人在制造着多少罪恶和悲剧，牵连了多少无辜者。车祸跟"守规矩"没有关系，不是"守规矩"导致了死亡，而是别人的"不守规矩"。

还有，发生做好事却被讹诈事件后，就会出现这样的议题：做好人却没好报，以后谁还敢做好人？——这显然也是一种坏逻辑。做好事被讹诈，应该去竭力还原真相，还好人以清白，去谴责无良的讹诈者，而不是反噬"做好人"这个不应受到质疑的命题。

我在好几篇文章中都表达过这样的意思，我们要有坚守一些价值的定力，不要被个案所摇摆。人们不要被那些因果错乱的坏逻辑所误导，不要被"守规则的人死了""做好人却没好报""善良却被利用"这样的坏命题所污染，而去怀疑和动摇自己的规则信仰，变成那些歪理的信徒。不要因为世事太过复杂、个案太过极端，而背叛了你的单纯、正义和善良。不要用别人的错来反噬自己的正确选择。

"低智商的善良，不如高智商的冷漠"——这是一个让人恶心的坏命题。是的，面对复杂的世事，我们需要判断力，爱心拒绝被消费，但不是让你对苦难无所作为无动于衷，不是让你失去同情悲悯之心。罗一笑事件中，应该批判的是说谎者，而不是把矛头指向人们单纯的善良。欺骗应受惩罚，不能因为欺骗就给自己的冷漠找到冠冕堂皇的借口，无论如何不能失去善良的能力。

(《中国青年报》2016 年 12 月 2 日)

他没那么恶,你真不必用笔如刀

听朋友分享过一个故事,很受触动。

爸爸带着10岁的儿子走在步行街上,见到了一个乞讨的小女孩。小女孩说,爸爸过世了,妈妈生病了,只能靠乞讨为生。儿子给了小女孩10元。父子俩转身离开后,走在路上,儿子问爸爸:"如果她是骗人的,怎么办?"爸爸笑了,摸了摸儿子的头说:"那更好啊,说明她的妈妈没有生病。"

听了这个故事,有人会被这种"不惮以最大的善意去考虑问题"的思维所感动,可能也会有人觉得很假,很鸡汤,很虚伪,同情心过于泛滥——应该有基本的是非啊,骗人的,就应该受到惩罚和批评,不能纵容欺骗,这样等于害了这个小女孩,现在骗10元,被"没有原则的善良"惯出毛病后,就会骗10万、100万元,完全变成一个骗子。

两种思维都对,但我更喜欢这个父亲的思维——对身边的常人,不是用最大的恶意去防范,而是用最大的善意去理解和宽容。万一那个孩子的母亲真的生病了急需用钱呢?即使被骗了,并没有觉得自己的爱心被深深地伤害,而是看到:说明她的妈妈没有生病,是好事啊。尤其这是一个教育孩子的语境,他是在教育对世界充满不信任和防范心的儿子,无论如何,不要在过于强烈的防范姿态中失去善良的能力。在这个怀疑的时代更需要信仰,在弥漫着不信任的时候不能失去信任的能力。

是的,我想说的是罗一笑事件,罗一笑现在被千夫所指,被当成了用孩子的病情去骗钱的大骗子，被说成是"带血的营销""吃人血的慈善""诈捐"。我不是为罗尔辩护，他在很多方面确实应受批评，不诚实，夸大了家庭困境，借助了营销方式，而且在接受媒体采访时对三套房的解释让人觉得很难接受：一套房留给儿子，一套房留给妻子，一套房留给自己养老——这样的自私，让人觉得不配受到善待。

我也挺厌恶这个人，但我觉得，对他所犯的并非那么大的恶，并非不可饶恕的不诚实，真不必那么用笔如刀，甚至变成一种可怕的网络暴力。他家没那么惨，他没有砸锅卖铁，他没有把自己逼到绝境就向社会求救，他的故事并不像他讲得那么悲惨，人们也不必那么义愤填膺。

别爱得那么轻易，又恨得那么盲目。当初越是轻易感动的人，可能现在恨得越盲目，一惊一乍，情绪反转得很激烈。之前我写过一篇评论，题目叫《稀里糊涂地感动，不明不白地捐款，最后急吼吼地求真相》。轻易地爱，又轻易地恨，这些都属于我所说的"新闻易感人群"，缺乏自己的判断，情绪跟风。有必要面对的是，当初罗一笑事件之所以引发刷屏的感动，除了罗尔文章的诱导，另一个重要原因是公众的"需要"，习惯消费这种悲情的故事来滋养自己的同情心。

人心不要被200多万元的善款扭曲了。不必掩饰，人们的愤怒与最终200多万元的巨额善款有很大关系。如果是5万元、10万元，网友可能就不会那么愤怒了，可超乎想象、突然出现的巨款，扭曲了人心。从常情角度看，罗尔并非我们想象的那么贪心，想去骗200多万元，他可能低估了公众的爱心，没想到竟然很快就募到了这么多钱。微信官方也没有想到，所以在技术上出现了漏洞。这无法预料的200多万元，就成了罗尔的罪状，捐款越多，人们的愤慨就越强烈，当初每一笔捐款和感动，凝聚成200多万元的每一分钱，如今都成了淹死罗尔的唾沫星子。有必要意识到，罗尔没有我们想的那么坏，是200多万元的巨款让围观者失去了理性，让人心变得不平衡。

不要被那种"受骗"的强烈憎恨感所主导，不要被200多万元善款所扭曲,不要在用笔如刀的快感中制造网络暴力。他确实不够坦诚,这是洗不掉的,但很多后续是他没想到的,也是他不可控制的。无论如何,他还是一个患白血病孩子的父亲,孩子仍没有脱离生命危险。他家没他说的、没你想的那么惨,可现在他已经够惨的了。

(《中国青年报》2016年12月9日)

为华中师大"请走范冰冰"点一百个赞

"吃瓜群众"又被反转新闻和炒作戏耍了一回,看到有新闻说"范冰冰武汉宣传新片被中途赶走,冯小刚当场发飙"——爱冰冰的"吃瓜群众"无比愤怒,义愤填膺地把华中师大痛骂一番。我一直说,在网上看到那种让人义愤填膺又不合常情的新闻时,一定要克制一下愤怒,不要被炒作者牵着鼻子走。稍有点媒介素养的人看了那条新闻时首先应该疑惑,而不是愤怒——新闻写得很莫名其妙,范冰冰又没啥劣迹,又不是敏感人物,怎么就被"赶走了",为什么呢?不合常识啊。那条新闻也只有"吸睛"的"新闻元素",而缺乏能让人明白的"新闻要素",记者以脑残粉的心态写得无比愤慨,却没有采访关键相关方问个为什么,让校方成为靶子,甚至让无辜的警方背了锅。

果然,华中师大的回复解开了人们的疑团,原来"范冰冰要参加"这事没有提前告知校方,甚至刻意瞒着校方,范冰冰临时出现,校方担心粉丝围追明星会带来很多问题,故减少了范冰冰在现场的逗留时间。新闻很夸张,说"赶走"——从现场来看,完全不是"赶",而是非常礼貌地"请走"。

在这件事上,我完全支持华中师大"请走范冰冰"的行为,支持其为了校园教学秩序和安全问题而拒绝"蹭明星人气的轰动效果"。范冰冰狂热的粉丝们不要把华中师大和范冰冰对立起来,这事华中师大做得对,范冰冰也没有错,甚至很可爱,现场表现也很得体。错的是片方拿这件事炒作,不顾负面影响,制造噱头,拿"范冰冰被赶走"这个沸点话题消费范冰冰和华中师大；错的是一些人明知道事实真相，还装作单纯的样子，用义愤填膺的态度误导公众，配合炒作，挑起口水战，站在道德高地牵着"吃瓜群众"的鼻子走。

在一些大学把明星当大爷、围着明星转、处处想着蹭明星人气提升存在感、面对明星时毫无原则的现实下，华中师大这种"请走范冰冰"的脾气挺让人佩服的。大学是清静之地，这个社会处处是浮躁嘈杂之声，大学这块最后的净土不能沦陷于娱乐化、商业化和口水喧闹之中，读书需要一块排除诸种干扰的安静空间。为了学生安静地读书，大学发一点脾气，很好。

范冰冰这样有着极高人气的明星出现，必然会引发粉丝围追，不事先告知校方真实情况，出了事谁负责？不能等出了事之后，再去怪校方怎么还没做安全防范和各种预案，这样的悲剧教训太多了。另一方面，会对学校的教学秩序造成极大的干扰。跟很多老师讨论过这个话题，虽然学生们疯狂追明星，其实老师们是非常反对娱乐明星进大学的。记得几年前电影《大魔术师》剧组主要演员梁朝伟、刘青云及导演尔冬升出席在复旦大学的宣传活动，就严重影响校园教学秩序，很多学生逃课去追星。复旦哲学系教授张庆来愤怒地写文批评，他班上本应该来听课的35名武警班学生被学生会叫去维持秩序。

张教授文章的题目很尖锐：《"桑间濮上之音，亡国之音也！"——从影星来访，一堂课35人缺席谈起》。"现在，复旦大学相当多的一部分学生也把追星、娱乐放在第一位了……我写这篇文章不是追究个人的责任，而是为了扭转这种偏离正道的习气。"随后，这篇文章被发表在复旦大学学术委员会网站上。后来，该校学生会作了道歉。

这种因为明星来访而造成校园秩序受冲击的现象很是普遍，中央戏剧学院甚至出现过全班旷课。所以我特别能理解华中师大的担忧，范冰冰突然出现在会场，在这个自媒体让信息迅速扩散的时代，现场同学发朋友圈，肯定会引爆校园，甚至会吸引很多校外的粉丝涌向华中师大——安静的校园、小小的礼堂，短时间涌进无数人，活动无法正常进行，也形成极大的安全隐患。看到同学发的朋友圈，还在上课的同学一定不淡定了，纷纷选择逃课，让那些正在讲课的老师们情何以堪，让教学如何能保持正常秩序？一片尖叫之下，其他教室如何能安静上课，一片狼藉之下，校将不校，学将不学，成何体统？

　　为华中师大点一百个赞，当然，范冰冰没有错，但如果范爷真爷儿们的话，应该为因自己的突然出现以及引发的误解，而对学校造成的困扰说声抱歉。

（微信公众号"吐槽青年：曹林的时政观察"2016年10月26日）

真的很同情孙俪这些舆论弱势群体

都说明星很风光,鲜花掌声红地毯,到哪里都被追着捧着,好像是这个社会最强势的群体之一。其实,在舆论面前,他们都像孙子一样,是十足的弱势群体,真的很同情明星这个舆论弱势群体,比如最近舆论漩涡中的孙俪。

多正常的一件事啊!拍戏很累,住酒店遭遇深夜施工扰民,被吵得无法入睡,发微博维权求助。明星也是人,也如你我一样,需要好好休息,有免受深夜施工干扰的权利,这有错吗?借助自媒体表达自己的诉求,发微博反映此事,这有错吗?没有任何错,她既没有用极端的语言去表达,也没有耍明星的威风盛气凌人,而是弱弱地、谦卑地、温和地反映了问题。如果一个普通人这样做,会得到舆论的同情和支持,可因为她是一个明星,便陷入喷子的口水中,被指责是利用明星话语权施压,很自私,为了自己的睡眠而干扰当地工程,为了一部片子而影响工程进度。

"话术"就是这样的可进可退、可矛可盾、可毁可誉:如果是普通人发声,就叫公民借助自媒体表达权利,大加赞赏;可明星发同样一条微博,就成了"利用明星话语权向人施压",成了攻击的矛头。请那些喷子告诉明星们,明星们遇到这种问题应该怎么办呢?忍着不说?你们会说他们很怂,缺乏公民责任感,老百姓深受施工扰民之害,连明星遇到这种问题都懒于惧于维权,老百姓就更无力了。得说出来去维权啊,那怎么说呢?如果不是公开地说,而是利用自己的影响私下打招呼,找人跟书记、市长说,起码拍戏这段时间夜间别施工了——这才叫自私,这才叫利用明星话语权施压。像孙俪这样公开表达诉求,是最好的选择,既主张自己的权利,也是为了公共利益,更寄望于在公开透明的语境下正当、平等地解决问题,而不是明星和官员私下的勾兑和交易。

错就错在,她是明星,在仇富仇官仇明星的舆论下,明星好像是舆论情绪的一个出气筒,更是公众"反抗强者"的一个安全矛头——骂政府有风险,可骂明星没有任何风险。明星常被当成这个社会强势既得利益者的一部分,骂明星既能让人宣泄"打倒强者"的快感(你明星有什么了不起啊,你片酬那么高有什么了不起啊,我们屌丝一样可以把你踩到脚下),又很安全,把明星骂成屎也不会有任何风险。有些人在安全时会表现出最义愤填膺的正义感,于是很容易形成一种指向明星的舆论暴力。

为了强化这种攻击的正义感,有些人还构建了一个拉仇恨的二元对立,把孙俪与工人、孙俪与当地市民对立起来。好像孙俪的这个投诉,影响到了工人的正常工作,也影响到了市民去享受"工程很快完工"的福利;孙俪一条微博,让工作没法工作了,让工程延期使市民享受不到工程福利了。这是一个恶毒的攻击——一个大明星,为了自己的睡眠,为了一部片子,用明星影响力欺负弱势的工人,欺负市民。在这种臆想出的强弱对立框架中,一向挨骂的地方政府,甚至都成了被孙俪欺负的对象而受到网友支持。

很多时候,把舆论之水搅浑和制造矛头太容易了,因为"吃瓜群众"太缺乏判断了,设置一个强势对抗的仇富矛盾就能让"吃瓜群众"热血沸腾义愤填膺。其实,孙俪跟市民、工人、政府根本没有对立,夜间施工,对加班的工人有害,对市民之害更是看得见,这也是政府应该解决的问题,不能为了赶工期而侵犯民众权益。

孙俪的微博,其实也把政府推到了一个怎么都挨骂的两难境地:立刻解决吧,说你屈从于明星压力——如果是普通人投诉,你会这么迅速回应吗?如果不解决,会被骂得更惨,连有话语权的明星维权都不搭理,那对我们这些老百姓就更不会搭理了？左右为难，其实，既然已经引发舆论反应，就应该给一个说法——不只是给孙俪说法，而是给很多像孙俪这样被侵权的人一个说法，给关注此事的公众一个说法，按程序依法解决问题。不能因为普通人投诉没被重视，就否认明星投诉被重视、被解决的正当性。

明星维权没有任何错，即使因为明星的影响，政府有"过度反应"，那也不是明星的错。孙俪只是想解决问题，至于相关方面如何解决，那不是明星可以控制的，凭什么去骂明星呢？

这届喷子太能喷，把很多群体逼成了弱势群体。你再有钱，再有权，再有理，面对舆论时都得乖乖示弱当弱势群体。那些平时看起来比较强势的，像明星、公务员、医生、警察、记者，等等，在舆论面前都是弱势群体。因为那是一群你看不见摸不着的乌合之众，掌握着能发动起多数暴力的力量；因为他们不跟你讲道理，永远只是站队贴标签，给你贴上一个强者的标签，然后发起正义的声讨，理直气壮地去把你打倒；因为他们可以随意喷你咬你，你却不能反过来去喷去咬，没法平等对话，你一开口就会被当成用话语权仗势欺人，引发新一波更激烈狂热的口水。

面对这种舆论暴力，除了认怂、示弱、当孙子，接受"弱势群体"的身份外，似乎别无选择。

（微信公众号"吐槽青年：曹林的时政观察"2016年10月21日）

这届明星太能出轨，
话题疲劳下只有段子手还兴趣盎然

林丹出轨，人们并没有表现出多大的惊讶或惊叹，不是"啊！"或"什么？"更多都只是一个鄙夷而又平淡的表情："噢，又一个出轨了，恭喜出轨队再加一分，吸毒队要加油噢。"虽然上了头条，成为刷屏的热点，但明显已不像几年前明星出轨新闻那么劲爆和轰动了。

这届明星太能出轨，差不多已经玩出了你能想到的各种出轨花样：边秀恩爱边出轨，边拍戏边出轨，女方出轨，老婆孕期出轨，跟经纪人出轨。出轨太多，头条都不够用了。出轨太多，以至于出轨者越来越没有耻辱感，连辩解都懒得辩解了，反正又不是我一个，大家都差不多，玩弄公关技巧说声道歉，熬过热点后又是一条好汉。娱乐圈本就是社会道德的洼地，人们本就没有对明星有多高的道德期待。戏照演，妞照泡，广告呢，照接。

以往像林丹出轨这样的劲爆新闻曝出后，微信公众号界肯定兴奋地炸开了，这是话题空间日益贫乏的公众号界最爱的话题！明星不幸乃公众号之幸，以蹭热点为生的自媒体早从各个角度推出无数篇文章了：炮轰的，调侃的，爆料的，感叹的，盘点梳理的，毒舌的，女权的，伦理的，法律的，技术的，总有一款适合你。人民群众喜闻乐见的谈资是公众号兴奋拼抢的焦点，借着话题热度，早就制造出好几波阅读量"10万+"的文章了。

可目前看，林丹出轨这事还没有几篇爆款文出笼。

不是公众号不够拼，是这届明星太能出轨了。虽然新闻是爆炸性的，但大家已经有了强烈的话题疲劳！从什么角度评论呢？评论什么呢？频发的出轨新闻让自媒体和评论家严重失语，该说的、能说的都已经说过很多遍了，还有什么好说的呢？不相信爱情了？不相信有好男人了？批评林丹虚伪？批评他不该在妻子怀孕期间出轨？感叹又一个偶像光环的坍塌？感慨这世上看上去再完美的婚姻都靠不住？这些陈词滥调，在频发的出轨新闻中已被用滥了。或者评论明星的私事要不要关注，狗仔这样做缺不缺德，等等，也被讨论过千百回了。

除了娱乐，真的没什么好写好说的。

所以面对林丹出轨，你根本看不到有什么正经评论、好好说理的文章——正经评论已经完全失语，这样的新闻太多了，实在找不到什么"评论点"了，只剩下各种兴趣盎然的段子在飞。明星出轨太频繁，连过去最不知疲倦、最敬业、最有娱乐精神的段子手似乎都疲劳了，思维近乎枯竭，很多只是把过去的老段子改一下。

相比当年文章出轨时全民狂欢的段子盛况，"仙丹，灵丹，超级丹，都不如保单"之类的借势营销，已让人觉得不那么好玩了；杜蕾斯绞尽脑汁的蹭热点文案，也都是满满的套路。但除了段子，真没什么好说了。

（微信公众号"吐槽青年：曹林的时政观察"2016年11月28日）

第四辑
专评

身在这个新旧变换的媒体大变局时代,媒体转型成为焦点,身在传统媒体,如何看待媒体艰难的转型和媒体人的转身,是这一年我的核心关注点之一。保持专业定力,保持传统媒体人内容生产自信,不要在盲目转型中与新闻渐行渐远,是我一直努力坚守的。集体唱衰纸媒,我仍在坚守新闻。

宁去传统媒体哪怕先做校对，
也比去新媒体当首席编辑好

一个新闻系快毕业的孩子最近纠结于就业选择，两个 offer 摆在面前，一个是某集团的新媒体岗位，一个是某报业的采编记者岗位。他之前在那个集团实习过，有一定的情感依赖，但大家都建议他去采编记者岗位，问我应该怎么选择。

我跟他说，如果了解我一直以来的观点的话，你肯定知道我的建议。有新闻内容生产追求的人，第一份工作最好别去新媒体，而应该去传统媒体完成自己的原始积累，在新闻生产的源头上老老实实干几年，在浓厚的新闻氛围中熏上几年，积累自己的内容生产资本。宁去传统媒体哪怕先做校对，也比去新媒体当首席编辑好。在应该打基础的阶段不要想财务自由的事。

当然，前提是真正对新闻感兴趣，把新闻当成自己的事业。如果对新闻没有多高的热情，只是当成一个饭碗，就按一个"好饭碗"的要求去找工作——钱多事少离家近，位高权重责任轻，那么，新媒体收入高些；而且能直接上手干活，说不定很快还能弄个主编、总监、首席当。

如果想把新闻当成自己的事业，就应该看得远一些，有较长远的职业规划，扎扎实实从基础工作做起，一步一步地来。新媒体工作岗位看起来好，天天出活，"10万+"的阅读量很有成就感，却是一个容易透支自己本就很贫乏的从业经验、让自己离新闻越来越远的过程。没有积累却要绞尽脑汁"开脑洞"，传播压力逼着自己做无中生有的魔术师，对技术的熟悉程度远远超过内容生产能力，标题制作技巧远远胜过内容写作能力，缺乏新闻生产机会，只是在新闻生产的末端做梳理、整合、搬运工作。熟能生巧，工作几年会成为一个很棒的新媒体能手——能手再能，只是一个可替代性很强的"人手"，成不了"人才"和"人物"。

而第一份工作去传统媒体，哪怕先从校对干起，哪怕一开始没有采访机会，给老记者当助手，做编前会的记录，也是一个积累的过程。因为这里是新闻内容生产的源头，怎么找选题，如何策划、采访、写作、编辑、评论，第一份工作有必要从"新闻生产的源头"开始，扎实打牢基础。报纸这种传播介质虽然受到很大的冲击，但白纸黑字的生产方式一点也不落后：从灵光一闪的碎片想法变成选题，进入编前会讨论，经验丰富的跑口记者的提醒，老记者的训斥，老编辑给你改稿，一个字一个字地校对，总编辑的无情毙稿，仅靠打电话采访获得的材料受到批评，一遍遍地打回重写，变成不可更改的白纸黑字前害怕出错从而仔细琢磨、谨慎打磨的过程。经历时会感到很痛苦，甚至觉得没什么用。但回过头看，新闻生产源头上的那些工作，是成为一个资深媒体人必须有的积累。

第一份工作去传统媒体，完成自己的原始积累，然后厚积薄发。而如果去新媒体岗位，则是透支，没有什么积累，却每天为阅读量去开脑洞。一个在传统媒体干了五到六年的记者，会成为一个行业内的资深媒体人，带着内容IP跳一次升一次值。而一个在新媒体干了几年的人，跳来跳去只是在同一层级跳，甚至会走下坡路，跳一次贬一次值。

有人会质疑，你让新人第一份工作去传统媒体，可现在传统媒体的人才都在往新媒体跳啊？确实如此，可人家已经具备了强大的内容生产能力，在传统媒体完成了新闻从业的原始积累，有了跳槽的充分资本。传统媒体没有让这些主编、主任、总监解决财务自由，但给了他们烫金的简历，给了他们解决财务自由的资历和资本。我一个很好的朋友，在传统媒体干了10年后，跳一次槽就解决财务自由了，什么都有了。房价确实高，但新人别那么急，不要第一份工作就想财务自由的事，慢慢来，在每个阶段做每个阶段应该干的事，一切会水到渠成。第一份工作是苦干积累资本，有了足够的资本再谈财务自由。否则，你拿什么跟老板谈判？有什么资本给自己开价？

如今那些在媒体江湖上呼风唤雨的新媒体大咖、那些靠内容创业挖到黄金的大牛，有几个不是传统媒体出来的？有几个没有走过原始积累的过程？对新闻人才来说，我有个"二八定律"的观察：80%的能力是在新闻生产源头上积累的，20%的能力是从新媒体中习得的。无论如何，你先要去新闻生产源头打好基础，有了那80%的积累，再去撬动那20%就容易多了。新媒体新技术变化太快，但那80%的"新闻基本面"并不会变，新闻还得用脚采访用笔还原，评论也还得那么写，只不过是换个平台。带着内容IP，到哪个平台都可以。

有些新人受到那些新媒体大咖的激励，急于成名，急于捞金，刚走出校门就被忽悠要内容创业。内容创业，你有内容吗？你内容资本在哪里？你的那些内容是你自己的吗？没有充分的原始积累，没有在内容生产的源头待过，那些无中生有的流行"内容"各领风骚没几天，过把瘾就会死。生得默默无闻，死得悄无声息。

这样说，并不是想挑起传统媒体与新媒体之争，并非说传统媒体比新媒体好，而是从新闻人才成长的规律来说的。有志于做新闻，绕不过传统媒体，绕不过新闻生产的源头。新媒体岗位挺好啊，离用户更近，也有很多机会，可没有内容生产能力，缺乏积累，光靠开脑洞，是hold不住这个工作的。带着传统基因去做新媒体，会做得更好，会有不可替代的内容，也更能把握用户的痛点。

（微信公众号"吐槽青年：曹林的时政观察"2017年2月26日）

把"名记者"往"网红"上培养，完全是转型转晕了头

看一些媒体在一本正经地推"网红记者"，把颜值摆在第一位，这样作践记者，真觉得很难受。难道报纸真已经沦落、溃败到把"网红"当救命稻草的地步了？看那份"网红记者"的名单，恕我没见过什么世面，大多不认识，也不知道有啥"很红"的作品。"网红"是自媒体传播特有的产品和现象，纸质媒体宣称打造"网红记者"——不只是一种符号征用，更是一种自甘堕落的象征，表明纸质媒体在自媒体冲击下失去了自己的定力和节奏，进入了追随自媒体的节奏，失去了用优质内容赢得用户的耐心，幻想着像"网红"那样一炮走红一夜成名。

"名记者"不是靠"工程"可以培养的，"网红"更不是想红就红的。"名记者"是一种专业和读者承认的身份，而"网红"则抽离了专业和读者的认同价值，完全交由娱乐消费。丢掉自己的传统去迎合新媒体的浮躁节奏，硬推、硬造"网红"，完全是传统媒体在转型中转晕了头，浮躁、焦虑、惊慌、不知所措、急于变现、急于找存在感、急于抓救命稻草。

不能作践"名记者"这个传统资源

"网红"是新媒体、自媒体的概念，而传统媒体，特别是纸质媒体，是有自己非常宝贵的传统资源的，那就是"名编、名记者、名评论员"。是的，

在那个媒体人的黄金时代,很多媒体都有让自己骄傲的"名记者"和"大编辑",比如《中国青年报》的李大同、卢跃刚、张建伟、贺延光、叶延等,这些"名记者"和"大编辑"就是媒体最好的名片。如今能够让同行公认的"名记者"确实越来越少了,有很多原因,比如媒体环境的变化、舆论监督的困境、媒体竞争越来越激烈,等等,不像当年靠一两篇深度报道和独家新闻就能闯出"可以让人记一辈子"的媒体江湖地位。

另一个很重要的原因是,记者生存压力越来越大,很难从容地做新闻。一名很有潜力的年轻记者,在一个很有影响的平台上刚做出一两篇很有影响的报道,很快就会被其他媒体盯上,开出更高的市场价——在房价和生活压力下,很容易就跳槽了。"名记者"的生长是需要平台和时间的,没有在一家好媒体长期工作并做深度报道的耐心,一两年就跳槽,不断从这家媒体跳到另一家,在媒体的江湖中流浪,在跳槽中离新闻越来越远,很难完成一个"名记者"所必需的原始积累。看到一些有潜力的记者做出一两篇优秀报道后很快被挖走,我常感到很惋惜,但新闻理想是留不住人的,人家要买房子,要养孩子过日子。

"名记者"只会出现在传统媒体,尤其是出现在没有那么大时效压力、有相对从容生产空间的主流媒体,这是一定的。在急躁的时效节奏中是出不了"名记者"的,也许只有纸质媒体,才会给深度记者用较长时间去做一个深度调查,会在热点过了时效后去做深入的挖掘,让记者和新闻有喘息的时间。虽然这个时代有种种不利环境,但很多单位还是有"名记者"的,只不过不像过去那么重视他们了。不是今天没有"名记者"了,而是因为今天不像过去那么重视新闻内容,不像过去那么看重舆论监督报道,新媒体对传统媒体知识产权的肆意侵犯,转载时常抹掉媒体和记者的名字,进一步偷走、谋杀了"名记者"之名。

不像过去,一纸风行,人们把报道和记者的名字联系在一起;今天在新媒体的传播节奏中,只会记住传播渠道,记住诱人的标题和惊悚的细节,而不会看到记者的名字。追逐商业利益的新媒体、自媒体，挟传播渠道的优势，喝掉了传统媒体的血，也偷走了"名记者"的"名"。独家新闻的轰动、深度报道的影响所带来的利润，本应属于"名记者"，如今只化为渠道的人气。所以，从一定程度上说，"名记者"也是为新媒体漠视知识产权的恶劣环境所杀死的。

离"网红"越近，离记者和新闻就越远

"网红"是新媒体、自媒体传播特有的产物，缺乏像传统媒体那样强大的原创生产力，无法靠深耕内容去获得影响，只能寄望于依靠设计某个噱头、迎合某种大众趣味、触动某个传播痛点、制造某种轰动议题，形成病毒般的刷屏效果，从而成为红人。

"网红记者"跟"名记者"完全不一样，"名记者"靠的是媒体人本分，依靠生产的内容而赢得业内尊重，获得江湖地位，受到读者欢迎。而"网红记者"很多时候则与内容无关，而是依赖"网络"这个渠道而红，靠的往往是新闻内容之外的东西，如某种行为、某个言论，甚至像"你妈喊你回家吃饭""香菇蓝瘦"那样，完全无规律、无厘头地就红了，追捧者也不是黏性较强的读者，评论者不是业内同行，而是没有黏性、追随热点、喜新厌旧的网友。当然，红得快，消失得也快，各领风骚没几天，热点过了，也就迅速被遗忘。不像"名记者"，越老越吃香，时间越久越被人尊重。

所以，在真正有新闻追求的记者看来，他们是很排斥"网红记者"这种称呼的，这个称呼对应的是一种职业贬低——不是靠新闻报道为人所知，而是靠内容之外的东西。作为一个记者，竟然不是靠报道而红，而是靠报道之外的言行，这种"红"有什么值得称道的呢？

前段时间参加新华社"新锐青年评比"，高兴的是，从这些年轻人口中并没有听到那些离新闻很远的概念泡沫，而是作为一个媒体人应有的新闻本分。比如，新华社广东分社记者詹奕嘉被人称为"网红记者"，他在台风中的坚持

播报让他的表情包红遍网络，然而他并没有享受"网红"这样的身份。他说，他不排斥"网红"，但他希望能靠自己的新闻作品成为"网红"，而不是靠行为。他在台上陈述的时候，并没有津津乐道于自己成为"网红"的播报经过，而是谈自己满意的那些调查报道，谈18次往返乌坎、100多篇相关报道，谈这种敏感报道是如何把握尺度的。这就是媒体人的本分，执着于报道，耐心地用报道去推动进步和赢得属于自己的江湖地位，从容淡定，心无旁骛。

媒体应该珍惜"名记者"这个传统资源，致力于为"大编辑""名记者"创造自由的条件，鼓励个人去拼自己的江湖地位，最大限度地为"个人内容IP"提供从容平台，让年轻人没有后顾之忧地去做深度报道。而不是拔苗助长、急功近利地追逐什么"网红记者"，上马什么工程，把"名记者"当流水线生产那样弄，逼着记者去变现，去出位，去迎合，去表演，去网络"站台"，在新闻内容之外搔首弄姿，这只会毁了传统媒体的节操，失去传统媒体的生命根基——严谨、权威和公信。离"网红"越近，就离记者和新闻越远。

传统媒体中的那么多"名记者"，有哪个是在什么"名记者工程"的流水线上生产出来的？又有哪个能在短时间快节奏中迅速爆红为"名记者"的？"网红"产生于网络江湖，是从网络江湖中拼出来的。"名记者"需要传统媒体自由从容的环境，十年树人，十年也许才能孕育出一个"名记者"。像这样想规模化地生产"网红记者"，既毁了记者，也育不出"网红"。"网红"和"名记者"是在不同的环境中生长出来的，是媒体江湖封的，而不是自封的。

"网红"不属于单位而属于个人

我一向觉得，"网红"这个概念只属于新媒体自媒体江湖，而不属于传统媒体，无法嫁接到传统媒体中。如今很多的"网红"，都是在自媒体江湖中"厮杀"出来的，像罗振宇，在央视不可能成为"网红"，只能走出来后才能以那种方式红。"六神磊磊"，是在新华社红起来的，因为媒体身份会成为他继续"网红"下去的瓶颈，所以只能选择离开，才能更红。拥有传统媒体的基因和原始积累，能更好地当"网红"，但只有离开传统媒体平台转而投到自媒体江湖，才能红。"网红"的本质是"侍候"受众，越能把握和触摸网众的痛点，越能红。可在传统媒体不行，你"侍候"对象不一样，别指望能红。

"网红"的本质属性是消费性、娱乐化和营利性的，为了实现这种特性，必须做很多跟媒体身份相冲突的事，这是传统媒体无法接受的。"网红"的收入都归自己，才能为了红而拼尽全力不要命，传统媒体可以做到把变现利润都给记者个人吗？"网红"为了红会语不惊人死不休，敢于偏执，敢于极端，敢于挑逗大众，传统媒体会把自己的平台给记者这么折腾吗？真正的"网红"，只会在网络野蛮丛林中产生，而不是在体制环境中。

再说句实在话，"网红"这个概念不属于一个单位，而属于个人——"名记者"身份之下，平台与个人能和谐相处，记者是媒体的名片，记者依赖平台影响而成名，符号共赢。而"网红"则不一样，捧红个人后，个人掌握了影响力资本，这种影响力资本便都会集中到个人身上。个人能将资本变现，凭什么还要去依赖平台呢？平台只会成为个人变现和继续红的瓶颈。所以结果只会是，媒体平台耗费巨大成本去捧红记者，没有潜质的永远也捧不红，浪费了成本；而有潜质的确实能红，但红起来后，很快会抛弃平台自立门户，甩开平台自主创业。

打造"网红记者"本就是用来变现的，可既然个人就能变现，干嘛要依赖单位平台啊？"网红"的属性就是个人化，而不会依附于单位的体制。"名记者"不是"工程"可以培育出来的，"网红"又不会依附单位体制，所以"网红记者"的内在目标是冲突的。传统媒体整合既有的"名编、名记者、名评论员"的资源，是应该的，但应用好这种资源，而不可在浮躁追随"网红"概念中走歪了方向。

（微信公众号"吐槽青年：曹林的时政观察"2016年10月23日）

报考季再妄评各高校新闻系的气质

高考后进入报考季,不少想报考新闻系的"吐司"("吐槽青年"粉丝)在公众号留言问我:"对学新闻感兴趣,报哪个学校好一些?哪所大学的新闻系更有前途?作为一个常在各校新闻系讲学的媒体人,能否给一点指导。"我问一个"吐司":"你知不知道你在给我挖坑?你知不知道我半年前的那篇"雪夜妄评"捅了一个马蜂窝?"她说:"知道啊,不过知道你肯定不怕跳这个火坑,肯定乐于捅这个马蜂窝。"

好吧,果然是关注了"吐槽青年"多年的资深"吐司",深度了解我。那我就再给我所了解的各大新闻系"画一幅漫画",谈谈我的印象。先说明,是草草画的"不太靠谱"的漫画,不是翔实研究后的照相;完全只是个人偏好和印象,只是让人有所了解,不建议作为报考依据;简单点评不分先后,别当成排行榜;点评如有得罪和不当之处,请不要包涵,请弄个大新闻把我批判一番。

北京大学

因为近5年来一直在北大新闻与传播学院教本科生"新闻评论课",对北大新闻学系有较多了解,就先从北大点评起吧。

没法脱离"北大"这个前缀而单独评点。学新闻的学生是在北大这个大环境熏出来的,"北大"这个大环境可能远远高于"新闻学系"这个小环境对学生的影响,每所大学的新闻系都是如此。北大新闻学系未必是最好的新闻系,但无疑,北大学新闻的孩子应该拥有全国最好的文史哲资源的支持。自由开放的大学与学院氛围,加上最好的人文社科资源熏陶,熏出了北大新闻学系学生看问题的深刻、犀利、独到而又不失情怀和温度,敢于与众不同又不偏离主流。学院自由选课的氛围和丰富的人文资源,可以让你按自己的个性和兴趣去发展。

对学新闻的来说,新闻专业技艺在媒介素养中可能只占10%,能体现出核心竞争力的是技艺之外的那90%:读了多少其他专业的书,听了多少大师的人文讲座,选了多少其他学科的课,与多少优秀的人为伍,跟谁在竞争,有多少人文社科资源的支撑。北大在这方面提供了最好的平台。就像嫁人,不仅要看嫁的这人如何,也要看嫁的这家人如何。

华中科技大学

我的母校母院,自己人戏称为"渣科"或"关山口职业技校学院"。作为新闻学院兼职教授,常回学院讲学。我的导师、学院老院长吴廷俊教授常叮嘱我写评论得悠着点、收着点,这是个危险的活儿。记得上学时我在院刊《大学新闻》上写过一篇题为《教授,我来剥你的皮》的"妄评",差点惹来大祸,当时吴院长不仅保护我免受惩罚,还在全院大会上让其他学生向我学习,让教授们对照那篇评论看自己是不是那种会被学生剥皮的教授——学院开放包容之风由此可见一斑。研究外国新闻传播史的张昆院长也是如此,保持和延续着学院的这种开放包容的气质,提升着"秉中持正,求新博闻"的院训。学院近年来培养和引进了一批青年骨干教师,形成了一个学术梯队,这使学院即使有好几个名教授退休仍能在学界业界保持着影响力。

记得2013年学院院庆时,荣幸受邀作为校友代表发言,我在题为《新闻教育的所有光荣都在传递对真相的激情》的演讲中谈到,"我批评过很多大学,但就是对母校下不了手"。做这个发言时,华中科技大学校长李培根也坐在台上,最后发言时,这位被学生亲切地称为"根叔"的校长说:"刚才校友曹林提到'批评母校下不了手',我觉得,母校也是可以批评的。"根叔的胸怀和情怀赢得了全场的掌声。虽然华中科技大学是一所以理工见长的大学,可人文教育和人文学科也很强。1983年就创建了新闻系,率先提出人文教育理念并开辟人文讲座,新闻系在各种评估中都处于前列。

学院近年来很注重新闻评论教育,数年来为全国各大媒体(如《经济日报》《南方日报》《深圳特区报》《新京报》《湖北日报》《楚天都市报》等)培养了十多位评论员,成为这些媒体的评论主力。

中国人民大学

我在中国人民大学新闻学院担任业界导师,每年会与学界导师合带一个研究生(我带的研究生都会去北大听我一个学期的评论课),每年参加学院的论文答辩。

去年的"妄评"中我对人民大学新闻系毕业生的气质是这样点评的:"专业、深刻、严谨、无趣"。在我心中,人民大学新闻系在专业上第一的位置是不可撼动的,毕业生的专业素养极高,出调查记者,出高管高官,出"名编辑""名记者"——这种专业素养源于人民大学极严的校风学风,作为业界导师我参加过学生的论文答辩,曾目睹教授体无完肤的点评快把学生说哭的场景。学生毕业论文质量应该是最高的。对于这个点评,后来有人民大学的毕业生对"无趣"这个标签很不满,还义愤填膺且尖酸刻薄地把我批判一番。

其实,无趣倒并非就是什么坏评价,尤其当"无趣"跟"严谨"连在一起时。在新闻界弥漫着轻佻轻浮、充满肤浅低级的趣味、常犯一些低级可笑的错误时,"严谨而无趣"是一种很可贵的品质。

今年又参加了人民大学新闻研究生的论文答辩,涂光晋教授和周建明教授的严谨再次给我留下了深刻的印象,比如对学生论文中的一个注释,教授就追问了半天;对论文中的一句引用,追问到底是从原著原文引的,还是"伪引",问得学生汗流浃背。还有马少华老师,每场答辩前都会认真把学生论文中的问题和要提问的都打印出来。人民大学学生的严谨都是被这么塑造出来的。我在北大课堂上请人民大学的学生做过课程报告,谈疫苗事件的各种评论,北大很多学生都感慨人民大学的学生逻辑太严谨了,材料扎实,层层推进,对每个舆情转折点上的典型评论,进行教科书般的总结和梳理。

复旦大学

当下很多传统媒体的高管都是出身复旦大学和人民大学新闻系,不过据我观察,似乎有一个规律:出身人民大学新闻系的高管多集中在党报、机关报,而出身复旦大学新闻系的则多在市场化程度较高的媒体当高管。另一个纯粹是我个人的感觉:人民大学新闻系毕业生多不愿出北京,复旦大学新闻系毕业生则多不愿出上海,于是形成一南一北"割据影响"格局——南方媒体的市场化程度高一些,复旦占优;北方媒体传统一些,人民大学占优。

我去年对复旦大学新闻系的气质是这么描述的:"如果用几个标签来形容,我会选这几个:情怀、有趣、才华、开放。我很喜欢身上带着复旦基因的新闻人,每次跟他们交流都感觉特别有趣,有专业素养,却不轻易卖弄;有鲜明的立场判断,却不会以让你不舒服的方式直接表达出来;有新闻理想和人文情怀,却又很务实,不会让你感觉在凌空蹈虚。男的儒雅有趣,女的热情大气。复旦大学新闻系中南方人比较多,所以身上带着浓厚的南方气息,情怀与世俗融合得很好。媒体圈中很多著名的情怀文章都出自复旦新闻毕业生之手,其他学校的人可能写不出那个味道。缺点就是有时比较圈子化,不愿走出大上海。"

后来到复旦做过好几次讲学,他们似乎也比较认同这种评价,不介意外人说他们"不愿走出上海",比如好几个学生都说,上海这么好,干嘛要走出去呢?另一个个人感觉是,能从上海走出去的媒体人或文化人,尤其是从上海到北京的,不仅是人才,最后都能成"人物"。

清华大学

清华大学新闻系近年来的发展越来越有"王者风范",为业界培养了一批带着清华标签的优秀媒体人,聚焦了一批在学界业界有较大影响的教授,在新闻实践与理论结合方面结出了硕果。

前段时间与陈昌凤院长(学生亲近地称其为"凤姨")一起开会时还聊到了清华新闻系的毕业生,英语好,有国际视野,有学养,有科学素养。虽然清华的老师鼓励学生脱去清华标签,闯出自己的江湖地位,比如毕业时会这样告诫自己的学生:如果你工作五年后,身上最闪耀的标签依然是"清华毕业生",那么你应该反思。但清华新闻系出来的学生很有毕业生情结,身份认同感很强,很在意"几字班"这样的标签,学长带学弟,一代带一代,在媒体江湖中闯出影响后会带自己的学弟学妹,而不是单打独斗,在这样的生态下毕业生更容易形成气候。在媒体业界,"清华新闻系"已成规模效应并成为一个品牌。

从迅猛的发展势头看,清华新闻系很可能会在近几年打破新闻传播江湖的既有格局。

中国传媒大学

可能你们最想看的就是我对中国传媒大学的评价了。去年的"浮躁、功利、不读书"捅了马蜂窝,惹毛了很多中国传媒大学的学生。这次我会怎么评呢？

我不会为了讨好迎合谁而改变我的一些评价，但如果某个印象是刻板的，则有必要去除。我去年有一个失误，就是把中国传媒大学某些毕业生的问题放到新闻系头上了，传媒大学作为一个专门的新闻教育院校有很多跟新闻相关的院系，"新闻学院"应该是最严谨、最想做点学问、最想认真做新闻的院系——"浮躁功利不读书"的帽子扣新闻系头上确实冤枉。

其实，中国传媒大学是我去得最多的大学之一。我的爱人毕业于中国传媒大学，我最欣赏的学生也毕业于那里，每年在我的课堂上最多的外校旁听生，也都来自中国传媒大学。尤其让人感动的是，去年写了那篇"妄评"后，今年来北大课堂听我上课的传媒大学的学生翻了一倍，格外的多，而且一听就是一个学期，很少缺课。要知道，从传媒大学到北大来回得坐三四个小时的地铁，从东南角到西北角，穿越大半个京城。记得某个周五晚上讲完课后，与六个来旁听的传媒大学学生一起坐地铁回家，一路上聊了很多，欢声笑语让其他乘客都受到了感染。

记得去年"妄评"发表之后，正好我在北大做讲座，好几个传媒大学学生都去听了。在提问环节，一个男生特别让我感动，他站起来谈了很多对讲座的感受以及对我那篇文章的看法，还谈了传媒大学的一些问题，但最后坚定地说，"我一点都不后悔报考了这所大学，我爱这所大学"。第二天，正好我在传媒大学给媒体人做培训，我与这个学生约见并送了他一套我的新书，而他则送了我一本印着"中国传媒大学"名字的笔记本。

厦门大学

我以前在微博里写过，最期待到"中国最美的大学"（这么说武汉大学会很不服，那就并列"最美"吧）厦门大学做一次讲学——今年就实现了，邹振东教授在厦门大学新闻传播学院开了一个创新性的公开课叫"媒体第一课"，邀请媒体人给全校学生讲授媒介素养，我有幸能与厦门大学学生有了亲密接触。邹教授真能用人，让我一晚上讲了两次，先给本科生讲了两小时的"媒介素养课"，又给研究生讲了一小时的"舆论学方法论课"。邹教授的"媒体第一课"很牛，结课时还举办了盛大的厦门大学传媒盛典。

厦门大学新闻系的学生很幸福，学校坐落在这么一个优美的地方，旁边就是大海，校内就是景点，情人谷有很多白鹭。那天去讲学的时候，邹教授的研究生小黄带着我一边逛，一边讲校园的历史，他们尊称陈嘉庚为"校主"，讲了很多关于"校主"的故事。小黄好像特别喜欢现任的校长，说常能在校园里碰到骑车上下班的校长，对学生特别好，学生有诉求可以通过定期的"校长早餐会"向校长反映——好几次校长都成功地说服了学生。还有一次，一个学生在行政办公楼遇到校长打招呼，校长竟然低头向学生鞠了一个90度的躬。

全国各大高校新闻系的女生都多，厦门大学新闻系的女生尤其多，满眼望去看不到几个男生。厦门大学新闻系在厦门缺乏竞争，不像其他很多地方，同城有新闻系的竞争，比如武汉的武汉大学与华中科技大学，南京的南京大学与南京师范大学，广州的中山大学与暨南大学，等等。缺乏竞争，过于安逸滋润，加上这么好的环境，可能会安于一隅不求上进。

武汉大学

除了北京，武汉应该是新闻系最集中的地方，武汉大学、华中科技大学、华中师范大学、湖北大学、中南财经政法大学、湖北经济学院，等等，都有不错的新闻院系。同城的新闻系多，竞争性强，师资有流动，学生常有交流碰撞，新闻系就很有活力。此外，新闻系也会与媒体形成一种良性互动的交流生态：新闻教育发达，能提供充足的人才资源，不断有新鲜血液输送到媒体，媒体又向新闻系输送业界师资，业界师资培养的学生更适应媒体需要——

学界业界的良性互动能提升双方的业务能力。所以，相应地，武汉的新闻业也比较发达。

一个负面的案例就是天津，我曾经写过一篇文章称，"天津，一座没有新闻的城市"，批评这座城市在舆论场上缺乏新闻存在感。我是这样写的："这座城市的新闻和信息严重封闭，平常外界看不到这座城市有什么新闻发生，正面负面都是如此。这种氛围也造成天津媒体的封闭和媒体人的封闭，难出知名媒体，难出拿得出手的名记者，当地媒体和媒体人与外界也少有联系。天津媒体不监督异地，异地媒体也监督不了天津。"

天津没有新闻，所以，这座城市的新闻教育也非常滞后。据我所知，一个偌大的直辖市，却没有一所大学有像样的新闻学院，好像只有南开大学在文学院之下设有新闻专业。管得太死，媒体不太行，新闻教育更落后，官员没有媒介素养，没有形成一个好的新闻生态——"没有新闻"由此可见一斑。

在这方面，武汉就很发达。当然，武汉的官员也常开玩笑说，武汉的新闻教育发达，从武汉走出去的毕业生常常返回来报道武汉的负面。但这种压力不是坏事，有监督，有约束，就会在监督修理中提升官员的媒介素养，而不是在没有监督的温床上惯出很多毛病，失去与媒体打交道的能力。

武汉大学与华中科技大学，是武汉新闻教育的"双子星"，很难说谁高谁低，"双子星"相爱相杀，并没有哪一方输，而是在良性竞争中不断提升自身教育活力。

武汉高校的校园媒体是很发达的，而且交流比较频繁。我上大学时办了一份报纸叫《大学新闻》，发过不少有影响的校园评论，当时在武汉高校很有名。有一次作为主编，我带着几个编辑、记者到华中师范大学参加一个武汉高校校园媒体的交流会，在会上把自家报纸吹捧一番。后来一个湖北大学的学生当场站起来"呛"我，场面有点难堪。不打不相识，这哥儿们给我留下了深刻的印象，估计他也对我印象深刻。10年后有一次，我在《中国青年报》门口的阅报栏看报纸，突然一个路人拍了一下我的肩膀："曹兄，你好。"

我转头一眼就认出来了——嘿，不就是10年前在华中师范大学交流会上那个"呛"我的哥儿们嘛。他叫褚朝新，当年在学校办《沙湖青年》，现在是《南方周末》调查记者，常做一些很有影响的反腐报道，公众号上常曝光一些猛料，让官员很头疼。

我去武汉大学做过好几次讲座，学生们很不容易，在缺乏校方支持的情况下艰难地维持着讲座。我给他们做过两次公益讲座，以此支持他们的热情，向他们致敬。

中山大学

我去年点评中山大学新闻系是这样写的："开放、活跃、格局小。"我在中山大学驻校并教过一学期的"新闻评论"，可能因为这里主要偏向广告、公关和设计专业，总觉得学生缺乏新闻追求，对新闻没有太大的兴趣。他们身处南方，背靠港澳，想法多，很独到，追求自由，但需要加强对中国社会深刻和多元的认知。

点评中可能有一些让人不舒服的负面评价，老朋友、院长张志安教授看到后，不仅没有怪我，还在微博转发了，表达作为院长的反思。这种谦虚和宽容，很让我感动。我常在志安教授的微博中看到中山大学师生间亲密无间的交流，举办各种学术会议以开拓学生视野，借地利之便邀请港澳媒体人开讲座。羡慕中山大学学子拥有这样的平台。

中山大学新闻学院的几任院长，从胡舒立到张志安，都是在学界业界很有影响力的人物。期待中山大学新闻系能出越来越多的人才和人物，影响能超过胡、张二位院长。

汕头大学

提起汕头大学长江新闻传播学院,我们可能会想到这几个标签:很牛的图书馆;有钱;老师很国际化;学生有很好的国际交流实践机会。我去汕头大学做过一次讲学,感受过他们的图书馆,也感受过他们新闻教育的国际视野。

他们确实在新闻教育上很舍得花钱:美国大选、泰国大选,全世界哪里发生大事,他们的学生都有去那里采访的机会——只要你英语足够好,只要你能用自己的能力说服老师。不过,他们似乎不太喜欢"有钱"这个标签,他们虽然有钱,但一点不土豪,从不乱花钱,在花钱规范上完全与世界一流高校接轨。

华中师范大学

华中师范大学在桂子山下,给人无限的浪漫想象。上大学时,曾有"学在华工,爱在华师"的说法。我们宿舍还与华中师范大学的一个女生寝室联谊,但之后就没有联系了,主要是人家不理我们了。

去年我曾到华中师范大学做讲座,新闻学院院长是从业界过来的江作苏教授,江院长虽然当过媒体老总,但身上一点官气都没有,文人气十足。开场热情洋溢地介绍,结束后幽默又深刻地主持,给我留下深刻印象。江院长请了一批业界老师到学院担任教师,为学生提供了很多实践机会。

湖南师范大学

很有意思,湖南师范大学新闻学院院长蔡骐是中国人民大学新闻学院党委书记蔡雯教授的弟弟,两人都毕业于复旦大学,都是新闻学教授,都是院长，堪称新闻学界的佳话。

去年冬天，我在那里做了一次讲座。最后提问环节，学生提了这样一个问题："你的那篇'妄评'点评了很多高校的新闻系，与师大新闻学子接触后，你会怎么评价师大新闻的学生？"真给我挖了一个坑。我记得当时是这么讲的："虽然现场我已经感受到师大新闻学子们的热情，但真的没办法一次邂逅就能给出一个恰当的点评，请给我更多了解大家的机会。"

蔡骐院长介绍了学院自由开放的文化，鼓励学生的个性。我还参观了他们的实验室，给学生用的电脑都是最新的苹果电脑，钱都花在学生身上。我的朋友魏剑美教授在那里教"新闻评论"，魏兄是写杂文的，杂文刀刀见血。这样一批教授教出来的学生，不会让人失望。

关于报考新闻系的一点忠告

每到报考季，都会出现很多"黑"新闻系、劝人别报新闻系的段子，多是媒体人"自黑"，每年变着花样"黑"。比如今年很火的一个段子是："高考结束了，有些家长来咨询要不要让孩子报考新闻及传媒专业。作为一个资深媒体人，我认为这个问题不能一概而论，要辩证地看待，要视孩子具体的情况而定。最好先做一个亲子鉴定，如果确实是亲生的，就尽量不要。"

别听有些人胡说八道什么"最好别报新闻系"，虽然传统媒体不太景气，但新媒体很景气。传统界形成这样一个流动格局，随后更多的传统媒体人流向新媒体，加上传统媒体的新媒体转型，未来传媒界会需要更多的新闻人才。爱新闻就报考新闻，不要犹豫，不要受那些失意者、得意者、调侃者的影响。

报考新闻系，不仅看新闻系本身的实力，还要看学校——能不能提供充足的人文资源，还要看所在的城市发展如何，更要看所在城市的媒体发展水平。

报考新闻系，不要迷恋新媒体、VR 那些层出不穷新概念，还是要打好新闻采写编评的基本功，看重基本的新闻教育。技术不断发展，在你学习时那些火热的技术，到毕业时可能就被淘汰了——基本功的训练，写新闻，做深度调查，有评论和观察能力……这些传统媒体所训练出的能力，永远不会过时。

也别太信"新闻无学"，新闻并非天然无学，你不学无术，新闻就无学；你去钻研，新闻就有学。专业自信不是专业给你的，而需要你自己的努力去填充。

别相信"纸媒快死"，起码在未来 10 年内，新闻内容生产的主力仍然是纸媒。

（微信公众号"吐槽青年：曹林的时政观察"2016 年 6 月 13 日）

为什么要拉黑劝你别报新闻系的人

考生正填报志愿，不少孩子问我学新闻怎么样？因为好像有一些媒体人劝学生最好别报新闻系。到底能不能报呢？我一般都会跟他们分享一个学者对新闻系的评价："很少有哪个专业比新闻需要更多的学科知识结构和深刻的思维训练，很少有哪个职业比干好新闻更需要健全的人格和多方面的能力素质。"

想当记者，对做新闻感兴趣，那就尊重自己的兴趣和理想，拉黑劝你别报新闻系的人，不要被他们的唱衰声干扰。下面回答想报新闻系的孩子一些疑问。

一、为什么唱衰新闻系的人那么多？

这是"孕妇效应"吧，想报考新闻系，关心新闻系，就会格外关注，对那些有关新闻系的负面消息也会特别敏感。问问想报其他专业的学生，哪个不是被这些"千万别报"的声音所围绕。前年流行的"千万别报体"，今年流行的"友谊的小船说翻就翻"，成了各行各业吐槽自身压力的出口，人们不过是借此方式表达对行业现实的不满，每个行业都有自身的艰辛。

唱衰新闻系的声音会格外的多，因为记者掌握着话语权，他们在社交平台上很活跃，应该是互联网上最活跃的一个职业群体——"内行黑内行，黑得最内行",掌握着话语权的记者们,会把自身行业的艰辛夸张地放大,五分的累,会被放大到十分;十分的问题,会被放大到十二分,于是你听到的就非常可怕。

"黑"媒体和记者的段子,多数都是媒体人自编自黑的,要读懂这些幽默的自嘲,别把这些自黑当成行业的衰落——看看那些唱衰和自黑的人,有几个离开了媒体业?

二、学新闻的越来越难找工作了?

工作不好找是事实,不单是新闻系,看看就业数据,就业难是基本面。曾有一组2010年的数据形容新闻系之多和就业之难:2010年,全国已有500多所学校开设新闻系,招生人数达75000人。有人追问,中国的新闻媒体岗位有多少? 2000年,新闻记者14万人,播音主持7万人,两者总计21万人;2010年,新闻记者19万人,播音主持减少到5.6万人,两者总计24.6万人。如果现在全国高校新闻专业学生毕业后都进入媒体,得让所有在岗的新闻记者全部下岗。

这还是2010年的数据,六年过去了,新闻系在增加,招生人数在增多,而传统媒体因为受到冲击在减少招聘——就业这么难,你还敢报考新闻系吗?

其实这样的算法是有很大问题的。其一,读新闻系不一定就当记者,新闻系的就业面是很广的,甚至没有哪个行业像新闻系这样有如此广的就业渠道。除媒体内容生产岗位之外,还有广告、公关、传播、高校、企业宣传、政府宣传,等等。随着新媒体的发展,新闻系的就业面越来越宽了,政府部门和企业都在做自己的新媒体,扩大自己的新闻宣传队伍,很多都是招新闻系的学生,像这样的"泛媒体岗位"会越来越多。其二,虽然传统媒体的岗位在萎缩,但传统媒体都在开拓新媒体业务,新媒体的发展也创造了很多岗位。

三、"新闻无学",读新闻学不到什么东西?

别太信"新闻无学",新闻并非天然无学,你不学无术,新闻就无学;你去钻研,新闻就有学。专业自信不是专业给你的,而需要你自己的努力去填充。新闻是有学的,在专业学习中提升自己对新闻的敏感,对新闻事件的判断。

确实,如果对新闻感兴趣,学其他专业,比如法律、经济、政治、社会学等,有这样的专业背景,就业时好像比单纯的新闻毕业生更有优势。但丰富的新闻实践和学习,可以让自己更快地上手。几年新闻学习所积累的媒介素养、多学科的融合、专业交叉的优势,也不是有其他学科背景的学生能轻易复制的。

英国当代思想家伯林把思维家分为"刺猬"与"狐狸"两种:刺猬之道,一以贯之(一元主义);狐狸狡诈,却性喜多方(多元主义)。狐狸多投巧,刺猬仅一招。借用伯林的比喻,我觉得记者应该像狐狸一样多元而投巧,而不是像刺猬那样仅一招。记者没必要当专家,广泛涉猎,用多元视角去观察社会,也许才更接近客观。单一的学科反而是一种局限。所以我觉得优秀的记者,还是需要新闻学院自由多元氛围的熏陶,需要新闻教育的孵化,那种对微妙变化的敏锐嗅觉和新闻情怀,不是到媒体实习一两个月就能习得的。

四、做媒体没有一份体面的工资,养不活自己?

别信这个,别听有些人哭穷——媒体行业的收入在这个社会还是处于中间偏上的,起码在中间位置。如果没有一份体面的工资,靠媒体收入养不活自己,不是学新闻不行,不是媒体收入不行,是你自己不行。

当然,想靠做记者写稿迅速赚一套房,那别想了。可是,又有哪个行业能够让你能迅速在北京赚一套房呢?没有哪个行业天然地让你有一份体面的工资，你必须足够努力和有能力，积攒足够的底气，才能获得一份理想的收入，过上你梦想的自由安逸的生活，活成你自己喜欢的样子。

五、学什么新闻啊，在中国没法做新闻？

常常有人说，学什么新闻，中国有新闻吗？别被这种愤青式的判断所误导。分享中国最著名的记者胡舒立女士的一句话："在中国做记者是幸运的，因为新闻素材取之不尽。"胡舒立这种积极和乐观的态度，值得同行学习。

是啊，新闻素材取之不尽，就看你有没有这种挖掘的能力和坚持的韧性了，那些伟大的新闻作品，那些成为历史底稿的独家新闻，不都是中国记者采写的？我欣赏这个行业的那种不死的理想主义和英雄主义，他们在认清这个行业的真相之后依然热爱它，并坚守在这个行业。

六、当记者很辛苦？

是啊，确实很辛苦，记者编了很多自嘲的段子。比如，有人问一位大爷："大爷，您腿脚这么灵活，精神这么旺盛，保持年轻的秘诀是什么？"大爷说："风吹日晒，起早贪黑，加班熬夜，一天两包烟一日三餐不定时。""啊？大爷您是做什么工作的？"大爷回道："当记者的。""那大爷您今年高寿？""25岁了。"

"自黑"而已，哪个行业不辛苦呢？你去问问教师、医生、警察、房产中介、官员，哪个都不会比记者更轻松。一句话说得好："这世上，没有谁活得比谁容易，只是有人在呼天抢地，有人在默默努力。"

其实，这个职业并非天然地需要加班熬夜，除了夜班编辑和一些特殊岗位在有些时候需要加班熬夜外，多数岗位并不需要——没有那么多突发，没有那么多急稿需要写，没有太多的工作非得深夜去完成。你看到记者常常熬夜的形象，多数是自己没有管理好时间，放纵自己的懒和拖延，没有养成好的职业习惯，白天做太少，晚上想太多，非得熬到截稿时间。实际上，相比需要坐班的公务员，媒体人的工作倒是自由不少，不需要打卡，不需要整天坐办公室，不需要赶早晚高峰。另外，社交圈广，更容易积累人脉资源，有一定的话语权，等等。

（微信公众号"吐槽青年：曹林的时政观察"2016年6月29日）

这些获奖的评论未必是我最满意的

我的评论连续第二年入选凤凰网评选的"年度十大评论",深感荣幸。去年入选的是《媒体应怎样报道大学课堂问题》,这次入选的是《没有对基本事实的认同,就无法对话》。这也是凤凰网第二次进行年度评论评选,因为有阿里巴巴集团的支持,加上上届评选的经验积累,评选越来越有大奖范儿,在业界学界也越来越有影响力,成为一个热点话题。

去年评委们对我那篇《媒体应怎样报道大学课堂问题》的颁奖词是:"三尺讲坛,不经意间激起的波澜,远甚于三千丈。套用流行歌词,我在仰望,象牙塔之上,有多少口水在肆意地飞翔。评论之魅,在于直面问题,不缺席,不回避,不糊弄,问题有真伪之辨,无敏感之别。"

今年评委对《没有对基本事实的认同,就无法对话》的颁奖词是:"'越左越安全',实则为安全寻找盾牌;'越右越正义',实则为正义寻找标枪。'两种极端取向都与中国的发展和改革轨道背道而驰,我们的改革需要一种务实的、客观的、尊重现实国情的理性态度,谨守常识,避免极端主义。'评论之艳,在于秉事实之盾,执思维之矛,不避争论,超越意识形态之争。"

主办方在推这篇评论时,让我写一些感言。我是这样写的:"这篇批评极端思潮'越左越安全'和'越右越正义'的评论后来被一些人过度阐释了,乱贴标签乱释放信号。写了十多年的评论,很多时候都是这样无奈,尝试站在中间去调和'左右'之争,尝试寻找最大公约数,却'左右'不容。感谢这个社会的进步，使极端主义者只成为这个社会很小、很边缘的一部分，多数人是常识的追随者，虽然常常是沉默的大多数。极端的常常是最活跃的，所以写评论真的需要强大的内心，能排除各种极端力量的干扰而做出符合常识常情的判断，强大的内心来源于将自己的观点建立在事实和逻辑基础上的评论自信。写了十多年的评论，没评过假新闻，没被反转新闻打过脸，判断多能经得起事件发展的考验，评论所提起的议题常能成为热点而引发业界学界思考，对一个戴着镣铐跳舞的评论员来说，可以及格了。"

颁奖会上我说了一段话，讲了一个关于学界、业界、政界在关于"什么是好评论""什么是好媒体""什么是好评论员"的判断标准上如何撕裂的故事，各有各的标准，甚至是对立的，所以我写过一篇题为《有一种黑名单是一种光荣》的评论。学界和业界精英参与的年度评论评选，能尽可能排除那些非专业因素的干扰，提供一种纯粹基于专业视角的标准。评论员是一个很松散的共同体，在今天这个时代，过去很确定的一些东西似乎也变得模糊，这种评选也是在努力传递和凝聚一些确定的价值。

那天的颁奖会，最让我感动的一幕，不是在颁奖会上，而是在颁奖结束后中午的自助餐会上。一个年轻的评论员来到我身边，带着愧疚的口气对我说："对不起，曹兄，有一次你的某篇文章我曾经在后面跟帖时狠狠地骂过你，也曾表达过对你的不屑。后来看多了你的文章，看到了你的不容易，看到了你在很多话题上为拓展表达空间所做的努力，感到很羞愧，今天向你道个歉。"

我连连说："不要紧，没什么，可以理解，我有些评论确实在判断上不严谨。"相逢一笑，评论界的很多朋友都是不打不相识的。我理解这个年轻评论员，因为我也是这么走过来的，我也曾年少轻狂，我也曾像他这样当面向我批评过的人表达过歉意。

让我感动的是这种最终被承认被接受的感觉。前段时间我接受一家媒体采访时说过这样一段话："说实话，我不太在乎我的评论发出来后大众即刻的反应，那种反应往往不是理性的看法，而是立场、利益和情绪。我在意的是过了一段时间后别人的看法，其一，经过时间的沉淀，如果别人还记得你的评论，说明你的观点与众不同，并非是速朽的快餐，能在热点之后给人留下印象；其二，经过时间的沉淀，立场和情绪已被过滤，那时候的看法会更真实。让我欣慰的是，我的不少文章，无论是《学新闻的第一份工作最好别去新媒体》，还是《雪夜妄评》，当时引发了不小争议，一段时间后，甚至不少被批评对象都表达了对我观点的认同。这也是让我很有成就感的事。相比大众的看法，我也更看重业界和学界对我的评论的看法。很多学校的新闻评论老师都拿我的评论当案例进行教学，这种专业认同也是我坚守的动力吧。"

前段时间，新浪网也进行了"2015年年度评论"评选，跟凤凰网不一样，凤凰是评十大评论，新浪只评一篇。先是专家和媒体推选，然后由专家评委推选出五篇评论入围，再由评委从五篇中投票选出一篇，我的评论《"批评"和"抹黑"不是一回事》入围五篇候选篇目，最终获奖的是胡舒立老师的《改革遗产如何化为改革动力》。能够跟胡舒立、张天蔚等老师进入年度评论五篇候选，已经觉得是莫大的荣幸。

新华网去年倾力打造的新媒体项目"思客"很引人注目，吸引了一批自媒体人，很多文章也提起议题并成了热点。"思客"的年终盘点，选出了去年"思客"影响力最大、最受读者欢迎的50篇文章，也很荣幸，我有两篇文章入选，分别是《你无法说服只想发泄情绪的"喷子"》和《为何越落后的地方官本位越浓》。

在凤凰网的颁奖现场，一个评委对我说："这篇获奖的评论不是你去年最好的评论。"我说："是这样的，最好的评论根本没有发表。"我把自己的评论分为这几类：我满意的，领导满意的，挑起话题引发争议的，获奖的，读者记住的。对于一个评论员来说，"我手写我心"，我最在意的是我自己最满意的，即使它只有我一个人看到。评论员走向成熟的标志，可能就是不计较一城一池的得失，而是保持耐心和自信。

我的老师、此次评选的评委赵振宇教授提问时问我:"这篇文章之后,如果再做第二篇,你会写什么。"我回道:"我会不厌其烦地继续讲这个道理,继续这种常识的言说。"很多时候,评论不是追求"新东西""新表达",不是迷恋花哨的新理论新概念;评论的功用在于影响时事和推动社会,当这个社会常识稀缺,被批评的东西没有改变的时候,需要评论员不断去重复那些常识。

(微信公众号"吐槽青年:曹林的时政观察"2016年1月15日)

媒体人不要盲目跟风转型

这一两年来传统媒体走了很多人，奔向新媒体的怀抱。传统媒体每走一个人，尤其是有江湖地位、有影响力的媒体人，都会形成一次对传统媒体的习惯性唱衰。走就走了，可走了之后怎么样呢？是不是离开了传统媒体就意味着事业的新生呢？

读者的阅读方式在变化，传媒形态在变化，传统媒体确实面临着很大压力，可新媒体的日子就好过了吗？一"新"就灵了吗？不妨回头看一看，近些年那些奔向新媒体的传统媒体人，有几个是转型和转身成功的？

除了几个做得风生水起的新媒体大佬，如罗振宇、吴晓波、秦朔等，那些离开了传统媒体的，有多少比过去在传统媒体时做得好？有几个还保持着江湖影响力和存在感？有几个在既有岗位上做出了让人印象深刻的成就？无论是投身广告公关、个人创业，还是当新媒体高管、职业经理人。原先在传统媒体挺有成就的，转型之后不少都默默无闻了。按说他们到了管理岗位，不必靠写字闯江湖地位，可管理岗位上似乎也没看到几个做出多大成就。

以我的理解，那些因为文字成名并被读者所喜欢的人，离开了文字可能什么都不是（当然不排除有少数个案）。罗振宇、吴晓波、秦朔等人之所以能华丽转身，因为他们一直没有离开文字，离开这个让读者喜爱他们、奠定他们江湖地位的事业。这也是为什么罗振宇现在这么有名，但每天仍然保持着用他的声音与文字与读者交流的习惯，这是凸显其个性的个人品牌的核心。

当下做得比较成功的新媒体，多是带着浓厚个人色彩、鲜明个性特质、个人主导性的项目，并且带着传统媒体的基因。他们或是传统媒体时代的"老炮儿"，或是都市报群雄混战时代突围的"黄金一代"，或是网络江湖中混出来的写手，已经因为自己的文字而拥有一群粉丝——他们熟悉新媒体的传播和运营技巧，深谙读者的痛点，在新媒体上将自己文字中能吸引新读者的那种个性运用到极致，将"互联网＋个性特质"发挥到极致。他们知道自己几斤几两，保持内容生产的核心竞争力，顺应读者的变化，于是能摇身一变，从传统媒体大佬变成时代新宠。

而另一部分人的转型则不太成功。他们离开了让自己安身立命的文字，在某种程度上也毁掉了自己。他们在传统媒体时代通过文字获得了一定影响力，使自己有了较高的市场价，但他们在随后的转型中离文字和内容越来越远。他们没有发挥自己的文字特长，而是在高歌猛进的新媒体蛊惑下投入新媒体企业的怀抱，寄望在大企业中成就一番事业。可中国当下的新媒体大平台，似乎没有几个有内容生产的耐心、远见和能力，没有几个愿意在内容生产上有所大作为，环境似乎也不允许。在那里，你能获得一个比过去收入倍增、有一定社会地位、满足虚荣的职位，但离新闻、文字和内容生产却越来越远，最终毁了自己，荒废了自己的核心竞争力。

传统大变局的时代，很多传媒人的心态都处于新旧转换中——应该警惕那种看不清方向就盲目转身的乱转。传统媒体的焦虑转型者，很容易在身份的转换中迷失了自我，忘记了初心，不知道自己的核心竞争力在哪里。从写作者转换到管理者，从这个管理岗位到那个管理岗位，从这家单位的管理岗位到那家企业的管理岗位，换来换去，跳来跳去，与当初那个能让自己名满天下、能让读者喜欢自己、能成为自己积累的东西越来越远。看过太多这种在身份转换远离文字中从媒体江湖消失的同行，为他们感到可惜并悲哀。

靠写文字成名的人，难道一辈子都是写文字的命吗？靠写文字闯出江湖地位的人能不能成为优秀高管，能不能创业成功，能不能创造商业神话？当然能，但很少。远离了文字，没有了对读者痛点的敏感嗅觉，失去了吸引读者的特质，真的什么都不是了。成功者，多是能清楚地认识自我，并能排除各种干扰坚持自我的人，他们每一步都能成为职业生涯中有价值的积累，很清楚自己能干什么，想要什么，知道自己是一块什么料，平心静气地坚守，永远不会离让自己安身立命的东西太远。

盲从于庸众选择，受一些小恩小惠的诱惑，当个小领导，收入高一点，名片上头衔大一点，却没有长远的职业视野，离原先让自己出类拔萃的东西渐行渐远，这种人应该不会有大出息。

说这些并非想褒贬什么，也不是想反击那些唱衰传统媒体的声音，而是想劝那些急于转型的媒体人，没想清楚就别急着转，不要轻易被那些喧嚣的声音和环境的变动所干扰。并不是跳到了新媒体就获得了新生，有时反而是职业生涯的自杀。所谓新媒体的前途在哪里，到了新媒体能做什么，自己的核心竞争力是什么，自己原初的追求又是什么，新岗位能不能积累自己的职业资本？想清楚了，再做决定。大变动的传媒时代，适合静下来思考，而不是急于去变化。

(《青年记者》2016 年第 19 期)

"郎咸平房事"刷新了自媒体的丑陋下限

前几天一些自媒体亢奋地热议"郎咸平大战小三"这个桃色话题时,有粉丝在公众号后台给我留言,让我也聊聊这个,赶紧蹭这个热点弄个大新闻。我不客气地回了一句:"你看过哪家严肃正经的媒体报道过这件事,哪家媒体采访过郎咸平或相关当事人,哪家媒体仔细核实过'空姐反赔900万'的真假?都是一些不靠谱的自媒体根据一些未经证实的自媒体传闻在胡扯,消费名人艳事,是地摊黄色小报的层次。竟让我评论这种'三无新闻',把我的公众号拉低到什么层次了。"

关于"郎咸平房事"这个话题,算是创造了自媒体的荒唐纪录了,也刷新了自媒体的丑陋下限:当事人完全缺席,没有当事人的声音,没有靠谱的调查和核实,仅仅根据一条自媒体传闻和网上的判决书信息,就开始了一场自媒体狂欢。无数自媒体跟风蹭热点,只关心"郎咸平""小三""房事""空姐"这几个关键词,脑补出无数个版本,延伸出无数个话题,发掘出无数个角度——他们只关心这是一个可以创造"10万+"阅读量的谈资,每一个关键词都能挑逗起网众的兴奋,而对事实毫不关心,懒于去核实,也无能去核实,只想蹭这个话题。

于是,形成一个自媒体奇观:缺少事实,缺少当事人声音,也没有人核实传闻的真假,子虚乌有捕风捉影,至多只是网传,缺少基本的新闻要素,完全构不成一条新闻——自媒体却在一场自嗨中奔向了高潮。无数的自媒体评论，都把那个缺乏基本新闻要素的网传信息当成了事实，眉飞色舞地从"郎咸平房事"奇闻中总结各种经验。

这两天，网传的郎咸平"第六任妻子"樊某通过某律师事务所发布声明，称自己虽然与郎咸平交往过，但并未与其缔结过婚姻关系，也未涉及相关诉讼，本人亦非空姐出身。樊某在声明中澄清，自2011年与郎咸平分手后就未参与过郎咸平的任何私事，同时要求相关媒体撤下之前的稿件并赔礼道歉、赔偿损失。想起此前王健林被一个公众号冒名骂马云后，一怒之下索赔千万。一索赔，那个公众号就怂了，说没钱赔也请不起律师。不让这些人付出昂贵的代价，他们似乎就不会长记性，为了吸引眼球完全不择手段。

网传一份关于郎咸平与人发生法律纠纷的判决书，矛头指向郎咸平，起码应该核实一下真假，核实此判决书中的此"郎咸平"是否彼"郎咸平"，采访一下当事人或知情人，还原一下事实。可是所有刷屏的文章都只是引用那条传闻，众口铄金，聋子听哑巴说瞎子看到鬼了。

一事当前，先问真假，再说是非，后说利弊——这个基本的新闻判断原则，在自媒体时代被抛弃了，流行的是在第一时间蹭上热点，搭上话题的便车。问什么真假啊？快速地表态站队，争抢热点传播的第一波红利，消费公众情绪，将"热点"变现为阅读量。如果没有在第一时间蹭上热点，那就绞尽脑汁挖空心思剑走偏锋，用一个"反常的角度"去消费那第二波红利，把第一落点的那些观点批判一番，于是各种刻意显得与众不同、标新立异的"奇谈怪论"横空出世。在这场拼抢站位和消费眼球的自媒体观点竞争中，态度严重过剩，事实严重缺位。在脱离了事实的自媒体观点爆炸下，本就一头雾水的公众只能越看越模糊。

还是我的那句话，这个时代，自媒体太多、记者太少、事实太不够用。当自媒体评论远远跑在事实的前面，当无人关心事实而只是在观点层面抖机灵玩文字游戏时，自媒体没有资格叫"媒体"。这也证明了一个道理，越是自媒体时代，越凸显着传统媒体记者的不可替代，凸显着纸质媒体的权威和调查记者的可贵。

有一分论据，说一分理，有三分论据，说三分道理。可很多自媒体，有一分论据，常常会以绝对的口吻说十分理，甚至十二分理，斩钉截铁不容置疑。王健林的一句"先定一个能达到的小目标"，就引发了无数话题口水，盯着一句话脱离原意并无限延伸无限阐释。还有此前的一张图片，华为创始人任正非夜晚独自在机场打车——仅仅一张图片，就派生出无数无限联想：任正非独自打车背后，是手机市场即将到来的血雨腥风；任正非深夜排队打车需考虑安全问题；任正非排队打车太浪费时间？所以他和我们一样，是屌丝！任正非被拍到机场独自打车，但是他去上海干什么？比起王思聪，在机场排队打车的任正非才最"励志"；72岁任正非深夜打车，这就是华为成功的密码。——烦死这种没边儿的评论了。

事实是新闻的生命，也是评论的生命，脱离了事实的评论，不过是胡扯，是娱乐至死的"嚼舌头根子"。

（微信公众号"吐槽青年：曹林的时政观察"2016年9月2日）

跟王永治打个赌吧，你输了你辞职

唱衰纸质媒体的声音天天可以听到，但像腾讯总编辑王永治这样，直接做出死刑判决并给了日期，预言报纸将在 2018 年前死去的，还是第一次看到。王总受访时的原话是："报纸除了倒闭没有别的出路，多数媒体人将在 2017 到 2018 年下岗。到 2018 年很可能有三分之二以上的纸质媒体将会'关停并转'。"

言论自由，做出这种预言判断无须负法律责任，但作为一个有影响的媒体人，要在接受事实检验中承担专业责任。我想跟王总赌一把，到了 2018 年底，如果这个预言实现了，我从单位辞职；如果这个预言没实现，王总从腾讯辞职。

纸质媒体确实面临很大的危机，以前只是嘴上说说，可现在这种生存压力已经近在眼前，"温水煮青蛙"可能已经到了一个临界点。以前只是"能否过得不那么差"的问题，现在一些媒体是"还能活多久"的问题。对此，纸质媒体人应有清醒的危机意识，不能快被烫死了还处于"无感状态"。都觉得纸质媒体面临很大危机，但我与腾讯王总的分歧在于，我觉得纸质媒体是有救的，可以通过革新、合作与融合进行自救，而王总则直接给判了死刑并给了明确的死期：后年。

自己上网还挺喜欢看腾讯新闻的，也欣赏他们在强化原创上所做的一些努力，但我觉得王总的这个判断实在是一本正经地胡说八道，刻意追求语不惊人死不休的"网红"效果,"满嘴跑火车"中洋溢着无知者无畏的自大与自负,带着强烈的个人情绪和网络媒体利益立场。

没一个判断经得起推敲

来看看王总这些经不起推敲的狂言妄语:

"纸质媒体记者不用去现场,现在跑现场的大都是互联网媒体。"——是什么现场?哪个新闻现场跑的都是互联网媒体?我怎么没看到,是天津港爆炸事故的现场、长江沉船事故的现场、两会报道的现场,还是偷拍明星离婚后表情的现场?如果说"现在跑现场的大都是互联网媒体",那么2015年有几条有广泛影响力的新闻是网络媒体原创生产的?

"有些中老年用户还喜欢纸质媒体,但是太小众了。"——且不说喜欢纸质媒体的远不止是中老年,中国已进入老龄化社会,他竟然说一个老龄化社会中的中老年用户是"小众"。

"到2018年很可能有三分之二以上的纸质媒体将会'关停并转'。"——2018年也就是后年了。"三分之二"以上的纸质媒体,说得轻飘飘的,你知道三分之二以上的纸质媒体是多少家吗?

"整个媒体行业有25万从业者,而他们对互联网而言几乎没有什么核心生产力,命运只有一个死。"——我看过王总的履历,前大半生都在传统媒体工作,等于说自己前半生都白活了,什么本事都没学到,到了腾讯后才获得了新生,才有了核心生产力,才能够有机会重新做媒体人。

整个访谈中,王总嘴中充斥这种"你死我活"的判断。为什么非得让纸质媒体死啊?死了对腾讯有什么好处?腾讯新闻上多数新闻不都是转自纸质媒体?传统媒体与新媒体应该在合作与融合中共生,干嘛非得"你死我活"?

论证关键点上总用比喻去偷换

我感觉王总说话有两个特点,一是爱做惊人和极端的判断却不给论据和论证,一是在关键点上爱用比喻和类比,以这种方式来偷换概念和转移话题。比如:

"就像有人喜欢用手写字而不喜欢在电脑上敲字,但是你能明显感觉到钢笔的使用已经越来越贵族化,多数人只是将钢笔作为签字笔使用。"

"简单来说,京剧目前算是够精品化和奢侈化了,但已经发展到很少人听了。纸质媒体走精品化奢侈化路线恐怕只是一种赌气和调侃式的说法。"

"纸质媒体与各大平台进行合作,成为各大平台的内容供应方,类似于新闻类的专栏作家。"

"旧媒体不可能活。纸质媒体是赶马车的,网络媒体是开飞机的。赶马车的可以学开汽车和开火车,但要学开飞机几乎不可能。"

"新旧媒体是水与油的关系,不可能融合。"

不讲理的人一个最显著的特征就是爱用比喻,在运用比喻中混淆概念和回避论证责任。我们只看到王总在一个个比喻和类比中游走,一会将新旧媒体关系比成"钢笔与电脑",一会比为"京剧",一会比成"赶马车和开飞机的",一会比成"水与油",却看不到拿出什么硬论据,看不到明晰的逻辑链条。反正什么比喻有利于自己就用那个比喻,管它是不是符合概念的同一性和逻辑的一致性。比喻是一种修辞,并不具备论证功能,严肃问题的讨论是慎用比喻的,换一个比喻就可以将一个比喻推翻。

劝腾讯王总少一点"你死我活"的自我孤立意识,少一点互联网帝国主义的自我封闭,不要被利益本位迷住双眼,超越情绪和利益,客观地看待新旧媒体的融合。

别借着马化腾狐假虎威

　　王总把各种话说得那么绝对,好像媒体人都求着"腾讯新闻"给个饭碗了。其实,从新媒体的发展来看,腾讯作为新媒体做得并不好,没有什么过人之处。王总说话时显得很财大气粗,以一种金主恩主心态看待传统媒体人,好像人人都求着王总给份工作。腾讯确实有钱,但这钱不是王总赚的,跟王总没啥关系,不是靠网络媒体的运营和新闻内容生产赚的,而是腾讯其他业务的发展养着"腾讯新闻"。这一点王总要有自知之明,不要狐假虎威。

　　王总也要摆脱"互联网幻觉"所带来的自大自负和自以为是。身在互联网,整天接触互联网人士,活在互联网信息的轰炸中,就以为互联网代表一切了。其实并非如此,上网人数虽然多,但相比不上网的人,上网者并不占多数。多数人不上网,上网的人多数不说话,很多人也不相信"网上消息"。互联网在技术上远没有形成信息覆盖,在新闻生产上更是处于外围角色。

　　王总不能坐井观天,要考虑政策的动态变化。随着版权制度的完善和知识产权意识的强化,像现在这样以近乎吃白食的方式从纸质媒体处获得海量新闻的模式,将渐渐不可持续。更要考虑传统媒体的政治和社会属性,正如其他国家的媒体一样,媒体在中国也远远不只是一门生意,纯粹用市场和技术角度去判断,肯定会严重误判。

　　同时,还要避免陷入自媒体的发展幻觉。当下自媒体发展确实很迅速,但自媒体一直只是游离于新闻生产的边缘,并没有进入到新闻生产的核心,只是一些外围的评论、无须采访的闲聊、风花雪月、段子手卖萌、营销号写作、养生鸡汤。新闻生产不是自媒体可以担当的,因为自媒体无法突破"公信力"约束,自媒体发一条关于重大事件的报道,有这个资质吗?发的新闻你敢信吗?还是印在报纸上、出现在电视画面上才敢信。严肃新闻的生产必须有"单位"作为依托,其一是单位声誉支撑"公信",其二是团队合作,其三是把关程序,其四是组织化保障稳定的品质。这些方面的优势,就决定了纸质媒体无法被取代。新闻生产是一个需要专业素养和积累的行业，纸质媒体记者是当下新闻生产的主力，如果2018年没有纸质媒体了，王总从哪里转载新闻？

一边把纸质媒体的核心内容都转走当成自己的核心内容，一边说"他们对互联网而言几乎没有什么核心生产力，命运只有一个死"，这是什么一个理？

要避免陷入"技术决定论"的迷思，王总以前一直在传统媒体做内容，也是个技术门外汉，才在腾讯几年，就显得好像对技术了解得不得了了，成了技术的信徒。其实，王总越是在推荐"技术决定论"，越是在打自己的耳光，否认自己存在的价值。王总说机器人将取代多数都市报记者，用这个逻辑看，王总是不是得首先考虑一下自己的饭碗，会不会首先被机器人所取代。技术发展了这么多年，纸质媒体一直没有被取代，王总别操纸质媒体的心了，应该考虑的是，技术革命会不会把既有的互联网模式给颠覆了。

实际上，正如很多业界专家所言，像新浪、腾讯这样的互联网媒体已经大大地传统媒体化了，一方面是从传统媒体过来的人占据高管和中层管理位置；另一方面是新闻操作模式的传统媒体化。腾讯一直以来都在与纸质媒体合作，很多操作方式也都借助传统媒体，比如此次两会报道，如果没有纸质媒体所生产的内容支撑，靠技术毫无竞争力。

纸质媒体确实面临危机，但并非没有未来，王永治关于"报纸除了倒闭没有别的出路，多数媒体人将在2017到2018年下岗"之类的判断，纯粹是危言耸听。

（微信公众号"吐槽青年：曹林的时政观察"2016年3月18日）

我给湘大新闻学子讲新闻和评论

两年前在三亚出差,发了一条微博状态,一个网友给我发私信说:"曹老师在哪里,我可能离你不远,能否过来拜访。"后来知道,给我发私信的是湘潭大学新闻系的学生,常看我的评论。后来我们就有了联系,我到长沙讲座时他追到长沙去听,讲座结束后记下我的电话,说回去便向学院申请邀请我去他们学校做讲座。于是,便与湘大新闻系的同学们有了这段亲密的接触。我很喜欢湘大新闻系的这些孩子,他们对新闻的热情深深地感染着我,为我专门建了一个群,150多名新闻学子申请入群听我讲新闻和评论,一起讨论当下时事。

新闻从业这么多年,有过很多这样美好的相遇。还有一次在海口出差,也是发了一条微博状态,重庆一个正准备飞往北京的新闻学子看到了,根据我的微博大体判断了我的航班抵京时间,就在机场出口等了我很长时间。当他叫我的名字时,真把我吓了一大跳,知道原委后我非常感动,后来也成了很好的朋友。

以下是我给湘大新闻学子所讲的内容,与大家一起分享。

问:一个评论者,应该站在多方面的视角去看待同一件事情,从各方利益角度出发评论一件事情,所有的观点汇集在一起才是真正的观点。对于这种观点,曹老师怎么看?

答：我不这么认为，评论不是所有观点的汇集和堆砌，评论最忌讳把一堆观点堆在一起，而应该是在纷繁的信息中提供一种不同的思考角度，提供有附加值的判断，宁要片面的深刻，不要肤浅的全面。不同的评论人会从不同视角看问题，"横看成岭侧成峰，远处高低各不同"，这时候是一种"视角竞争"，比拼谁的角度更能够让人看到更深入的、不同的东西。比如这一次的"和颐酒店女生被袭事件"，不是把各种怀疑和猜测摆出来，那只会让本就不明白的读者看了你的评论后更不明白了，而要敢于下判断。

评论需要"全面"，但应该是评论者在观察时的全面，了解更多的背景，掌握更多的信息，在全面观察的基础上做出一个判断，而不是把自己的全部观点"塞"给读者。

问：传统定义中的"知识分子"是指有一定学历的人，因为有着一定的、相对于其他人没有的知识，而对当时的社会有无尽的热情。但现今，因为义务教育的普及，以及师资力量和父母对教育重视的加强，知识分子满地可见，其中的一部分冷漠、追逐利益、思想迂腐……在曹老师的心中，是如何定义现在的知识分子，又是如何评价如今的知识分子。

答：美化传统是一种病，其实每个时代的知识分子都有这种情况，不要将"传统"过度美化，哪个时代都有好的和坏的。当下知识分子确实有一些问题，比如有学生跟我吐槽过有些教授在外面的商业性讲课时，像打了鸡血一样兴奋，一到学校课堂上面对自己学生时，就无精打采地念教材；他们为了一点利益可以斯文扫尽，可以出卖自己的灵魂。

有人说当下的知识分子变得犬儒了，我觉得倒没有这么严重，不是知识分子变得差劲了，而是知识分子在很多方面失去了过去所垄断的话语权，失去了精英的光环。网络让大众掌握了话语权，形成一种屌丝的逆袭。这种权力转移的结果是，网络有了一种贬智、反智的倾向，形成了一股污名化、妖魔化知识分子的潮流，专家成了"砖家"，教授成了"叫兽"，公共知识分子成了"公知",掌握了话语权的大众肆意地去贬损曾经的精英群体。

问:我注意到您之前所写的评论,尺度比较大,但同时尺度又把握得特别好。可是最近半年以来,您的很多评论都是一些关于社会新闻的,还有推出了"暖评",总觉得评论少了一点点锋芒。同时,我注意到您在微博上的言论也"平和"了很多,不知道我的观察对不对?您怎么看待这种变化?

答:相信你问这个问题的时候心中已有自己的答案,你问了一个让我无法回答的问题。

问:《中国青年报》是我最喜欢的党报,还有一直对"冰点周刊"很向往,所以我问一个比较实际的问题,请问怎么样才能到《中国青年报》实习?

答:我们招实习生不讲学校出身、背景、性别和人脉,但讲气质和缘分。进《中国青年报》实习的,一般有这么几种:校媒联盟中经常参加《中国青年报》活动的学生,在本报工作的师兄师姐的介绍,合作学校的推荐,学生的自荐。

我当过本报招聘的考官,我选实习生的标准是这样的:第一,对《中国青年报》有所了解,知道它的历史、"名编辑""名记者"和有影响的报道,认同这份新闻纸的价值观。第二,有新闻追求,具备好奇心和表达冲动,对"新的东西"有职业敏感。第三,有了想法能立刻付诸实施,勤于思考和动笔,没有拖延症。

问:新闻评论员经常会面对这样一个尴尬,就是自己曾经批评过的一些类型的负面事件又会重复发生,这个时候会不会产生无力甚至特别悲观的情绪。请问曹老师您有没有遇到过这样的情况,您如何看待这种情况?

答:过去常有这种无力感,但随着职业上的成熟,越来越相信一句话:"我们坚持做一件事,并不是因为这样做了会有什么效果,而是这样做是对的。"曾经批评的事重复发生,不是因为批评无力,而是进步无力。在这种情况下,更需要去重复常识,因为你的批评是对的,不能因为别人听不进正确的批评你就不去做正确的事情了。做新闻应该有耐心和定力。

问:曹老师您好,我练习写评论的时候总是很犹豫,怕自己表达的观点偏激,怕没有逻辑,然后评论一件事的时候会想很多,最后就不知道该如何下笔了。请问该如何克服这种心理障碍?

答:你不写出来和表达出来,怎么知道自己的观点是不是偏激和没有逻辑呢?其实,写出来的过程,就是一个让自己远离偏激和更加有逻辑的过程。因为如果只在脑子里想的话,很容易陷入一种自闭,你理性的局限和知识的限度也使你看不到自己的问题在哪里。写出来,你才会有读者意识和交流意识,在这种"想让别人接受"的思考和表达过程中,你会摒弃过度个人化的东西,自觉使用公认的事实和共通的逻辑,从而让混乱的想法变成有条理的文字,让碎片化的思想火花变成"有说服力"的观点。而且,写出来让别人看,别人会提出意见,会驳斥你的逻辑,经受这样的修理,你的逻辑才会有提升。

当你有很多想法时,不要急于下笔,需要梳理清楚,不要把自己的混乱传递给读者。当你有很多想法时,沉淀一下,找一个最有表达欲、觉得最能让人眼前一亮、最有价值的想法去下笔。

问:曹老师,我身边的人普遍都说"新闻无学",觉得学了三年新闻,基本上没什么收获。请问您如何看待这个问题?

答:我一直不认为"新闻无学"。我有两个判断,第一,新闻有学,一些新闻学教授不学无术;第二,不是"新闻无学",是你的方法不对,没有学到应该学的东西,就像我的一个学生最近写的一篇文章《不是读书无用,而是你无用》。

新闻是"有学"的,只不过它的学问并非表现得像经济学、法学那样的一套理论化的知识体系，而是基于实践和经验的一套活学问。培养新闻敏感，提升媒介素养，积累问题意识，拓展关注视野，这些都必须通过多学科的知识积累和广泛的阅读才能养成。新闻学习是一门尤其需要学生发挥能动性去积极介入的学科，我反感的是，学生自己不读书，不积极参与课堂讨论，不积极去学，然后四年后说我什么都没学到。

一些学生总喜欢评价老师，总在问这个老师能教给自己什么。我想说的是，老师当然应该提高自己的课堂知识含量，让学生学有所得，但一门课程要让学生有所收获，不只是老师，还有另一面是学生的投入和参与。尤其像"新闻评论"这样的实践课，老师讲得再多再好，如果学生自己不积极去思考和写作，不参与到课堂和舆论场中，老师讲得好也没有用。关注在哪里，结果就在哪里，我们得扪心自问，一门课程中，我们自己积极投入了多少精力？在老师布置的作业之外，我们有没有写过评论？我们有没有思考过老师提的问题之外的问题？有没有在走出课堂之后想过与课程相关的问题？

问：请问曹老师，学生记者初入社会成为职业记者容易犯哪些错误？有没有推荐的系列课和图书？

答：容易犯的错误主要有，容易冲动，容易被自以为是的正义感牵着鼻子走，容易把屁大的事当新闻，容易带着情绪写新闻而不是客观描述，容易沉浸于被制造的"新闻点"（炒作和营销）中不能自拔，容易对新闻业产生强烈失望。推荐阅读《有效思维》《李普曼传》《光荣与梦想》《民主的细节》等几本书。

问：您说新闻专业的学生第一次实习不要去新媒体，我对您那篇文章的主要观点还是认同的，但我身边的同学去实习时基本上不约而同地都去新媒体，如果有去传统媒体尤其是纸质媒体的，总会让别人觉得很惊讶，因为现在确实看不到纸质媒体的未来了。请问我去实习时应该怎么选择？

答：要有远见，要有判断力，不能随大流。去新媒体，你可能只能成为人手，但成为不了新闻人才和人物。如果你有志于成为一个新闻人才，要从传统媒体的采写编评做起，新媒体给不了你基本功的培训，只会培养你的浮躁、功利、偷懒，盯着阅读量，不去生产原创而是把别人的东西拿来。你看现在那些做得很好的自媒体，如咪蒙、六神磊磊、罗振宇、秦朔、吴晓波等，哪一个没有传统媒体的基因？在传统媒体待几年，以后你去新媒体就有了身价，现在去新媒体，既缺乏新闻生产机会，缺乏积累，也沾染一身毛病。

问：曹老师您好，新媒体时代标题党泛滥，甚至有些传统媒体也都开始做标题党了，您对这个问题怎么看？还有，现在很多新闻反转，还有一些记者因为不专业导致新闻失实，您认为在当下写好新闻更需要半路出家的有某种专业背景的人，还是新闻科班出身的人？

答：我觉得跟出身关系不大，跟专业素养及所供职的媒体有比较大的关系。一般传统媒体所刊新闻被反转的比较少，因为传统媒体有相对严格的把关程序，出版周期也使其不那么追求快，与热点有一个可以冷静判断的距离和隔离期。而网络媒体和新媒体比较容易被反转，一是求快，二是缺乏判断力，三是缺乏严格的把关程序。反转新闻多发生在网络上。

问：我听有人说现在做新闻，光会写稿是不能生存了，您怎么看待这种观点？现在做记者，除了采写的基本功，具体还需要哪些方面的能力？谢谢曹老师。

答：不能说"光会写稿就不能生存了"，关键是写什么稿。从现在情况看，光会写那种豆腐块的"本报讯"是生存不下去了。随着机器人新闻的普及，这种简单工作将会被机器所取代，传统媒体生存压力越来越大，这种缺乏内容生产能力的"人手"将会被替代，或者维持较低的收入。传统媒体在转型，鼓励那种既能采写编评又有新媒体能力的多媒体记者。

新闻理想与面包不是冲突的,有新闻生产能力的人,是能够过上一种体面生活的。比如评论,我所知道的,媒体评论员靠写作就过得挺好。评论应该是媒体文体中稿费最高的,因为思想含量高。但这需要你的付出,成为一个成熟的评论员,可能需要更多的积累。还有调查报道也是,调查记者王和岩因为自己的出色表现被一家媒体评为年度记者,获奖 10 万。

问:您当年在你们学院做学生记者的时候,听说写过《教授,我来剥你的皮》《辅导员,我来给你上上课》之类的文章,请问你们当时的院报没有老师审查吗?这样看起来很劲爆的文章是怎么印出来的?

答:当时我们的学院文化氛围非常开放,教师放心让学生自由去办报,充分相信学生的判断,给予最大的空间。老师不是事前审,而是印出来后开总结会时进行讨论。后面这一系列评论还是受到了一些批评,甚至被告到了学校,不过当时我们的院长很开明,不仅没有惩罚我,还在全院大会上公开挺我,让全院师生都看看这篇文章,特别让教授们反思是不是属于曹林所批判的那种混日子、误人子弟的教授。

其实学生能怎么出格啊,越是放手让他们去做,他们自己越是谨慎判断。

问:4 月 10 日早上腾讯推送的四条新闻,有三条都是跟女性相关的!一条是被捅杀,一条是半夜醒来看见陌生男人脸,一条是 6 岁女童胸部发育似乒乓球。这种时候我不知道它有没有考虑到女性用户的体验,有没有考虑到用户流失问题!作为女生,我感到很受伤。现在的新媒体的通病就是大都以猎奇为主,大量关于两性、暴力的新闻充斥屏幕。请问曹老师,新媒体应该怎么样让所有的用户体验和用户需求获得最大的平衡?还有就是怎么样才能让媒体更有操守而不是一味地去吸引人的眼球?

答:这也是我为什么让学新闻的学生第一份工作尽可能别去新媒体的原因,网络媒体与大众靠得太近了,点击率和阅读量的压力太大,很容易扭曲新闻操守和规范,为了点击率不择手段,为了吸引眼球而毫无社会责任感。用户有低级有高级,有低级趣味有高级趣味,而网络为了所谓人气,太多地迎合屌丝群体的低级趣味,让舆论生态越来越脏。得屌丝者得天下,这是很多无良网络媒体的宣言,已经成为一种新闻毒瘤。

人有低级需求和高级需求,媒体作为社会公器,有引导人的高级需求的良善责任,而不是去迎合低级趣味。不过当下很多网络媒体已深陷于这种黄色新闻的利益链中,道德说教已没有用,读者也无法用"不点击""不消费"去抵制,须有法律监管。

问:我想问下曹老师如何看待"网红",从您和王总打赌的那篇文章,以及批评他老师的那篇文章里面,似乎看出"网红"就是个满嘴跑火车、语不惊人死不休、只会耍嘴皮子的人。

答:我觉得学新闻的应该研究"网红"现象,我在"新闻评论课"上讲了这个问题,我们应该学习"网红"的标题制作技巧和选题敏感。比如著名"网红"咪蒙,她的选题能力是非常强的,她分享过自己的经验:有一次参加宝宝幼儿园组织的春游,她一天至少发现五个选题,例如她观察到很多小朋友有自己的专属相机,一路上自己拍照,包括3岁小孩,有的拿的是单反;于是,她们就做了一个题目:超低龄摄影控。她跟家长聊天,有家长提到不少小朋友在学第二外语,除了英语,学西班牙语、德语、法语,她眼睛一亮,这是选题啊!——几岁小朋友学第二外语,多牛!

"网红"做标题的能力也非常强,比如你看咪蒙的每一篇文章的标题,基本都能吸引你点开,不是那种黄色标题党,而是总能击中你的痛点泪点吐槽点,挑战着你的常规认知,让你觉得与众不同。传统媒体的标题,最大问题在于,做得太正确了,都是些如"多喝热水、早点睡"之类的正确废话,根本提不起阅读的兴趣。"网红"因为靠读者生存,没有谁比他们更了解读者心理,所以总能把握新闻点,这一点需要学习。

但需要警惕的是,"网红"语不惊人死不休的习惯,以及把什么事都往极端去推的偏执逻辑。

问:曹老师您在那篇打赌的文章里说,纸质媒体不会消失,因为新媒体仰仗纸质媒体提供内容。所以,反过来想,是不是新媒体只要培养了属于自己的采编队伍,成为内容的提供者,那么传统媒体也是完全可以被取代的?您怎么看待这个问题。还有,您认为当前新媒体的内容缺失的原因都有哪些?

答:纸质媒体不会被取代。拿门户网站来说,网站即使培养了自己的采编队伍,也无法做到多数新闻靠自己生产,因为门户网站需要海量新闻,如果海量新闻都靠自己生产,这种巨大的新闻生产成本是其无法承受的。现在他们就是靠廉价和侵权获得新闻内容的方式支撑着门户模式。

新媒体之所以缺乏优质内容,一个重要原因是转载太方便了,侵权受不到惩罚,如果靠卖地就可以致富,谁愿意去盖房子;如果靠睡睡就可以上位,谁会拼演技;如果靠卖药就可以发财,谁愿意靠医术。如果把别人的优质内容拿来就可以赚流量,干嘛自己去生产啊。

问:曹老师,对于有些事情总能让我们咬牙切齿或者义愤填膺,这个时候写评论往往会失去理智,主观情绪特别浓,以至于写出来后更像一篇煽动性很强的杂文而非新闻评论。请问您写评论的时候遇到过类似的问题吗?新闻评论员应该如何处理好主观情绪与客观理性的关系。

答:在自己正确的时候克制不必要的激情,在自己激动的时候不要下笔写东西。义愤填膺和热血沸腾有时是新闻和评论的病毒,带着这些情绪就容易让新闻产品带毒。新闻和评论都应该是冷静的产物,应该向读者传递静能量,而不是躁动的因子。

(微信公众号"吐槽青年:曹林的时政观察"2016年11月15日)

不是传统媒体不行，是你自己能力不行

2016年8月3日，"老杨会客厅"对话知名时事评论员曹林。三个小时里，曹林面对主持人杨建国与现场数十位媒体人，对传统媒体的未来以及传统媒体人的转型，做出了以下几个判断。

判断一：传统媒体人别盲目和冲动转型

当下传统媒体人有几种转型陷阱：

一、恐慌性转型：人云亦云，跟着唱衰传统媒体人，自我矮化，自我贬低。

二、瓶颈性转型：在传统媒体的发展遇到了瓶颈，不是传统媒体不行，其实是自己能力不行——这种情况，如果不提升自己，转到哪里都是死路。

三、厌倦性转型：不是看不到前途，而是一眼能望到头，对传统媒体充满失望——别谈什么理想，先赚钱去。

四、冲动性转型：把新媒体看得特别美好，意识不到那只是对既有生活不满所产生的幻觉，其实新媒体发展压力比传统媒体大很多，只看到几家纸质媒体死去，却看不到所谓新媒体死得更多。

我欣赏的转型是主动和理性的，即以不变应万变，在媒体大激荡大变局时代，积累和提升转型所需要的原始积累，保持随时转身、随时离开体制、随时跳槽的能力。

有人说纸质媒体除了倒闭没有别的出路，多数媒体人将在2017到2018年下岗。到2018年很可能有三分之二以上的纸质媒体将会"关停并转"。整个媒体行业有25万名从业者，而他们对互联网而言几乎不具备么核心生产力，命运只有一个死。——这基本是胡说八道。

以纸质媒体为例，尤其是都市报，它过去的辉煌肯定不再了，不会动不动发行几百万份，但也不会死，起码未来十年内，它不会死，社会是离不开报纸的，这是由多种原因决定的：

第一，人对纸这种介质的信任，对纸的依赖。

第二，传统媒体的权威性和公信力。纸上的新闻最权威，这是由白纸黑字的不可更改性所决定的。网上的信息，说删就删、说改就改。传统媒体在百年发展中形成了一套保障真实、公信、权威的把关机制，这是新媒体所不具备的。

第三，很多人是不上网的，需要通过传统媒体获得新闻和信息。不要有互联网幻觉，不要认为看"新闻联播"的人就如何如何，不要自己从网络获得信息就以为别人也都跟自己一样。

第四，不能从纯粹市场化的角度来看媒体问题。政府必然会大力支持传统媒体的发展，扶持党报和纸质媒体，使政治传播和政策宣传覆盖每一个角落。无疑，随着互联网和新媒体的发展，中国社会的信息鸿沟越来越大，数亿人并没有进入到互联网世界，而是依赖传统的报纸、广播、电视获得信息。支持传统媒体，很大程度上是为了政策宣传和信息传播全面的覆盖。

判断二：未来十年，主导新闻生产和媒体基础秩序的仍是传统媒体

无论如何变化，有新闻生产能力的人主要还在传统媒体。

我曾判断过当下媒体的产能过剩，在"供给侧"改革下，会有一些媒体

从业者失业，但失业的不是有新闻生产的媒体人，而是一些缺乏传统媒体从业经验、不懂技术而只会复制粘贴的新媒体从业者。

另外，机器人新闻将更多被应用到新闻实践中，这使很多新闻从业者的岗位受到挑战，尤其是新媒体从业者会受到挑战，复制转帖、热点选择和新闻推荐等简单工作，将被机器人所取代。

在新技术、新理念和新政策的推动下，互联网媒体将进一步"传统媒体化"，在新闻生产上有更多作为。这使互联网媒体有巨大的人才需求，更多优秀的传统媒体人会进入互联网媒体成为新闻生产主力和高管。传统媒体成为新媒体人才培养和输送基地，而传统媒体人也将全面占领新媒体，转身成为全媒体人，可以依靠收费阅读或读者打赏为生，掌握新闻生产能力的他们在新媒体上获得新生。

在市场冲击和政策规定下，传统门户的原有生存模式可能会受到不小的挑战。传统媒体"传统"的赢利方式（广告和发行）日益萎缩，将会更多考虑通过内容赢利——一方面推动版权保护法律的完善，一方面通过媒体联盟增强与互联网公司的谈判能力，那种靠廉价方式支撑海量新闻信息的模式将可能终结。如果要维持生存，或者是加大原创力度，或者是花钱从传统媒体购买优质内容。从目前来看，新浪网、腾讯网、凤凰网等都转型得不错，他们在竭力改变过去的赢利模式。

而党报将在政策支持下深度打造自身融媒体，同时一批都市报会被淘汰掉。纸质媒体发行量将进一步萎缩，不得不在社区化、小众化、专业化、深度化、融媒化中寻求新的赢利模式，这将是一个痛苦的过程。

判断三：传统基因不能在转型过程中被转掉

传统媒体的转型要有定力，要能自信地坚守一些不能变的东西，比如内容为王的自信，比如要把新闻的真实可靠排在"快"的前面，等等。

身处媒体大变局的洪流中，有一种强烈的感觉，很多传统媒体在新媒体冲击下似乎很急躁，急于融合，急于转型，急于变现，急于突围，急于寻找新的利润增长点，急于用新技术新概念包装自己。这种急躁之下紧跟流行，上APP，拆深度报道部，做新媒体，别人做的项目自己也要有。没有方向，欲速则不达，急躁中反而迷失了自己，丢掉自己的传统优势。相比之下，一些网络媒体倒是比较淡定和沉稳，掌握了技术和渠道优势后慢下来去精耕内容，着力提升自己的传播力和品牌度，追求健康的发展。传统媒体在急躁转型中放弃的一些价值，却被网络和新媒体视为珍宝。

我这几天之所以批评《深圳晚报》，就是觉得那种急于变现、急于卖脸的方式很危险，会在报纸中传染一种病毒。过度透支自己的"脸"，让营销超过实力，不是通过独家报道、深度调查、深度评论等这些有附加值的新闻产品去获得尊重，而是通过抖机灵的营销让人记住，急于变现，必死无疑。

在转型中要知道自己的长短，传统媒体的优势就是深度评论和深度报道。像现在的《新京报》，放弃了对"短平快"的信息竞争，而是专注自己的传统特长，专注自媒体和新媒体做不到的事情。自媒体可以写很多阅读量"10万+"的爆款，但是写不了深度调查，写不了特稿，不会慢下来去做追踪，不会花几个月去做一篇独家。

判断四：每个传统媒体人都应有转型的能力和心理准备

你也许不想急于转型，但你不能故步自封，要有转型的心理和能力准备，保持随时离开的能力。其实现在我已经不是一个传统媒体人，也不是一个新媒体人，我身上有传统媒体的基因，也在尝试各种形式的新媒体，比如做微信公众号，经营我的微博，参加一些融媒体活动，让自己的圈子更多元。

有了转型的能力准备，就会很从容。《工人日报》的石述思，说转型就转型了，昨天还是传统媒体的编辑部主任，今天就成为新媒体"网红"新贵了，不留下一丝遗憾，不带走一片云彩。其实老石一直流走于新旧之间，早变成了一个自由的泛媒体人。有了转型的能力准备，有了自媒体，你就不会对传统身份那么纠结了。

这种准备非常重要，当下做得好的新媒体、自媒体人，身上都是有这种传统基因的，能轻易华丽转身。无论是罗振宇，还是六神磊磊、咪蒙、吴晓波、迟宇宙、秦朔，都有自己丰富的传统媒体经历。平台不断变，技术不断更新，但在这些平台上很活跃的人，多有着传统媒体的身份背景。"PAPI酱"没有传统媒体的基因，又被老罗过度透支、过度消费了，所以我觉得她红不了多久，很容易被其他"网红"取代。

判断五：河南也许会出现一家在全国舆论场中有影响的新媒体

河南在媒体融合上做了不少事，但还是缺少一家在全国舆论场上有影响的新媒体。一个地方的媒体影响如果只局限于地方，而在全国舆论场上没有存在感和话语权，对地方形象的传播和公共事件的影响就有很大局限。比如，我说过"天津是一座没有新闻的城市"，"安徽常常成为新闻的盲区"，跟一个地方缺少有分量的媒体有很大关系。

河南是一个非常需要改变新闻形象的地方。很难指望传统媒体完成这个任务，因为地方传统媒体有地方影响的局限，而新媒体可以突然这种地域限制而在全国舆论场上提升存在感。河南应该致力于做大一个这样的新媒体。

判断六：太多的"互联网＋"，媒体转型中需要学会做减法

现在都在谈"互联网＋"，被太多新的东西迷惑了，媒体转型需要做一些减法。不要什么新技术都去追，不要什么互联网项目都要上，要知道自己擅长什么，不要在对那些新奇玩意儿的追逐中疲于奔命。冷静下来，多做减法。

做平台不是我们的优势，可以借助别人的平台。多数人的成功都是借助别人的平台。

越是快的时代越需要传统媒体的慢，我们需要有慢下来做新闻的能力。

内容为王、渠道为王、技术为王、IP为王……谁能告诉我，下一步谁是王？不要在焦虑中迷失了自我，保持内容生产力的自信。

媒体转型别像《深圳晚报》透支自己的"脸"，营销超过实力必死无疑

近来《深圳晚报》的头版营销似乎很火，从"不懂体"到"低调体"，再到"垫虾壳"，在朋友圈各种刷屏。地方纸质媒体以这种方式火起来，让人觉得报纸好像已经找到了一条摆脱传统困境的通道，华丽转身为一家带着互联网基因的传媒公司。——这种自信真让人哑然失笑，如此抖机灵、玩噱头的头版营销，不过就是都市报传统的营销炒作套路罢了。只是一些互联网公司在报纸上制造议题吸引眼球，怎么就摇身一变成了"互联网基因"？

有人盛赞《深圳晚报》转型的样本意义，甚至提升为一种"转型模式"。我想说的是，传统媒体转型不要被这种没有创新内涵和复制意义的"伪转型"所迷惑，别像《深圳晚报》这样不要"脸"。

不要"脸"——不是骂人的话，这里的"脸"是指头版，头版是一家媒体的脸面，从头版的新闻和头版头条的分量就能看出一家媒体的气质和品位——这是媒体安身立命的东西。像《深圳晚报》这种玩法，把头版完全拱手让给广告，让新闻报纸完全沦为广告传单，把营销头版当主业，急于变现，就是不要"脸"的表现。

有人洋洋得意地说，你看，我们现在头版的广告价格比"网红"咪蒙还高——这种尴尬的事儿就别拿出来宣扬了，你是一家几百人的媒体，人家是一个自媒体公众号；你是把整个"脸"租出去打广告，人家的广告还是比较隐讳、比较软的。挺吊诡的是，不少"网红"在淡定地靠自己生产的内容去

吸引用户，而本应生产优质内容的传统媒体，却沦落到了用营销炒作之类搔首弄姿的方式去寻找存在感。

头版突然火了只是偶然

《深圳晚报》头版突然火了，只是偶然罢了，不可复制，不可延续，热点效应过后就会被下一个偶然所覆盖。

这个时代有很多让人觉得不可思议的流行，莫名其妙就火了，火得无法捉摸其后的规律。比如，一句"贾君鹏你妈喊你回家吃饭"，突然之间就火遍大江南北——背后有啥深刻的社会原因呢？或者是谁把这句话炒火的呢？不是，就是无厘头，就是无聊，就是偶然。前段时间的"友谊的小船说翻就翻了"，那幅漫画的作者也绝想不到一夜之间就火遍全网。还有最近的"葛优躺"也是，很多年前的片断，躺着也能那么火，火得匪夷所思。

《深圳晚报》的头版突然火了，我想，也不是背后有什么高人策划，无非就像"贾君鹏你妈喊你回家吃饭"那样，突然流行。然后再顺势而为，借助这种热度，试图做成一种可以延续和复制的事业。就像有人想复制"贾君鹏你妈喊你回家吃饭"式的流行很难一样，把偶然火起来的头版营销做成流行的事业，一样不可能。

流行总有一种加速自我毁灭的力量，很多时候偶然地迅速爆红，又会在爆红后被下一个流行所取代。一家媒体的转型，是不能把这种"偶然的流行"当成事业依靠的，热点效应被消耗殆尽后，就像泡沫一样无影无踪、不留痕迹。

把这种偶然的流行和红火当成救命稻草，这表现了传统媒体在转型中的焦虑：在利润下滑下急于转型、饥不择食，不放过任何一个利润增长点，把任何一个新增长点当成希望和奇迹。这不是一种可制度化、可延续的转型模式，只是一种偶然的流行，流行是短命的，热点效应是有周期的，当头版的广告营销效应被过度透支，回归常态后，还得重新面对转型融合的老问题。

转型要避免爆发的"网红"陷阱

"网红"的特点就是借势一夜成名,自媒体可以以"网红"方式上位,而传统媒体做不到。"网红"只要让人记住自己的名字就可以迅速变现,而传统媒体不行,无论如何转型,传统媒体还得靠自己的核心内容。

《深圳晚报》头版打了这么多广告,提升了自己的存在感和知名度,可是,这种知名度一直都停留于广告营销层面,而没有让自己的核心主业——新闻内容受到关注。读者记住的只是某个可能比较有趣的创意,而不是某一篇报道或评论。当一家媒体不是靠自己生产的新闻内容,不是靠独家新闻、调查报道、独到评论赢得用户,而一直靠头版的广告效应,靠头版广告的抖机灵、开脑洞、玩噱头、耍小聪明,这种影响根本不可持续——表面上提升了影响,增加了广告收入,实际上是在透支自己的公信和广告资源。

"网红"一般都是各领风骚没几天,那种撩读者痛点痒点的套路,很快就会让人厌烦。头版营销,用的无非就是"网红"那套,事件营销的新鲜劲儿过后,读者和市场都不会吃这一套了,广告主会迅速转向新一个热点和兴奋点(毕竟,报纸头版不过是互联网争夺流量入口的万千渠道中的一种,眼球效应很快就会耗尽)。头版广告营销,不是《深圳晚报》第一家玩,过去很多都市报都玩过,但都是偶尔玩玩,玩个悬念,玩个新鲜。当成套路和模式去玩,肯定会在过度曝光中把这种形式玩残玩死。看到《深圳晚报》的广告后,最近已有很多纸质媒体跟着玩这一套,而且是成批成批地玩,再玩几天这种创意就臭大街了。

头版营销提升了名气,让广告主觉得新鲜,可把自己的读者放哪里去了?有没有问过自己的读者怎么看?当新闻纸变成了广告纸,报摊上读者一眼看到的是莫名其妙的广告而不是新闻,作为报纸脸面的头版只剩下了"报名",读者会选择这样的报纸吗?当一家媒体不是努力去提升新闻品质,不是靠高质量的报道吸引用户，还能叫媒体吗？媚了广告主，获得了一时的营销影响，却边缘化了报道，失去了读者，也没有积累对媒体来说最重要的影响力资源，这并非聪明之举。

媒体营销永远不能超越实力

媒体转型还是应该有新闻生产的定力，而不能走偏了。无论是像浙江日报报业集团的资本运作，还是各大新闻客户端在混战中的形象营销，抑或是上海报业集团的平台转型，都不能忽略内容。所以我一直对像《新京报》、"澎湃新闻"这些保持着"内容为王"的定力，既耐心地在报道内容上进行突破，又在传播渠道和形式上不断创新的转型努力，充满敬意。

一位著名外交家曾说过，一个国家的外交永远不能超越实力。外交如此，媒体更是如此，营销用力过猛，而实力却赶不上，名不副实，让人感觉像个骗子。通过营销炒作提升了名气，内容实力却跟不上，营销影响力无法转化为媒体内容影响力，那种抖机灵玩创意的营销影响力会不断透支和递减。

这种用力过猛的营销中，获得曝光度的只是"报名"而已，而不是作为媒体核心竞争力的新闻产品。对一个媒体来说，"报名"不断曝光，新闻产品却没有影响，"报名"影响远超过内容影响力，这其实是一种失败。对媒体来说，事件营销只能作为偶尔的辅助手段，而不能当成事业（把营销当事业的那是广告公司和公关公司）。营销提升媒体影响力后，关键是作为主业的报道内容还要跟上，形成良性循环。

如果营销影响不能转化为报道内容的影响，总靠营销而不是自己的报道，读者知道一家媒体的营销远胜过这家媒体的报道，对媒体来说绝不是一件好事。

（微信公众号"吐槽青年：曹林的时政观察"2016年8月3日）

教育的蓝翔化和新闻的民工化——答吕文蔚同学

曹林老师您好，我叫吕文蔚，是一名新闻系的学生，平时很喜欢看您的评论，觉得您特别有思想，我最喜欢您的暖评。很抱歉打扰您，因为有些问题一直困扰我和我的同学，所以就想请教您。我读大二，现在学了采访和写作课程，我们学写消息、特稿，但是发现如今新媒体盛行，新媒体的"文风"和传统媒体差别又很大，我们努力去学的都是传统媒体写作方式，毕业后岂不是还要从头再学新媒体的写作方式？当初进入这个专业就是希望能进报社，不过看现在形势，毕业后很难进入传统媒体。在学校学的东西很多都以报纸为例，很多东西都不适用现在的趋势，有些人说新媒体的一些技能集中培训几个月就会了，那我们新闻系的优势又在哪里呢？比起其他专业的学生，我们是不是只有一些"过时"的"坚持"呢？我知道这么想挺功利主义和实用主义的，但是对于我们这些将毕业的学生来说还挺实际、挺重要的。我在这个专业学了一年多，有时觉得很迷茫，老师教的东西和在新闻上看到的根本不是一回事，这也许就是"理想"和"现实"的差距吧！该如何去理解、接受这种差距呢？希望曹老师能看明白我这些混乱的问题，并且有空指点迷津，谢谢老师。

总害怕自己学的东西"过时"，迷恋新的"文风"、新的写作方式，这完全是一种蓝翔化思维。在蓝翔技校学挖掘技术，得密切跟踪挖掘机领域的最新技术——斗容量、总功率、工作重量、液压正铲、掘进力、破碎力、斗杆挖掘，等等——掌握最新技术，活儿好，才能开好最新型的挖掘机，在挖掘机领域保持竞争优势。新闻教育跟挖掘机教育不一样，虽说采写编评也是技术活，但技艺思维只占很小一部分。所以，不能以蓝翔技校思维来看待新闻教育，不要把自己所学的东西给蓝翔化。

就拿新闻摄影来说，你以为新闻摄影是一门技术吗？会按快门，掌握最先进的技术，把照片拍得很好看，光影效果完美结合，就可以成为一名很牛的摄影记者吗？当然不是，《中国青年报》著名摄影记者贺延光说过一句话，这个时代按快门成了一件最简单的事，而什么时候按，成了最复杂的事。贺延光记录的这个时代并产生了巨大影响的那些新闻摄影作品，无论是《两党一小步，民族一大步》《小平您好》，还是《SARS病房》《民主进程》等，之所以触动人心并被作为经典写进新闻史教科书，都跟技术关系不大，而是敏锐的新闻洞察力，包含着记者的独到观察和问题意识。贺老师经常对学生说："如果你是一名摄影记者，照相机并不是最重要的，最重要的是你的脑力、眼力和体力。当一名合格的摄影记者，你要习惯去研究社会、关注别人，要懂得生活常识，富有同情心，还得有韧劲儿。"

蓝翔化教育也许能教你拍出一张很美的照片——现在人人有手机，人人都会用手机拍照，美颜功能更能调出你想到的任何效果。可是，新闻摄影却需要超越技术的专业教育，会拍照只是最末的，关键是新闻判断。新闻摄影如此，采写编评都是如此，不要迷恋那些新媒体技术，那只是雕虫小技而已，新媒体、自媒体只是一种传播渠道和技术表现，而不是内容。这么多年来，新媒体技术更迭几代了，只是技术层面的迭代，对传统的新闻内容生产过程并没有产生什么冲击，并没有带来增量，并没有贡献新的知识。采写编评还得按传统媒体的流程来，你不能说，在新媒体、自媒体上，就不要采访了，就不要核实了，就不要遵循基本的新闻写作规律了，就不要多条信源交叉印证了；你也不能说，在新媒体时代，深度新闻就不用像过去那样"用脚采访用笔还原"了，用个无人机，耍个机器人，就可以完成一篇深度调查。还是得像传统媒体那样，深入新闻现场，离现场近些再近些，通过多方采访进行核实。

这些过时了吗？当然没有。如果你看到新媒体做深度调查和新闻采访时不是这么做，不去新闻现场而是靠打电话，只看了网帖就仓促下笔，不加求证就迅速弹出新闻，诱人的标题下并无新闻内容——那我告诉你，不是你的老师教错了，而是新媒体做错了；技术再更迭，传播平台再更新，但基本的新闻内容生产会保持着不变规律和逻辑。再过五十年、一百年，采写编评新闻生产的基本学问都不会过时。变的可能是浅层那10%的表现手法，不变的是那90%深层次的基本生产逻辑。就像新闻评论写作，再过五十年，新闻评论也不能不讲逻辑。今天的新闻评论跟一百多年前的新闻评论在写作上有多大差别吗？没有，这种基本面不会变的。像"网红"那样的评论表达，只不过是语言表达的问题，而不是评论核心文体特征的变化。

说实话，如果用这种害怕"过时"的心态去学习，永远学不好。媒体新技术的发展速度太快了，隔段时间就会出现一种新技术，没几天就会生产出一批新名词、新概念。你跟得上吗？你学的时候还是新的，可到你工作的时候，早就过时了。再新的东西，什么浸媒体、人工智能、AR、VR，到你工作的时候可能都过时了。新闻行业沉沦的一个标志，就是越来越多离新闻很远、不知所云的新术语、新概念充斥于各种装得很高端的论坛，新术语对应的不是进步和变革，而是肤浅和浮躁的象征。

常常有人用"新闻民工"这个词来自嘲自黑，本意是想抱怨自己工作很辛苦，工资又低，社会地位也越来越不体面，是个体力活。我倒觉得可以从另一个角度来看。说实话，"新闻民工"这个词跟"新闻教育的蓝翔化"是对应的，同构共生，当你完全以技术化的思维来看待新闻工作，把评论当成码字，把编辑当成复制粘贴，把采访当成简单记录，把摄影当成拍照，而没有思想的投入，没有更多的关怀，没有跟这个大时代的命运联系在一起的关怀和理想，那就是技术活，自己的工作也就"民工化"了。新闻教育源头上的蓝翔化，自然会带来从业的新闻民工化。

不是新闻无学，而是教新闻的不学无术，学新闻的无术无学。新闻是有"学"的，我在很多场合都讲过，也专门写过文章，它的"学"不是表现在像经济、法律、社会那样一套理论化、系统化、框架化、学术化的体系，而是一套思维，是多学科交叉积累所形成的一套还原事实、看待社会的思维方式，以客观还原事实为中心，学生在经济、法律、社会、历史等多学科的学习中养成一套多元视角，敏锐地洞察到社会的微妙变化并把它记录下来，多学科的交叉融合，使你具备了这样的思维：多角度看待，保持客观；多角度审视，能发掘到单一角度看不到的新东西——这就是新闻学的核心学问，这就是学科的核心优势，这种优势不是靠在媒体实习几天可以习得的，也不是有其他学科背景的人立刻能具备的。

不要好高骛远，读书太少却想那么多——新媒体文风啊，过时啊，学的东西有什么用啊，新闻理想跟现实的距离啊——这些问题不是你需要想的。人在每个阶段应该做在那个时候应该做的事，你读新闻系，刚大二，就应该好好读书，读一些看起来没用的书，多去听其他专业的课，不要急于实习，不要让自己过度社会化，不要急于想就业的事。读书时不好好读书，想工作，工作时不好好工作，想回学校读书，这个阶段想那个阶段的事，永远学不好也做不好。

今天对我个人是个值得纪念的日子，"雪夜妄评"一周年，去年这个时间的一篇评论激起了不小的争论。我从不怕争议，我怕的是死水一潭；我也不怕批评，比批评可怕的是根本没人看你的文章。今天，也是我的生日，借给吕文蔚回信的机会表达我近来一些小小的思考，求板砖。握手，共勉！

（微信公众号"吐槽青年：曹林的时政观察"2016年11月23日）

新人跳来跳去绝跳不成"名编""名记者"

前段时间接受一家媒体采访时,被问到了这样一个问题:"在媒体从事评论工作多年,在人员流动率高的媒体圈,这样的坚持不容易。您个人是否也考虑过'转型'?"——我明白这个问题的意图,实际上是在问:纸质媒体不景气,为什么还不赶紧跳槽换个工作?

我是这么回答的:"我一直在'转型'啊,做公众号,玩微博,尝试直播,做大自己的'内容IP'。"——不过我一直都是致力于转自己的思维,而不是"换工作"。很多人把个人的转型看成是简单地换个新工作,这是错误的。思维不转,换个单位、换个工作、换个岗位,还是不行。先把思维转了,再考虑其他。思维转了,你就具备了转型的资本。《中国青年报》这个平台很好,在新媒体时代并没有落后,它一直在转型,我要跟着它一起转型。我写过一篇文章曾在业界引发不小的争议,我说,不是传统媒体不行,是你自己不行。你自己不行,不转变传统思维,不提升内容生产能力,换再多的平台也没有什么用。只有你自己变优秀了,才能hold住一个平台,各方面才能好起来。越是自己不行,越喜欢把问题都推给外在因素。

我一直觉得,传统媒体是一个有志向的新闻人实现原始积累最好的平台,所以我一直劝学新闻的学生第一份工作最好去传统媒体,在这个平台上以"工匠精神"耐心耕耘,积累转型所需要的资本,保持随时转身、随时离开、随时应变的能力。有了"内容生产"这个核心资本,成为带着较强个性气质的人才和人物，带着"内容IP"，想怎么转就怎么转，跳一次升一次值。没有内容生产力，到哪里都只是被当成"人手"，跳一次贬一次值。

当下媒体人的流动率越来越高，打破了过去那种超稳定的状态，尤其是年轻人很爱跳槽——一言不合就跳槽。在一个单位，才写出了一两篇有影响力的报道，有了小小的媒体江湖名气，也就有了跳槽的资本，会被另一家媒体盯上。开出一个较高的价格，记者会毅然选择跳槽。不像过去，还会考虑价值认同感，考虑平台影响力，甚至还会有对单位的情感依恋，跳槽是很难做出的决定。当然，现在的房价比过去翻了好几番，生活压力如此之大，不得不考虑待遇的问题。可让人惋惜的是，新人为了收入跳来跳去，没有一个稳定的职业环境，很难完成一个"名记者""名编"所需要的资本积累。

前段时间，有家媒体号称要打造新媒体时代的"网红"记者，我觉得这可能是一种堕落，表明传统媒体在新媒体、自媒体冲击下失去了自己的定力和节奏，而去追随"网红"的节奏。传统媒体过去是有自己的传统资本，比"网红"厉害多了，对新闻人也更有感召力，那就是"名编、名记者、名评论员"。在那个媒体人的黄金时代，很多媒体都有让自己骄傲的"名记者"和"大编辑"，比如《中国青年报》的李大同、卢跃刚、张建伟、贺延光、叶研等，这些"名记者"和"大编辑"就是媒体最好的名片。如今能够让同行公认的"名记者"确实越来越少了，有很多原因，比如媒体环境的变化、舆论监督的困境、媒体竞争越来越激烈，等等，不像当年靠一两篇深度报道和独家新闻就能闯出"可以让人记一辈子"的媒体江湖地位。另一个常被忽略的重要原因是，记者生存压力越来越大，很难从容地做新闻。记者和编辑"成名"，需要一个稳定的成长环境，年轻人跳来跳去，不稳定环境没有办法产生"名编""名记者"。

一个很有潜力的年轻记者，在一个很有影响的平台上刚做出一两篇很有影响的报道，很快就跳槽了。"名记者"的生长是需要平台和时间的，没有在一家好媒体长期工作做深度报道的耐心，一两年就跳槽，不断从这家媒体跳到另一家，在媒体的江湖中流浪，在跳槽中离新闻越来越远，很难完成一个"名记者"所必需的原始积累。做出一两篇报道就有了名气，但这种名气不足以支撑成为一个"名记者"，"名记者"绝不只靠一两篇报道，而是在一家单位、某个领域、某个选题上长期积累，才会有坚实的江湖地位。

同样重要的是，"名记者""名编"往往与"名单位"相互成就。并不是每家媒体都能走出"名记者"，《中国青年报》常被称为媒体界的黄埔军校，就在于单位氛围的熏陶和传统报人文化的延续。单位提供了一种宽松自由的环境，鼓励创新，给新人机会，不按资排辈，让记者、评论员可以挥洒自己的个性，而不是泯灭个性。一个记者，在一个好平台写出一篇报道而有了名气后，会产生幻觉，以为自己很牛——其实倒不是自己多牛（个人潜质当然也很重要），很大程度上是平台影响所创造的机会。错把平台影响当个人能力，看不到平台的重要，很容易产生自大自恋。一离开这个平台，虽然收入翻了一倍，但再写的报道就很难写出什么影响了。失去平台资源的精神营养，没有自己的根，成为媒体流浪儿，也就离"名编""名记者"越来越远了。

"名记者"只会出现在传统媒体，尤其是没有那么大时效压力、有相对从容生产空间的主流媒体，这是一定的。在急躁的时效节奏中是出不了"名记者"的，也许只有纸质媒体，会给深度记者用较长时间去做一个深度调查，会在热点过了时效后去进行深入的挖掘，让记者和新闻有喘息的时间。对自己的职业生涯没有长远的规划，还没有从平台上汲取充分的营养，有了点小名气就跳来跳去，身价只会不断贬值。所以每次给年轻人做入职培训时，我都会这样提醒——有定力，放眼长远，不要鼠目寸光，不要太早地被收入所绑架而沦为"新闻民工"。"新闻民工"跟收入无关，而是一种胸无新闻大志、被收入所奴役、缺乏职业定力而四处漂泊的心理。

（《青年记者》2016 年第 34 期）

耸人听闻的"震撼了，出事了，紧急通知了，轰动全国了"

当下谣言满天飞的微信舆论场，像极了当年车站码头天桥舆论场上的非法出版物。去过那种混乱码头的人应该有印象，常有人挎着一包非法出版物边走边大声叫卖："刚出来的爆炸性大新闻！刘德华死了！赵本山被抓了！某某高官被双规了！某某明星出轨了！某某明星跳楼了！"封面上全是那种耸人听闻的秘闻。这几年"扫黄打非"很有成效，车站码头这种非法出版物越来越少了，几乎绝迹，可那些乱七八糟的小道假新闻却没有绝迹，一夜之间似乎都跑到微信上，变身为"震撼了，出事了，紧急通知了，轰动全国了！"

真让人感慨，严肃正经的新闻远还没有从传统媒体走向新媒体，小道消息和假新闻一夜之间更新换代，从车站码头的非法出版物变本加厉地走向了微信和网络。

比如，这两天美国大选后疯传微信的假新闻——"有关希拉里竞选的资金来源的惊天大新闻""中国是继沙特之后第二大海外政治献金来源""政治献金方包括阿里巴巴等""中国大陆最大额的个人政治捐款人是女影星赵薇"。——这种既无信源、又无事实依据、更不合常识的"三无"新闻，过去完全栖身于车站码头天桥的地摊非法出版物，如今成了微信传播的热点。

其实早先时候，这样的谣言已经传播过一轮了，相关方已经辟过谣，可过段时间"老谣"又借新热点再次传播。继赵薇辟谣后，阿里巴巴不得不也再次辟谣，从表述中可以看出其面对谣言时的无奈："微信已经改变了谣言的

DNA，谣言越来越无法控制，这已经是现实。今天我们不是来指责微信，而是呼吁大家一起来面对这个现实，找出那些制造和传播谣言的元凶和黑手。否则在微信强大的传播和立体的组织里，辟谣一点用也没有。在真正找到谣言的根子之前，即使知道没有用。我们也只能，再辟谣一次。"

确实，微信已经改变了谣言的 DNA，当这些谣言只是生存在车站码头天桥的非法出版物中时，传播力非常有限，可转移到微信舆论场后，借助用户对微信工具的依赖和朋友圈的封闭，获得了像病毒感染那样的传播力。从码头非法出版物到微信朋友圈，大标题延续着那种歇斯底里和耸人听闻，传播力和破坏力却增加了数万倍："出事了，紧急通知，速速扩散，你知道吗，一定要看，深度好文，看后秒懂，轰动全国，据说很灵，抓紧收藏，这都敢说，笑死我了，教你几招，删前速看，太震撼了，你肯定不知道，刚刚出的事，惊呆了，公园里刚刚发生的一幕，就是这个人渣，终于站出来说真话了，今天无意中看到的，看到的都转了，为什么最近都在疯传这句话，不转不是中国人。"

多少谣言借着这些标题在招摇过市，以看得见的方式高调造谣传谣，以"我就造谣，你咬我啊"的嚣张姿态横行朋友圈，一次次地侮辱着公众智商和挑战着法律权威。

其实，越是这种歇斯底里的谣言，越没有技术含量。稍微动点脑子，从信源上就能识别出问题。比如，这些谣言往往都只有耸人听闻的判断，却没有权威的信源和可靠的论据。说希拉里竞选资金的来源有哪些，到希拉里竞选官网上看一下就知道了，再到相关企业官网看看就更清楚了。毕竟这些企业都是上市企业，信息都公开披露，资金也都是透明的。这几天网上还有另外一条假新闻欺骗了很多人，关于江西吉安农村一名小男孩与马云长得极为相像的网络报道，这其实完全摆了乌龙，纯粹是网络一厢情愿以讹传讹的炒作，传播着各种臆想的消息——实际上，判断真假最关键的是要看信源，而不能看网传的"据马云内部邮件表示"（你看到马云的邮件了？谁发布内部邮件了？），被网络绑架的相关方其实是在委婉地辟谣：这不是笑话，是沉重的现实。

那一个个惊天谣言之所以能在微信泛滥成灾，利用的就是受众的不过脑子，缺乏基本的媒介素养，在快标题的"压迫"下轻易相信一个判断，加上微信传播的封闭性，形成了失去自我净化能力的传播。另一个关键原因是造谣几乎零成本（造谣有巨大的收益，有些营销号就是靠造谣吸引粉丝赚取流量，再将其变现，而辟谣和法律维权成本却非常高）——很少有造谣者受到惩罚，因而就更加肆无忌惮了。"老谣"不死，是因为有很多人靠谣言而生。

（微信公众号"吐槽青年：曹林的时政观察"2016年11月15日）

为《财新周刊》代言

一个经常坐飞机的朋友谈过他候机时观察到的现象，贵宾厅的人多在看书报杂志，而普通候机区的人多在低头玩手机。机场的环境可能比较特殊，比如贵宾厅有书报摆放而普通候机区没有，但日常生活中也能看到类似现象，成熟稳重的人更喜欢拿着一本书、一本杂志或一份报纸去阅读，在一片低头玩手机的人群中，他们专心翻书的形象让人印象深刻。

手机上有海量的信息，但我还是习惯买报纸杂志看，不仅是用这种付费方式表达对新闻生产者的支持，更是对印在纸上的文字的信赖——在新媒体、自媒体舆论场越来越像火车站天桥那样混乱不堪的传播环境中，在"据朋友圈报道"之类"聋子听哑巴说瞎子看到鬼了"的消息泛滥成灾时，白纸黑字更让人珍惜。也许经历过被无数网络反转新闻打脸后才更加明白，纸质媒体真不是一种落后的新闻生产方式，而是捍卫着新闻的真实可靠所"必要的慢"。

拿着一份报纸或一本杂志的时候，我读着会很放心，因为我知道里面的文字经过了一群专业媒体人的严格把关，有一群已经用很多报道证明了自身可信赖的媒体人用自己的信誉担保——真实可靠是他们的生命，他们丢不起人，他们承受不起哪怕一次新闻失实的代价。

信息过剩到让人厌倦的地步，但我一直认为，真正有价值的新闻信息仍是稀缺的。而那些真正对我们有价值的信息，需要我们付出成本。成本有两个层面：一是通过付费获得优质的新闻产品，互联网惯出了免费阅读的毛病，但新闻生产是需要成本的。不能一边抱怨有价值的新闻越来越少，深度调查越来越萎缩，新闻越来越垃圾化，一边却不愿为那些追踪事实、开掘真相、深挖独家新闻的生产者支付哪怕一毛钱。——记者负责报道，读者应该习惯用付费鼓励优质原创。

付出成本的另一层含义是，需要专注地阅读。现代人的一个问题是，太追求让自己舒服的、不费劲的阅读，把阅读当成一种休闲娱乐，于是那些碎片化、随机化、标题化的手机浅阅读成为流行病，这种浅阅读当然不会获得营养。要想从阅读中获得价值，有必要付出专注的成本，别总指望一分钟让你明白、一张图让你了解、一条微博让你掌握——你不费成本获得的信息多是垃圾。花十分钟深入地读一篇报道了解事件的前因后果，花半个小时弄懂某个一直困扰的问题，花一个小时读一篇严肃的、需要主动投入逻辑思考的文章。没有用心用脑的投入，你就不会从阅读中获得价值。

我之所以依赖报纸杂志和书籍这些纸质媒介，是想：

让自己慢下来阅读，避免被那种让人变得肤浅的快节奏所牵引，一字一字地看，一页一页地翻。

让自己去深度阅读，避免在碎片化的信息轰炸中变得"博学的无知"。

让自己主动去阅读，避免无数网络推送新闻下的被动阅读。

让自己安静地阅读，避免被手机越来越杂乱的社交功能所干扰。手机的核心功能是社交，当养成手机阅读习惯时，可想而知在不断有消息弹出的社交干扰之下的阅读质量。

让自己有体系、有积累地阅读，避免将自己的价值观和知识体系建立在碎片化的网络信息上。

（微信公众号"吐槽青年：曹林的时政观察"2016年10月25日）

我为报纸代言，白纸黑字的公信担当

今天出版的《齐鲁晚报》用通版刊登了我为报纸代言的公益广告，我简单回答了两个问题：

一 作为报人，你认为坚持读报会有什么收获？

培养专注力。手机对现代人最大的伤害在于毁灭了人们的专注力，用手机浏览新闻信息，很难保持对一个问题超过五分钟的专注。在手机上，阅读只是社交的附属功能，电话、短信、微信、弹出的信息随时会中断你的阅读，海量的碎片信息也会淹没人的思考。而读报则能让人全身心地沉浸于专用于阅读的新闻纸中，人与纸的接触形成了一个排除社交干扰的安静环境，在深阅读中深思考。

在这个快得让人窒息的时代，总需要一些东西让你慢下来静下来去品味和感受，报纸也许就是让你急速前行的脚步慢下来的一种静能量吧。一杯咖啡、一张报纸，不只是一种习惯，更是让心灵保持平静的一种努力。

二 在新媒体环境"人人都有麦克风"了，你还能静下心给报纸写评论吗？

越是在"人人都有麦克风"的环境中，越能体现专业评论员和报纸评论的力量，这方面我有足够的自信，所以能静下来保持写作的定力。一事当前，新媒体、自媒体的评论有快的优势，但报纸评论也有慢的优势，慢下来核实信源，慢下来从不同角度思考，慢下来等待更多事实，慢下来撇除情绪泡沫，等网络转移到新热点时慢下来穷追不舍，用评论推动时事进程，避免新闻的烂尾。白纸黑字的报纸评论，是这个全媒体时代的公信担当，用印在纸上深思熟虑的判断去推动这个社会的点滴进步。

这也是前段时间我回母校新闻学院给学弟学妹们讲座的内容——"集体唱衰纸媒的时代，我为何坚守新闻"。作为纸质媒体人，请不要跟风唱衰报纸，一起为自己的报纸代言。向那些坚守新闻初心、努力在转型中坚守白纸黑字公信担当的媒体人致敬，向《新京报》《财经》《财新周刊》《京华时报》《齐鲁晚报》、南方报业、深圳报业等在纸质媒体寒冬中用出色报道捍卫报纸尊严的同行致敬。

纸质媒体人应该有自己的内容自信，当下报纸遇到了问题，不是媒体人生产的内容出了问题，而是人们的阅读方式发生了变化。要变的是抵达读者之手、之心的传播方式，要拓展的是传播途径，而不是怀疑和折腾自己的内容，从而失去优质内容生产的能力。这个观点，在前段时间《报纸根本不必迎合年轻人》一文中已有过阐释。

纸质媒体人应该有自己的"生产方式自信"。纸质媒体人最珍贵的东西不是那张纸，而是那个保障白纸黑字之公信力的生产方式。纸质媒体是一种内容生产的媒介形态，千万不要以为"以天为时效单位"的新闻生产方式在"以秒为单位"的新媒体面前很落后，这恰是报纸的公信担当所在，是报纸的优势。新闻生产是需要时间的，调查、核实、求证、多方平衡、写作、完善——

报纸的出版时间给了新闻这种喘息的时间，以确保白纸黑字的可靠——这就是为什么人们对报纸有一种根深蒂固、不可替代的信任，无论怎么网传，还是要看报纸刊登了才觉得靠谱。此外，报纸在数百年的发展中已积累了一套严格的把关机制，记者、编辑、编辑部主任、分管副总、老总签版、检查、校对流程、出版前的审读，以保障白纸黑字的客观、真实、严谨。

未来报纸的发行量可能会不断萎缩，但哪怕每天的报纸只印一份，但完成了白纸黑字的严谨仪式。白纸黑字的仪式，一群专业新闻人经过手，走过的那个流程，保障了抵达你手的新闻的真实严谨。你看到新闻来自《中国青年报》，来自南方报业，来自《新京报》，来自《齐鲁晚报》，知道打着这些标签的新闻产品是信得过的。"纸"印出来不是仅仅供你读的，而是白纸黑字的仪式象征。纸质媒体人会转型为全媒体生存，你会在最方便接触到的渠道接触到这些能赢得你信任的新闻产品。经过转型，有形的纸会转型为一个无形的内容 IP，变的是形式，不变的是白纸黑字的公信担当，不变的是让纸质媒体人赢得尊重的那种生产形态。

也许你已经不习惯读报纸了，但你骨子里对白纸黑字肯定有一种依赖，那就够了，有这种依赖，报纸就不会死，纸质媒体这种生产方式就会永远保持着生命力。也许未来手机已经成为你身体的一个器官，纸将消失，但你对新闻的消费只会越来越多——那就够了，这就是新闻内容生产者的价值所在，也是纸质媒体人理想如昨、激情如初的动力。

在快得让人窒息的时代，给朋友们一些微小的建议。

让自己慢下来，读一些无用的书，培养一些非职业兴趣，每天给自己创造一些远离手机和网络的时间。手机不仅迎合着人的各种社交需求，更创造和发掘着人们自身未发现的很多潜在需求，一台手机上已经附着了太多让我们眼花缭乱的功能。一机在手，太多的社交功能分散着我们专注做一件事的注意力。各种软件随时弹出的一条消息，都会打断你的注意力。手机强大的社交功能，对人的注意力形成了极大的干扰。

对阅读的干扰——手机的核心功能在于社交，而不是阅读，但很多人现在都通过手机进行阅读，可以想见在社交干扰下的阅读质量。对工作的干扰——我写作的时候一般都会把手机调成静音，否则，在手机环境的社交干扰下根本没法专心写作。对生活的干扰——手机的社交侵入家庭生活，跟家人吃饭时都在刷朋友圈。对社交的干扰——有人说社交平台毁了现代人的社交，虚拟社交干扰着人们面对面的社交，朋友聚会吃个饭都吃不安心，都低着头玩手机。

每天还是给自己创造一点避免手机干扰的阅读、生活和社交环境吧，比如安静地读一份报纸，在人与纸的接触中形成一个排除社交干扰的安静环境。

（微信公众号"吐槽青年：曹林的时政观察"2016年10月25日）

新华社原本就是这个新华社

前段时间看过一篇文章,题目叫《最近的新华社,有点不像新华社》。这篇文章是夸新华社的,夸他们在一系列公共事件上的评论很及时生猛,简直是啪啪打脸;在新闻追问陷入困境的时候,新华社的犀利评论扮演了关键的突破角色。文章虽然是夸新华社,但标题听起来很像是"高级黑"。发了几篇获得舆论追捧的犀利评论,就说新华社有点不像新华社,好像新华社一向不敢发声,一向不站在公众立场,一向只会发唱赞歌的通稿,偶尔发几篇犀利的评论,就让人觉得不认识了。

这其实是对新华社很大的误解,新华社原本就是这个新华社,这是新华社本就有的样子,只不过很多人对它有一些根深蒂固的误解,将很多社会情绪投射到这个带着"国家"标签的通讯社身上,形成了一种刻板的认知,提到这个名字就想到"通稿""赞歌"等,而看不到国家通讯社在很多公共事件上穷追问题、发掘真相、捍卫正义和关怀贫弱的努力,看不到这个平台上的媒体人借助国家通讯社的权威性和影响力,在很多问题上推动事件进程和改革步伐的贡献。

如果多看看新华社的报道,有机会到新华社"新锐青年"评比的现场看看那些年轻人的表现,你对新华社就会像我一样"路转粉"了。连续几年以评委身份参加这个评比,接触到的新华社年轻人越多,越了解他们的努力,那种作为媒体同行的亲切感就更加强烈:新华社原来就是这个新华社,那种精神气质一以贯之。

一　新华社的传统基因

听过这样一个故事，关于新华社老社长穆青。

1942年，21岁的穆青来到延安，在《解放日报》工作。工作第二天，领导就交给他一项任务，让他去采访陕甘宁边区的工人赵占魁。结果穆青在采访中遇到了难题。赵占魁被工友起外号叫"老实疙瘩"，特别淳朴。穆青问他一串问题，赵占魁都回答"我就是干活的，没啥可说的"。面对这种情况，穆青没有放弃，他深刻明白抓住新闻核心要素的道理和技巧。于是，他与赵占魁同吃同住同劳动，一起生活20天，工作时给赵占魁打下手，晚上跟赵占魁睡在一个屋檐下，零距离对他进行细致的观察，并采访了他身边几十个人。最终，穆青发表了通讯《人们在谈说着赵占魁》，通过旁观者的语言、身边人的议论，成功刻画出了赵占魁纯朴又坚韧的工人形象。通讯发出后引起了轰动，陕甘宁边区开展了轰轰烈烈的"赵占魁运动"。

七十多年后，赵占魁的重孙赵卓悦成了新华社记者。在这次"新锐青年"评比中，赵卓悦摘得"新锐中文编辑"桂冠，最打动评委的是他在去年天津爆炸事故中对"爆炸现场至少存放着700吨氰化物"这个传闻的核实。当时信息非常混乱，采访过程不断受阻，没有官方声音，涉事企业的电脑、账本都在爆炸中烧毁，高层人员被警方控制，也难以采访到。在这种情况下，他想起了穆青采访他太爷爷赵占魁的方法，从侧面突破，通过多个信源的核实，确认了最终的事实，也"倒逼"官方通报了氰化物的信息。

这就是媒体精神的代际传承。老记者以各种方式将那种精神传给新记者，新记者又通过优秀的报道传给新人，同行对"新华体"有很多阐释，我的理解是：扎实的采访作风、调查研究的气质、丰富的细节、平衡的呈现、严谨的表述。这跟《中国青年报》"用脚采访，用笔还原"的追求是一致的。人们常说,"重要的事要说三遍"——对媒体人来说,重要的信息起码要核实三个信源。不要才子气,不仅依靠书上网上检索到的东西,也别仅依靠电话采访,要有充分的素材。

从湖北分社记者黄艳所写的《长江水生生物资源遭酷捕滥捞锐减——专家建议全面休渔十年》,到北京分社记者杨毅沉的《e租宝事件给互联网金融行业发展带来四点警示》《"北上广"常住人口增速放缓 超大城市人口疏解谁走了谁还在?》,广东分社记者詹奕嘉关于乌坎问题的系列报道,再到参编部记者毕子甲的《舌尖上的麻木——"罂粟门"公布日3家涉事餐馆目击记》,还有国内部记者朱基钗,随队参加中国第32次南极科考报道,乘雪龙号远渡重洋到达南极,又随船环绕南极大陆一圈,航程3万海里,4次穿越魔鬼西风带;克服极地艰险,文字摄影电视报道一肩挑,总计发稿200多条。——在他们身上,都能看到那一以贯之、一脉相承的新华社传统基因。

二 作为舆论压舱石的新华社评论

我是写评论的,平常我更关注新华社的评论。评论是《中国青年报》的传统优势,新华社的朋友曾专门到本报学习评论操作。不过近两年新华社在评论方面有很好的表现,我在报社内部讨论时曾谈到向新华社学习,我是这样说的:

"我上周专门研究了新华社近来的评论,确实有让人惊艳、让人眼前一亮的感觉,很多公众号文章都说'近来的新华社有点不像新华社了',他们的一系列评论在近来的热点事件中都抢了风头,或者做出了关键的追问,或者推进了事件的进程,或者成功地设置了议题,或者以尖锐的质疑形成意见领袖的引领效应。在一些事件上,新闻无法突破的时候,他们的评论扮演了关键的角色。在一些热点上,一般媒体无法继续跟进、事件调查可能陷入烂尾时,国家通讯社发挥了主流媒体的引领功能,发出了强势的声音。

比如某某事件中的几篇评论，对毒操场事件的几大追问，在涉警舆情上对相关群体的评论，对北京征收拥堵费的尖锐质疑。既得到了舆论的好评，也提升了媒体的士气，让人看到主流媒体的力量。

新华社这一系列评论有这样的效果，当然与其身份有一定的关系，有些评论发在我们这，因为缺乏国家通讯社的身份，就不会有那样的轰动效应。但并非都是源于其国社的身份，很多方面还是值得我们学习的。其一，比如对于热点的积极介入，不会那么缩手缩脚，在"影响性公共事件"上不缺席，在关键时候发出关键声音。其二，有对于公众痛点的精准把握，毒操场、拥堵费、涉警舆情，等等，这些问题在新媒体上讨论和冲突非常多，新华社敏锐地把握到了痛点，评论一下子就在舆论场上形成了冲击。其三，观点鲜明，无论是标题，还是观点，都直指要害，直指问题关键，直指公众关切，该有鲜明立场就应该鲜明，而不是总那么温吞。其四，敢于顶压力，我知道，新华发这一系列评论，是顶着很大压力的，所以也赢得了舆论和业界、学界的高度赞赏。

评论是我们的优势，我们的评论有很多亮点，但很多方面还是要向新华社学习。比如，我们有些评论无论是选题、标题，还是观点上，都有些偏软，离舆论场有点远。我们需要一些有分量的、敢于触碰热点难点争议点、在关键问题上发出关键声音的坚硬评论。面对《人民日报》、新华社这些主流党报在评论上的集中发力，面对《新京报》这些优秀都市媒体在评论上的大投入，面对新媒体、自媒体在很多热点事件上既快、又活跃、又有趣、又专业的评论，我们应该有危机感，避免在温水中被边缘化。"

《新华每日电讯》的评论编辑、评论员易艳刚以其优秀的表现斩获"新锐"，我给他的颁奖词是这么写的："都说评论是媒体的灵魂和旗帜，易艳刚的表现无愧于这个比喻。自媒体的众声喧哗中，需要国家通讯社成为舆论的压舱石，易艳刚和他的同事在很多热点事件上所写评论和设置的议题，让公众看到了国社的权威力、思想力、引导力和影响力，既新又锐。一两篇评论引发关注很容易,难能的是已经形成一种稳定和持续的影响,让人在很多热点事件中期待听到国社的声音。"

三 媒体离老百姓越来越远了

获得"中文记者新锐"的广东分社记者詹奕嘉谈到了这样一个让他觉得很沉重的话题。他到一个地方采访,当地老百姓跟他说:"获得信息的途径越来越多,却感觉媒体离我们越来越远了。"

媒体离我们越来越远了——百姓的这种疑惑和焦虑,不仅是对詹奕嘉的拷问,更是对每个传统媒体人的拷问。不要总是埋怨公众为什么越来越不看报纸和电视了,首先要问的是,为什么媒体离公众越来越远了。

之所以让人感觉媒体离百姓越来越远了,关键问题可能在于,媒体和记者离新闻越来越远了。

参与新华社的"新锐青年"评比,看他们的送评作品,听他们在台上的陈述,感到很亲切,因为我能看到他们在努力坚守一些媒体人做新闻的本分,做调查报道,做舆论监督,讨论对细节的核实,在信息闭塞下怎么突破,等等。说实话,参加一些有关媒体发展的研讨会,很多人说的话我越来越听不懂了,都是一些自己还没有弄懂就拿出来显摆的新概念——AI,VR,AR,开口闭口"10万+",动辄就是变现,都是各种层出不穷的新概念。

从这些远离新闻本分的概念可以看出,一些媒体和记者离新闻有多远——不谈内容,不谈报道,不谈新闻操作。确实,新媒体时代需要注重用户,需要转型,需要嫁接新技术开掘新平台,但如果缺乏最基本的内容,失去了内容生产能力,离新闻越来越远,那种转型有什么意义?内容是转型的资本,新闻远离读者,根本没人看,还谈什么新媒体用户?

令人高兴的是,从这些年轻人口中并没有听到那些离新闻很远的概念泡沫,而是作为一个媒体人应有的新闻本分。詹奕嘉是"网红",他在台风中的坚持播报让他的表情包红遍网络，但他并没有享受"网红"这样的身份，他说，他不排斥"网红"，但他希望能靠自己的新闻作品成为"网红"，而不是靠行为。他在台上陈述的时候，并没有津津乐道于自己成为"网红"的播报经过，而是谈自己满意的那些调查报道，谈18次往返乌坎，谈100多篇相关报道，谈这种敏感报道是如何把握尺度的。这种调查记者的本分，让人肃然起敬。

詹奕嘉说，身处新闻富矿之中，最痛苦的事是不能到现场去挖矿。不是去现场，就是在去现场的路上，这也是记者应有的本分。不去现场，记者离现场很远，写出来的新闻自然就离老百姓很远。

四 新闻富矿与新闻贫矿

评选的现场，评委与选手好几次都谈到了新闻富矿与新闻贫矿的问题。其实，哪有什么富矿与贫矿之分，并不是发达地区就是新闻富矿，也不是落后地区就少有新闻，关键在于记者的发现力和发掘力。我写过一篇评论《天津是一座没有新闻的城市》，并不是这座城市没有新闻，是新闻贫矿，而是因为一些问题，我们过去很少看到来自这座城市的新闻。

新闻就在那里，就看你能不能去发现并发掘出来。既需要新闻敏感和问题意识，也需要报道的勇气。

比如宁夏分社记者张亮，就在一个被认为是新闻贫矿的地方发掘到了新闻。2015年3月，张亮在宁夏某市某县某镇挂职任副镇长，分管科教文化、精神文明、办公室等工作。在三个多月的挂职工作生活期间，张亮和乡镇、村干部同吃同住同劳动，体验农村生活，开展基层工作，调研民生疾苦，采写的相关扶贫稿件获得总书记批示，并推动了相关制度的完善。

他在挂职中参加镇党委会一次会议，敏感地发现了新闻。上级拨付的一大笔专项扶贫资金却成为干部手中的"烫手山芋"，干部们不知道怎么花出去，然后就讨论各种办法，研究如何"安全地"把钱花出去。张亮以自己这段参与讨论的经历为由头，记述了基层乡镇干部为扶贫款的发放问题陷入进退两难的境地，反映了当下扶贫政策制定和基层实际情况存在差距，基层缺少自主权导致扶贫有失精准。

他还利用在农村挂职期间分管科教文卫工作的便利，遍访挂职乡镇六盘山镇的所有"麻雀小学"，继而发现农村"麻雀小学"存在生源流失严重但投入持续增加的不正常现象。通过和基层教育工作者、农村家长、乡镇干部的深入探讨，形成了对这一现象的反映和反思稿件，《农村"麻雀小学"如何变身？》等报道引发教育界的深入讨论。

这就是记者的发掘能力，新闻之矿就摆在那里，看你能不能挖出来。从江西分社的郭强、参编部刘梦泽等记者身上，都能看到这种强大的挖掘能力。今年南方洪灾时，我写过一篇题为《不要让安徽成为救灾的新闻盲区》的评论，参编部刘梦泽前往安徽抗洪一线，组织分社记者撰写多篇参考报道快讯和调研稿件，让安徽的灾情被更多人知晓，并受到领导的高度重视。

我在点评总结时谈到了新华社记者身上的定力：

专业定力：不被新媒体浮躁之风所感染，不玩中看不中用的花活儿，而是保持着专业主义精神，慢下来深耕新闻。

选题定力：不紧跟网络热点，而是有自己的选题判断。新华社经常就一些有普遍性的社会问题组织分社记者进行调研。不是跟随热点，而是通过扎实的调研设置议题，引发关注。比如今年新华社在儿童节这一天推出的特稿《受伤的花蕾——中国儿童性侵现状调查报告》，四个年轻的记者奔赴各地深入农村和山区，让公众在这个节日里看到了留守儿童被性侵这个触目惊心的社会问题。

主流定力：不失语，也不乱语。

五　我向新华社年轻人们的提问

去年比赛中我的刁钻提问，在年轻记者中形成了不好的"毒舌"形象，据说不少记者准备比赛时专门看了我去年的那篇文章以防"毒舌"。今年提问时我收敛了很多，整理了一下我今年的提问。

（一）提问江西分社记者郭强

郭强代表作之一是《苏荣造绿工程的背后》。我的提问是："对于这样一个已经落马两年的贪官，这样的报道有多大的舆论监督意义？我写过一篇评论叫《中纪委负责"打虎"，媒体负责"鞭尸"》，你觉得你的这种贪官落马后的事后监督、起底报道有多大的舆论监督意义？"

（二）提问广东分社记者詹奕嘉

詹奕嘉有两个亮点："网红"记者和乌坎报道。我提了两个问题："第一，像乌坎这种敏感度很高的事件，怎么保持报道的平衡和尺度。第二，你因为台风中的播报而成'网红'，现在记者因为工作而'红'的事比较多，厦门卫视女记者因为采访时戴墨镜被处理，新乡女记者大雨中坚持播报被追捧，你是怎么看待这种现象的。"

（三）提问吉林分社记者段续

段续的代表作是《滴滴收购优步：谨防"鲶鱼"变成"沙丁鱼"》《滴滴收购优步：大数据垄断尤当警惕》，两篇文章都是批评滴滴收购优步可能形成垄断。我首先问他："怎么看这两天京沪对网约车进行限制，要求有本地户口。如果你写评论，会有什么样的观点。"段续谈了自己的观点，他说能理解这些城市为何这么限制，也谈了这种限制的不正当性。我接着追问："现在看来，你之前评论担心滴滴收购会形成垄断的判断是否纯粹是一个伪问题，在行政垄断的大格局下，担心滴滴会垄断市场可能是一个笑话。"

（四）提问北京分社记者杨毅沉

杨毅沉是调查记者，写过很多批评性报道，甚至被房产商"人肉"，也是财经记者，写过很多专业的财经报道。我问他："调查记者和财经记者的生存状态似乎是不一样的，调查记者好像很苦，而财经记者则很滋润。有人说，没有财经记者不拿红包的，你怎么看？"毅沉回答得很巧妙。

（五）提问宁夏分社记者张亮

张亮当过挂职干部，我问他："作为一名挂职干部，又是记者，你是怎么化解这种身份冲突的。作为干部，出现负面事件时你得捂盖子，而作为记者，你又得揭盖子，怎么化解这种冲突。"

（六）提问参编部记者王昀加

因为出差，王昀加不在现场。台湾高雄地震时他写过《滚滚烟尘中的一抹微笑》，我特别想问他："这种传递正能量的写作跟一些官方通报中的'公众情绪基本稳定'的区别在哪里？传递正能量，防范用力过猛，分寸感在哪里？"

（七）提问参编部记者毕子甲

我的提问是："我知道你本科在中国传媒大学就读，研究生在清华就读，我写过一篇文章《妄评名校新闻系毕业生的气质》，说传媒大学'浮躁功利不读书'，说清华'有想法、好奇心强、英语好、有国际视野'，你在两校都待过，是怎么看待这种评价的。"

（微信公众号"吐槽青年：曹林的时政观察"2016 年 10 月 12 日）

不必给"90后""00后"读报的理由，报纸没必要迎合年轻人

新媒体的冲击加上生存环境的恶化，使报纸的生存已经越来越艰难。为了争取年轻的读者，很多报纸都在使出浑身解数，又是改版——在版面上迎合年轻人的审美；又是改文风和语态——满版标题尽是网言网语和当红流行语，撤掉年轻人不爱看的版面，新闻选题和线索上向网络靠拢，用快餐新闻去取悦年轻人。竭力给"90后""00后"一个读报的理由。

我常跟同行说，报纸应该有自己的定力，根本没有必要迎合年轻人。你改得再符合年轻人的口味，都不会增加你的销量。因为年轻人早已不看报纸了——不是因为报纸办得不好，而是因为他们的媒介消费方式变了，整天盯着手机，习惯依赖移动互联网获得新闻信息，报纸内容再好，再迎合他们的口味，他们也不会看报纸了。

不是报纸办得不行，不是报纸在内容上没有竞争力，而是这一代年轻人变了，媒介消费习惯发生了重大的变化。想通过把报纸办得好看一些来吸引年轻人的眼球，是错误的融合策略。年轻人在网上，在手机移动端，在社交平台，报纸只能通过融合创新，把自己生产的新闻产品延伸到新平台、新渠道，在新的媒介平台上获得重生。

写这篇文章的目的主要不是谈纸质媒体的新媒体变革和融媒体创新，而是想谈新闻纸应该怎么变，千万不能在自以为是的"变化"中迷失发展方向。很多报纸都不愿承认一个现实，就是自己的读者已经越来越老化。意识不到

这个现实问题，纸上的内容刻意去迎合年轻人，既无法把年轻人争取回来，又在迷失方向的改版中失去了自己的老读者。

我所知道的一家老牌都市报，老读者们最喜爱的版面是文化副刊，这么多年来，老人们就喜欢在茶余饭后打开副刊看那些文坛趣事、风土人情、文化地理，在副刊中享受生活的慢节奏，有些文章虽长，却值得慢品。可从网络调查看，这种文化副刊版阅读率奇低，远远排在那些新闻版和娱乐版的后面。这一轮的减版中，这家报纸准备砍掉文化副刊版。这不是个案，文化副刊和杂文随笔版曾风行晚报、都市报，也深受老读者们喜欢，可如今很多都被砍掉了。

没什么比这样做更愚蠢了，网上看你新闻的人从不买你的报纸，却由他们的点击量决定着报纸版面的存废——这置那些买你报纸的老读者于何地？沉浸于网络传播的幻觉中，一味盯着点击量，不知道自己真实的读者在哪里。

报纸的发展应该有自己的定力，既然明白报纸发行量萎缩，问题并不是报纸内容出了问题，而是读者媒介消费习惯的变化，那就不要怀疑自己的内容，不要折腾报纸和内容了，而应该在渠道和传播上下功夫。在保住既有老读者的同时，在移动互联网上去培育新用户。

报纸会不会死？我还是坚持那个判断，作为个体，一些报纸会死，甚至撑不过这个冬天，那是过剩产能的问题；但作为一种形态，报纸肯定不会死，起码在十年内死不了——当然，要集体经历一个发行量大萎缩的阵痛期。在未来十年内，还没有一种媒介能替代人们对新闻纸这种最可靠媒介的依赖，新闻总要印在什么东西上才让人觉得可靠，如鲍曼所言，一切坚固的东西都烟消云散了——变动的社会中，总得有一些确定的东西保持不变。未来，虽然多数人都不再通过报纸获取信息，但报纸仍将是生产和承载新闻的"关键少数"。

前段时间在一所大学做讲座，交流环节时，一个学生站起来就说："曹老师，我早就不看你们的报纸了。"对此，我并没有惊讶和难过，常能听到这种"早不看报纸"的唱衰声——我想，下面该是把报纸说得一无是处了。没想到她接下来一番话狠狠地感动了我，她说："但我爱看你们的报道，在手机上浏览新闻时看到标题或文章中的'《中国青年报》，'中青在线'这几个字，会感到很可靠。如今新闻不断反转，评论一惊一乍，印着《中国青年报》这个符号的新闻产品让人感到踏实，可以放心接受。这几个字在我看来代表着权威、公信、客观，代表着可以信赖，因为这张报纸后面是六十多年可信任的历史和一群值得信赖的专业新闻人。我相信，这就是报纸不可替代的能力。"

报纸从没有像今天这样遇到如此大的冲击、如此大的生存危机，但我又深知，舆论场也没有像今天这样如此需要传统媒体人提供更多更优质的原创报道。在"人人有麦克风"的众声喧哗时代，更凸显着独到评论的思想意义；在"10万+"的声音爆炸让判断远远跑在事实前面的时候，深掘事实的调查报道更显宝贵；自媒体太多、记者太少、事实不够用，越发提升着专业和深度的价值。而这些，正是报纸的传统优势。看报纸的人不像过去那么多了，很多年轻人不看报纸了，但人们却从没有像今天这样更依赖新闻。报纸应该保持着自己内容生产的自信，内容生产不要被网络和所谓"年轻人"牵着鼻子走，渠道传播可能有年龄之分，但对事实和真相的内容追求，没有年轻之分。

纸质媒体人要在心理上适应这个变化，报纸的功能已经发生根本变化，作为"纸"已经从大众媒介变成小众，而作为"媒"，仍是内容生产的主力。报纸印出来不光是用来"阅读"的，核心功能是白纸黑字的公信。一边保持传统的内容生产力，一边拓展新的传播渠道，渠道和传播要年轻化，而内容生产则不必，不要指望用"纸"留住年轻人。

（微信公众号"吐槽青年：曹林的时政观察"2016年10月16日）

第五辑
新评

如果说我的评论有什么独特的气质，除了客观理性外，另一个核心气质就是：换一个角度看问题。我喜欢从正常中看到反常，从反常中去发掘正常，在别人可能停止思考的地方再思考一步。评论需要给读者提供这种"更深一点""眼前一亮"的附加值。不是标新立异，而是拒绝偷懒，跳出思维舒适区。

崛起的女白领话语权

最近两个热点话题引发了很大的讨论,一是伴娘柳岩被捉弄事件,一是和颐酒店女生被袭事件。一个引发了连续数天的舆论激辩,一个引爆的舆情让媒体惊呼热点进入"十亿关注"量级的时代。两起事件的火爆,有很多原因,比如第一起事件有娱乐元素,第二起事件牵动公众极大的不安感,形成情绪的井喷。但深入分析两起事件的传播,可以看到一个共同的推动元素,就是女白领话语权的崛起。

这两个事件有着标志性意义,见证着"女性、中产、白领"这个群体在舆论场中登台亮相,从松散的"潜水"变为密切联系的显性群体,日益活跃并紧密抱团,形成舆论场中一个不可或缺的活跃力量。她们密切关注与女性权益相关的话题,在热点中积极设置议题,主张自己的法律权利和群体诉求,狙击性别歧视和日常骚扰,推动事件朝着有利于本群体方向发展。不只这两个事件,从"剩女""我可以骚你不可以扰""抨击直男癌"等话题中,都可以看到这个群体的日益显性、抱团并且态度强势。

从我的观察看,柳岩被捉弄的视频传出后,情绪反应最激烈的就是这个群体,她们强烈地被戳痛了,产生了受害者共情共鸣感。我与一个女白领朋友讨论过这个话题,她坚定地认为这是一种骚扰,男星们的捉弄不可原谅,她说,她也许不那么关心柳岩当时所想,但害怕会在自己的婚礼上成为如此被捉弄的对象。同样,和颐酒店女生被袭事件也是如此,女白领的反应尤其强烈，因为被袭女生太可能是她们自己了，被袭女生的女白领身份在短时间内激起了无数经常出差的单身女白领的担忧，所以迅速进入"十亿关注"的天文数字量级，与此有很大关系。

女白领话语权的崛起，是中国社会女权意识崛起的直接体现。随着女性经济的独立和平权观念的普及，加上女性在社会生活中扮演着越来越重要的角色，女权主义观念正从少数女性知识精英向普通女性扩散，人数越来越广泛，已经从一种少数人的边缘观念跃升为社会主流观念。这种观念在各阶层都有，在权利意识强烈的女中产白领阶层尤其彰显，她们抗议"春晚"中的女性歧视，抨击办公室性骚扰，批评招聘中的性别歧视，整理大众文化中那些涉嫌消费女性身体的形态。

女白领话语权崛起的另一个原因是，女白领集中在一些掌握着媒体和网络话语权的行业和岗位。媒体、教师、营销等行业，女性在人数上越来越占有优势。就拿我所在的媒体行业为例，新闻系女生所占比例越来越大，上课时一眼望去全是女生，这自然也使媒体中女记者、女编辑的人数越来越多。掌握媒体即掌握了部分话语权，当媒体中女性人数不断增长时，自然会成为一种女性话语权。比如此次女生被袭事件中，当事人据传就是一媒体从业者，这也解释了她为何那么善于借助新媒体工具和媒体资源，更有很多媒体朋友帮着她主张自己的权益。

另一个有较大话语权的是教师行业，这个行业中女性似乎也占多数。还有一个重要原因，女性的弱者形象更容易赢得同情和关注，以女性为形象的标签有着一种直观和感性上的共情力（你会想起你的母亲、你身边的女人），这使女白领的诉求更能在舆论空间提起议题。所以，公共事件中的女性形象，很容易成为舆情的引爆点。

（《晶报》2016 年 4 月 13 日）

同情怜悯不能浇灭医生的愤怒

广东省人民医院被砍伤医生抢救无效不幸辞世，点燃了医生们积蓄已久的情绪，或发起"黑丝带"行动，用刷屏的"黑丝带"头像表达无声的愤怒；或义愤填膺地发文追问"陈医生上了天堂，谁应该进地狱"；或诉说自己从医生涯中遇到的各种侮辱和危险。这样的悲剧场景是多么的熟悉，几乎隔段时间就会重演一次。

然而，医生们越是有力地表达愤怒，越暴露出自己的无力——除了愤怒，还能怎么办，拿什么阻止类似悲剧发生在下一个同行身上。

陈医生被砍成重伤后，医院竭力抢救却没能把他从死神那里拉回来，可想而知，当医生们救治自己可敬的同事却无力回天时的悲痛。看着他们的眼神，我充满了恐惧，我担心以后可能要面对一群因被攻击而充满愤怒感的医生，一群因常被妖魔化而对患者充满防范的医生，一群在习惯性的被误解中没有了职业尊荣感的医生。

朋友圈中很多人为陈医生点蜡烛，为医生鸣不平，我没有跟着一起去表达愤慨、同情和敬意，这种表达收效甚微。我厌恶舆论对医生的态度随着一些个案不断摇摆：今天，一个医生被砍身亡，一片悲情中向医生致敬；明天，一个患者遇到庸医导致病情被耽误，一片愤怒的骂声涌向医生；后天，媒体报道了一个医生因太累而睡倒在手术室地上的照片，"最美""最帅"的赞誉又涌向医生；再后天，一个过度医疗事件曝光，又让舆论急剧转向对医生的批判。

医生们肯定也烦透了这种随着个案而起伏的情绪。他们不需要浮夸和廉价的"最美",也不需要难听和污名的"最毒",他们需要社会对这个职业公正的评价——正如他们并不希望有什么特别的保护和特殊的待遇,他们希望的只不过是最基本的安全和尊重。

医生的愤怒不是指向患者,更没有把患者当成自己的敌人,而是指向暴力伤害。很多人用"医患冲突"来描述和解释广东这起事件——动辄将某个具体事件描述为"医患冲突",对这两个群体不公平,也很容易引发进一步的对立和撕裂。其实,这就是一起严重的暴力伤人事件,一起刑事案件。即使砍人者自称是患者,自称二十多年前找医生做过口腔手术,可这算什么患者呢?将这种完全没有一点儿正当性的暴力伤害称为"医患冲突",只会激起群体对立并变成"标签战"。一个暴徒作恶,其他患者何辜?暴徒作恶,怎么能让医患关系埋单?

医生的愤怒是寄望于社会对医生的理解。医生不是上帝,不可能包治百病;患者不是上帝,不是花了钱就可以对医生提不切实际的无理要求,不要把"花多少钱都行,只要把病治好""如果孩子有个三长两短,我跟你没完"挂在嘴上。患者到了医院,医生肯定会尽力,但面对生死的自然规律,医学还有太多的无力和局限。

医生们不需要悲剧发生后的怜悯,需要的是媒体对这类事件客观和专业的报道,需要严格执法、严厉打击医闹,需要卫生行政部门能改变缺位而扮演一个有公信力的第三方。请先把最基本的安全和最起码的尊重还给他们。

(《中国青年报》2016 年 5 月 9 日)

你最缺的是失意时的那个吻[*]

看了这幅漫画,我们可能会心一笑,巴掌和亲吻映衬的现实镜像对我们来说太熟悉了,人们或多或少在生活中都经历过这种冷暖反差。一个作家的感慨曾激起很多人的共鸣:我们常能原谅一贯犯错的人,却不会原谅偶犯一次错的人;从来不会向你说好话的人,偶尔一句好话会让你激动不已;惯于对你顺言顺耳说好话的人,偶尔一句恶语会让你愤怒万分。国足偶尔胜一场球迷会为之疯狂,乒乓国手偶尔输一场人们会觉得天快塌下来。所以如此,不是人有多贱,而是人性在比较半径差异下的边际心态。

我这篇文章不想谈人性的这个弱点,而想谈漫画所折射的另一个人性弱点,人们的打击和赞赏常常用反了方向,这个世界其实从来不缺得意时的赞赏和失意时的打击,最缺的是得意时让你冷静的凉水和失意时给你自信的鼓励。得意时的赞美和失意时的打击很常见,得意时的警醒和失意时的拥抱很少见,你最缺的是得意时的那盆凉水和失意时的那个吻。

我们从漫画中看到的是,孩子考了 100 分,得到了亲吻赞赏,而孩子考了 55 分,受到了惩罚,被打了一巴掌——这样的奖惩方式在生活中很常见,势利的人们习惯了去给胜利者鲜花,给失败者扔臭鸡蛋。其实,一个考了满分的人,很容易滋生自大自满,忘乎所以被胜利冲昏头脑(人们在漫画中会

---

[*] 本文与下文为作者曹林根据 2016 年全国卷高考语文作文题所写。——编注

注意到考 98 分被打了耳光的结果，而很少能意识到退步是因为考满分后的过度奖励），这时候他最缺的肯定不是赞誉，而是一盆冷水的警醒。而一个考了不及格的孩子，很容易滋生自卑和自我怀疑，他倒最需要亲吻的安慰和鼓励。

每次看体育比赛，享受比赛过程之后，最让我动容的不是胜利者在领奖台上的潇洒，而是观众向失败者致敬的掌声，是教练给输球的队员擦去伤心的泪水，是陪练亲吻失利者的情景。胜利者永远不会缺少鲜花和掌声，而并不是每一个失利者都能获得一个拥抱、一个亲吻、一声鼓励。功利主义教育的一个特点就是以成败和分数论英雄，而不是以人为中心。崇拜胜者，胜者通吃一切，把所有的奖励和赞美都给了胜利者领先者，而去鄙视、嘲讽、打击失败者落后者——这种文化下，只有一个人最终成功了，他经历的磨难、失败和挫折才会被注意到并成为励志的标本。落寞时鼓励者寥寥，一旦哪一天成功，赞美者人满为患，那些打击者、奚落者、冷落者摇身一变，立刻以先知者的兴奋去高调地赞美成功者当年经历的苦难挫折。人们似乎也乐于在成功和辉煌时享受鲜花掌声，听不得半点儿警醒和逆耳之言。一句话说得非常好，当你在高处的时候，你的朋友知道你是谁；当你坠落的时候，你才知道你的朋友是谁。

是啊，我们很多人犯的错误都是坠落时才知道自己的朋友是谁。每个人都乐意做你得意时的祝贺者和赞美者。在你辉煌和成功时给你拥抱亲吻的人，并不一定是你的好友，你会被这种拥抱和亲吻所包围；但在你失意的时候，给你拥抱和亲吻的人，一定是你最好的朋友。在你得意的时候给你一盆冷水的人，你也要无比珍惜他们，虽然你肯定很不爱听——明明知道你不爱听，还不停跟你说，因为真正爱你。

（《中国青年报》2016 年 6 月 13 日）

在耳光与亲吻中与孩子渐行渐远

"三七"女生节的时候,有媒体调查女生最反感男生跟她们说的几句话,排在前面的是"多喝热水""早点睡"。"六一"儿童节的时候,我也在一些小学生中做了一个小调查,问他们最反感家长跟他们说什么,排在前面的是这几句:"考不好看我怎么削你""乖,考好了有奖励""好好听老师的话""你看人家孩子"。

看到我这个小调查,你未必会理解孩子为什么反感大人那几句话,看到这幅漫画,你可能就能读懂反感的含义了。那印在脸上的、在分数映衬下的耳光与亲吻真的太刺眼了,让人心痛,很多父母就是在这些耳光与亲吻中与孩子渐行渐远。很多时候不是孩子长大了才与父母疏远,而是在不分青红皂白、只看分数的耳光和亲吻中不断疏远的。

经常跟孩子说"要听老师的话"的父母,多数是对孩子缺乏关心的父母,平常越没有时间陪孩子,越喜欢在给孩子打电话的时候说"要听老师的话"。一句"听老师的话"就把孩子教育推给了学校和老师,也为自己的偷懒找到了借口。同理,在孩子教育中要么是耳光要么是亲吻的父母,也是平常很少陪孩子、很少用心教育的父母。因为缺少耐心,根本不去关心孩子在细节上的成长,而只关心分数,分数进步了就给亲吻,比上次考低了,立刻扇耳光。

因为平常很少关心孩子,一看到考了100分,立刻报复性地爱心泛滥,用亲吻弥补平常的不关心，就像那些平常对孩子缺少陪伴的父母，特别喜欢给孩子买贵重的礼物，买一堆零食，并且毫无原则地溺爱——根本不问孩子喜不喜欢，是不是对孩子好，只不过借此表达自己的歉疚而已。一看到考了98分，比上次低了，立刻给一个耳光，因为缺乏关心，不知道什么原因考低了，报复性地表达惩罚。

你问过孩子为什么分数比上次考低了吗？你看到的只是分数从100分降到了98分，可知不知道这次考试很难，上90分的都很少，98分仍然是最高分？你知不知道孩子在考试前复习熬夜，精神不好影响到了发挥？你知不知道你上次的过度奖励给孩子很大的精神压力，反而干扰到他的正常发挥？你知不知道，你的孩子本身自尊很强，偶尔考低了几分本就很难过，这时最需要的是安慰而不是粗暴的呵斥。

真正关心孩子学习的父母，不会把一两次考试的分数看得那么重要，因为深度参与到孩子的学习过程中，了解自己孩子的学习情况，不会一惊一乍，不会因为一次没考好就怀疑孩子，不会因为比上次低了一两分就焦虑惊恐，对孩子的能力有一定稳定的预期和判断，并且有精细的关怀：考低了会一边安慰一边帮着总结教训，考高了会适当鼓励并及时降温避免反施压力。

那些平常不关心孩子的父母，才会大喜大悲，只问分数不问其他，或者给耳光或者亲吻。孩子的逆反，就是在简单粗暴的耳光和亲吻中产生的。有人谈过中国教育的几个误区，很发人深思：过高的期望带来孩子的无望；过分的溺爱带来孩子的无情；过频的干预带来孩子的无奈；过度的保护带来孩子的无能；过多的指责带来孩子的无措。从漫画中那刺眼的耳光和亲吻中能清晰地看到这种误区的痕迹。

（微信公众号"吐槽青年：曹林的时政观察"2016年6月8日）

今天的年轻人只是变得更会哭穷而已

日本学者三浦展在《下流社会》一书中提出"中产阶级下流化"的概念，他认为过去二三十年一向稳定的日本中产阶级正在萎缩，年轻一代从中产跻身"上流"者凤毛麟角，沦入"下流"者却源源不断。中国也在经历这个过程吗？前几天有媒体设置了这样一个议题：年轻人真的变穷了，变得更穷了。依据是国家统计局的一组数据：2005 年，大学毕业生平均起薪是城镇职工的 104%，10 年后的 2015 年，大学毕业生只有城镇职工月薪水平的 71%。还有 10 年间的增幅，大学毕业生平均起薪增长 232%，而城镇职工平均月薪增长 338%。

以大学毕业生的起薪高低作为判断穷富的标准，判断他们是一个失落的阶层，又把毕业生作为年轻人的代表，这个逻辑显然是站不住脚的。大学毕业生起薪本来就偏低，"起薪"的含义就是最低额的工薪，一般都比正常薪水偏低不少，用大学生刚毕业的起薪，跟城镇职工的月薪来比较进行贫富衡量，明显不对等。刚刚参加工作的大学毕业生，也不能代表年轻人这个群体。

年轻人是一个庞大且模糊的群体，群体上很难界定，穷富也很难作数理统计，无法笼统地说一个群体变穷还是变富了。

就拿在媒体工作的年轻人来说，就有很多差别。市场化程度比较高的传统媒体，年轻人收入可能降低了，变穷了，尤其是刚大学毕业的，没法跟几年前都市报的黄金时代比；而本就不依赖市场、有财政支撑的媒体，年轻人的收入没有太大变化；新媒体从业者则不一样，收入可能变高了——而新媒体内部收入又有差别，从事内容生产的可能就没有从事技术的年轻人收入高。

说某个地区、某个行业、某个年龄段的人收入降低了，前面加很多限定词，哪里会有"年轻人变穷了"听起来干脆过瘾、引人注目和耸人听闻，能起到让人过目不忘的传播效果。人们在设置议题时迷恋这种简单粗暴的全称判断所带来的刺激效果，厌恶严谨的限定和保守的判断带来的平庸。

很难对年轻人的贫富状态作整体的判断，那种让人觉得穷的感觉——可能不是整体收入降低了，而是比过去更会哭穷而已，传递了"变穷了"的幻觉。

在今天的网络和社交媒体上，哭穷是一种政治正确，而炫富则被认为是政治不正确。网络的基本情绪就是反智和仇富，炫富会在道德上受到集体攻击。哭穷会被同情，炫富会受敌视，所以，网络呈现出的基本取向就是哭穷，生活比过去好了，他不会公开、高调地说，闷声大发财嘛；而如果日子没过去滋润了，他一定会在社交媒体抱怨。

全媒体让人们更多地看到这个世界的那些奢华，以直播的方式看到诸如"一个自媒体广告就拍出数千万天价"的财富神话，更会产生一种相对被剥夺感——收入和财富增加了，却感觉变穷了。跟过去相比，今天的年轻人比较的对象不一样，比较半径也大多了（比如，今天再有钱，可相比一套房，立刻觉得自己很穷了），更会产生穷的感觉。另一方面的原因是，自媒体赋予了人们更多的表达机会，尤其是年轻人掌握着话语权，他们更习惯以哭穷的方式主张自己的利益。自媒体的话语权，使他们夸张矫情的哭穷声更容易被设置成一个受到关注的议题，而真正的穷人，因为缺乏话语权，穷到无法让自己的贫穷受到普遍的关注。

(《中国青年报》2016年6月29日)

别让语言贫乏到只剩下金句段子

朋友圈很多时候被"网红"文章刷屏,很多阅读量大得吓人。"网红"文体当道,对汉语是一场灾难。

"10万+"让很多人不好好说话

读一些"网红"的文章,你会感觉很爽,简单粗暴的那种爽,如点穴般带给人无比的阅读快感——骂得酣畅淋漓,机灵俏皮,干脆利落,出口成金句,充满戳中你某处痛点的句子。但读多读腻了就会觉得烦,都是套路——"棒喝和攻击的语态"+"编造的鸡汤故事"+"偏执的情绪"+"粗暴的网语"。语言貌似精彩,其实很贫乏,抽离掉那些俏皮的段子、复制的金句和编造的鸡汤故事后,就剩下任性而粗鄙的语言,仿佛离开了这些充满戾气的语言就不会说话了。

把这种粗鄙的文风概括为"网红"文体,对很多"网红"似乎不太公平,但现实是,很多红起来的网文靠的就是这种简单粗暴,"网红"文体以天文数字般的阅读量和横扫各大排行榜的业绩在朋友圈取得了压倒性的胜利。这种胜利对汉语和文化是一场灾难,它以快速的变现能力(情绪变现为阅读量,阅读量变现为广告)形成了强大的误导:有话不好好说,有理不好好讲,语不惊人死不休,不求美感只求快感,不要文采只要喝彩,把流氓粗俗当个性,把痞气当地气。看看"网红"文体病毒般的传播效果，你会感慨，文章讲求美感和文采的时代已经过去了。

收到周奉真大哥的《中国古代韵文名句类编》，觉得这本书来得真太是时候了，"网红"文体的病，这本书可治。你在高中时候背的那些、高考后都还给老师的优美诗词，你在老派文人的论著中常看到的佳句，你在领导人讲话中听到的古典名句，你写文章时搜肠刮肚想提升一下文采却死活想不起另外半句的经典诗文，都能在这本书里找到踪影。

解决你写文章"词穷"的终极难题

周大哥是评论员的前辈，我2003年才开始写评论，周大哥上个世纪80年代就开始写了，后来评而优则仕，担任报社领导职务，再到地方当领导，现任甘肃省文化厅副厅长。听周大哥说过编这本书的初衷，源于当年在《甘肃日报》当评论员时遇到的一些困惑。写评论，除了观点正确、立场鲜明、论述得当以外，里面还需要一些文采，让文章鲜活生动起来。当然，想达到这一要求，首先要依靠作者自己的才思和对语言的锤炼功夫，但问题是往往想法很好又才力不逮，简单易行的办法就是在恰当的地方恰当地引用或化用古今中外的名言警句，尤其是那些最容易让人唤起记忆、产生共鸣并留下深刻印象的中国古代韵文中的名言警句。

出于这样的需要，每在写作时他就会搜罗相应的书放在案头，方便查阅，比如《警语句名辞典》《中国古代名句辞典》等，但时间长了他发现，这些辞典也存在一些局限，比如，查阅的前提是你首先要知道有那么两句诗或词，也就是说，你的大脑里要先有一个"目录"，才能据此在辞典里进一步查找到具体含义。比如当谈到民间疾苦的时候，郑板桥的"衙斋卧听萧萧竹，疑是民间疾苦声"就很实用，但首先得知道这两句诗，如果不知道怎么办？能不能在某一"词条"下按图索骥查找，但当时没有这样的书。基于此，他就萌生了自己编一本类似工具书专为自己用的想法。于是就有了今天这本书。

这些古典名句不是当"文化口红"显摆用的，恰当地用在评论中，确实能提升评论的层次。一来可以提升评论的文采，言而无文，行之不远，评论如果没有适度的辞藻、节奏及用典，文章就会缺少一点气韵和神采。特别是经典韵文，增一字则太长，减一字则太短，言简意赅又辞约义丰，既有韵律感又很有表达效率。比如谈反腐倡廉，一句"从来有名士，不用无名钱"就极有效率；谈爱国，"苟利国家生死以，岂因祸福避趋之"——多言简意赅，不需要长篇大论去阐释，几个字就说清楚了。二来能激发文化共情，这些韵文中都有着中国人一看便懂的文化基因，一两句就能戳中内心里那种隐秘的共鸣点，起到画龙点睛的修辞效果。例如："不知江月待何人，但见长江送流水"；"人似秋鸿来有信，事如春梦了无痕"；"我愿君王心，化作光明烛；不照绮罗筵，只照逃亡屋"。三来也是一种文化传承，韵文包含着丰富的传统文化资源，这些经典韵文不用，可能就会死在典籍中，写字的人有责任以这种方式去传承文明和文化。周大哥编这本书，可能不只是了当年评论员的心愿，也是今天作为一名文化官员传承优秀古典文化的关怀。

用"慢语言"输送静能量

这种韵文还有另外一种功能，即输送一种安静的能量，让人静下来去思考。简单粗暴爽的"网红"语言——我把它称作"快语言"，快人快语，往往都是情绪的产物，带着很重的逻辑戾气，诉诸以粗暴的方式让人感动、激动、热血沸腾、热泪盈眶或躁动愤怒，进入粗暴的快节奏中失去了独立思考的能力。而这些古典韵文，则属于"慢语言"，它诉诸读者的慢慢体味和细细回味，鼓励读者去思考、咀嚼其中的味道。"十分学七要抛三，各有灵苗各自探"——值得你仔细去玩味。"读书之乐何处寻，数点梅花天地心"——没有耐心的碎片化快阅读是解读不到其中的文化密码的。"逢人且说三分话，未可全抛一片心"——古人的智慧值得今人慢慢琢磨。

写文章时要做到韵文佳句信手拈来，如果没有厚积薄发，手边有这样一本书也不错——虽然是临时抱佛脚，但用着用着，你就会记住了，成为自己的知识积淀。这本书的设置很科学，以"类编"方式便于写作者用时查找，比网络搜索引擎方便专业多了。索引作了详细的分类，你可以根据需要去相关类别中寻找。涉及"理想、抱负"，从中可以找到很多相关韵文；涉及"爱国、忧民"，这类佳句都编在一类。还有"政治兴亡""人生价值""事理智慧""修养品质""情感心灵""友谊交往""事业成败""读书学习"等，每个条目下既有解释，又有典籍出处。堪称一本提升文学修养的宝典。

有了这本宝典，你的语言就不会那么贫乏到形容一个东西好只会用"最美""最帅"了，不会干瘪到开口只会说"最后的大师""最后的民国才女"，不会离开了金句、段子、鸡汤和网语就不会说话了，不会充满八股腔味同嚼蜡。这一代人的语言太多地被金句、段子、鸡汤和"网红"语言污染了，古典的韵文名句也许能吹来一股清新之风。

（微信公众号"吐槽青年：曹林的时政观察"2016年7月24日）

不妨原谅王楠老公暴露自己曾经的幼稚愚蠢

一不小心，乒乓球奥运冠军王楠的老公成了"网红"，被千夫所指，并连累王楠一起挨骂。媒体报道称，王楠老公郭斌在9月18日这天发微博表示国人不应该再被羞辱欺负，并声称自己在日本酒店都会把水都打开表示解气——微博还得到了妻子王楠的转发支持。今年的"九一八"舆论场本很平静，国家强大后，国民已渐渐能平和地看待那段耻辱史，但这条带着仇恨戾气的微博打破了这种平静，把潜伏在人们内心深处的历史情绪激发出来，引起了很大的争议。

如潮的批评下，郭斌不得不删微博，王楠也发文称那不是自己的本意，她在微博中说："十几年前的幼稚，昨天坦然说出来，没想到会是这样。希望我们每天不要带着仇恨去看待身边发生的事情。"我觉得这个解释和包含的歉意可以接受，不必揪着他自曝的小人行径不放，不妨原谅郭斌以这种方式暴露自己曾经的幼稚和愚蠢，警醒公众爱国应理性，自己强大起来才是对国耻最好的纪念。

媒体对郭斌微博的报道，多少有点断章取义了。郭斌那条微博确实说了"我是去过日本却从不用它包括电器在内的任何产品！甚至在日本住酒店很小人地把水都打开，还觉得解气！"但紧跟这一句的是"其实这没用，咱得多方位加油。"他清醒自己那是"小人"行为，更知道"其实这没用"。他这条微博想表达的完整意思应该是：恨日本，自己以前有过一些幼稚小人的行为，但现在知道那样做没用，关键还是自己要强大起来。这样来理解，可能就不会那么义愤填膺了。郭斌这条微博所流露出的，更多不是对"在日本住酒店把水都打开"这种愚蠢行为的洋洋自得，不是反以为荣地当成炫耀资本，而是通过暴露过去的幼稚来说明"最重要的还是自强"。可能因为个人文化水平有限，缺乏表达能力，对愚蠢和幼稚行径的反省没有清晰地表达出来，言辞中带着激烈的仇恨戾气，让人读出了"反以为荣"的猥琐味道。

其实，这本应该成为一次集体反省爱国表达方式的机会，而不是像这样的情绪撕裂。像郭斌曾经的这样，对日本有强烈的仇恨意识，不用任何日本产品，甚至在日本住酒店时把水打开，以变态的方式在心理上完成一次"报复"——这不是郭斌一个人曾有的幼稚和愚蠢，很多人可能都有过，是一个遭受过侵略、受过屈辱、带着受害者情绪的民族中不少人有过的集体意识。过去，这些象征性的仇日行为曾非常流行，被视为爱国之举——在酒店门口贴仇日的标语，在与日本交手的体育运动中高喊反日口号，把今天的对日友好人士称作"汉奸走狗"，抵制和破坏带着日本符号的产品，为发生在日本的灾难点赞叫好，借抗日神剧进行神化和妖魔化，在一切贬损、污名化日本符号、让日本受损害的亢奋想象中完成一次次"终于压倒日本""终于报仇雪耻""壮我国威"的正义幻觉。

在这种仇恨情绪和正义幻觉下，于是有了很多畸形和极端的"爱国主义"——骗子爱国主义、床上爱国主义、球场国骂爱国主义、幸灾乐祸爱国主义，甚至很多无耻的流氓行为，都被冠以爱国之名。无论怎样无耻恶心和让人不齿，都可用一句"我起码爱国"去当挡箭牌——"爱国"成了最好的遮羞布。在日本住酒店时把水打开，以为这就可以让日本受到损害了，堪称"放水爱国主义"——郭斌现在显然知道，这样很小人，很没用，是一种心理疾病。

从这次郭斌受到的舆论抨击可以看出，这种幼稚愚蠢的言行现在受到越来越多的唾弃。不只是郭斌认为"小人而没用"，公众普遍也觉得这样做太愚蠢，反而丢了中国人的脸。过去人们也许还能理解这种行为背后朴素的爱国情感，但当下人们已越来越觉得那种狭隘的民族主义情绪很刺眼。郭斌在"坦然说出曾经幼稚之举"的叙述中，没有表现出应有的耻感，没有足够的反省，言语中仍带着仇恨的戾气，难免触动了公众对狭隘民族主义情绪的警惕感。

面对自己曾经的幼稚和愚蠢是需要勇气的，无论如何，"郭斌暴露自己曾经幼稚行为"的本意应被善待和理解——起码他今天没有继续这么做，也没有洋洋自得让别人也这么做，而是知耻的，也是明白"其实这没用""自己得加油"这些基本是非。不必揪着他一两句话不放，原谅他们夫妇的无意之失吧，共同面对每个人曾有的幼稚和愚蠢，在集体反省中变得更平静、包容、自信和沉稳。

（微信公众号"吐槽青年：曹林的时政观察"2016年9月20日）

没有对富人消费的想象和嫉妒，就没有社会进步

近来网上有个关于富人消费的故事，触动了很多丝的痛感，让人们感受到了阶层对想象力的限制。一个女生买了件35000块的香奈儿上衣，洗过之后掉了色，便愤愤不平地去问客服，得到的回答让她目瞪口呆："我们这产品设计时根本没考虑过要洗，一般都是穿几次就丢掉了啊。"

啊，原来这么贵的衣服不是让你可以"经久耐穿"的，那只是穷人的想象。人们又想到了另一个故事。一位女士买了双很贵的鞋，穿几次就坏了，投诉得到的回复是："我们这鞋子不是为了走很多路的人准备的。"另一则真实的故事跟王思聪相关，王思聪发了一张带狗坐飞机的照片，一老总问狗是买机票，还是买儿童票？王漫不经心地回答："不知道，我是私人飞机。"丝们用丧文化和毒鸡汤的表达方式自黑：你以为有钱人跟你想象的一样快乐吗？错，有钱人的快乐你根本就想象不到。

凡勃伦早在《有闲阶级论》中谈到过富人超出穷人想象的消费，他说："穿的衣服越漂亮，行动的自由越少，有钱的阶级穿着精美的刺绣、容易弄脏的衣料、浆硬的衬衫、高跟鞋，手上留着又尖又长的指甲，以及其他种种使身体感觉很不舒服的事情，他们的目的之一就是想要表示他们可以不用靠劳动谋生。"

有些故事可能是编的，带着演绎的成分，但关于身份限制想象力的现象却在我们身边常常发生，记得10多年前，单位旁的地铁边新建了一处豪华

小区，当时就卖到了每平数万的天价。一同事感慨地说，要在这小区有一套房多好，出门就是地铁，去哪儿都方便。他对生活的想象只是"靠近地铁多方便"，想不到买得起这种豪宅的人哪需要每天像他那样去哪儿都挤地铁。

每每讨论这些话题时，除娱乐化的自嘲之外，舆论中总充满复杂、沉重、对抗并酸溜溜的味道，将这种"突破穷人想象"的想象冲突当成一种社会问题，忧心忡忡地从贫富分化、阶层撕裂、社会失衡等冲突论的角度来分析，认为这种"羡慕嫉妒恨"会带来很多问题。说实话，我从来没觉得这算什么问题，想象、羡慕并追逐富人的生活，是一个开放社会再正常不过的事，跟贫富阶层撕裂无关。实际上，一个社会的进步，人们对美好生活的向往，在某种程度上正是在对富人生活和消费的想象和嫉妒中形成的。富人的炫耀性消费不该被仇视和贬低，而应该被尊重，他们正是用为"后富者"提供了种种消费想象的方式为社会进步做出贡献的。穷人完全没必要有"被碾压感"，这种突破想象所带来的羡慕嫉妒感，不正是你努力奋斗的动力吗？

那些买了件35000块香奈儿上衣穿一两次就丢掉、买双昂贵的高跟鞋走完一次红地毯后就永远扔鞋柜的人，10多年前窝在北京地下室时也跟你一样想象过富人的生活，羡慕和嫉妒让一个社会充满活力和生机。是的，我们为之努力的大多数东西，都是我们因他人已经拥有它们而欲求的东西。克伦威尔说得好，人不可能攀登到比他不知道的还高的地方。富人的意义正在于，他们的财富和生活方式确定了某种供大众想象的"高"的可能性。这一点，无论是凡勃伦的《有闲阶级论》，还是哈耶克的《自由秩序原理》，都有过非常精彩的描述。哈耶克显然是对财富充满敬意的，他说："在进步的每一个阶段，富有者正是通过贫困者尚无力企及的新生活方式而为一个社会做出不可或缺之贡献的。"

在一种新商品成为一种大众消费品并最终成为一件生活必需品之前，通常只是少数富人的奢侈品。回顾中国改革开放30多年来社会的变化，很多消费品、生活方式、消费观念，都经历了"富人引领—中产跟进—大众模仿—社会普及"的扩散过程，社会奋斗和创富的动力正源于此。当然，这是一个互动的过程，而非单向传播。富人的高消费需要得到中产阶层模仿和追捧的心理滋养，这激起富人的积极性和满足感：自己消费的是特别的、令人羡慕的东西。他们感觉到自己正受到其他人的追求、羡慕、赞许与嫉妒。富人享受嫉妒的感觉与中产阶层的向上攀比混合在一起，赋予了"嫉妒"这种社会心态以微妙的经济动力意义。由此，富人的高消费得以维持并继续升级，而中产阶层的追随使富人抛下的"消费方式"得以普及，较低收入的阶层又跟随着中产阶层的消费步伐制订自己的消费计划。

不过，"嫉妒"变成一种良性的社会建构动力，是需要条件的，即公平正义的基础秩序守卫着人们向上流动的希望。这种基础秩序中，"嫉妒"也是有次序的，人们只会嫉妒身边跟自己相近的人，很少嫉妒离自己很远的。一个乞丐，永远不会嫉妒亿万富翁，他只会嫉妒钱讨得比他多的另一个乞丐。中产追逐富人，穷人追逐中产，这种在相近阶层中寻求想象所生产的嫉妒，会形成健康向上的秩序；可如果阶层发生断裂，中产薄弱或者中产缺失，富人面对的不是中产的羡慕嫉妒和模仿追逐，而是失去向上流动希望感的穷人，那种眼神里不是健康的羡慕嫉妒，而是"洗牌重来"的仇恨。这就是一个断裂和失衡的社会可能存在的风险，财富生产仇恨而不是健康的羡慕嫉妒。

我想说的另一个问题是，健康而和谐的社会中应该有一种双向互动的"生活想象"，既要有"穷人对富人生活的想象"，也要有"富人对穷人生活的想象"，在这种互动的想象中形成一种阶层理解的善意，穷人尊重富人，富人体贴穷人。一个社会中的"阶层想象"如果只是单向的，充斥着对富人生活的想象、追逐、崇拜和欲望，没有同情、怜悯和温情，就会沦为野蛮而冰冷的社会达尔文主义。

关于对贫困的想象，我常常讲这个故事。记者在贫困山区采访一个贫困家庭，母亲正在给孩子泡面，记者对孩子母亲说，尽量让孩子少吃这些油炸的速食垃圾食品。孩子的母亲说，没关系，不经常吃。但是每年都会给孩子煮一次，因为今天是孩子的生日，其实我们根本舍不得吃。在生活于城市的记者眼中，方便面是"油炸的速食垃圾食品"；而在贫困山区穷人眼中，那是孩子生日时才煮才能吃到的奢侈品。这个社会很多地方的贫困，是超越我们日常想象的，不能"超越想象"就不去想象，要有人去想象，不仅想象，还要走入田间去体察，才不会有"何不食肉糜"，才不会在匆匆的现代性节奏中甩下那些穷人。尤其是这个社会中身处优越、生活在富裕的人不能对贫困无动于衷，而要对贫困保持想象。保持对贫困想象所形成的现实认知，就会对这个社会的弱者和穷人多很多体贴与温情，财富中才会流动着道德的血液。

前几天听胡百精教授讲美国进步主义运动时期的公共传播，谈到了那时的对话与改革。其实，美国当时社会问题的一种表现就是社会达尔文主义的甚嚣尘上，过于强调优胜劣汰和弱肉强食的市场丛林法则，只有穷人对富人财富的想象，而没有富人对穷人贫困的想象，于是阶层形成对立和对抗。进步主义就在于努力弥合这种对立，尤其是身处强势者的妥协。社会的抗争逼着那些财富大亨看到了底层贫困和贫富分化所带来的问题，美国很多富豪的慈善理念都是在那个阶段形成的，比如"在巨富中死去是一种耻辱"，"财富的本质是慈善"等，慈善就需要"对贫困想象"的支撑。

社会的进步，正存在于这种穷人与富人保持着对彼此生活的想象力所形成的互动张力中。

（《九江日报》2017年10月31日）

面对农妇杀子，任何单一归因都苍白无力

甘肃农妇杀子惨案令人压抑、沉重和窒息，不敢去想象这幕人伦惨案，不敢去看细节，又不忍心把目光从这个惨案上移开，逼着自己去审视和追问背后的原因。我知道，热点转移的力量是非常残酷的，再残忍再让人震惊的人间悲剧，也会在热点的此起彼伏中被迅速遗忘，淹没在浮华喧嚣的世俗琐碎中。这不是一个"热点"，而是惨绝人寰的人间悲剧中六条人命，注视着这一事件，深挖悲剧的根源，让惨案折射的问题得到彻底的暴露，而不是在一番愤世嫉俗的道义宣泄后迅速遗忘，这是媒体人的使命，这是社会欠这个悲剧、这个家庭、这六条人命的一个交代。

这几天舆论对这起让人感觉匪夷所思的惨剧有很多讨论，有的感慨他们是"盛世中的蝼蚁"，用文艺抒情逻辑臆想出一个强大而无形的施害者，称"她们被毫不怜悯地刻意甩下、遗弃甚至无情碾压"。有的反思贫穷，有的批判盛世与惨剧的格格不入，有的急于撇清政府的责任——比如当地官方一纸通报，千言万语，总结一下就几个字：我们没责任。有的则批判舆论的滥情，为政府和国家辩护。自媒体太多事实不够用，各种观点粉墨登场，舆论的撕裂和阶层的对立，在对此一惨案的反思中再一次淋漓尽致地表现出来。

各方的观点，都带着一个鲜明的特征，就是对悲剧进行归因——如此突破人性常情惨剧的根源到底在什么地方？都在归因，只不过矛头指向不一样。都在归因，而且这些归因都有一个共同点，就是"单一归因"，即努力

寻找到一个单一、强大、简单、清晰的原因去解释，指向一个矛头，得出一个结论。自以为是的单一归因，就是舆论场上纷争、撕咬、混乱、对抗的逻辑之源。

看看这些单一归因。很多人都把问题归于贫穷——贫穷导致极端悲剧，似乎是顺理成章的悲情逻辑，甚至有人悲愤地感慨"朱门酒肉臭，路有冻死骨"。从新闻报道看，确实穷得让人心酸心痛。有人归因于绝望，比贫穷更可怕的是看不到任何希望，被最后一根稻草压倒了。有人归因于愚昧和封闭，愚昧导致极端非理性的举动。有人归因于农村妇女的心理贫困，分析农村的自杀现象。有人谈失去低保后的郁闷，有人谈家庭矛盾引发的危机，还有人把问题归咎于倒插门女婿、邻里矛盾、精神病，等等。

一位著名记者说过一句话："我们对于一件事情知道的越少，就越容易形成判断，而且是越容易形成强烈的单纯判断。"关注几大媒体对这起惨案的报道，记者一直都在采访中追问原因，追问是什么让一个母亲将斧头挥向自己的四个孩子，是什么让一个女人做出这样的疯狂决断。可在这几篇报道中，困惑的记者们都非常谨慎，没有给出一个原因，原因仍是一个谜，无从知晓那个母亲的动机。在现场采访、掌握着很多事实的记者表现得很谨慎，而远在千里之外的自媒体和评论家们却都无比自负，仿佛事实和真相在握，斩钉截铁做出很多单一归因。

面对农妇杀子惨案，任何的单一归因可能都是苍白无力的，也许并不是某一个原因制造了悲剧，而是多重原因累积在一起从而压垮了人的内心。人们习惯单一归因，简单粗暴，一个解释，一目了然，手持一个简单的原因，仿佛就掌握了事实全貌和发展逻辑。批判了贫穷，抒发了"盛世中的蝼蚁"，就觉得自己已履行了正义使命。但我们也许应该克制这种单一原因的逻辑诱惑，被单一原因自误误人。起码从既有报道看，甘肃农妇杀人案的原因不是单一的。

每个人都固执于自己臆想的单一原因，站在道德高地和逻辑高地，自然就没有了交集,谁也说服不了谁。世上本来有真相,但在各种单一原因的自我强化中,真正的事实就被抽象的讨论虚化了。抛开那种单一归因的逻辑,贴近事实层面去讨论,也许才更能找到原因,从而让问题变得有解。

(《晶报》2016 年 9 月 13 日)

以打土豪心态逼捐，是很丢人的事

一条新闻，短短几十个字，触动了无数人柔软的内心。《市民一天内买光32吨土豆，只为让他回家》这则报道称，最近，青海的马大爷花上万元雇货车，千里迢迢将32吨土豆运到深圳卖。可最后却因联系不上生意伙伴，一大车土豆连人滞留深圳街头。有热心路人将此事发到朋友圈，引来大量网友现场抢购，32吨土豆一天内就全部卖光了！

很多人虽然没有买马大爷的土豆，没有帮上马大爷，但一样从"一天买光32吨土豆"中感受到了浓浓的暖意，还有作为无名者的自豪感。我们知道，如果自己早看到这条消息，知晓马大爷的困境，也会去买土豆的。深圳市民"一天买光32吨土豆只为让他回家"的平民善意，我们每个人身上都有，这是市民社会平凡善意的一次网络共鸣。在一个显得嘈杂而功利的现代社会中，平常各行其是、毫无关系、甚至看起来有点冷漠的平民之间，当那种人同此心的平凡善意被激发并凝聚之后，会迸发出一种惊人的力量。

对这种民间自发的平凡善意，我总是充满敬意，我也买过好多次爱心苹果、爱心西瓜、爱心土豆之类，做不了大慈善，没有能力像富豪那样一掷千金，行自己力所能及的小善，这就够了。令人尊敬的是，每当这时候，很多市民总是自己动手去行善，用几块钱的小善去完成很多像"只为让他回家"这样的善举，而没有去绑架别人，没有盯着富豪制造道义压力，没有理直气壮地让那些比自己更有钱的人去掏钱。

平凡的善意虽然很小，但一样动人，因为是自发和主动的，不掺杂半点儿强制。自己去做就行了，不给别人压力。任何慈善只要带上了一丁点儿强迫的色彩，再多的钱、再大的手笔，也偏离了慈善的本意而走向反面。我想说的是，慈善总盯着富豪，以打土豪的心态去逼捐，其实是件挺丢人的事，让慈善失去了尊严。

前段时间关于"小马云"的报道，"绑架"富人的过程，就让人感觉很不舒服。网友偶然发现江西吉安某村一个孩子长得特别像马云，家境非常贫穷，媒体关注和网络追捧让"小马云"成了"网红"。有媒体称，阿里巴巴相关部门已将此事汇报给了马云，随后就有媒体报道称，马云在内部邮件中称将负责"小马云"上学的费用。其实这纯粹是谣言，根本没有这样的内部邮件，马云也没有这样的表态。马云为乡村教育捐了很多钱，资助了无数贫困儿童上学，都是通过他的慈善基金。不至于因为媒体报道某人长得像他，就立刻去捐钱。解决一个孩子的上学费用，对马云来说太简单了，但那样会形成很不好的导向：是不是长得像马化腾、李彦宏、刘强东的孩子，都去找他们要钱了？是不是整成马云的样子，就可以理直气壮地伸手求助了，这不胡闹吗？在"小马云"传染效应下，会制造无数这样的闹剧，让慈善事业和慈善家无比尴尬。马云、马化腾们以后整天就别干其他事了，而去应付各种找上门来的求助者。

我相信一开始人们传播"小马云"照片，并没有什么恶意，但后来就越来越带有了逼捐色彩。那些子虚乌有的报道，其实就是逼着马云表态，甚至以"马云内部邮件表示"的虚假新闻造成"既成事实"去逼捐。这种逼捐将马云和阿里巴巴逼上了很尴尬的境地，明明是谣言，可怎么回应呢？说"没有表态"，会让人觉得马云很抠门，这点钱都不愿出，人家孩子那么苦。将错就错配合媒体的报道一起胡闹，以后将面临无数的尴尬，破坏了慈善生态，传递了错误导向。所以被逼无奈的他们只能委婉地辟谣称：这不应该是一个笑话或者段子，"小马云"的背后是沉重的现实。是啊，多少人是一边以娱乐化的心态来消费"小马云",一边用逼捐心态去围观马云态度的?仿佛这种事情跟自己完全无关,捐助就是马云的事,自己只管消费娱乐。

你觉得"小马云"生活贫困,心疼"小马云",自己掏钱行善就行了,何必以道德之名向别人施压?这种逼捐之歪风常假正义之名制造舆论暴力,一有灾害或灾难,富人就被盯着——谁捐了多少,谁第一个捐,谁还没有表示,谁甚至不仅无动于衷还晒幸福晒吃喝,一毛不拔的"键盘侠"正义凛然地盯着富人,挥舞着道德大棒义愤填膺地向富人明星逼捐。逼捐之风映衬下,"买光32吨土豆只为让他回家"的平凡善意更加动人,每个人都是自发主动地参与,不事张扬,不留下自己的名字,默默地做一件让自己心安的事。慈善不必盯着富豪,对于慈善生态,不被强制的自由比捐多捐少重要多了,平民善意的自发凝聚所迸发出的慈善力量,并不比富豪慈善小。

(《中国青年报》2016年11月18日)

对女生可以理解的虚荣贪念与恐惧，不必用笔如刀

很高兴看到王昱开始突破自己的关注视野，超越校园而对更有公共性的社会话题表达自己的见解。王昱读了很多书，有才气，有思想，有评论敏感——更难得的是很勤奋，已经养成了每天写一篇评论的习惯。新学期我给王昱定了两个小目标，一是视野要开阔，突破过去只写校园和教育话题的学生选题视野，关注丰富的时政和社会话题；二是要更多向媒体投稿，强化自己的评论个性，通过有影响力的公共表达闯自己的江湖地位。她做到了，一篇带着典型王昱特质的《掉进裸贷陷阱的女大学生并不可怜》创造了海量的阅读量，设置了一个议题，上了头条。虽是一条旧闻，却以其鲜明而有个性的表达引发了讨论。

好，很好。不过，我写这篇文章，主要是想提一些建议。

虚荣不是首恶大恶和不可原谅之恶

评论当然需要鲜明的观点，这是评论表达效率的要求，也是在铺天盖地的海量观点中能脱颖而出并让人印象深刻的表达策略。对于裸贷这一现象，公众的情感是很复杂的，既觉得她们自身有问题，又觉得颇值得同情，毕竟她们是受害者——公众在这件事上的判断比较模糊，半批判半同情之类立场含糊的评论，只会让本就模糊的公众更模糊。王昱的评论做出一个鲜明的判

断,矛头直指这些学生不值得同情,层层推进,反驳了那些同情之论,以同龄人的理性批判了她们的虚荣、无知、贪念与不自爱。

立论当然没什么错,虽然她们是弱者,但并非"弱者"就不能批判。问题在于,评论过于苛刻,仿佛女大学生的虚荣和贪念成了万恶之源,女大学生的不自爱要为裸贷的所有问题负责。在王昱的评论中,对女大学生批评之苛刻甚至超过了对不法分子的指责。看看这些用语就知道批评的苛刻了:"不能因眼前被出卖裸照的可怜境地,而忽略她们微薄的羞耻感与自尊心,忽略她们的无脑与虚荣。她们不自爱,正好迎合了别人的下作。她们无知,正好配合了恶人的狡猾。她们自己作,就无法谴责恶人卑鄙。恶人最喜欢的,就是她们这种脸上写满欲望的、贪图一时享受的人。她们总能让恶人找到作恶灵感,找到盈利方式与生存空间。"

无知、无耻、无脑、虚荣、不自爱、贪图享受、脸上写满欲望——对受害者身上可以理解的那些毛病,何必用笔如刀?女生有错,但错不至承受如此重的批评。即使她们身上有这些毛病,但也不就是"活该"付出这样的代价——在对裸贷问题进行归咎的价值次序中,她们并不是首恶、大恶和不可原谅之恶。不放过任何一个恶,哪怕它带着弱者的道义外衣,这是评论者应有的犀利;但对弱者的境地保持一份同情之理解,不将那种可理解之恶推向不可饶恕的极端境地,是评论者应有的善意。

那些可以理解的人性弱点

很多陷入裸贷的女大学生,并非如王昱所言,就是无知、无耻、无脑、虚荣、不自爱、贪图享受、脸上写满欲望,并非为了一时的享受而将裸照交给他们甘受胁迫,她们是在精心设计的步骤下一步步掉进裸贷陷阱的。正像很多被电信诈骗的大学生,并非他们有多么脑残无知,也是一步步陷进去的,绝不能说谁让你这么无知轻信的,活该被骗。

不妨超越肤浅的道德指责，举一个裸贷的典型案例，来看看陷入的过程。媒体报道过一个19岁女大学生裸贷的经过。王某家境一般，经济拮据，很爱美，但皮肤不太好，想通过美容改善皮肤，但一个疗程需要6000多元。通过偶然机会了解到网上借贷平台，有针对学生的"消费贷"业务，没有怎么考虑利息和手续费，便通过这个平台借了3000多元，凑上生活费去做了美容。没想到三个月后被催款，连本带息要还6000多元。在被逼与束手无策之下在网上求助，了解到裸体持身份证拍照作抵押可重新借一笔款还债，按期还款付息，裸照就地销毁。恐慌之下，陷入了一个畸形高利贷的陷阱里，一步步走向深渊。

　　从这个典型案例可以看出，问题远不是无知、无脑、虚荣、贪图享受那么简单。姑娘爱美，想让皮肤变得好一些，不向家里要钱，而想通过网络借贷解决，这不可以理解吗？可却因为缺乏贷款常识，陷入高利贷陷阱。当看到要还那么多钱时，在无比惊慌、恐惧之下掉进更大的裸贷陷阱，这不可以理解吗？——这是一个慢慢陷入的过程，而不是一时贪图享受而不计裸照外流的后果。

　　这个慢慢陷入的过程是不能被省略的，了解到这个过程就会多一些同情，一开始那个"爱美之心"不至于受到"活该裸照被外传从而丢人"的诅咒。这个过程中，有"爱美之心"下的疏忽，没有仔细看借贷的条件；有经济常识的缺乏，不懂高利贷的常识；有法律观念的缺失，意识到问题后没有报警；有被恐吓后的恐惧感，不敢跟人说，恐惧之下越陷越深。不法分子深谙人性，充分利用了很多学生的这些弱点，一步步地达到自己的目的。

　　这些弱点不只是女大学生的问题，很多是人性的弱点。功利心切下的疏忽，小诱惑下的警惕丧失，常识缺乏下的错误决定，恐慌中完全失去理性一错再错。我虽然算不上老江湖，也算经历过一些事情，有一些生活经验，能识破一般的骗局，但我不敢说我能超越这些人性的弱点而做到不掉进任何陷阱。人性这根曲木，造不出什么笔直的东西，总会有一些知识盲区，总会在特定语境下会变得感性，总会在一些问题上失去理性，很多时候真的跟身份和学识没太大关系。这些可以理解的人性弱点不应承受那么苛刻的指责。

激烈道德批判容易遮掩的问题

道德批判容易遮掩一些具体问题，人们容易沉浸于亢奋的道学批判快感中而忽略具体现实。超越对女大学生简单的道德指责，就会看到背后很多亟待解决的社会问题，比如，对大学生经济常识的教育、借贷风险的教育、法律常识的普及。尤其是当下很多年轻人生活在网络上，需要进行网络安全常识的普及。这些问题，都是"可解决的"，而盯着一个抽象的群体批判一番，无知啊，无耻啊，无脑啊，除了满足自己批判的嘴瘾和制造一场道德审判狂欢外，什么也不会留下。指向具体之物，将问题导向"可解决"之路，是我欣赏的批判之道。正像对于满地垃圾的问题，我一般不会把矛头指向"游人缺乏文明素养"这个无具体对象的抽象靶子，而会指向具体景点的垃圾管理和文明引导水平。

当然，我也不认同"蛋先有缝，然后才有苍蝇叮"这个观点，王昱在文中说："依我看，那些拿着裸照威胁人的债主固然可恶，利用了少女的无知与虚荣去牟取暴利。但前提是，女大学生得自己先有那毛病，才能为人利用。倘若她们本分一些，囊中羞涩，便克制一下膨胀的欲求，那么无良债主岂会利用得上？"这里的问题归咎，不适用"先后"这样的因果思维，这样的坏逻辑用归谬就可看出问题，例如，强奸犯怪女孩穿得太性感，骗子怪受骗者太天真善良，莆田系骂被骗得倾家荡产者病急乱投医。受骗者确实应该提高自己的判断力，但不能因为先后关系而说"没有你的太天真，骗子就找不到下手机会"，从而把首恶推给被骗者。

指出具体问题，克制恨铁不成钢的道德义愤，对受害者不必用笔如刀。

柔软不是无力而是宽厚

我一直觉得，一个评论员成熟的过程，就是发现自己可以痛快批评的东西越来越少的过程。见多了，习得更多人情世故，洞悉了人性，就会发现，可以责怪的人越来越少，人人都有其难处，事情远比自己想象的要复杂一些。人不可以善恶论者十之七八，事不可以是非论者十之八九——这不是没有是非，而是超越浅层的是非去洞悉深刻复杂的人性。我也曾经历过"见什么就评什么批什么"的阶段，而且是疾恶如仇，会把一种有一定合理性的道理推向极致，不留余地，后来觉得那样偏离了现实世界。

很多时候，我们批评一个事物，习惯把对方想得很简单、很邪恶、很不可理喻，于是下笔尖锐痛快。其实，越是这样想，越是进入了一个自闭的逻辑陷阱。文章越写越愤怒，对一个评论人来说绝不是好事。

好像是梁文道说过，读书到了最后，是为了让我们更宽容地去理解这个世界有多复杂。我还记得另外一句话，一个人之所以变得柔软，一定是因为他更懂得了理解和宽容。对于自己不曾了解的事情学会缄默，而不是盲目地批评，哪怕是不同意许多事情，但也应学会站在对方的立场上想问题。没有了非此即彼、非黑即白的执拗，学会了打开心胸，不止对现在，也对过去那些曾经难以搁置的顽念，学会了释怀。

说这些，并非是我做得多好，而是意识到这些问题，写出来共勉！

（微信公众号"吐槽青年：曹林的时政观察"2016年10月8日）

女大学生的被子和女性表达的物化困境

这两天武汉女大学生晒被子的盛况在各大网站疯传。武汉久阴逢晴，学生们喜晒被子，女生宿舍楼上，女学生晾晒的被子和衣物"铺天盖地"，成为一道别样的风景。我在武汉读过七年书，体验过武汉冬天阴寒湿冷天气的难受，所以更能感受晒被子的校园欢乐。不过尴尬的是，"女大学生"和"被子"这样的符号很快被一些评论盖歪了楼，甚至带上了情色眼光，有人盯着"女大学生"的字眼问，怎么不拍男生？有人盯着"被子"和"衣物"无限想象。

我在微博中提出这个问题后，很多女大学生都说，不要说晒被子，你们见过几个男生叠被子的——确实如此，男生多很懒很邋遢，有的被子发霉了都不会拿去晒，贪玩的他们也不会为晒被子而浪费打游戏和网上撩妹的时间，所以男生晒被子的不多，不如女生宿舍晒被子这样壮观和有镜头冲击力。镜头中有女性衣物就更正常了，镜头并没有盯着女性衣物，只是有人眼睛总喜欢盯着并无限脑补，这似乎是一种病。

"女大学生的被子"是一种社会隐喻，支付宝新上线的"圈子"也遭遇了这样的尴尬，女性的"圈子"表达在传播中陷入了一种物化困境，"校园日记""白领日记"等"圈子"中一些大尺度照片引发舆论热议。不知道支付宝是哭还是笑，虽然引发了争议，但他们成功地推广了"圈子"这个社交功能，与"校园日记""白领日记"同时上线测试的还有上百个基于兴趣的"圈子"，比如海归精英圈、悦跑圈、吴晓波读书圈等。

　　舆论都盯着那些"活色生香的大尺度图片",并质疑为什么突出"女生""女白领"这些概念。我想,这个概念其实并不是支付宝想突出的,而是在传播中被阐释和放大的。他们推广了数百个"圈子",不过一些人就盯着"性"。实际上,从用户角度来考虑,支付宝打造"女生日记""白领日记"这样的"圈子"很正常,因为支付宝用户很大一部分比例是女生,比如最新一个数据显示,支付宝"海淘"活跃用户75%是女性,阿里巴巴70%的买家是女性,55%的卖家是女性。针对这些核心用户打造"女生日记""白领日记"和发展"女性圈子"并无不妥,购物之外还有社交,剁手之外记录生活,这个痛点把握得很好。

　　"活色生香的大尺度图片"确实有点儿尴尬,不过也不要装得像道学家那样大惊小怪,一边兴奋地消费着那些图片,一边骂"真不是东西"。记得微信当年测试"红包照片"时也遇到过这样的尴尬,发个红包可以看朋友圈里打了马赛克的照片,后来也有一些大尺度图片传播。其一,这些照片只是少数,少数大尺度图片设置了议题;其二,大尺度图片之外,"校园日记""白领日记"里其实有很多值得关注的信息,女生的思考、白领的生活记录,可这些有意思、有价值的内容被忽略了。

　　这就是跟"女大学生晒被子"图片一样的物化困境,一方面是一些女性的自我物化,用大尺度照片吸引眼球和赚赞赏(这实际上是社交媒体普遍面临的问题,各种社交媒体上充斥着这种"网红"、嫩模搔首弄姿的图片,往往是这些东西最能吸引流量);一方面是社会的物化眼光,将女性的表达物化,用物化的目光看待女生身体符号和表达。正像"女大学生晒被子"被盖歪楼一样,"校园日记""白领日记"也被盖歪了楼,人们兴奋了传播着大尺度图片,而忽略了图片之外无数的女性表达。

　　毋庸讳言,女性表达在社交媒体上一直是弱势的,很多社交媒介天然带着男性的基因,比如微博上的活跃用户多数是男性,微信公众号也是如此。

在这些男性主导的社交媒体上,女性很容易成为沉默的多数,男性化的思维和话语霸权形成了一种压迫感——男性社交思维主导,这是很多女性使用这些社交媒介时感觉不适的关键原因。我觉得,支付宝打造社交媒介也许是一种话语平衡,支付宝上女性用户占多数,以此为基础发展起来的社交圈子和交流语态,也许能形成一种话语平衡。

陌生人社交最重要的是信任感,这种"圈子",可能已经基于大数据优势而形成了一种信任基础。在"圈子"里看到的人都是经过实名认证且能看到对方性别,还有蚂蚁会员等级等作为参考保障。一切在这个平台上的生活行为数据会产生强大的信用,有了这套体系,会在整个生活场景积累一种信任资本(推荐弗朗西斯·福山的名著《信任:社会美德与创造经济繁荣》)。比如,对于发布大尺度图片,信用会受到影响。750分的门槛,不是一个经济门槛,而是一种信用门槛。

别只盯着那些大尺度图片去消费女性了,打破女性表达的物化困境和社交媒体的信任困境,这是社交媒介需要面对、也是支付宝需要跨越的真问题。

(微信公众号"吐槽青年:曹林的时政观察"2016年11月29日)

没有什么能挡得住真爱与自由

这几天不少媒体在讨论"封杀师生恋"这个话题，引发了不小的争论，有人为此叫好，有人觉得这干扰了大学里的恋爱自由。其实，正如很多话题的争议陷入伪问题陷阱一样，对师生恋的争议很多也是"全称标签"误解下的概念游戏之争。

不要纠缠于抽象的语义

很多人反对师生恋——并非笼统地反对老师和学生这个群体间的恋爱，"师生恋"中的师生不是全称概念，而是特指那种正在进行的直接师生关系、并非源于自由选择而是在不平等的关系中受到权力影响而产生的恋爱。有三个关键元素，其一，是直接的师生关系，比如教某一门课产生的直接关系，而不是笼统和抽象的，虽然一个是学生，一个是老师，但这个老师并没有教这个学生，两者没有权力差距和利益关系，这种恋爱不应受到干预。其二，师生关系应是"正在进行的"，而不是"只要曾经有过师生关系"就不能恋爱，曾经教过某一门课，有了好感，以后产生了恋爱关系，这也应属于正常。其三，并不反对师生间的自由恋爱，反对的是不平等关系中受到权力影响而产生的恋爱，比如老师利用职业身份优势，处于弱势的学生迫于压力或为了利益而产生的恋爱关系，如一些大学曝出的丑闻。

"禁止一切形式的师生恋"这种一刀称的全称判断,很容易制造歧义和误解。像这样将师生恋的外延缩小,将"所指"具体化,讨论起来就不会纠缠于抽象的语义而变成文字游戏之争了,共识就会多于争议。舆论场中很多争议都首先源于概念模糊,一边指的是全称判断,一边是具体判断;一边说的是影视肥皂剧中美化的师生恋故事,一边说的是社会新闻中让人恶心的师生恋丑闻,各有所指,自然就没有交集。封杀的不是自由恋爱,而是职业权力在恋爱中的滥用。

实际上,很多国家禁止师生恋,也都不是笼统地限制师生之间的恋爱,并没有禁止一切形式的师生恋,而是加了一些限制,非常谨慎地对师生恋进行了最小限度的约束,在恋爱自由、职业约束和防范权力间找到了一种平衡。如哈佛大学在 1984 年规定,禁止教授和其直接授课的学生之间有恋爱关系,爱荷华大学也是同样规定。这种约束,不仅不像有些人认为的那样是干扰恋爱自由,恰恰是尊重爱情和保护恋爱自由。

恋爱自由优先于其他

要说清楚这个问题,有必要进行价值排序。在恋爱这个问题上的价值排序,排在第一位的当然是恋爱自由。"生命诚可贵,爱情价更高,若为自由故,两者皆可抛"——罗尔斯在《正义论》中也谈到过自由对其他价值的优先性,由此延伸,自由恋爱是现代人的自由权利中很重要的一种自由。虽然有人说,现在想想还是包办婚姻好,自由恋爱根本没人要——这不过是剩男剩女的自我调侃罢了,自由恋爱的价值无须多言。

从这个角度看,即使是直接的师生关系,只要是真正出于自由选择,没有破坏彼此的家庭,没有利益交换,就应该得到尊重。

在自由的价值之后,然后是平等。为了自由,有时不得不对自由进行必要的约束——法律就是一种必要的约束。罗尔斯说过一句名言,"自由只能因自由的缘故而受限制"。这句话包含两层意思：一方面，自由包含在限制之中，没有不受限制的自由；另一方面，限制必须能给人带来自由，只有当一种限制能给人带来更多自由时，这种限制才是正当的。在保证自由优先性的前提下，应当将平等设置为尽可能对弱者有利的公正程序，这也是为了自由。

没有什么能挡住真爱与自由

由此看，"限制师生恋"正是为了恋爱之自由。自由是一种免于强制的状态，而不平等的师生关系可能对恋爱自由形成一种强制压力，老师对学生天然的身份优势会干扰学生的自由选择，涉世未深的学生很多时候在经验丰富的老师面前缺乏平等的判断，而且双方的利益关系也会对恋爱自由形成干扰。

身处这种不平等的关系中，人们很容易错误地把依赖、利用、崇拜、尊重、赏识、呵护、好奇、冲动理解成爱恋。正因为此，那些有利益关系和权力势差关系的恋爱都会受到约束，比如医生与患者、上级与下级、服务者与服务对象、甲方与乙方、管理部门与所辖对象、记者与实习生，等等——文明程度越是发达的社会，人们对"权力干扰自由选择"越会有强烈的敏感，会把对权力的防范延伸到公权力之外一切可能对自由选择带来干扰的职业和日常权力。

"原谅我这一生放荡不羁爱自由"，真爱的力量是无比强大不可阻挡的，没有什么规范能挡得住真爱与自由。关上门，它会从窗子逃出来；关上窗，它会从门缝挤出来；堵上缝，它会从烟囱钻出来。师生恋规范限制的是权力，却限制不了真爱，真正的爱情总能跨越身份、职业、阶层、年龄的障碍而走到一起，并终将赢得尊重和祝福。

（微信公众号"吐槽青年：曹林的时政观察"2016年6月6日）

第六辑
舆评

热点就是舆情,外行看热闹,内行看门道,在过去一些热点舆情中,我总结了一些舆情发酵、网络传播、舆论引导规律。当局者迷,旁观者清,作为局外人,试图给舆情局中人们一点旁观者建议。

丽江的塌方式舆情，
资源傲慢使其触犯了所有最低级的舆情禁忌

用"塌方式舆情"形容近来的丽江，一点儿也不夸张。新年以来，从古城维护费被质疑，到女游客被殴打毁容事件，到景区被国家旅游局严重警告，再到怒怼网友，大的舆情事件一个接一个，而且每个舆情事件又因为应对不当引发一波又一波更汹涌的次生舆情，次生舆情再次应对不当进而引发塌方式舆情。一错再错，错上加错，形成舆情的叠加和连绵效应，使一个游人神往的天堂和圣地在舆论形象上垮塌为望而生畏之地。

一 连环低级错误

从几起舆情事件的处理来看，当地政府部门自上而下在舆论处理与应对上近乎"小白"，缺乏基本的媒介素养。如果基层公务员有一丁点儿舆情素养，就不至于接连犯"把公器当私器""不慎用官方微博泄私愤"的低级致命错误。先是在回应女游客被打事件上，有关部门的官方微博转发对抹黑女游客的网络传言。这种错误因在其他地方已犯过多次而被写进教科书，有基本舆情常识的不至于会犯这种低级错误。这种低级错误犯一次已很致命，没想到同一个地方在短期内接连犯第二次——丽江另一部门官方微博管理员用官方微博怒怼游客说，"你最好永远别来，有你不多无你不少"。

短期高频出现，就不是一两个管理员、一两个部门的问题了，这说明当地在政务舆情处置上，自上而下弥漫着吊儿郎当，领导不力，组织涣散，管理混乱，无视国务院在政务信息公开和舆情处置上一系列明文要求。

出错了就改，问题还不至于太严重，可丽江相关部门一再错上加错。景区被警告，不断遭游客投诉，是一错！不思整改却用官方微博怒怼游客，是二错。犯错被舆论批评后，不承认错误，还撒谎说是网络造谣，栽赃网民，在未作深入调查的情况下听信当事人一面之词就急于甩锅，用更大的错误去掩盖另一个错误，是三错。最新的消息是，当地官方一改前日的死扛，承认了问题并处理了相关官员——虽然硬着头皮自己打脸回到了正确的轨道，且不关不删评论，还是表现出一点勇气，但这个过程中当地政府的脸被丢光了。并且还继续犯着错，没有向被怼游客道歉，是四错，没有对说谎行为进行坦诚的道歉并追责，是五错。

二　七大问题把丽江推进舆情沸锅

总结一下，丽江相关部门在这几天舆情的应对上暴露出严重的问题，谈不上什么更高层面的媒介情商和智商，连最基本的舆情素养都没有。

其一，缺乏基本的舆情预警和分级，在舆情处于可控状态时，没人理会，不当回事，无所作为，以至于最后失控发酵成了轰动全国的大舆情。就拿女游客被殴打毁容事件来说，女游客一直向当地有关部门反映问题，可没人重视，最后被迫发到网上，使本来可以通过正常法律途径处理的问题，演化为举国公众围观、严重伤害丽江旅游形象的大事件。初级舆情苗头时官方无感，一下子发酵为失控的红色舆情，并进一步恶化为说什么都没用、回天无力的紫色舆情。

其二，自上而下媒介低能，上面缺乏领导力，基层缺乏执行力，中层缺乏判断力。如果有好的基层，不至于总犯低级错误；如果有好的中层和领导层，会在下属犯了错后去亡羊补牢，使舆情平息，起码不会升级。可在丽江的舆情应对生态中看到的是，基层制造初级舆情，中层和领导层的处置不当制造更大舆情，应对式瘫痪状，集体沦陷。

其三，缺乏基本的反思和纠错系统，使舆情连绵不断，置丽江于舆论沸腾热锅之中。一个地方如果有完善的纠错系统，一个部门出了问题后，会立刻成为当地的教训，迅速反思和整改，迅速补上漏洞。可在丽江竟然能接连犯同样的低级错误，同样的错误短时间内在部门和地方间传染，形成塌方效应。这说明第一个部门出错引发舆情后，当地反思系统根本没有运转起来，麻木不仁，当成"别人的事"。

其四，不会说且乱说。一般地方的新闻发布存在的问题是，不会说，不愿说，不敢说。——这还不至于太糟糕，不会说，那就好好学习说话，有点儿敬畏之心，好好讨论之后再谨慎地说。而丽江有关部门在这几次事件的应对中所暴露的是，不会说且乱说一通，仓促作结论"急于说"，信息出口不统一"都想说"，不考虑后果"冲动说"，不注意身份"不过脑子说"，使每一次回应都制造出新的舆情，雷人雷语不断火上浇油，形成持续的舆情沸点。

其五，对舆情没有预判力，对传播缺乏可控力。比如女游客被殴打毁容事件，官方的几次通报，都因为措辞不慎引发舆论更大反弹，让人感觉"还不如不发通报好"。这说明相关部门写通报时缺乏受众意识，只考虑推卸自身责任而不考虑公众感受。这说明当地在舆情处置上纯粹是静态思维，缺乏动态思维，走一步算一步，而不顾下一步的问题，不顾卸责的后果，不顾说谎的后果，最后累积成舆情爆炸。

其六，应对缺乏主动性，基本是眼睁睁看着舆情越来越不可收拾，被动，不知所措，慌不择路，本能地躲、捂、拖、挡、堵、洗，没有柔性沟通，没有"时、度、效"，没有议题设置能力，没有第三方资源，没有示弱，更没有"先把问题解决好"再去说的行动降温意识。

其七，没有规范和章法，舆论应对带着浓厚的情绪化、个人化、短期化的低能特征。

三 资源傲慢和自负惯出的重病

丽江差不多暴露了舆情处置中的所有短板，触犯了所有低级的舆情禁忌。为什么丽江相关部门的媒介素养如此低呢？我想，问题可能主要出在以下几个方面。

最重要的是，景区资源的不可替代所形成的傲慢与自负，惯出了相关部门在舆情应对上的低能和失能。丽江这几年太火了，成为国人最爱去的旅游目的地之一，得天独厚的自然资源使这里的游客越来越多。游客井喷使这座城市可以越来越不在乎自己的形象：反正不管怎么样，总有那么多游客来。既然什么都不做就可以把景区当印钞机，坐地收钱，干嘛要注意形象啊，干嘛要重视什么舆情啊？你媒体报道再多的宰客，再多的导游乱象，再多的景区问题，第二年旅游收入毫无影响，想来的人还是络绎不绝。

一俊遮百丑，这种资源自负便惯出了当地对外界批评和舆论监督的不在乎，"你最好永远别来，有你不多无你不少"这种说法实际上并非误发，而代表着当地一些官员对待批评的真实态度。

不仅丽江，类似自然环境很美、景点得天独厚的地方，都有着这种"你不喜欢就别来啊"的资源傲慢和自负。正因为这种傲慢与自负，我发现一个规律，风景越美的地方，媒介形象都不怎么好，丽江、三亚、桂林等一系列地方，媒介形象与其美景并不相称，甚至成反比。有了垄断性的自然资源，就可以靠这个吃饭了，不必介意什么舆情和批评——越美就越不在乎外界批评。这种意识导致这些地方相关部门的媒介情商和智商越来越低，会发酵成舆情的问题也越来越多，出现塌方式舆情在所难免。

这些地方会花很多钱在外面做形象广告，这种形象广告并非塑造自己的美誉度，而是让你去旅游。他们在形象宣传上花了很多钱，我们对这些城市美好的想象，多是这种广告的传播效应。钱砸在广告宣传上，而不是花在服务质量、景点设施、旅游软实力的提升上，宣传远超地方实力，导致的一个后果就是:带着广告的美好想象过去,住几天后往往很失望,甚至还有一些不愉快的事情发生。

但愿塌方式舆情能让这些地方有所警醒,但我并不太乐观,塌方式舆情并不会太多影响其旅游收入,游客不长记性,他们骨子仍然是根深蒂固的"你爱来不来,有你不多无你不少"。

(微信公众号"吐槽青年:曹林的时政观察"2017年2月28日)

38元青岛大虾：
漠视"黄金周新闻定律"引发的舆情灾难

青岛由一只38元大虾引发的连锁舆情，很值得其他地方警醒。在长假几天中，由一条微博网帖发酵成大新闻，举国媒体跟进深挖，大虾外又挖出一系列宰客案例，最终使青岛与宰客符号联系在一起，被媒体树为这个黄金周的宰客典型。每个黄金周都会曝出一个被媒体和网友盯着打的宰客典型，三亚、云南、华山付出过沉重代价，这一次是青岛，青岛旅游形象受到灾难性的打击。甚至殃及山东旅游形象，一只大虾让"好客山东"变成"宰客山东"，甚至有网友称要摘下青岛"全国旅游文明城市"的招牌。

这次38元大虾引发的舆情，是一次很典型的由于应对迟缓和不当导致的不断发酵。本来只是一个个案，如果及时处置，第一时间表态，不至于会对整体旅游形象产生伤害，也不至于成为黄金周宰客典型，成为举国公众发泄对宰客不满的发泄口。

很多官员可能还没有意识到这个舆论规律，即每个长假，围绕旅游消费或宰客，舆论都会发酵出一个热点并进而成为媒体群殴的典型。其一，黄金周大家都在休假，而旅游不休假，是旅游市场最火的时候，其他新闻很淡，必然会围绕旅游问题找新闻，旅游也正是大家关注的新闻焦点。其二，中国各大景点问题多多，找个新闻是很容易的，被高速拥堵、景点拥堵、价格畸高等问题憋出一肚子怨气的人，也想找这种新闻发泄不满——所以，宰客之类的新闻很容易就把举国媒体和公众的情绪调动起来。其三，差不多每一个出游的人，都或多或少或大或小地被宰过，对宰客深恶痛绝，可一般情况下都忍了，"大家平常都忍了"所累积的愤怒会通过这样的个案集中释放出来。其四，已形成这样的报道共识，散打无效，必然集中一个案例做成典型，盯着一个地方猛曝猛打，才有新闻效果。

如果了解这个"黄金周新闻规律"，刚看到38元大虾新闻时，就应该知道对这个如此有戏剧冲突、如此能激发想象力的新闻，不及时应对的话，很快就会引发新闻爆炸并导致"传播失控"。当然，如果了解了这个规律，黄金周期间也会更加严于管理，避免因为这种个案而成为典型。

此次舆情的发酵呈现出这样的规律，我按照节点分成了以下不同的阶段，如果应对能够提前，可能就不会向后面的阶段发酵了。

舆情酝酿阶段：网友投诉微博化（6小时内）

10月4日，顾客挨宰，走正常举报投诉渠道不顶用（很多地方的投诉热线多形同虚设，把顾客逼上了微博），无奈之下只好发微博吐槽和求助。"虾按只算，而不是按盘算，38元一只，报警无人理，只能屈辱交钱"——这些描述很有"爆点"，很容易就把网络情绪点燃。一般网友微博曝料时都会@当地相关部门（即使在原发微博中没有@相关部门，网友在转发时也会以@的方式提醒相关部门关注），这是监测舆情和解决问题的最佳时机，如果相关部门官方微博的值班人员不把这种容易引爆舆情的曝光当回事，缺乏舆情嗅觉和问题敏感，就会一步步走向被动。

为什么要开通官方政务微博，不只是发布信息，政务微博一个核心功能是第一时间监测到舆情，不能像过去那样等传统媒体报道了再介入，而是在被@之后第一时间介入，从而跑在网络发酵之前进行干预和引导。被宰的李先生在发微博时@了"青岛工商""青岛发布"和"青岛市旅游局"官方微博。

形成热点阶段：大 V 转发热点化（12 小时内）

在这种氛围下，网友的转发很容易引起网络大 V 和媒体官方微博的关注，微博很快会设置成话题并推到热点首页，舆论领袖的转发评论会对事情进行"定性"。官方如果能在这时意识到问题的严重性，及时介入表态，还有挽救机会。

集中报道阶段：媒体跟进新闻化（24 小时内）

传统媒体通过采访当事人，已经把报道写出来并刊登了，从网络走上报纸电视，再经过网络的疯狂传播，变成了全国性的新闻热点。如果官方反应还滞后，第一波传统媒体的报道中没有官方的态度，那事情基本上已经无可挽回了。如果官方反应快，那么在第一波的报道中会出现官方坚决的态度，形成平衡，表明官方对这种宰客行为是绝不纵容的。可惜第一波新闻出来时，只看到当事人的诉苦，官方态度基本是缺席的。

在这个阶段，舆论没有及时看到官方重视的态度，甚至看到了相反的态度——官方对此事的推诿和卸责，把顾客当成皮球一样踢，正如后来主流媒体的分析称，权力部门的推诿是事件发酵的关键因素。微博发酵 24 小时后传统媒体报道时，新闻中竟然看到有关部门的态度是这样的："管不了。"

牵出更多问题：扎堆曝光集中化（36 小时内）

众多媒体把目光聚焦青岛，青岛成为众矢之的，激发了更多网友曝光在青岛的挨宰经历，陈年往事、刚刚发生的事、大大小小的事，立刻会扎堆出现，形成一波"不只是个案，青岛宰客很严重"的新闻爆炸。这时候官方才出来处理相关店商，官方的态度远远落在公众的情绪期待后面，已经没什么用了。

网络对青岛的关注已经从个案走向普遍宰客现象的关注，而官方这时刚开始处置个案。确实，对事件的调查和处理需要时间，无法第一时间就做出处理，但可以先进行严厉的表态，并第一时间安抚被宰当事人（如果当事人在第一时间受到重视并被安抚，他们在接受媒体采访时自然不会那么愤慨。可至今当事人声称一直未收到道歉，可想而知，当事人在接受一系列媒体采访时会有怎样的不满态度）。

恶搞渲染放大：全民参与段子化（48小时内）

38元大虾已经成为一个标签死死地贴在了青岛身上，网友在第一轮的愤怒之后，进行新一轮的反讽和恶搞，用编段子的方式来消费事件。段子比新闻可怕多了，很多欢乐的段子出现了，以喜闻乐见的方式传播着对青岛的不满。比如以下几个：

"国庆期间，外地的王先生赶到青岛想吃38元一只的海捕大虾，因饭店爆满，王先生就点了几盘8元瓜子边嗑边等。轮到王先生就餐时，店员却要他先交61万，原来该店的瓜子不是8元一盘，而是8元一个！曾夺过全国嗑瓜子速度冠军的王先生非常后悔。后面排队买单的李先生当场休克，手里紧紧握着小票：米饭3元。"

"相亲遇一漂亮妹妹，妹妹问：有房吗？有车吗？我说：没有。妹妹接着问：没有你出来相亲？滚！我说：我家是青岛的，有一个养虾池子。妹妹说：你个死鬼好讨厌，不早说，我愿意和你一起劳动！走，登记去。"

当一个事件被段子化之后，形象的损失基本就无法挽回了。

成为黄金周宰客典型：贴上标签典型化

在传播中成为宰客的典型，死死地打上了宰客的标签，提起宰客，就会想起这起典型事件，想起青岛这个名字。

（"财经网"评论频道2015年10月10日）

去公关化的海底捞式回应,避免致命危机进一步恶化

对一家餐饮企业来说,食品安全和卫生无疑是其生命,卫生问题的曝光,必然是致命的!海底捞就遭遇到了这种致命性的危机,媒体暗访视频曝光后,舆论一片震惊。其一,海底捞品牌形象向来不错,因一流服务受到追捧,可能没几个白领没去过、没在门口排队等过,可没想到后厨竟如此不堪,表里不一的强烈形象反差更容易刺激集体的反感。其二,几个月的暗访,调查很充分很有冲击力,有视频有对话,尤其是老鼠,足以让人恶心反胃。网上立刻形成一边倒的批评之声——是啊,太恶心人了,谁还敢去这样的店消费?

我想,这应该是海底捞成立以来遭遇的最大危机吧,对这么多年所苦心塑造形象的打击,差不多是毁灭性的。很多企业都是在类似曝光后陷入形象危机,甚至很多年都没有走出危机,再多修补都很难重建信任。海底捞在管理上暴露的问题确实让人触目惊心,但令人佩服的是,这家企业对媒体曝光的坦诚回应,赢得了很多人的谅解。从网络舆情的发酵曲线看,媒体曝光后,舆论对海底捞形成暴风骤雨排山倒海式的批评和质疑,差不多是塌方式的,可海底捞迅速回应后,竟然获得不少谅解。

在中国的舆论场上,在企业的危机应对中,这是很难得的。一般像这种回应,多会被舆论看成是一种公关套路,那种公关意图很明显、应对功利性很强、仅停留于"耍公关技巧"层面的回应,很难平息众怒。海底捞需要刮骨疗伤,但面对舆论监督的坦诚态度,还是非常值得很多企业和部门学习的。

赶在监管介入前主动回应舆论监督

来看看海底捞的回应。到目前，已有两份回应，第一份是道歉，承认媒体报道属实，表达愧疚和歉意，反思问题，感谢监督。第二份是谈一揽子整改措施，问题门店停业整顿、全面彻查，请第三方公司排查，并公布责任人，主动向主管部门汇报，配合政府监管，与合作的第三方公司商量门店设计及研究整改措施，让涉事门店普通员工无须恐慌，称主要是公司深层管理问题，主要责任由公司董事会承担。

一，反应非常迅速。对媒体曝光的问题迅速回应，没有让问题过夜。媒体是 25 日早上报道的，上午开始急剧发酵，海底捞下午做出了回应。8 小时内回应，形成声音平衡，避免了企业态度缺位而使公众情绪在丑闻视频冲击下不断井喷。如果没有这种迅速回应，一家媒体曝光后，其他媒体介入报道时，只会进一步扩散那种一边倒的负面情绪。企业的及时回应，使其他媒体做后续报道时，会把企业的回应和态度置于新闻之中，形成平衡。否则，如果媒体第二天的跟进报道还只有曝光视频，而没有企业态度，那对企业将是灾难性的。

二，跑在了监管部门介入的前面。我注意到，媒体是 25 日早上曝光，海底捞是下午 3 点多回应和道歉，而相关监管部门是下午 5 点多宣布对相关门店进行调查。如果海底捞的表态落在监管部门的表达后面，就非常被动了。公众会形成一种印象——政府监管介入后企业才有反应，企业回应是对政府监管的反应。公众便会觉得企业很应付很被动，舆论披露了没行动，监管介入了才行动。赶在政府监管前表态道歉，表达了一种主动接受监督、积极行动的姿态。

三，不是自说自话。多次提到"第三方公司"，让第三方监督，不是自己监督自己，而把自己摆在"受审者"的位置，接受外在监督。不仅如此，每一项措施还公开了"责任人"，表明这些话不是说说而已，而是有"具体的人"

负责任，看得见、可监督、可追溯。

四，没有把问题推给基层员工或让临时工背锅，公司领导主动承担责任，承认是深层管理问题，由董事会担责。那种自上而下的甩锅，常常是激化公众反感的关键元素，海底捞管理层的这种担当，让员工服气，也让舆论服气。老鼠问题让人生气，主动的担当还是让人服气的。在面对问题解决问题时，没有制造新的情绪问题。

五，不是一次回应后就躲起来当鸵鸟，而是不断回应。不到4小时内，做了两次回应，先是承认问题和道歉，然后是出台系列整改措施。一般企业应对舆论的套路是，先是拖，用"我们已经在调查"想躲过去；再是敷衍，回应一次勉强承认问题后就躲起来，害怕新的回应激起新的舆情热点。海底捞的两次回应，让人们看到这家企业一直没闲着，上上下下努力在解决问题，并且把自己所做的告诉公众，让公众看到自己每一步的行动。公开透明不只是给公众一个结论，更要把处理过程透明化。

去公关化、去套路化的行动回应

有人说，海底捞的回应为其他企业公关树立了一个典范。我不认同这种看法，我觉得海底捞之所以能在某个程度上获得舆论谅解，不在于其公关做得成功，恰恰在于他们的回应是去公关化的。尽可能去行动，去做事，去解决问题，而不是在口头文字上玩公关技巧。少点话语的套路，多点行动的真诚。

赶在政府部门介入前做回应，我想，这应该不是公关主导"设计"的，而就是想快速表明自己的态度，慢一分钟，就会让公众对这个品牌多一分钟的反感。这种快，是一个珍视自己品牌形象的企业在面对问题时的本能，这时候如果有侥幸心理想躲过去，想转移话题，或找替罪羊，或商量对策，速度肯定会慢下来。

其实，媒体曝光海底捞问题后，网上也不全是跟着媒体讨伐海底捞，也有同情海底捞的。有的说，海底捞可能得罪人了，否则媒体怎么突然盯上它了，暗访那么长时间。有的说，如果盯着一家餐饮企业后厨几个月，肯定能盯出问题来，哪个餐饮企业的后厨或多或少没一点问题，海底捞太冤枉了。

按一些企业的公关套路，这时候会采用一些混淆视听把水搅混的方法，一边明面上去承认问题，一边暗里去抹黑媒体，放出各种阴谋论的烟幕，把自己打扮成受害者的角色，或者暗示是竞争对手抹黑自己的方式；或者从报道中找一些细节瑕疵，找水军攻击记者，跟媒体怼，引导反转。总之就是制造阴谋论，制造反转效果，操纵舆论误导吃瓜群众，把水弄混。

从海底捞的回应看，没有这些套路，没有什么"技巧"。有问题就承认，承认之后就致力于用行动解决问题，把自己正在做的和准备做的告诉公众。从两份回应看，很少公关腔调，在让公众触目惊心的问题面前，没有玩弄什么情怀，没有"把坏事当好事"的心机，没有修辞和套话，有事说事，有一说一，问题导向。

超越公关层次的高层行动

海底捞的回应能赢得一定程度的谅解，很重要的一个原因在于，从速度和措辞看，这个回应不是企业公关部门主导写的，而是企业高层的决策，一把手迅速拍板。这么大的事，不是公关部门能"公关"掉的，如果企业高层不真正重视，不迅速决策，拖泥带水，只会让问题越来越大。

很多企业遇到这种事情，一般都是交给公关部门处理，而公关部门去做的结果，必然是：一，回应速度很慢，因为什么都要请示领导，没有决策权，层层审批，自然很慢。网上都炸了，还在推敲回应口径，再一步步向上报。网络舆情发酵以秒计算，那边官僚还慢慢吞吞签字。二，领导不重视，不主导决策，公关哪里敢把问题往领导那里推？必然是替领导着想，把责任往下推，找替罪羊，为领导解决麻烦。而这种思维，恰恰是舆论最反感的。三，领导不主导，其他各部门就难以形成有效的协调，企业内部各自为政，无利则推，有险则躲，公关部门能干什么呢？只能去玩技巧，耍嘴皮而无行动。

从海底捞的回应看，应该是企业高层第一时间就介入处理了，这是公关部门处理不了的事，必须领导去表达和推动。领导第一时间介入，才会意识到问题的严重性，才会主动担责，才会有那些实质性的行动，调动所有资源来解决问题。出了问题，最关键的是解决问题，才能化解舆情，靠线上耍嘴皮子是不行的。

很多企业和企业的公关之所以失败，就在于高层缺席，而把"公关"都当成应该是公关部门去做的事——企业出了问题，被媒体曝光了，就让公关部去处理，这种思维是很危险的。公关部门只是中间的一个协调沟通部门，企业的领导不去调动资源推动实质性行动，不负起责任，不在"解决问题"上有所作为，层层请示，层层揣摩，领导站在后面，公关冲在前面；让公关跟媒体周旋，甚至跟媒体怼，舆论和公众肯定是不买账的。

领导层不表态，企业没有行动，靠公关炮制一篇通稿，在文字上玩技巧变戏法，很多时候恰是公关失败和问题激化之源。

作为一个媒体人和评论员，一个消费者，是无法原谅海底捞出这样的问题的，实在辜负了消费者的信任和一直以来的品牌形象。但海底捞在被曝问题后的坦诚态度，尊重媒体，行动坚决，让我相信他们解决问题的能力。

（微信公众号"吐槽青年：曹林的时政观察"2017年8月26日）

总理敦促部长们当第一新闻发言人

"部长通道"是今年"两会"一大亮点,成为"两会"开放透明和善待媒体的一个象征。在这个通道上,以往记者拉着喊着部长接受采访的场景不见了,变为部长主动站出来回应关切,甚至变成部长排队 10 多分钟等着接受采访。媒体报道称,"两会"前李克强总理接连两次"发话",要求各部委主要负责人"要积极回应舆论关切"。部长主动放料,使这个通道上传出了很多新闻,如交通部部长对拥堵费传闻的回应,人社部部长称网传延迟退休时间表属误读等。

记者之所以喜欢跑"两会",原因之一是"两会"上高官云集,能"堵"到、"逮"到、"抢"到很多大新闻——现在不需要"堵""逮""抢",部长们主动曝料,打通了各种阻隔,树立了开明开放的政府形象。期待"部长通道"不只在"两会"期间存在,最好能成为一种官媒交流、官民沟通的常态化新闻通道。

事实上,"部长通道"已经有了常态化的制度基础。各部委已建立新闻发布制度,定期向媒体发布新闻,回应记者提问——只不过部长们较少亲自出席,以后部长们应更多地站到发言席上。国务院在推进这种制度安排,中共中央办公厅、国务院办公厅印发的《关于全面推进政务公开工作的意见》首次明确,遇重大突发事件、重要社会关切等,政府主要负责人要带头接受媒体采访,表明立场态度,发出权威声音,当好"第一新闻发言人"。

此次部长们在通道上的活跃表现，既起到了在很多问题上"澄清谬误，明辨是非"的正能量传播效果，满足了媒体和公众的新闻渴求，也有效引导公众理性看待政府部门工作，在一些问题上赢得公众理解。部长越坦诚，公众也越理解，没有一个实话实说的部长被吐槽，也没有一个坦诚回应的部门被批评，这就是打通官民阻隔后产生的效果。

部长们主动站出来答问，能够让政府部门更有亲和力，民众对政府部门更有亲近感。各部委负责的事务与百姓利益密切相关，公众有很多困惑需要与政府有关人员交流，而部长往往是一个部委最直观、最直接的象征，是部门最好的名片。部长站出来通过媒体与公众交流，会让公众觉得政府离自己很近，产生实在的"交流和信息获得感"。

部长站出来答问，也体现了一种政府诚意，能够减少新闻信息传播的中间损耗，部长应该是一个部门掌握信息最多、最先知情、最权威的人，站出来回应公众关切，公众会更相信。老百姓有时候之所以变成"老不信"，不仅是"说了什么"，更在于"谁在说"，部长站出来说更能提高发言的可信度。这可能也是总理多次要求部委主要负责人"积极回应舆论关切"的重要原因之一。

不是部委主要负责人说，而是层层授权让其他人说，不仅信息转换中会有损耗，其他新闻发言人有时因为不掌握权威信息，也怕担责，在种种自我审查、自我限制中"不敢说不愿说"，部长们就不用有这种担心了。常常发生这种情况，部委中某个官员接受采访后，引发争议，该部委又去澄清，影响了政府公信力；如果部长亲自去说，可以避免这种现象发生。

部长们经常面对媒体，可以形成一种自上而下的示范效应，部门其他官员也会善待媒体，积极让部门事务变得开放透明，而不会把记者当皮球踢。记者们的经验是，如果一个部的部长很开明的话，局长、处长们与媒体也会相处融洽。

部长们多面对媒体多发言，不仅能提高自身的媒介素养，也带动部门新闻发言人更加重视与媒体沟通。部长直接面对媒体回应关切,还能直接读到民情民生民意,而不是看别人的舆情汇报。

(《中国青年报》2016 年 3 月 12 日)

永远别把"拒不回应"当舆情应对技巧

跟某地一位官员聊天,谈突发事件和热点事件中的信息公开,这位刚经过舆情应对培训的官员说,给他们讲课的老师教他们:政府部门遇到舆情被网友质疑时,应该死扛着不要回应,回应很容易制造新的热点和发酵点,而死扛着不回应,虽然会挨骂,可热点两三天就过去了,再大的丑闻和疑点,媒体和公众也很快会遗忘,而"扑向"新的热点。面对网络质疑,政府要有定力,要有强大的内心挺过前期的狂轰滥炸,挺过第二天就行了。

在舆论应对中如果真这样处置,实在是饮鸩止渴。从短期和个案看,可能确实能躲过热点;长期看,其实根本回避不了,只会进一步损害官方的公信力。

躲得了一时,躲不了网络的记忆。我见过太多的地方舆情,虽然借助"热点的覆盖效应"和公众的习惯性遗忘,很快就躲过去了。但一个月后另一个地方发生同样事件时,媒体很快就记起一个月前类似的那件事,然后放在一起对比并标签化,再次形成热点。第一次没有说清楚,没有给公众一个交代,没有让问题得到解决,以后其他地方发生类似问题时会不断被挂出来当成典型,久而久之就形成洗不去的固定标签。一提起某种现象,公众就会想起某个地方某座城市。

网上有一些不死的谣言,常让企业和政府很愤怒和郁闷,无论多少次辟谣,这些谣言隔段时间就会出来。谣言之所以不死,就是因为没有遵循"第一时间迅速澄清"原则,看到谣言没有立刻去辟谣。一些谣言之所以有那么强的生命力,多跟第一时间投鼠忌器的绥靖纵容有关。不实传言引发舆情,一些部门和企业看到舆情就恐惧,不知怎么应对,一般都信奉"拒不回应",在沉默躲闪中让热点淡化,坚持"清者自清,浊者自浊"。谣言刚出现的时候没在第一时间澄清,形成了深刻的网络和舆论记忆,在公众看来已成为"明确无误的真相",以后再澄清就很难了。

还有地方迷恋通过"摆平记者"的方式让舆情降温,一边拒不回应,一边公关记者——最常见的公关方式可能是"糖衣炮弹"。业内确实有败类,小小红包就能摆平,但你无法摆平每一个记者,结果还是会报道出来(尤其是自媒体时代,能摆平几个记者,但能摆平那么多自媒体吗?)。

先不说职业道德,只拿"利益权衡"来说,你的那个红包对记者而言,真的没有把新闻曝出来后对记者个人声誉、对媒体的形象带来的利益大。记者有职业追求,媒体有影响力考虑,红包的诱惑是打压不了这种职业冲动的。换句话说,记者把你给红包这事儿报道出来,所带来的"影响力利益"远比这个红包更大。所以,还是不要送红包,很多时候是自找麻烦自取其辱。我们看到过太多的"红包引发次生舆情"的应对教训,本来舆情倒不算大,红包反而制造了更大的发酵点。

回到开头那个舆论应对"技巧"——"出了事不回应,热点很快会过去。"不得不说,这确实抓住了媒体和舆论的一大局限和缺陷,即很容易健忘。但官员们千万不要利用这种缺陷,媒体虽然有健忘症,但更有对丑闻的强大记忆功能。这一次放弃了澄清的机会之后,舆论会形成印象,丑闻会经常被提起。保持沉默,拒不回应,死扛着不说,自己放弃了说话的机会,也会强化公众"因为政府理亏才不敢说话"的印象。更重要的是丑闻还有累积效应,在这件事上政府未作回应,公众就会形成刻板印象,很多事累积在一起就会累积成一个说谎成性的无赖形象。很多地方政府无论说什么,百姓都不相信,这就是一次次丑闻累积中形成的公信坍塌。

判断一个地方官员媒介素养的高低,主要看其是否仍把"拒不回应"当技巧,面对舆情时是否还是习惯性地慌张、习惯性地把舆情当敌情研判、习惯性地死扛不说、无作为地等着下一个热点的覆盖。

(《九江日报》2016年6月14日)

"东北网记者体验式采访雪乡"的词频和修辞分析

这几天,一篇题为《雪乡的雪再白也掩盖不掉纯黑的人心!别再去雪乡了!》的控诉文引发舆论对雪乡宰客现象的关注,一句"我他妈的就是王法"激怒了舆论,媒体跟进报道和评论,披露了雪乡旅游中的种种被坑遭遇。《新京报》的评论很尖锐:"雪乡的雪有多白,宰客老板的心就有多黑。"而《人民日报》则说得比较温和:"要鼓口袋先赚口碑。"

看来,当地听取了《人民日报》的建议,开始赚口碑了。宰客现象曝光不到4天,便看到东北网推出了一篇题为《东北网记者最新体验式采访:雪乡人将心注入擦亮服务》的报道,为雪乡赚口碑。对舆论批评迅速反应,本是好事,可公众看到的"迅速"不是迅速地痛定思痛面对问题,而是迅速地"自我美颜",迅速地"用正面对冲负面",迅速地借助本地媒体以"磨皮"方式遮羞。这种方式,赚的不是口碑,而可能树起了新的耻辱碑。

看看这篇所谓"体验式采访",堆满了"正能量词汇",毫不掩饰地铺陈对雪乡的溢美之词。"很"字一般表达着高级的赞美程度,我统计了一下,这篇不长的文章中竟出现了10次"很",出现的语境分别是:430元一晚的家庭旅馆小火炕很干净,服务人员很热情,房间很干净,火炕也很热,菜品点得很丰盛,很正常的物价,明码标价的菜谱量很足,味道很好也很实惠,玩得很尽兴。如此多的"很"字,除了见证着记者的语言贫乏,更表现着记者急于"美颜"的迫切心情。游客的曝光有多愤怒,外地媒体批评有多激烈,记者报道的美颜心情就有多迫切。

除了10个"很"字外,还有9个"美"字:雪乡最美的季节到了,吃住行游是否如美景一样心情美丽呢;形成雪房子雪蘑菇等各色美轮美奂的造型,游客啧啧称赞真美太漂亮了;雪乡的景美在天然自然,洁白的世界宁静中透露出淡淡的美,深刻地感受到了雪乡的美。3个"真"字:了解一个真实的雪乡,真美,真正的童话世界。另外,提到了"明码标价":在记者的体验式采访中,雪乡没有任何问题,人都很纯朴,老板都热情好客,店家都童叟无欺,饭菜都明码标价,游人对商家100%满意,相处其乐融融,一切都那么和谐完美,跟那白雪一样像生活在童话世界中。

我倒不是质疑记者叙述的真实性,让人怀疑的是,本地记者以这种方式进行所谓"体验式采访",能采访到什么情况呢?其一,一两天浮光掠影的体验能否了解到真实情况,两日一晚游的观光式采访,看到的显然并不具有代表性。"体验式采访"与"暗访"不一样,体验需要更长时间深入生活,才能进入生活场景。其二,本地记者没有看到一点儿问题,白茫茫的一片片真干净,与游客曝光形成鲜明对比,难免有"自说自话""自拍美颜"之嫌。其三,刚被曝光,举国舆论关注之下,地方正处于对外在监督的高度警惕之中,会出现"舆论聚光灯下的假象"——在地方上上下下充满防范敏感的情况下,记者以这种方式去体验,能看到真实客观的日常生态吗?媒体并不是一定要去揭露问题挑出毛病,而是需要客观,需要"小骂大帮忙",不需要这种"大捧大添乱"。

游客曝光可能是个案,媒体批评可能有偏颇,但问题不容回避,旅游口碑是慢慢赚来的,不是靠一两篇"美颜"报道可以立刻树立起来的。"美白"意图太直白的体验式采访,只会被公众看成表演式体验、美颜式采访。面对负面舆情,还是少点对冲套路,多点纠错坦诚。迫不及待地"擦亮",用力过猛地"磨皮",只会把残存的那点公信力都磨掉。想起另一件相关的事,面对"投资不过山海关"的批评,这几天相关地方政务新媒体小编以"公器"发文怒怼舆论，一副"爱来不来"的狠劲和霸气。类似简单粗暴的应对态度，只会加剧舆论反感，形成"自我妖魔化"的标签固化效果。

我很喜欢东北和东北人，喜欢雪乡的美，正准备最近去那边旅游。雪乡很美，人要对得起这份自然馈赠的美。

（微信公众号"吐槽青年：曹林的时政观察"2018年1月7日）

洪水与口水：南方洪灾中的八大舆情分析

南方洪灾让人忧心，由洪灾引发的一波波舆论口水也不断刷爆朋友圈，洪水泛滥成灾，争议引发的口水也制造了很多舆情。梳理一下，至今起码已有八大舆情。

一　对武汉 150 亿的追问

首先成为舆论关注焦点的是武汉，严重内涝的景象在全媒体的呈现下迅速刷遍网络，产生了强烈的冲击力；随后的质疑声便是，为何武汉年年到这时便要"看海"。有网友翻出了三年前当地媒体的一篇报道——《江城投资 130 亿告别"看海"——一天下 15 个东湖也不怕》——两个追问：其一，为何投了这么多钱还在"看海"；其二，130 亿花到哪里去了？

关于"150 亿与 15 个东湖"这个话题在网上引发激烈争议，有媒体反驳称这纯粹是不了解实情者的炒作。首先，这次雨量很大，超过 22 个东湖；然后，这篇报道是媒体标题党；其次，江都满了，水往哪里排？最后，其实相比过去已有很大改善，武汉人能感受到，外地人却看不到。武汉也有官员在朋友圈中愤怒地批评外地专家不懂实情，语言比较激烈，被截屏后引发次生舆情。

武汉官方后来开发布会回应舆论质疑，用三个原因解释为何依然"看海"：地势低、气候糟、排水系统标准偏低。武汉市水务局排水处相关负责人表示，武汉在历史上就是一块沼泽地，排水条件很差。第二是气候条件，今年超强厄尔尼诺很严重，暴雨频发，腹背受敌。第三是，过去国家经济不发达，武汉市的排水系统建设标准偏低。——这些回应因为未直面舆论追问，被网友批评为"怪天、怪历史、怪经济，就是没有怪自己"。媒体盯着150亿的去向，武汉籍的北师大学生王昕熠，向武汉市水务局邮寄了一份政府信息公开申请书，申请公开关于计划投资130亿元改善排水设施的相关信息。

媒体从两个角度追问武汉。一方面是盯着地下，追问地下排水建设情况，如《中国青年报》"冰点周刊"的深度报道《地上大水冲出地下顽疾》；一方面是盯着地上，很多媒体都在追问武汉的填湖情况——水之所以无处排，是因为如今积水的地方当年很多都是湖。多家媒体报道了《武汉渍水围城背后：大肆填湖建房20年，水已无处可排》。

可以看到，这次武汉成为一个舆情中心。武汉、长沙、南京同时发生洪涝灾害，为何舆论盯住武汉？可能有几个原因。其一，武汉此次灾情比其他地方严重，而且年年被淹。其二，武汉比较高调，大投入，而且高调做出了承诺——被舆论抓住不放。其三，雨量确实很大，但确实也存在不少问题，不过武汉官方没有及时正面回应舆论质疑，甚至有官员对舆论批评表现出了强硬的抗拒态度，让不满一直发酵。

二　战士吃馒头

每次救灾和危险，都是人民子弟兵冲在第一线。很多画面在触动人心中刷遍全网，比如战士在水中被泡变形的双脚，太累了靠在大堤上打盹的面孔，手捧盒饭睡着的形象，洪水中水漫到脖子一次次背人的场景。不过，"吃馒头"的照片引发了舆论争议。有网友追问，救灾如此艰苦，为何让战士吃馒头？不是总说我们的后勤保障能力多么强大吗？为何只有馒头。这种刻意渲染悲情和煽情的宣传方式得改改了。

随后"央广军事"在微博发出了战士后勤保障的场景，有菜有肉有盒饭，后勤保障很充分——立刻有网友说，这是"央广"打了"央视"的脸。不过"中国之声"随后解释说，不要起哄，根本不是打脸，只不过是不同的角度、不同的呈现，吃馒头是事实，丰富的后勤保障也是事实。

微博账号"军报记者"发布微博长文《救灾战士：我们为什么啃馒头？》澄清了解放军伙食很差的说法。文章称，"面对受苦受难的人民，我们心急如焚，争分夺秒，哪有更多的时间来吃饭？我们都恨不得一个人掰成两个人，所以我们腾不出更多的人手、更多的时间、更多的精力去做丰富的饭菜"。

网友要反思对吃馒头的误解，需要尊重事实和专业，不要对一两张照片妄下判断；另一方，对宣传者也是一种提醒，不要刻意去渲染艰苦和悲情，而要尽可能呈现全貌。"矿泉水就馒头吃"确实存在，但不宜过度宣传，还是应该呈现后勤保障的全貌，舆论刻意渲染艰苦会让公众产生一种强烈的逆反和抵触心态。公众看问题应全面地看，媒体报道时也应该尽可能地全面报道，完整地叙述，才能避免对立和误解。

三 沙袋与神器

馒头引发舆情，沙袋也成了焦点。在战士们扛沙袋抗洪的景象下，有人发图片称"沙袋弱爆了，你看看人家德国多先进，有'防洪神器'"——图片中没有人山人海，没有满目的沙袋，整齐划一、有着现代化气息的"防洪神器"挡住了洪水。一发生灾难或灾害，网上必会有这种"你看看别的国家""你看看发达国家"之类的声音。

不过"防洪神器"的神话很快就破灭了，新华社新媒体的反应非常迅速，很快发掘到这一微博舆情并做了调查，用长文进行了回应："不贬低我们的沙袋，别神化所谓的神器。"新华社通过资料检索指出："神器并不神，其一，造价昂贵，不实用；其二，不符合中国长江抗洪的现实国情；其三，你只看到了这张图片，而没有看到另一张图片，神器漏水了，防不住洪，最后还是得靠沙袋。"此文一出，"防洪神器"的话题就没人提了。

这一回合中，让人看到了主流媒体的引导力，迅速发掘舆情，迅速进行调查并引导，用翔实有说服力的事实澄清谬误，明辨是非。随着主流媒体在网络舆论场上的活跃，很多公共议题中的主流声音越来越强大，偏见和谬误越来越多地受到阻击。新华社的这种回应很值得赞赏，一方面是敏锐捕获舆情，第一时间去澄清，而不是等谣言和误解已经走遍世界了，再慢吞吞地去澄清；另一方面是以有说服力的方式去澄清，有理不在声高，用道理和事实去说服，而不是扣帽子打棍子。

这也提醒公众，不要迷信发达国家，不要总是自贬自黑自我矮化，不要总是开口就是"发达国家如何"，客观理性地看待，尊重事实作判断。

四　质疑南京官员做秀

每逢灾难，必有官员被指在救灾中做秀。因为发生灾难后，舆论和公众会滋生一种相应的灾难情绪，会寻找一个矛头来释放这种灾难情绪。比如在事实不清下就追问原因，责任归咎，批评政府，等等。官员在救灾中的表现常常成为公众指向的矛头。所以我经常说，灾难救援中不能过分突出领导，突出领导等于"烧烤"领导——一方面需要报道领导的表现，不然公众会骂为什么领导没出现；另一方面又不宜以领导为中心，如果以领导为中心，300字的通稿中有200多字突出领导的高度重视，让灾难成为领导高度重视的背景，这自然会害了领导。

南京发生内涝，网上一张照片引发热议：一名穿白色上衣的女士坐在皮划艇上，一身着黑色衣服的女性疑似正为其拍照，而多名身穿特警制服的人员在水中扶着皮划艇，艇上有"南京玄武"字样。有网友指出，该场景疑为

5日南京市及玄武区部分官员在查看抗涝工作，"摆拍"的女性是玄武区委常委、副区长苏郑。

官方后来回应称这是误解，不是摆拍，同行者是在拍水情，冲锋艇不是专送领导的，而是运送居民和用于水情查看的。南京相关部门在这个舆情的处理上很值得学习。其一，回应很及时，没有躲闪，舆情发生后先简单回应，晚上长微博详细回应；其二，态度很诚恳，并没有指责网友和媒体，而是理解地称这是"误解"；其三，回应很详细，有图有文字，从各方面作了解释，在事实和逻辑上都比较有说服力。

五　调侃"看海"引争议

每一次灾难都会引发对调侃的争议，这一次也是。比如许多人转发了一张橘子洲被洪水"围困"的图片，所配文字是："继辽宁舰后，完全由湖南人自主研发、完全拥有自主知识产权的中国第二艘航母'长沙号'，今天正式下水航行。"此图此语引发了极大争议，形成舆情。有媒体刊发评论认为，这些"看洋相""说怪话"、"为黑而黑"，是对灾区群众的伤害，但也有不少网民认为，大家对城市"看海"的调侃，是对城市防涝能力不足的一种批评，"总不能不让说话吧"。

怎么看待这种调侃，一方面应有同情心和悲悯心，另一方面不要过度敏感和上纲上线。《中国青年报》的一篇题为《水灾中的"怪话"是反讽还是轻佻》的评论比较客观和理性，它是这么分析的，不妨照录：

角度不同的看法被表达出来，出现一些互不认同的"杂音"，本质上讲是一个好事情。从善意的角度，我更倾向于将其归因于表达者与受伤害者的距离感——远在千里之外的人，只是从媒体上看了几张照片，缺少共同情感。一些时候，幽默、调侃、苦中作乐，是一些远距离者揭露、批评的表达方式，这种反向的表达，不能说绝对没有正向的意义。就如颂扬抗洪救灾精神，并不能替代对日常懈怠的检省。每一种表述，或许都只能从一个侧面，呈现一个命题的价值，而不足以包揽所有的角度。

这种争议不是今天才有。几年前上海住宅楼大火之后，韩寒一句"为什么每次盛会之后都要烧掉一栋楼呢"就引发争议。而类似调侃引发的质疑也提醒了更多人：言论表达是自由的，但不同的言论，都会被放置在一个话语场域中，自发地接受着不同角度的伦理检验。某些调侃，或许并不违法，但在恻隐文化之下，不见得站在道义的一边。

在争论背后，我们仍可以欣慰地看到：悲天悯人是一种基本的情怀，不管是爱之深责之切，还是不希望责怪之声干扰当下的救灾，这种悲悯的情怀在公众的骨子里头，始终都没有丢，只是理解方式不同。所以，无论是严肃地肯定、严肃地批评，还是戏谑地肯定、戏谑地批评，不应该完全对立起来。反讽，还是轻佻，取决于有没有一颗包容的心，去倾听，去理解；取决于我们能否在一个现实的基础上，去寻求有益的改进，真正实现"多难兴邦"。

六　救灾与批评的冲突

灾难当前，有媒体进行反思和追责时，都会出现这样的争议："救灾如火如荼，你还在这里说三道四批这批那，这是干扰救灾。"面对南方洪灾，也出现了这种争论。

其实很多问题是不冲突的，不要人为地对立起来。人们痛惜洪灾带来的伤害，但不能妨碍人们去追问150亿是怎么花的。人们赞美解放军战士的英雄救灾，但并不妨碍批评城市建设中暴露的问题。人们共同去抗击天灾，但并不妨碍去追问天灾之下可能的人祸。救灾、反思、问责，这些都是可以并行不悖的,不要幻想一种全部跟着你一起喊"挺住坚强"的舆论一律。

灾难当前,多点凝聚共识,不要在话语霸权和过度敏感中去想象敌人和制造靶子,把自己不爱听的声音都描述成对救灾的干扰。一篇《天灾报道,世界顶尖媒体是这样做的》让人看到了媒体在面对灾难时应有的作为。

七　三峡大坝的争议

一发生洪灾、内涝或干旱,三峡大坝都会被拿出来说事儿。这次也是如此,关于"能挡万年洪水"的新闻截图再次被翻出来,引发媒体和网友间的争议。对三峡大坝的争议从来没有停息过,对这样一个大工程的评价应该有理性和审慎的态度,应该是长时段的、专业的、尊重科学的。推荐看《中国青年报》的报道《洪灾当前,四问三峡大坝》,看看专家的说法。

专家在受访中称,武汉被"淹城",三峡绝没有帮倒忙。武汉被"淹城"是因为本身的持续强降雨,并非来自上游的洪水,三峡减少下泄流量,为加快排水创造了条件。

专业与大众间的争议也在继续,对于"百年一遇""15个东湖"之类的理解,公众直观与科学判断存在一些差距,需要更多既尊重科学又比较通俗的科普解释。专业人士在微博、微信中的活跃,在科普上起到了不小的作用。

八　媒体反应引舆情

灾难或灾害当前,媒体的表现也会成为舆论关注中心,媒体在报道灾情,媒体本身也被公众盯着。去年天津爆炸事故中,当地电视台仍播韩剧,就受到了公众批评。这一次安徽也有媒体被关注,和湖北、湖南一样,安徽今年也遭遇了持续暴雨的侵袭,省内多地受灾,损失惨重。有网友表示,当地卫视不关注不报道省内灾情,还在播放娱乐闯关节目《男生女生向前冲》。

其实媒体在报道灾情上是很卖力的，新媒体的报道尤其抢眼，比如很多媒体都在直播各地抗洪实况，成立追洪小组追踪报道，让公众第一时间全景看到洪灾情况。地方媒体也在全力投入报道，成为抗洪救灾的重要部分。一篇《你们说新闻已死、记者沦陷，为什么他们还在奔向灾难第一线》见证了媒体的使命感。

洪水泛滥之下，但愿口水不要泛滥成灾。多点包容，少点霸道；多点就事论事，少点上纲上线；多点全面客观看待，而不是死扣细节，鸡蛋里挑骨头；多点对灾情的聚焦，少点消费；多点坦诚的交流，少点义愤填膺的攻击。共同面对灾情这个最大的敌人，而不是彼此为敌。

（微信公众号"吐槽青年：曹林的时政观察"2016年7月8日）

从王宝强离婚舆情看新闻发布和引导技巧

一夜醒来,全网都是王宝强。

明星离婚这种事,最能激起网友亢奋的窥视欲了,尤其是出轨,据称是"女方出轨",而且还是"跟身边经纪人出轨",就更狗血了,在网上的热度很快超过了奥运。

简单看了一下王宝强离婚声明及引发的媒体和公众反应,觉得王宝强公关团队的舆情引导、新闻发布和危机公关能力很强,舆论情商很高,在发布时间、措辞尺度、传播效果的把握上,都比较成功。

离婚的事实真相仍在揭开的过程中,我从发布技巧角度分析一下这份离婚声明,对一条八卦新闻一本正经地胡说八道一番。

一 抢在八卦媒体前说,让媒体无话可说,只能跟着说

多数明星离婚、出轨、翻脸之类大众热爱的八卦狗血,都不是明星第一时间主动发布,而是知情人先曝光,或是狗仔嗅到风声后先发布的。网传、知情人透露,炒得沸沸扬扬,发酵成大新闻,当事方的声音却缺席。传言倒逼之下,当事人才无奈发声明。这种被"倒逼"出的声明,既失去了议题设置能力,又失去了引导力,让人觉得很不坦诚,总在回避和遮掩什么。

如果王宝强不是在媒体还没嗅到风声便主动发离婚声明,而是离婚传闻

倒逼，新闻标题肯定就不是"王宝强离婚，妻子出轨经纪人"这种"官方声明体"了，而会乱七八糟不堪入目。在离婚中，人们会天然同情一般作为"弱者"的女方，可想而知，新闻标题也会对男方王宝强极为不利。

这种事情肯定是媒体关注的焦点，狗仔嗅觉那么灵敏，别指望躲过舆论关注。既然肯定被曝光，肯定会成为焦点，不如主动发布。发布媒体想要的新闻，说媒体的话，让媒体跟着你说。主动放料，设置让媒体跟着说的议题，避免被狗仔抢先，避免"首发效应"后辟谣永远跑不过造谣。

二 抢在女方前说，避免公众的刻板标签

像这种离婚事件，如果不是男方主动去说，人们会天然站在女方一边，把女方当成弱者。尤其王宝强是大众明星，妻子是名不见新闻的小人物，是明星背后的女人，人们更会觉得男方强势，女方很弱势。如果网络先曝光离婚，事实不清之下，公众肯定会将离婚故事脑补成"草根明星成名发迹后抛弃发妻"的情节，从而习惯性地把矛头指向男明星这个"强者"，把男方想象成渣男，把女方想象成楚楚可怜的受迫害者。而且当人们的想象形成定势后，滞后的声明是无法"洗地"和反转的，即使你说的是事实真相，人们相信"符合思维习惯的脑补"胜于相信"反常的事实"。

王宝强很聪明，抢发一步，跑在了"女人是离婚弱者"的刻板标签前面。新闻发布和舆论引导，很多时候就是跟那些刻板标签赛跑，跑在前面才会具备引导力。

公众在这些方面有着天然的刻板标签：警察与群众发生冲突，永远是警察错；城管跟小贩发生冲突，永远是城管错；公务员，跟谁冲突都错；普通人之间发生冲突，有钱的一方错；男人与女人发生冲突，男人错；两个无赖发生冲突，永远都是那个不会发微博的错。看来王宝强公关团队深谙此道，抢先发微博，抢先树立受害者形象，跟"女人是弱者"的标签赛跑。

三 深夜传播的时间把握

好几起事件都是在深夜获得了病毒般的传播效果，最典型的是和颐酒店女生被袭事件，迅速进入数亿关注的舆情量级。此次王宝强的离婚声明也是。

深夜传播是一个关键舆情传播点，这个时间人们快睡觉了，进入睡觉前的脑残状态，缺乏理性思维能力，很容易跟着一边倒的舆情走，形成一边倒的情绪传播。而且这个时候，话语权很容易是垄断性的，一方借这个时间发声，相关另一方肯定做不到迅速反应与及时回应，说不定还在睡觉，根本来不及反应。打得对方措手不及，绝对属于"舆论偷袭"。这时候，全网传播的都是王宝强的声音，没有声音的平衡，没有相关方的回应，围观群众肯定跟着一边倒。

四 这个时间点在媒体上会获得压倒性传播

从时间点上看，王宝强发声明的时间虽在深夜，但这个时间很多都市报还没有印。选在这个时间发如此重磅的娱乐新闻，虽然一些娱乐版已经做好了，但如此重磅的新闻，个别以娱乐新闻为主打的媒体是不会放过的，记者只能起床一边赶稿一边倒版。这个时间点，虽来得及换稿，但离报纸开印的时间很近了，来不及采访更多相关方进行平衡，只能用王宝强的声明作主要内容，王宝强的声音就会获得压倒性的传播。

当然，多数报纸深夜都不会追这样的八卦，但传统媒体都有新媒体，新媒体会追这样的消息。何况深夜也来不及采访更多内容，一夜之间媒体、微博和公众号都是王宝强的声明，这种发布和引导效果是很强大的。

五　声明措辞很受伤很王宝强

再看离婚声明的措辞，写得很专业，第一段很干脆地说事实——要离婚；第二段树立了一个好父亲好老公好儿子的形象——情感铺垫；第三段表达鲜明的态度和立场——嫉恶如仇；第四段把矛头指向妻子出轨，措辞把握分寸，适度表达了作为一个受害者的愤怒；第五段，收尾，求舆论不要影响年幼孩子和年迈父母。

这条声明符合新闻要素要求，树立了一个受害者的形象，也与王宝强在电影中树立的公众形象很契合：硬汉，孝顺，有时傻哈哈却嫉恶如仇。没有抒情，没有鸡汤，没有拖泥带水，只有简单、干脆、清楚的事实和态度表达。

无论随后舆情如何发酵，起码在第一时间，王宝强占据了优势。我不是王宝强的粉丝，文本和舆情分析并不代表态度认同。静观后续，等待完整事实，看其他相关方的回应吧。

（"中青在线"2016年8月14日）

舆情回应将告别"倒逼"模式，开启国务院"直逼"模式

国务院办公厅专门发通知对政务舆情回应工作提出具体要求，可见高层对舆情工作的重视程度。看完《国务院办公厅关于在政务公开工作中进一步做好政务舆情回应的通知》后，我最强烈的感受是，这个重要的通知将使政府舆情回应彻底告别"倒逼"模式，积极主动的舆情回应将成为一种制度化的常态。为什么不再需要自下而上的"倒逼"？因为有了自上而下的制度和规范之"逼"，发生舆情后，你不敢说、不愿说、不屑说、不及时说，制度会逼着你必须去说。

国务院办公厅这个通知的最大意义就在于，形成了一套逼着部门负责人和新闻发言人必须开口回应政务舆情的机制，让相关责任人再也找不到理由去推卸和躲避。

在时间上紧逼政府回应

虽然过去也有政务公开和新闻发布的要求，但笼统和抽象的规定有很多可以钻的空子。比如要求第一时间回应公众——这个"第一时间"到底有什么标准，怎么才叫"第一时间"，是一天、两天、还是三天？这一次"通知"就作了明确的要求："要快速反应、及时发声，最迟应在24小时内举行新闻发布会，对其他政务舆情应在48小时内予以回应，并根据工作进展情况，持

续发布权威信息。"这个硬性规定让相关负责人没有可钻的空子,逼着政府部门必须在发生重大舆情后在 24 小时内举行新闻发布会,别说还不了解情况,也别说还没准备好,更别说不知道说什么。

舆情发酵以秒计算,无论如何,24 小时中应该有政府的权威声音了,如果 24 小时后政府仍缺席,舆论就会失去耐心——必须在时间上"逼"着相关部门及时回应。一些地方的部门仍把"熬时间""躲热点"当成应对技巧,打死都不说,熬过一两天就会被新的热点所覆盖,这种"等下一个热点覆盖"的鸵鸟心态严重损害着政府公信,网络有着巨大的记忆功能,躲是躲不过的。

明确责任让部门无法推诿

谁站出来回应?过去也有很大的模糊和推诿空间,第一责任人怕面对舆论和公众,随便找个人出来应付舆论,既没有权威性,也没有让公众看到政府部门的坦诚;同时因为回应者层次太低、未掌握事件核心信息,而使回应缺乏"信息含量",没有回应舆论的关切。

这一次的"通知"也针对这一点明确了责任:"对涉及国务院重大政策、重要决策部署的政务舆情,国务院相关部门是第一责任主体。对涉及多个地方的政务舆情,上级政府主管部门是舆情回应的第一责任主体,相关地方按照属地管理原则进行回应。对涉及地方的政务舆情,按照属地管理、分级负责、谁主管谁负责的原则进行回应,涉事责任部门是第一责任主体,本级政府办公厅(室)会同宣传部门做好组织协调工作。"

明确了权界责任,就会逼着相关责任人去积极回应,而无法踢皮球躲媒体。某些部门有着害怕面对舆论的天然惰性,能躲的就躲,不能躲的就推给下属,涉及多部门的就推给其他部门,实在不行就想"熬"过去——典型如当年的青岛 38 元大虾事件,就是在部门推诿中使舆情越演越烈,从一起地方宰客事件发酵成大丑闻。

不要什么事都推给宣传部门

"通知"一个很大的亮点是明确了"涉事责任部门是第一责任主体",这对于承担着巨大舆情回应压力的宣传部门是一种不小的减压减负。跟很多地方宣传部门的朋友交流过,他们都抱怨一些部门引发舆情事件后,都把回应的责任往宣传部门推,好像都是宣传部门的事。其实,涉事责任部门才是回应的第一责任主体——作为当事部门掌握着最多的信息,最知情最权威与专业,也是公众质疑的矛头指向,当然应由其回应。事事都推到宣传部门身上,只会滋长一些部门的回应惰性,惯出一些部门的毛病——反正有宣传部门挡着,那是宣传部门的事。缺乏回应能力和媒介素养,恶性循环中只会成为滋生舆情的最薄弱环节。必须逼着涉事责任部门去面对舆论,回应公众的关切。

有人要问了,宣传部门不去回应,那要宣传部干嘛?宣传部门只是一个平台和中介,在涉事政府部门与媒体、公众间搭建一个桥梁,而不是替其他部门兜底背锅。要养成谁出事谁去回应的习惯,而不是事事推给宣传部门,不是一出事就让宣传部门站在前台,让其去灭火控负。

逼着部门责任人去站台

"通知"还有一大亮点是对相关部门责任人提出了要求,逼着"部门责任人"站到面对公众的一线,而不是习惯性地推给下级去面对。在这方面,中共中央办公厅、国务院办公厅早些时候就印发了《关于全面推进政务公开工作的意见》,首次明确,遇重大突发事件、重要社会关切等,政府主要负责人要带头接受媒体采访,表明立场态度,发出权威声音,当好"第一新闻发言人"。今年"两会"前,李克强总理也接连两次"发话",要求各部委主要负责人"要积极回应舆论关切"。逼着部委一把手去回应,使今年的"部长通道"成为"两会"亮点。

逼着政府主要责任人当第一新闻发言人,既能体现政府回应的诚意,也能避免层层授权中的信息损耗,更能形成一种自上而下善待媒体的示范效应。你看,负责人和一把手都站出来回应了,还有什么比这个更能体现诚意的吗?也能够减少新闻信息传播的中间损耗,责任人应该是一个部门掌握信息最多、最先知情、也最权威的人,让这个人站出来回应公众关切,公众会更相信。老百姓有时候之所以变成"老不信",不仅是"说了什么",更在于"谁在说",负责人站出来说可能更能提高发言的可信度。

负责人经常站到新闻发布的前台去秀秀,直面舆情而不是躲在后台看舆情报告,也更能提高自身的媒介素养,体谅新闻发言和舆论回应的不易,从而更加重视舆情工作。

用"宽容失误"为发言人减压

"通知"中我还看重的一个亮点是这句话:"对出面回应的政府工作人员,要给予一定的自主空间,宽容失误。"这对直接面对舆论的官员是一种很大的红利,既授权了,让发言人有话可说,而不只是除了照稿子念之外无可奉告;也是一种减压,可以宽容失误。很多官员之所以觉得新闻发言工作是一个"吃力不讨好"的高危岗位,就是怕说错一两句话,引发舆情,从而成为牺牲品。这种焦虑下,养成了一些发言人不敢说不愿说,尽可能不发言,非要发言就只念稿子,只讲最安全的官话套话,宁愿不出彩,也不愿出一点错。"自主空间"和"宽容失误"是巨大的进步,这种授权和减压将使舆情回应不再成为一个大家都不愿接的烫手山芋。

新闻发言人不只是僵化的传声筒,他需要有一定的自主空间,这样才能使沟通充满张力和弹性,并有缓冲和回旋的余地,树立新闻发言人亲和力与权威性。新闻发言人站在一线直面舆情,直面舆论压力,有时难免紧张和口误,没有一定的宽容,说错了就拿新闻发言人开刀,只会让发言人越来越紧闭嘴。

舆情回应很多时候都是靠舆论"倒逼",像挤牙膏那样一点点地"逼"出来,既让政府在面对舆情时失去主动性,又损害了政府的公信力。"通知"如能落到实处,"舆论倒逼"将彻底成为历史,在"倒逼"之前,将有一种强大的制度力量逼着责任部门站到舆论前台去。

(微信公众号"吐槽青年:曹林的时政观察"2016年8月13日)

信不信，这一次口水战郭德纲肯定输

郭德纲真是一个好斗好"撕"的人，每一次看到与他相关的热点新闻，总是与各种人"撕"，与相声界前辈"撕"，与央视"撕"，与北京电视台"撕"，与同行"撕"，与记者"撕"，与弟子"撕"，与逝者"撕"。这一次还是陈年旧账，隔空与弟子曹云金"撕"。他近来公布了最新家谱，将曹云金、何云伟除名。曹云金发长文正面细述自己和郭德纲的种种过往，同时表示"是时候了，也该做个了结了"，直言"我最清楚你那些见不得光的往事。"

看完曹云金的长文，如果你完全相信曹的叙述，会跳着脚骂郭德纲真不是个东西——曹文把郭描述成了一个完全无情无义的泼皮无赖，上对不起前辈，下对不起弟子。奉劝围观八卦的人，看这种戏千万不能入戏太深，万万不可只听一方的叙述——脑残最典型的特征就是只听一方的叙述就泪流满面或热血沸腾，而脑残粉的典型特征，就是不管自己喜欢的那方说什么做什么，都毫无保留地接受并疯狂支持。得学会兼听。

有人说了，你让我兼听，本来看完了曹云金的控诉，自己还有立场，兼听一下郭德纲一方的叙述，觉得也挺有道理啊。大家那么不看好岳云鹏，老郭不离不弃把他给捧红了，这个小曹肯定也不是什么东西，不然老郭怎么那么绝情？——本来就挺模糊，两边一兼听，就更看不清是非了。

越看越模糊，越看越没有是非，这就对了，说明你脑子很清醒，没有被人牵着鼻子走，没有被正义幻觉所蒙蔽。千万不要指望这种事情会有一个清晰、明白、简单的是非。"事不宜以是非论者十居七八，人不宜以善恶论者十居八九"，这世上多数人都不能以好人坏人去区分，多数事都不能以简单的是非去判断。想从郭德纲和曹云金的长文中分出谁是好人坏人，很难；想以一个判官的角度断出两个冲突的是非，更难——又不是一两件事，这么长时间的恩怨，你不知道前因后果，你不知道很多事情，他俩不可能把所有事都公之于众，只会公布对自己有利的信息，永远说不清。

有人从现代公司制和传统师徒制的角度分析两人的恩怨，或站在传统角度指责曹的不忠，或站在现代角度批判郭的蛮横——这也是满拧，很难说哪种制度更合理更正当。

那就没有是非了吗？我觉得需要这么看，单纯一件事上，会有是非，但把很多事情搅在一起说，是非界限就很模糊了。如果信息足够充分，像法官判案那样，案卷好几大本，有第三方的证词和调查，说不定能判出个是非，但像曹、郭这样各执一词，在舆论上打口水仗，而且都是支支吾吾、语焉不详，我们这些只关心"是不是真有什么绯闻"的不明真相者，真无法判断是非。

当一件事情没有一个简单的是非可供公众判断时，公众很多时候就会凭自己的感觉了。所以这一次的口水战，我觉得郭德纲肯定会输。不像前几次，郭德纲基本上都赢了。

当没有一个简单的是非时，网络舆论有两个规律，我在以前的文章中提过，第一定律：两个无赖发生冲突时，谁的错？永远是不会发微博的那个人错。第二定律，两个普通人发生冲突，当两个人都会发微博时，有钱的一方错（弱者永远是对的）——郭德纲和曹云金都有自己的自媒体，都有自己的粉丝，都在网络上争取话语权，所以可以跳过第一定律，而适用第二定律，相比强势的郭德纲，曹云金显得比较弱势，作为郭曾经的弟子，名气和其他资源远不如郭，而且长文塑造了一个被黑心师傅、被无良老板盘剥的弱者形象。舆论的天平会天然地倾向于曹，而对郭不利。

之前郭之所以在舆论口水战中屡战屡胜，适用的也是这个定律。与央视"撕"，相比强势的媒体，郭是弱者，所以公众会天然站在他这一边。与体制内相声界前辈"撕"，利用了"民间非著名相声演员"这个符号，塑造了自己挑战主流的斗士形象，赢得公众同情。与同行"撕"，利用了自己的粉丝优势和话语权。但这一次与曹云金"撕"，标签大挪移，郭有着鲜明的强势形象，而曹则是"弱者"。从这个角度看，决定了郭德纲肯定会输。

所以，围观的人们，看戏就看戏，千万不要入戏太深急于站队。一个围观者的素养就是静静地看，多喝热水，而不是仓促地在键盘上当大侠维护什么江湖正义。

（微信公众号"吐槽青年：曹林的时政观察"2016年9月15日）

有雄辩却无事实，郭德纲赢了口舌却输了舆论

说相声，讲究的就是"说学逗唱撕"。郭德纲用一纸"回撕文"，让"吃瓜群众"见识到相声演员的口活儿，见识到了不带脏字却字字如刀的口才，很多人都感慨：跟谁"撕"都不能跟非著名相声演员"撕"，当然，除了看相声演员互"撕"。相比郭德纲，小曹的文才和"撕"功还是差了些。相比满纸悲愤的控诉腔，这种嬉笑怒骂的文风在网上似乎更出彩。这不，那些看了曹文后痛骂郭德纲的，看了郭文后又迅速跑到曹的微博下骂小曹了。

但即便文采飞扬气势如虹又如何呢？又不是全国相声演员作文大赛，文章的说服力，靠的还是事实和逻辑。然而，郭德纲提供了什么事实呢？从这个角度看，郭德纲这篇文章只有逗口舌之快的雄辩，而没有提供什么有说服力的事实。这一回合郭德纲虽然赢了口舌，却又一次输了舆论。

显然，相比此前"欺师灭祖"的指控和"赶尽杀绝"的决绝，相比"从此江湖路远，不必再见"的无情，郭德纲新的回应文作了不少退让，把立场往回拉了一些，甚至心理上在向曹示弱（嘴巴是绝对不饶人的）。又是亲切地称"小金"，又仍以师徒情分论理，又说"日后倘有马高蹬短水尽山穷，无人解难之时言语一声，都不管，我管你"。明眼人都看得出来，这种修辞纯粹是公关套路，不是说给徒弟听的，而是表演给公众看的。前面还凶神恶煞般要赶尽杀绝，才几天就如慈父般"都不管，我管你"了？

从作文的角度看，这篇文可得高分，但从公关和说服的角度看，负分吧。

一

首先，缺乏能导致舆论逆转的核心事实。通观全文，虽然对曹云金提出的指控——都有针对性的回应，句句反驳，却都只是防守，算那些鸡毛蒜皮的陈年旧账，根本说不清。他说你收学费了，你说没有，谁能证明呢？说不清。他说是被赶出去的，你说是他自己出去住的，这事儿谁又能证明呢？也没法说清。他说你封杀他，你说我没有封杀，这事儿也是凭着良心说话，外人永远不会知道真相。说来说去，貌似说了一些"事实"，可多是没有证据的单方叙述，公众无法证实，也无法证伪。

舆论知道郭德纲不会输在嘴上，肯定会反击，以为在憋着什么一招反转的大招。没想到都是些鸡毛蒜皮，你咬我一口，我回咬你一口，纠缠于那些无法证实的小事，让人看笑话。如果手里掌握着让舆论大逆转的核心事实，那就放出来，废话少说，一招制胜。用证据说话——哪怕只针对某一个指控拿出确凿的证据，也会有说服力。像这样抖机灵逞口舌之勇，选择性回应，单口相声，既没有说服力，也让人觉得小气。

二

其次，缺乏有说服力的第三方声音。多是郭德纲自说自话，哪年哪月什么事，我对你多好，你多么负我——这种站在自身立场上的辩护能说服谁呢？如果郭德纲真占理，曹云金完全胡说八道，不会没有知情者，让知情的第三方站出来说出真相会更有可信度。曹文、郭文中都谈到了很多相关者，除了死无对证，让涉及的活人站出来说出真相，那才叫有力。

师徒互"撕"到这种程度，作为当事人和被指控者，说得再多都会被认为是自我洗白，是辩解。网友的逻辑向来是：辩解就是掩饰，掩饰就是事实。与其互"撕"，不如"置身事外"，由知情者说出事实，用第三方力量去反击。

既然明白既有舆论情势对自己很不利,"正面回应是以大欺小,如不回应是理亏默认,马上回应是气急败坏,回应慢了是处心积虑,观众说几句被骂是水军,徒弟说几句是威逼利诱",就更应该尽力让有说服力的人,用有说服力的方式去证明,而不是掉进自说自话的雄辩陷阱。

曹、郭两边的单方叙述、自说自话我都不相信,更相信第三方的客观描述。

三

再就是关闭微博评论,让旁观者觉得不坦诚(当然,评论不是今天才关闭,一直都处于关闭状态)。郭德纲的文章下面网友无法评论,关闭评论,就好像召开新闻发布会却不给记者提问机会,拒绝回应,拒绝交流,我说的就这些,你爱信不信。相比之下,曹云金倒一直开着微博评论,并不断发声,让人觉得很有底气。

四

此外,把所有批评者称为拿钱发帖的"五毛",称对方发动水军攻击——这样的污名策略也是失败的。如果拿到有人"拿钱发帖"的证据,或者用系列截图证明有明显"水军攻击"的痕迹,完全可以反击,这种反击也会很有力。可无凭无据信口开河,以莫须有的罪名污名化反对声音,只会让人反感。

五

再者,没有表现出一点作为师长真正的反省。跟自己的师傅"撕",与媒体"撕",又与自己的徒弟"撕"到这种地步,难道自己就没有一点问题吗?从文章看,基本是把徒弟说得一无是处,所有责任都在对方,而自己做得仁至义尽，没有任何一点问题。这种反击和叙述策略在师徒"互撕"中，师傅并不占优势——"撕"到这种程度，人们肯定会认为"一个巴掌肯定拍不响"。即使说的都是事实，如果为人师者有一点自我反省，坦诚地谈自身一些问题，适当示弱，说服效果可能会好一些。

六

  而且，把别人说得一无是处，把自己说得完美无瑕，这也是不符合常情常理的。看了郭德纲的文章，会觉得曹云金这人太莫名其妙且不识好歹了，完全是一个白眼狼，很多行为都无法解释，怎么就莫名其妙地翻脸不认人了，怎么就对郭德纲有那么大的仇恨？如果郭对曹真如文章所说那样，发自肺腑地希望他能红，创造机会捧他，带他做节目，给他办相声专场，开心于观众夸他在台上像自己，怎么就发展到誓不两立的地步？

  中间到底发生了什么？是什么原因导致关系恶化的？这篇文章除了把对方描绘成了恩将仇报的人之外，毫无常情常理的解释力。这是一个不合常理逻辑的叙述。

  针对郭的深夜回应，曹下午迅速反击称《我的涵养在愤怒之前已经用完了！》，文中称："二十天了，你终于写了一篇新编'故事会'。但我陈述的是事实，你骂的是闲街。"这场闹剧，"撕"来"撕"去，越来越让人觉得反感了，不知道还要"撕"出什么更恶心的事情来，与其在舆论面前逞口舌之勇，不如远离舆论坐下来交流一下。这种事情，不要指望在舆论围观下能争出个我胜你败、你死我活，或让公众判出个是非曲直。这么"撕"下去，只会把彼此都"撕"得体无完肤。

（微信公众号"吐槽青年：曹林的时政观察"2016年9月25日）

甘肃农妇杀子案的官方通报不及格，
"情绪稳定"不是人话

甘肃农妇杀子案震惊了舆论，母亲先残杀四个孩子，后自杀，几天后丈夫又自杀。短短八天时间，一家六口离奇死亡，人伦惨案完全突破了公众的想象力。白银杀人案嫌犯在28年后落网，刚让人们松了一口气，这个离奇的惨案再让舆论陷入了压抑和沉闷，沉重得让人感觉窒息，让人喘不过气来。不敢想象那血腥和残忍的一幕，无法想象是什么原因让一个母亲将斧头挥向自己的四个孩子，无法想象是怎样一种绝望和病态才让一个人做出这样的疯狂决断，惨绝人寰，让人不敢正视。

惨案发生在8月26日，9月4日在树林中发现其丈夫尸体，9月8日当地的《西部商报》报道了这一惨案，立刻引发举国舆论关注，各种传言和质疑迅速发酵。9月8日当晚23:58:59，康乐公安在微博发布了这一案件的初步调查情况，9月9日晚间，康乐县政府新闻办公室发布了《关于康乐县景古镇阿姑山村5人死亡刑事案件调查进展情况的通报》，回应了舆论一系列质疑。最新的消息是，国务院扶贫办已介入案件的调查。

从应对舆情的角度看，官方这个回应还算及时，在媒体关注引发汹涌的舆情后，当地相关部门迅速回应，先通过办案的公安部门发布"初步调查"，再通过新闻办公室发布详细的调查进展，有针对性地一一回应了公众的质疑。从舆情回应看，这份官方通报勉强及格，但从信息公开的角度看，我觉得这份官方通报不及格。

其一,"情绪稳定"的习惯性描述很刺眼。通报是这样描述的:"杨改兰等五人相继死亡后,县、镇、村干部组织本村群众帮助李某英(系杨改兰丈夫,上门女婿)妥善安葬了死者。对李某英本人,县、镇、村干部专门上门进行了安抚慰问和心理疏导,李某英本人情绪稳定,但事发后第八天即9月4日,在阿姑山村树林发现李某英尸体,经公安机关侦查系服毒身亡。"

这个"情绪稳定"在类似通报中很常见,最为公众诟病。家中突然死了那么多人,妻子砍死四个子女后自杀——谁能保持情绪稳定?这说的是人话吗?即使从表面上看情绪并没有大的波动,看上去挺"稳定",但将心比心,情绪肯定是崩溃的。如果真的情绪稳定,也不至于随后就自杀。一句"情绪稳定"无数次让公众愤怒,怎么一点也不长记性。

为什么官方通报非要用"情绪稳定"?是想说明干部们事后的"安抚慰问和心理疏导"很有效果,关怀很到位?是想推卸责任,说明当事人后来的自杀不是相关部门关怀不到位导致的,你看,情绪已经稳定了,谁知道后来怎么又不稳定了?无论如何,这种惨绝人寰的人伦惨案之下,用"情绪稳定"这样的字眼实在不是人话。

与"情绪稳定"配套的是领导的"高度重视",这样的通稿套话让人极其反感,是不是离开这些套话就不会说话、不会写通稿了吗?

其二,如此重大的案件,事发半个月后,在媒体报道和舆论传言"倒逼"下,才向社会通报,信息公开上存在严重问题。官方在通报中称:"康乐县景古镇阿姑山村发生五人死亡刑事案件后,县上立即启动突发事件应急预案,组织人员及时抢救伤员,全力展开案件调查及善后处置工作,并及时上报州委州政府。"

"立即启动突发事件应急预案,及时上报上级部门",可是,为什么不及时向社会公开呢?信息公开难道不也是突发应对的一部分?

按照《中华人民共和国突发事件应对法》规定,各级政府是突发事件信息系统的管理者,负有汇集、储存、分析、传输有关突发事件信息的职责,

"按照有关规定统一、准确、及时发布有关突发事件事态发展和应急处置工作的信息"。《中华人民共和国政府信息公开条例》也规定行政机关应当及时、准确地公开政府信息。这就是说，及时公开突发事件的相关信息，应是突发应急的应有之义。舆情应对，不能等引发汹涌舆情后再去公开。

如果没有《西部商报》报道这一惨案，如果不是舆论传言"倒逼"，是不是就不准备向社会通报了？"总想捂，总想躲，媒体不'倒逼'就不公开"的侥幸心理非常不好，极大地损害着政府公信。政府之所以很多时候"说什么人们都不信"，就在于总不想主动去说，总是被逼无奈才开口，像挤牙膏那样一点一点地挤出来，让人觉得很不坦诚。如此离奇的惨案，必然是舆论关注的焦点，你不主动去说，不知会传出多少个可怕的版本，如果有基本的舆情研判素养，一定会赶在媒体前主动发布，避免"倒逼"后的政府被动和公信损害。

第三，一个个回应很像在推卸责任，带着浓厚的辩护色彩。这份官方通报值得肯定的是，对舆论质疑的焦点一一进行了回应，没有回避；但问题是，把话说得太满，每一条都把政府的责任撇得干干净净，无论是"没有纳入低保""没有纳入贫困户"的原因，还是"房子没有改造"的问题，"孩子没有上学、没有新衣裳"的问题，"对死者家属做心理疏导"和"孩子户口"的问题，相关部门都做得很好。这份通报传递了一个意思，我们相关部门都做得很好，我们很无辜，在处理上近乎完美，没有一点瑕疵，不知道怎么就发生了这样的问题。

无论如何，发生这样的惨案，相关部门应表现出相应的悲悯。即便政府再没有责任，也应该表达同情、痛惜和反思的态度。之所以发生如此极端的悲剧，当事人之所以陷入这样的绝望，是不是有工作不到位的情况，是不是没有及时发现苗头，是不是对矛盾估计不足，等等。很多问题还在调查中，责任推得一干二净的说法，只会让政府在后续中很被动。

第四，都是政府部门的说法，缺乏有说服力的第三方元素。通篇都是相关部门的说法，如果有当地村民的现身说法，或媒体的相关调查，或上级部门的调查，就有一定说服力了。缺少"第三方元素"，全是自说自话，这是很多地方官方通报的通病。

第五，善后缺乏人情。一家六口以这种可怕的方式死去，家中还留下两位老人，可想而知，目睹悲剧的两位老人会陷入怎样一种悲痛和绝望。无论杀人原因是什么，安抚两位突然失去六个亲人的老人，应是善后应有之义。可从官方通报中没看到对老人的人性化善后，通篇全部用在表现领导是怎样的"高度重视"，多是套话而缺少人性的温度，让人心情无法平静，很牵挂那两位失去一切的可怜老人。

（"中青在线" 2016 年 9 月 11 日）

顶着骂声开微博的"局座"挺了不起

在微博江湖上,我挺佩服胡锡进,虽然跟他在某些社会问题上看法不一,还打过笔仗,但我佩服他面对批评时的强大内心——不被骂声干扰,不关评论,不退微博,不避热点,坚持那种带着鲜明个人网络特点的表达方式。有人充满恶意地嘲讽他是"互联网公共痰盂",什么脏东西都往他微博里倒(我倒觉得这个比喻没有恶心到老胡,应该惭愧的反倒是那些"吐痰"的人)。看他微博下面的评论,多是骂他的,而且很脏。常有人说,人生失意不快乐时,看看老胡微博下面的留言就不那么郁闷了——老胡被喷成那样都依然能笑傲微博,人生还有什么看不开的呢?心态不够强大的话,早就愤然离微博而去了。

起码在承受批评压力和辩论风度上,一些对手和"喷子"要向老胡学习。你也许不认同他所讲的理,但他起码一直尝试在讲理。

以后佩服的人又增加了一个,就是刚晋升"中老年第一网红"的"局座"张召忠,刚开微博没几天粉丝就突破百万。"局座"做电视评论时,他对时局的一些判断、预测和说法,如"海带防舰艇""雾霾防激光"等常成网友调侃对象——有人说他很可能取代老胡"挨喷"的第一名号,事实上并没有被喷,反而受到很多年轻人的追捧。他令人佩服之处在于,明知道他的很多观点不招人待见,明知道很多人会骂他,他仍然顶着骂声开微博了。他是一个电视明星的时候,已经在网上被喷得体无完肤。微博舆论场跟传统媒体完全不一样，必须零距离地面对那些刺耳的反对声，没想到"局座"竟然"亲自"送上微博，不得不让人佩服。

"局座"开微博后，骂他的人反而没以前多了，甚至很多人"由黑转粉"，成为他的脑残粉。之所以态度转变，可能是被他的这种敢于面对批评的勇气所折服。人家都以这样开放的姿态面对批评了，再骂就没啥意思了，仔细看还挺可爱的。

网络就是这样，你越端越装，就越会挨喷；你越排斥批评，网友就越有批评你的兴奋感，并从你的"激烈反抗"中获得某种成就感。"局座"看来是深谙此道的，在互联网上，你一生气就输了，与其被人"黑"，不如自己"黑"自己。网友"黑""局座"的那些名号，例如"战略忽悠局局长""乌鸦嘴"之类，他都照单全收了。当一个人能这样"黑"自己的时候，充满自嘲的幽默感，也就在网上拥有了刀枪不入的盔甲。人家都那么"黑"自己了，你还好意思"黑"他吗？让想咬的人下不了口，这正是"局座"的高明之处。

另一方面佩服"局座"之处在于，作为退休老干部，明明可以不开微博，活在朋友圈的温暖吹捧中安度晚年，他却非要让自己不舒服不可。

没有什么比朋友圈更能滋养一个人的自恋，都是熟人，没人会给你提不同意见，没人会在你的朋友圈里说让你不爽的话，都是让你温暖的点赞和体贴的吹捧——像"局座"这种退休的电视明星和老干部，肯定能在熟人朋友圈中享受皇帝般被众星捧月的待遇。而微博不一样，没有什么比微博更能打击一个人的自信和自负，被嘈杂刺耳的不同声音所包围，说什么都会有人反对，经常莫名其妙地被喷，被架在火上烤更是常有的事——这种嘈杂虽然让人不舒服，有时甚至觉得厌烦和恶心，却能让人听到不同声音，而不是陷于抱团取暖的自闭中。"局座"能超越朋友圈的温暖，走到肯定会让自己不舒服的微博中，让人看到了他心态的开放。有了这种开放，走出自己熟悉的小圈子，也才有了增长新的见识并影响更多人的可能。

你可以不同意他的观点,但也许会被他的勇气和开放所折服;你可以反对他的声音,但当他坚持跟你讲理时,你的恶语攻击会显得很 low 很 low。

(《晶报》2016 年 11 月 3 日)

中国气象局难得好玩一回,我为何给它不及格

我一向觉得中国很多政务微博"绷得太紧",内容太正经,不接地气和网气,没有网感和交流感,总缺一点幽默意识和"自黑"精神,既端又装,永远一本正经地说一些正确的废话,让人无感。自说自话,高高在上,说教面孔,当然没人愿意跟你一起玩儿,微博自然缺乏人气。

这次本来预报北京的天气是 40 小时大雪甚至暴雪,没想到只飘了一会儿小雨雪,让那些本以为起床后打开窗帘会看到白茫茫一片的人很是失望,于是纷纷吐槽中国气象局。一向严肃的中国气象局难得调皮了一回,这段"不正经"的微博广为流传,甚至被媒体做成了新闻,成为了热点:

"# 今冬北京初雪 # 重要通知:原约定于今天来的暴雪,因半路气温过于热情,把'白茫茫'变成了'湿漉漉'!这场雪如果下大了肯定不小,如果下小了也肯定不会大,请市民原谅!老天爷不容易,气象台就更难了!具体情况等下完后气象台会向市民汇报。气象台温馨提醒:今天下午如果不下雪,明天不下雪的话,这两天就没有雪了。气象台郑重劝告美女们最近几天不要穿裙子,容易被撩,雪是好雪,但风不正经!"

很有趣很好玩啊,没想到中国气象局是这样的气象局。很欣赏政务微博这种跟网友打成一片的娱乐精神,气象播报一向被认为很刻板和专业,不好玩。其实并非如此,我认识的不少气象主持人都很有趣,比如"气象先生"宋英杰就很幽默,让我印象最深的一次是,天猫"双十一"官方微博算错了

一个数字，兴奋地宣称说"今天共卖了 200 万条内裤，连起来有 3000 公里长"。宋老师很快跟帖调侃说："内裤一米五，汗滴禾下土。"宋老师也常把这种幽默用到气象播报中，把外行人无感的数据和术语变成可感的东西，使专业的气象播报听起来很好玩。央广几位定时连线的气象主播也不错，语言形象而生动。

中国气象局微博难得好玩一回，不过，我在转发这条新闻时还是给了个较低的评价。从平常太专业刻板，突然到这样的"好玩"，从一个极端到另一个极端，有点儿用力过猛了。关于"预报不准"的正经事没个正经说法，纯粹耍这种嘴皮子，让人感觉太油腔滑调，跟政务微博的形象不太符合，有点玩过度了。

首先，段子太套路化，没啥新意。这段微博看起来挺好玩，不过不是气象局的原创，早就在网上流传了，这个梗早就被很多段子手玩滥了，比如"暴雨失约版"是这么说的："等雨来：原约定于今天来的暴雨，因半路资金不足，耽误了点儿时间，或许今天夜间赶到。这场雨如果下大了肯定不小，如果下小了也肯定不会大，请市民再耐心等待！具体情况等下完后气象台会报给市民。气象台温馨提醒：今天如果不下雨，明天不下雨的话，这两天就没有雨了，就看后天的了。气象台郑重劝告美女们最近几天不要穿裙子，容易被撩，雨是好雨，但风不正经！"

网上随意搜一下，各种版本的"雨是好雨，但风不正经"早已泛滥成灾。就像流行语过度传播一样，"香菇蓝瘦"刚开始用还挺好玩，用滥了其实就不好玩了。段子也存在这种过度传播现象，说多了就不好笑了，生硬且不伦不类。

其次，没有掌握分寸感。公众对气象局没有准备预报天气有疑问，说是大雪暴雪，却只下了毛毛雪，这个问题还是应该正经解释一下的。一番正经解释后，再加点儿幽默调侃，就是锦上添花了。对公众的质疑没有正经回应，全是不正经地耍嘴皮子，很不合适。你是气象局的官方微博，不是说相声玩杂耍的，专业是说气象，不能迎合受众的"好玩期待"而让段子喧宾夺主。说正事偶尔不正经一下，叫可爱，全是不正经耍嘴皮，就招人反感了。宋英杰的分寸感就把握得很好，在保证专业和严谨的前提下，加一点儿幽默的佐料，既准确又不失直观，既严谨又不失有趣，这就是度。不是引几个段子说几句俏皮话就叫幽默，幽默是需要能力的，技术含量就在于能把专业和有趣完美地结合起来。比如前年北京初雪后，宋英杰幽默地将这场雪调侃为"既隆重又节俭"："不讲排场、不攀比、不奢靡，适量就好，既隆重又节俭。"

再有就是道歉缺乏诚意。对于预报失误，用段子掩饰了尴尬，用卖萌回避了问题，让人觉得缺乏真诚。天气预报不准，还是需要一个说法的。记得1999年12月13日，宋英杰在当天的《天气预报》里，为昨天所做的失误结论道歉。前一天的结论是："水汽很难形成，降雪很难出现。"但是第二天一大早，宋英杰拉开窗帘，外面银装素裹，这是该栏目播出史上的第一次道歉。

最后就是，像"劝告美女们最近几天不要穿裙子，容易被撩，雨是好雨，但风不正经"这样的梗，一般微博可以说，中国气象局这样的政务微博用，就显得有点儿轻佻轻浮油嘴滑舌了。我注意到，引发舆论关注后，后来气象局删了那条微博，可能也是感到不太合适。欣赏中国气象局官方微博接地气的努力，期待在磨合和修理中能更好地把握分寸感。

（微信公众号"吐槽青年：曹林的时政观察"2016年11月22日）

天津成为一座没新闻也要蹭新闻的城市

保定儿童坠井，全媒体全景追踪下，牵动全民之心。为了一个孩子，那么多人和力的投入，救援过程让人揪心并感动——但如果一直沉浸于感动之中，就太肤浅并缺少问题痛感了。让人略感欣慰的是，感动之后的是反思，人们在追问坠井背后的社会问题，尤其是，一些保定之外的地方没有以置身事外的旁观者身份来看这条新闻，而是反思本地的问题。比如天津，保定出问题，天津也在吃药。

天津市委书记李鸿忠看到有关报道后，马上作出批示：保定儿童坠井身亡，我们天津有没有这样的危险隐患？他车之覆，我之警鉴，对此，我们也要"有案必鉴"，立即在全市开展对农村枯井、城市井盖等类似安全隐患排查整治，灭掉吞噬生命的虎口，消除威胁生命安全的隐患。同时，要举一反三，建立长效巡察、举报机制，防险患于未然。

这是官员应有的负责任态度，没有以"吃瓜群众"心态看待外地发生的新闻，没有忽略外地新闻所暴露的问题，而是以切身的痛感去吸取外地教训，带着"共同的问题感"去防范本地的类似问题。这不是一条外地新闻，而是令人痛心的悲剧，是一个鲜活小生命被成为定时炸弹的枯井夺去，如果对身边的危险隐患麻木不仁，对民众生命缺乏切身的关怀，每个地方都可能发生这样的悲剧，天津的这种"问题连动意识"很好。

欣见天津成为一座没有新闻也要蹭新闻的城市，这种方式蹭新闻，是对本地民众生命的负责。

我曾经写过一篇文章，批评天津是一座没有新闻的城市。这段批评后来在舆论场上广为流传，甚至成为天津的一个标签。

当然，从去年以来，天津新闻不断，天津港爆炸事故让举国关注，官场地震也不断成为媒体关注的焦点。这一年多来各种新闻不断，可能是对以前"没有新闻"的报复性反弹。很多时候，新闻背后就是问题，新闻是排毒的方式，没有新闻就是最大的问题。需要新闻去形成有效的舆论监督，需要新闻去暴露问题。

从过去的"没有新闻"，到今天即使真没有新闻也主动去蹭新闻，从外地的新闻中反思本地的问题，从而将自身置于新闻语境下，这是一种进步。与其悲剧发生后那么费力去救援，不如把工作做在前面。所以天津现在采取的措施非常有必要，比如开展农村枯井拉网排查，对于已经废弃的枯井采取专业方式回填封堵，对正在使用的水井加装防护措施，对老旧设备及时更换，设立警示标牌，等等。如此，能避免很多让人痛心的坏新闻。

很多官员都害怕引发关注，害怕本地成为新闻焦点，所以经常躲新闻，有了新闻去扑灭新闻，没有新闻更不会"没事找事"。我曾在另一篇文章中写过一些地方的麻木，导致新闻悲剧不断在各地重演：每一次悲剧之后，发生悲剧的地方也都会有同样一个动作，就是领导高度重视，要求"紧急排查"和"仔细清点"——可这样的排查只是悲剧后应对舆论和平息质疑的条件反射，很快又会回到昔日麻木的轨迹。传播学上有种现象叫"蝴蝶效应"，南美洲亚马逊河流域的一只蝴蝶扇动一下翅膀，有可能两周后在千里之外的得克萨斯州引发一场龙卷风。我们很多地方政府部门在迟钝和麻木不仁中，存在着一种"反蝴蝶效应"，一场让世人震惊、让公众哗然的舆论龙卷风，可能都换不到相关部门懒懒地扇动一下翅膀。

天津以这种方式蹭新闻，蹭的不是新闻，是问题意识，是惨痛的教训。这种蹭新闻的方式值得更多地方学习，不要怕媒体和新闻，要尊重新闻这种排毒方式。

(《晶报》2016 年 11 月 15 日)

"乱开远光灯看灯1分钟"并无不妥，理解深圳交警的善意

深圳交警因为一个治理"乱开远光灯"的创意，引发了争议。微博号"深圳交警"在微博中说："今晚整治乱开远光灯，查到就坐这把'绿椅子'好好体验1分钟！——设身处地将心比心，让乱开远光灯的人自己感受一下灯光的危害。"此举在让很多深受远光灯之害的人"大快人心"的同时，也引发了一些争议。我的朋友李曙明兄批评整治不能图"解恨"，这种"法外之罚"是违法的，甚至有人说这是滥设私刑。

佩服法律人的法治敏感，曙明兄在很多公共事件上都表现出了一名法律人的冷静判断；但我觉得，在对待深圳交警这一举措上，可能有点儿过敏了，应该更多地理解交警此举的善意。我觉得，让乱开远光灯的人盯着看灯1分钟，主要不是一种惩罚方式，而更多地想以这种象征性的方式去关注——既让当事人设身处地地意识到远光灯的害处，也提起一个让舆论关注的话题，让很多对远光灯"无感"的人都在那"1分钟"里体验远光灯的危害。

批评此举违法的人，都设定了一个前提，觉得"盯着灯光看1分钟"是对"乱开远光灯"的一种惩罚，而法律规定对乱开远光灯的惩罚只有罚分和罚款，没有其他惩罚措施，所以"让他们看灯1分钟"这种"法外惩罚"是违法的。可从深圳交警的初衷以及描述来看，并不是一种让人付出代价的惩罚方式，而是一种公益性的教育和引导方式。

从具体情境来看，这只是当地交警在一次远光灯治理行动中一种即时的

创意，并没有形成制度化的"规定"，没有要求以后乱开远光灯的人都要"盯着灯看 1 分钟"。从描述来看，也没有强制性，并没有强迫被查到乱开远光灯的人必须盯着看灯 1 分钟，更多的是一种劝诫方式。被查到乱开远光灯了，请你坐到这个椅子感受一下灯光的危害——从新闻报道中并没有看到警方强迫司机必须这样做。司机没有这种法律义务，没有谁可以强迫他们这样做，但他们有这样的道德义务进行这种体验，从而去感受问题。

从深圳交警发在微博上的那把椅子看，也并没有把"看灯 1 分钟"当惩罚，而是一种劝导方式，绿椅子上写的是普法宣传："两看两考一处罚。两看：体验自己车、其他车远光照射，感受危害；两考：何为远光灯？如何正确用？处罚：罚 300 元扣 1 分。"

让人盯着灯光看 1 分钟，这是不是一种惩罚？我觉得不是，更多是一种象征性的教育和引导方式，盯着灯看 1 分钟，对正常人来说并不会对视力产生什么伤害，只是体验一种"瞬间什么都看不见"的感觉——如果对人的视力会形成伤害，会付出代价，警方也不敢这么做。这种体验只是一种善意的提醒，如果你在开车的话，远光灯会让人什么都看不见，盲驾会造成极大的危害，这样的惨痛教训太多了（有人会问，如果你觉得不是惩罚，那也让你盯着灯看 1 分钟试试。我开车不会乱开远光灯，我如果这么干了，我会主动去坐那把椅子体验"亮瞎双眼"的感觉）。

这样象征性的教育和引导方式，能提起一个议题，让公众在"象征性的体验"中关注远光灯的危害。当然，这种象征体验的效果是很有限的，如果想解决这个问题，正如曙明兄所言，要加大惩罚，走法律程序去修法，甚至把情节严重的纳入"危险驾驶罪"范畴。

（微信公众号"吐槽青年：曹林的时政观察"2016 年 11 月 2 日）

第七辑 闲评

这一辑多是在《羊城晚报》的专栏文字,女人减肥、饭局态度、马桶思考、剩男剩女、社会历史、时政生活情爱,无所不聊。时政之外的生活趣味和日常发现,用社会学的视角去解读,试图给读者分享自己灵光一闪的思考火花,并带来一点小趣味。

爱吃就让他吃吧

一个"砖家""合娶老婆解决光棍问题"的荒唐言论成为众矢之的,好几个朋友义愤填膺地撰文批评这种谬论,从经济学、社会学、人类学或逻辑角度进行反驳。我也是个写评论的,好几个粉丝都留言问我,对于这个热点话题为何没有去评论,为什么不批驳这种谬论。

我说,有些话题不需要去评论,无视是最大的鄙视。不是啥人说啥言论都有必要去认真反驳,真没啥好评论的。如果有人说"狗屎比米饭好吃",你还要去义愤填膺一本正经地从这个学那个学角度去反驳和论证吗?嗯,且让他吃便是。人家爱吃,你干嘛拦着他?

一些人特别喜欢找一些明显脑残的言论进行批驳,把这种明显脑残的言论驳倒了,反而显得自己很无聊,被无聊的议题牵着鼻子走了。有些"砖家"知道舆论这种热衷消费脑残言论的习惯,有时故意制造出一些明显脑残的言论"引诱"批判。一番无聊的口水战后,道德批判家大获全胜,"砖家"成功地红了火了,网站获得了点击率,网友在炮轰中获得快感,可舆论和公众却在这种无聊的讨论中什么都没有得到,只有一地鸡毛一堆垃圾。

"合娶老婆解决光棍问题",正常人不可能接受,没人会当成一个正经的建议。这样的言论能成为大众讨论的热点,不只是"砖家"有病,可能大家都有病。

(《羊城晚报》2015年11月1日)

空姐的微笑

坐某公司的航班出差,空姐发午餐,给我发餐盒时我有点儿不高兴,因为空姐好像很冷漠,一点笑容都没有——印象中,该航服务态度不是很好的吗?空姐不应该笑对乘客吗?接下来的观察让我更加不满,旁边坐着一个外国人,那空姐给他发餐盒的时候满脸微笑。我心中立刻非常鄙视地吐槽了一句:这也太崇洋媚外了!

不过后来愤慨很快变成了惭愧,因为当我转头看那外国人时,他也是满脸微笑与空姐交流。微笑是相互感染的,很多时候我们自己板着脸,却责怪别人的脸上为什么没有笑容。前段时间去巴黎访学,巴黎街头给我留下的一个深刻印象是,路人都是微笑的,路上遇到陌生人,迎面走来时多会友好地微笑。平常再冷漠的人,面对一个友好的笑脸,可能也都会情不自禁地露出笑脸。

"路人"在我们的语境中常常是一个冷漠的形象,习惯的搭配是"冷漠的路人",这种冷漠不是哪个人的错,而是互相传染的。

我们习惯把责任和问题推给别人,然后把自己当成无辜的受害者。习惯把别人当成导致问题的原因,而忽略了一个关键因素,自己其实也是问题的一部分。黄色标题党泛滥,媒体说是为了迎合读者,读者说是被媒体误导,问题在谁呢?显然不是单向的,而是媒体的恶趣味与读者的恶趣味的互相传染和强化。

(《羊城晚报》2015 年 10 月 25 日)

专注被热爱毁了

前几天我接受一家媒体采访时说的一段话，引发了很多人的共鸣："手机和网络对现代人的一大伤害是，毁灭了人们的专注，只要身处网络和手机环境，我们就很难保持5分钟的专注，时间和思维很容易碎片化。"

很多人对于"手机毁灭专注力"的危害还没有深刻的认知，就拿我来说，常有扔掉手机的冲动。想着要做某件事时，突然来了电话，接完电话就忘了刚才想做什么事了。接着在电脑上写字，突然提醒有新的微信，看了一下微信，倒是想起刚才想做什么事了，可写作的思路又断了。我们的专注力，被我们热爱的东西给毁了，以迎合我们的惰性的方式毁灭着人类的很多优秀品质。

如今很多年轻人的日常生活已经离不开手机了，地铁上、饭局上、开会时、排队等候时，都低着头盯着手机屏幕——有时我在地铁上看书，好像倒成了另类，被一群看手机的人当成了怪物。我是做报纸的，一些朋友常常带着似乎很鄙夷又很同情的口气跟我说，我现在从不看报纸，我身边也没人看，手机上什么都有。其实，虽然手机浏览信息似乎很方便，但很难"专注"阅读，来了个短信，来了个电话，弹出一条新闻，QQ或微信闪了一下，注意力很容易就转移了，至多只能看个标题。

专注缺失之下，虽然获得很多信息，有了灵感火花，却没有思考，失去了对某个问题深入思考的能力。所以，有学者批评现在的年轻人：读书太少而想法太多。

（《羊城晚报》2015年10月18日）

当一个女人说要减肥时，她在说什么

减肥是女人永远的口头禅，一句俏皮话说得真好："当一个女生说她要减肥的时候，千万不要相信，尤其是吃货。因为说这句话时，她刚吃饱。"讲真的，我几乎没见过哪个女的没说过"要减肥、要减肥、要减肥"，再瘦的女人好像都爱把减肥放在嘴上。近来英国一家媒体分析"中国式减肥"，分析为什么中国的"胖女人"拒绝在健身房里挥汗如雨，而宁愿吃减肥药和节食。

作者看起来是个女性，很懂女性，也是个中国通，很懂中国女人。她分析了诸多原因，颇有洞见，比如她谈到中国女性只爱瘦，而排斥任何增强力量或肌肉线条的事，只想练掉腹部的赘肉，而不愿做任何增加小腿肌肉的运动。还谈到了传统中医和历史文化的角度，我觉得忽略了另一个很重要的角度，即广告对女性减肥观念的影响，随便翻翻哪一天的报纸，报纸上关于吃什么药、喝什么汤的减肥广告，绝对比健身减肥的广告多很多倍。

一个关键的因素是，利益主导着中国女性的减肥文化，吃减肥药减肥，形成了一个长长的利益链，生产和销售减肥药成为暴利行业——这个行业向媒体投放无数广告，控制着各种传播渠道，塑造着女性"吃药减肥最能立竿见影"的减肥观，生产着各种"吃药是多么有效果"的减肥神话，兜售着"不费吹灰之力就能减肥成功"的理念。健身减肥也许更健康，可因为这种方式缺少暴利驱动，无法形成一个像卖减肥药那样的能控制媒体广告垄断传播途径的产业链条，所以被边缘化。

减肥专家和医生们也更乐意开吃药的药方，而不是劝减肥者多运动多健身，一方面开药能赚钱，另一方面能体现医生的存在感。

(《羊城晚报》2015 年 11 月 22 日)

不三不四的饭局

决定以后再也不参加那种多是陌生人的应酬性饭局，很累。熟人饭局，彼此了解对方，大家都不必装，想说啥说啥，啥也不说也不会尴尬。装真是一件很难受的事情，有人说过，社交之所以累，是因为每个人都试图表现出自己其实并不具备的品质。日常工作中可能需要各种装，而吃饭应该是一件很快乐的事，一边吃饭一边还得装，这是多么痛苦的事。

多难受啊，彼此说些一听就知道很假还要装作很真诚的客套话，要夸陌生女性年轻有气质，要装作很真诚把年纪大一点儿的人的年龄猜得年轻一些，要假装对完全没听明白的胡言乱语或陈词滥调点头认同，要忍受无礼貌者不顾别人反感地抽烟，要看着猥琐大叔灌无主女性的酒，要对别人假装恭维的话假装谦虚一番，明明对露骨的黄段子很厌恶还得假装干笑几声。有时为了打破尴尬，还得拼命找话题，没话找话说——这对一个不喜欢说废话的人而言，实在是莫大的煎熬。

作家周国平说过："平时我受不了爱讲废话的人，可是，在某些社交场合，我却把这样的人视为救星。他一开口，我就可以心安理得地保持缄默，不必为自己不善于应酬而惶恐不安了。"钱锺书也很排斥这种场合，说不必花些不明不白的钱，找些不三不四的人，说些不痛不痒的话。所以，出差或参加活动，我最喜欢的就是安排吃自助餐，吃盒饭也是极好的，饭局完全是浪费大家的时间。

吃饭应该是一件很轻松很享受的事，尽可能回家吃饭吧，跟家人一起不必装,回归吃饭的本质。

(《羊城晚报》2015 年 11 月 15 日)

不培养点儿"非职业兴趣"你真就白活了

第一次听到"非职业兴趣"这个名词,是从我的前辈杨浪老师那里,浪师在媒体江湖中很有名(最牛的是他弄的当年那个愚人节特刊,如今每到愚人节,媒体都会提起他干的那件事),他当过好几家著名媒体的老总,但他的著作却与新闻没有关系,而是地图研究。浪师有收集各种地图的爱好,潘家园旧货市场的很多人都认识那个热爱地图的浪总,手中一有货就立刻给他打电话。浪总是职业媒体人,研究地图就是他的"非职业兴趣"。浪总的标签有:资深媒体人、作家、诗人、地图收藏家、摄影评论家。

有一次浪师问我,你有啥"非职业兴趣"?想来想去,非常惭愧,除了写时事评论,真的没有其他兴趣了。挺无趣的,离开了评论,我似乎什么都不是。我问浪师教学生写评论算不算?浪师说不算,还是属于职业的延伸。浪师让我一定要在评论之外培养一个兴趣。

开始并不是太理解,觉得把自己的工作干好了就不错了,后来看了胡适先生当年给大学毕业生的一次演讲,就理解了。胡适在讲话中给将走出校门的毕业生提了建议,其中一个就是"总得多发展一点非职业的兴趣",他说,总得寻个吃饭的职业,但寻得的职业未必就是所学或所喜欢的,工作往往成了苦工,就不感兴趣了,就很难保持求知的兴趣和生活的理想主义,所以应该有非职业的玩意儿。往往业余活动比职业还要重要,因为一个人的前程往往全靠他怎样用他的闲暇时间,他用他的闲暇打麻将,他就成个赌徒;用闲暇研究历史,也许就成个史学家。你的闲暇往往定你的终身。

胡适劝年轻人,只有多方发展业余的兴趣,使我们的精神有所寄托,使我们的剩余精力有所施展，生活就不枯寂，精神也就不会烦闷了。他说，有了这心爱的玩意儿，你就做六个钟头的抹桌子工夫也不会感觉烦闷了，因为你知道，抹了六个钟头的桌子之后，你可以回家去做你的化学研究，或画完你的大幅山水，或写你的小说戏曲，或继续你的历史考据。

我觉得说得很有道理，与朋友们分享，不妨也随性培养一个非职业的兴趣，让自己的心灵在"饭碗"之外有处安放。很多时候我们之所以干一行恨一行，把工作当成负担，生活的郁闷，与缺乏这种非职业的兴趣有很大关系。每次见到浪总，听他聊他最新搜集到的地图，讲到潘家园淘古董的故事，从眉飞色舞中到感受到他从这种非职业兴趣中获得的愉悦。

不为无益之事，何以遣有生之涯，读一些无用的书，培养一些非职业的兴趣，交一些职业之外的玩友，花些时间发发呆，生活也许会快乐很多。好吧，我准备惯着自己，培养点儿时事评论之外的兴趣了。

（《羊城晚报》2015 年 11 月 22 日）

有多假就有多热情

之所以怕逛街怕逛商店,不是懒,最怕的是那些看起来很热情的店员,一进门就上来热情地围着你,开口就是美女帅哥,还有什么宝贝儿、亲爱的——有那么熟吗?根本不让你有一分钟静静挑衣服的时间,完全不顾及你厌恶的表情,只顾自己装着很热情的样子,像录音机那样重复播放着你完全不感兴趣的内容。每当这时候,真的好想亲爱的静静。

越假越热情,有多假就有多热情——就像电影里的亲热镜头,那些男女无论是动作、叫声和喘息声,都显得极为夸张。毕竟是假的,越是假,越需要通过夸张的热情来显得好像比真的还真。真实的东西不需要急于证明自己,假的才会用力过猛。戏骨之牛,就在于能用平淡去演绎真实,一个眼神、一个手势,都是戏,没有表演痕迹。越假越热情,除了情色片中女演员的叫床声,足球比赛中假摔球员的痛苦表情、干女儿对干爹的嗲嗲声、说谎者对天发誓的真诚眼神、女店员的夸张热情,应该是这个真理的最好阐释。人与人交往是需要距离感和分寸感的,交往到什么程度,有怎样合宜的情感表达,适合什么程度的热情,亚当·斯密教授在他的《道德情操论》中有非常精彩的论述。

所以,我也不喜欢那些完全不熟、一见面就亲热地喊兄弟拍肩膀搂脖子好像失散多年的兄弟一样热情得让人尴尬的人,一口一个"咱爸妈""咱儿子""咱媳妇儿"——谁跟你"咱"了。

还是回到女店员的热情吧,我经常怀疑,店员这种让人窒息的虚假热情,就是为了在噪音中干扰你的判断力,让你没有自己理性思考和挑选的空间,让你烦，让你脑子里充满了她的推销，让你的意志力崩溃，让你不好意思不买。我们男人面子比较薄，不太好意思喝止这种热情，很容易就进入"热情"的陷阱，买一堆那些本不想买的东西。为什么大卖场总是那么吵闹，俗不可耐的难听音乐放得那么大声，店员那么卖力地叫嚷，就是制造让你失去判断力的噪音。

(《羊城晚报》2015年11月29日)

雾霾与套套

看了两条跟雾霾和套套相关的新闻,不知道该信哪一个。港媒称,北京连续遭遇雾霾,口罩销售超过避孕套。这条新闻似乎很合逻辑,避孕套是性爱需求,当弥漫的雾霾危及生命时,饮食男女对生存安全的基本需求已经超越了爱爱需求。口罩销售超过避孕套,很直观地表现了弥漫的雾霾焦虑。

当我觉得杜蕾斯们肯定郁闷不已时,同一版面看到了另一则新闻,似乎推翻了港媒的报道。一则报道称,北京雾霾时安全套畅销——美媒称,担心宝宝质量而避孕。这则报道似乎也符合逻辑,虽然没有严谨的科研结果表明雾霾会影响宝宝质量,但生宝宝是大事,过度防卫总不是坏事。但两则新闻让我糊涂了,这雾霾与套套销售到底是什么关系啊?

估计不久媒体又会报这样一条新闻:北京雾霾使人们更爱宅家中,避孕套销售超过口罩。难道这不也很符合逻辑吗?每次世界杯期间就有这种自相矛盾的报道,世界杯期间套套销量大增,因为狂野的足球促进性欲。也有相反报道,说套套销量反减,因为足球夺走了男人,制造了很多足球寡妇。正说反说,好像都对。

这样的报道能信吗?反正我是不信的,多缺乏事实和大数据支撑,多是闭门拍脑袋臆想出来的判断,或者多是"个案统计"——根据身边的个案,或者局部小数据推出来的结论。拿套套当噱头,用假性因果误导受众,当做笑话看看就行,千万别当真。

(《羊城晚报》2015 年 12 月 20 日)

板蓝根时评家

传说中板蓝根什么病都能治，所以不论流行什么病，人们都习惯去抢板蓝根——反正喝多了没多大害处，但据说好像也没有什么用，不过还是阻挡不住人们抢购的热情，万一喝了有点儿用呢？就好像多喝水、少吃多餐、多运动、多呼吸新鲜空气，这些建议永远不会错。听一个女孩子说，有一次她生病时男友给她打电话，最后她吼了一句，再说"多喝点水"就分手。

有一次遇到一个时评家，我跟他开玩笑说，你真已经成了时评家中的板蓝根了。好像什么话题你都能评，从门头沟的奶牛为什么不产奶，到政府工作报告透露出啥信号，都能不去百度、不打草稿地在直播中侃上几分钟。无非是用一堆空话阐释另一堆空话，无非是讲一些永远不会错的正确废话。什么叫正确的废话？这些就属于：在马路上骑车不能太快也不要太慢；年轻人一定要珍惜大学时光；抽烟不完全是错的；这世界上没有绝对的东西。——对吗？都对，但毫无营养，说了等于没说。

这方面要跟算命先生学习，有人觉得，算命先生算得好准，真像神仙，但准在哪里呢？无非是用一堆模棱两可的正确废话去骗钱，告诉你吧，这是算命界入门的通用版本：你的命其实不算太差，只要好好努力，还是有发展空间的，你求的事情也有可能会达成。但是一定要记住，千万不要过度自信，否则到头来有可能会一场空。——瞧，是不是发生什么都可用这个万能版本去解释？这也是板蓝根时评家的判断策略。

（《羊城晚报》2015年12月27日）

称呼的混乱

说实话，除我爸妈和报社实习生，我现在差不多见谁都叫老师，不用思考，"老师"脱口而出，叫老师好像准没错儿。那天遇到司机班的老刘，我习惯性地叫刘老师，出口后，自己都觉得太对不起老刘了。

不知道"老师"这个称呼是什么时候泛滥成灾的，据说是理发行业先开始，然后像病毒一样传染。济南人见谁都叫"捞丝儿"，那是孔孟之乡尊师重教的体现，但其他地方见谁都叫老师，算什么呢？透着的是称呼的失语，是称呼推敲上的偷懒，是社交和人际交往中关系的虚伪化。不经大脑，见人就叫老师，互称某老师，该称呼其他的也称老师，这个原先带着尊重的称呼已经在泛化的日常征用中完全被虚伪、庸俗和戏仿所殖民，含义被抽空，意义被消解。

就像见谁都叫美女，但已经让这个词仅成为性别的代指：噢，这是个女的。叫老师，仅仅意味着，噢，这是个人。称呼的社会学意义在于，定位着两者的关系与距离感。比如，称先生，体现着礼仪；称教授，体现着尊重；称职务，体现着从属；称亲爱的，体现着亲密；直呼其名，体现着熟悉。不同场合的称呼又有不同的意义。"老师"之类单一万能称呼的泛滥，体现着熟人社会向陌生人社会转换下社交关系的失范，不知道称呼什么，就叫老师吧。

见人就叫老师，是个女人就称美女，称呼单一且混乱，也见证着传统文化在现代社会的式微，传统中那么多优雅的称呼，今天还有几个人能叫得出来。

(《羊城晚报》2016年1月10日)

烟鬼的神通

出差,刚在酒店安顿下来,主办方领导过来打招呼,没聊几句这领导便说,你肯定不抽烟。我奇怪地问,你怎么知道?他说,如果你抽烟,到酒店第一件事肯定是抽烟,飞机上憋这么久不抽肯定受不了。而且,进你房间后没闻到味儿。

呵,这领导真是烟神,在抽烟上有神一样的判断。智者云:男人偷腥时,智商仅次于爱因斯坦;女人捉奸时,推理仅次于福尔摩斯。这不,烟鬼在抽烟上的智商,有同样的神通。

每次坐高铁,都特别佩服那些烟鬼对抽烟时间和机会的精巧把握,分秒必争且恰到好处,仿佛经过无数次演练。哪怕只停一分钟,他们都能把时间计算得分秒不差。早早来到门口,左手香烟右手火机,高铁一停一开门,立马下车点燃烟头拼命吸几口。高铁美女喊一声,快上车关门了。刚吸到一半,狠抽一口,一脚踩到车上,把头探出车外再吸一口,最后一秒,恋恋不舍地把半截烟头往地上一扔一踩,上车走人。

吸烟者之间还有一种惺惺相惜的嗅觉和跨越语言的默契。老爸外语极差,出国至多只能说句 Byebye,路遇外国烟鬼借火,根本听不懂外国人叽里呱啦说什么,但外国人一个手势一个眼神,老爸就知道那是借火。立刻把烟头递上去,烟是最好的交流媒介,两人一边抽还一边聊起来,谁知道在聊什么啊,还不时大笑。这种语言完全不通却能跨越国界的交流,我这个不吸烟者完全不懂。

(《羊城晚报》2015年12月13日)

凡事一省略就变坏

我总结了一个规律，凡事一省略就变坏，就从正常变成反常。比如几年前成都某报的一条新闻《成都男子爬树偷窥女邻居被判强奸罪获刑一年》，引发舆论轩然大波，其实这条新闻就省略了一个关键要素，那男子不仅爬树偷窥了，还下树了，不仅下树了，还推门了，不仅推门了，还有其他猥琐动作。将省略的内容叙述完整，就正常了。很多听起来很奇葩的事，都源于叙述者有意无意的省略，这条新闻也是——《河南警方悬赏大不同：新乡三万抓偷葱贼，洛阳曾五百寻副市长》。很荒唐吧？可事实是，那人不仅是个偷葱贼，他偷了葱，卖葱的过来追，他把卖葱的给打死了，这能叫偷葱贼吗？

被省略的新闻会成为坏新闻，被省略的称呼也会成为坏称呼。"公共知识分子"，很好的词，一缩减省略为"公知"，好像就成为骂人的话了。"理性""中立""客观"，每个词都是好词，加起来也代表了一种可贵的品质，可是经由网络话语缩减习惯这么一省略——"理中客"，好像就成了骂人的话。

要防范网络的这种通过省略和缩减的"毁词"过程，省略的过程，就是抽离原有意义的再生产过程。网络带着十足的反精英、反启蒙、反常识和反智的特性，这种反智情绪带着"横扫一切牛鬼蛇神"的消解力和颠覆力，他们不满于那些被精英使用的词，带着强烈的冲动去进行再生产。话语再生产的形式，就是在省略中表示轻蔑、戏仿和解构，在省略中脱离原先的所指而生产出属于自己的意义。互联网在使用很多词的时候，都是省略的。

作为知识者，我们应该有意识地抗拒这种在省略中被消解的意义，防范在"跟着网民一起喊"的无意识过程中被暗示、被诱导、被强化,将知识和意义贬低,喊着喊着,那些词就成坏词了。

(《羊城晚报》2016年1月24日)

你的多数问题都源于你太穷了

近来媒体在报道男女性别失衡之下的剩男问题，很庞大的光棍数字。以前媒体都在谈论剩女问题，如今已形成了一个共识：剩女是伪问题，剩男才是真问题。性别失衡下多出来数千万男的，这是刚性的剩下，不像剩女多是主动选择，稍微降低一下条件就能告别单身。因为集中在教师、媒体、公务员之类行业的城市女性掌握着话语权，女性话题又更有消费性，所以剩女问题被过度放大了，刚性的剩男问题倒少人问津。

其实，剩男也是伪问题，农村剩男才是真问题——农村光棍那是实实在在的剩下，甚至剩一辈子。更其实，农村剩男也是伪问题，穷，才是真问题——哪有什么农村剩男，还不是因为穷。只要有钱，长得再丑，年龄再大，缺陷缺点再多，也不叫剩，那叫钻石王老五。这个定律只适用于男人，剩，就是穷。

我把这段话发在微博后，很多朋友都觉得我说得太狠了。剩，就是穷，虽然这话听起来让人很不舒服，可这是现实。不只是在被"剩"的问题上，其实让你烦恼、焦虑、愤怒的多数问题都源于你太穷了。我们喜欢自欺欺人，常常讳言自己的穷，喜欢用其他那些听起来不那么伤人、甚至带着苦难美学和鸡汤诗意的词来掩饰自己的穷。

网上另有一句戳心窝的话，说的也是穷："哪有什么选择恐惧症，还不是因为穷；哪有什么优柔寡断，还不是因为怂。"细细想来，确实如此。选择时恐惧的是什么？是担心机会成本太高，是怕承受不起代价，说到底还是穷。

（《羊城晚报》2016 年 2 月 28 日）

我们都装得很厉害的样子

现代人之所以累，很大一方面就是"装"，需要戴各种面具，装得很辛苦，在各种场合总要装得很厉害的样子。单位要装，开家长会要装，朋友面前要装，社交场合要装。一句话说得很好，什么是真正的朋友？在你面前，我不用装作很厉害的样子。

是啊，我们之所以爱跟死党闺蜜一起聊天，爱跟家人待在一起，爱跟熟悉的人一起玩儿，是因为我们在这些人面前不需要装，不需要总显得自己很厉害。有些人之所以有社交恐惧症，就是对装的厌倦和恐惧——社交之所以累，是因为每个人都试图在陌生人面前表现出自己其实并不具备的品质，装得谦谦君子很有礼貌，装得不是个吃货，装得天文地理无所不晓，装得对别人谈论的每个话题都很有兴趣并颇有研究。

一个六岁小孩写的作文《爱是什么》感动了很多人："爱就是当你掉了一颗大门牙，却仍可以坦然微笑。因为你知道你的朋友，不会因为你的不完整，而停止爱你。"是啊，在陌生人面前，我们害怕暴露自己的缺点和缺陷，装得很完美和坚强。人人戴着面具，大家都在装，用社会所期待的样子来伪装自己，幸福、快乐、充实、博学、热情、好客、端庄、富有、慷慨大方、宽容、充满爱心、克制、温文尔雅，这可能是累的根源。

传统社会是熟人社会，在熟人空间不需要装，也没法装，谁不知道谁啊，几斤几两众所周知，可以很轻松。而陌生人社会则以礼仪和规范的形式将

"装"制度化了,从而成为现代人焦虑之源。

(《羊城晚报》2016年4月17日)

剩男剩女多是宅男宅女

虽然我在这个专栏中说过剩男剩女多是伪问题，也说过少用"剩"这样的字眼去给年轻人制造舆论压力，但看着身边越来越多的大龄男女青年，我还是想从过来人的角度给年轻人几句忠告。

无法回避的是，确实有一些到了该择偶婚配年龄的人还单着，有的是主动单，有的则是被动。男婚女嫁本是一种生物本能，为什么如今却成了问题？一个很重要的因素是网络和手机带来的，年轻人活在网络和手机的虚拟世界中，面对面的人际社交越来越少，生活中真实社交减少带来的一个恶果就是婚恋危机，因为传统婚恋所依赖的那种社交链被颠覆了，遇见—产生好感—交往—恋爱—结婚，这个传统婚恋的前情，被虚拟社交所打破。

我的一个经验是，除了农村光棍那种因为穷而带来的"刚性剩下"，都市里被动的剩男剩女，多是宅男宅女，对手机和网络的依赖度非常高，热衷网上和微信里的交流，而很少参加现实生活中的社交。社交是遇见的机会，不愿走出家门而宅在网上，遇到自己那一半的机会就大大减少了。

有人会反驳，微信"摇一摇"和"陌陌"这些工具难道不是增加了男女社交机会吗？当然不是，这种虚拟社交并不能代替现实社交，虚拟社交中更多追求的是男欢女爱，是美颜中的意淫，是一夜情后的两散，是性机会的增加。哲人云，不以结婚为目的的谈恋爱都是耍流氓。现实社交中人与人的遇见，那一回头的微笑，那瞬间的心动，那眼前一亮，首先产生的多是超越性爱的好感，恋爱建立在这种人际社交中的好感基础上，成功率会远远高于虚拟社交中的勾搭。

扔掉手机,远离电脑,走出家门,多给自己创造真实的社交机会,少一点宅男宅女,就会少一些剩男剩女。

(《羊城晚报》2016 年 4 月 3 日)

马桶上的无聊

人类有很多奇怪的习惯无法用正常理性去分析，比如我至今就没弄明白为何有人那么爱挖鼻孔；还有一个让很多人中枪的习惯：当肚子疼跑进厕所坐上马桶时，突然发现忘了带一本书或者拿手机，就会拿起厕所里的沐浴露、洗发水、牙膏盒来阅读它们的配料、生产日期、保质期，等等；实在什么都没有，就研究地砖上的缝隙，看哪块瓷砖没对齐……

到底是什么样的心态呢？是爱读书求知若渴吗？阅读强迫症、信息饥渴症，或者是转移注意力，甚至是便秘吗？一个研究心理学的朋友告诉我，人的注意力是有限的，所以当你专注于书本、手机的时候，你不会在意其他对你来说非常普通的东西，地板呀什么的只会被视而不见。可坐马桶上时，大脑又一直处于活动状态，这种神经基础会让你去找寻可注意的东西，这是对安全感的需要——如果你大脑空荡荡的，没有支点，你会觉得很不安全，甚至焦虑恐惧，尤其你还处在洗手间这样的封闭空间，去看任何可以看的东西，是缓解这种情绪的自我调节机制。

说得蛮有道理，不过我觉得说简单点，就是很无聊吧。坐马桶上很无聊，一般生活场景中觉得无聊的时候，可以做很多事情，翻翻杂志，刷刷手机，数数楼层，看看美女啥的——消费主义社会把人的感官侍候得那么舒服，充分地利用着人们的无聊时间（公共空间眼球可以触及之处，都有广告的身影，连等电梯的无聊时间都被商人们利用了），日常不太会感知到自己的无聊（就像如今物质这么丰裕，日常都找不到饿的感觉了）。可坐在马桶上，在洗手间这个狭窄封闭的空间中，可以消遣无聊的东西很少，自己的"媒介半径"很短（手可接触到的，眼睛可以看到的，耳朵可以听到的），于是只能通过研究沐浴露的保质期和地板上瓷砖的缝隙来打发无聊。

（《羊城晚报》2016年3月20日）

让女生最烦的十大用语

前几天女人的节日,为了体现对女人的关爱,调查她们最烦哪些用语,结果显示"多喝热水、你又怎么了、呵呵、以后再说、都是我的错、随便、还在吗、吃了没、你忙、早点睡"成为最能惹毛女生的十大用语。

"多喝热水""早点睡"怎么了?感冒了就得多喝热水啊,常熬夜伤身体,当然应该早点睡,总书记都劝年轻人要早点睡。很多人都觉得自己活得太累,实际上他们可能只是睡得太晚——"早点睡"很正确啊。为什么烦这些呢?人们站在女生角度谈了很多理由,比如觉得这些都属于不走心的正确废话,虽然没错,脱口而出条件反射的用语,却让人觉察到明显的敷衍、冷淡和漫不经心。

这种分析有一定的道理,比如我也反感"改天一起吃饭"这样的用语。社交需要客套,但如果客套得过于随意,就让人觉得过于虚伪和敷衍了。

不过我觉得很多人都忽略了一点,就是女生反感的这些用语是在什么地方说的?都是在手机上、微信上、网络上。这一点非常关键,其实女生最反感的不是这些话语,而是手机交流让人疏离。女生感冒了,如果男孩陪伴在身边,轻轻地说一句,多喝点热水,然后递上一杯热水——我想,没有一个女生会反感。还有"吃了没""早点睡"都是这样,缺乏陪伴,人机交流,再充满关心的语言,都会发生异化。

所以,女生反感的不是这些用语,而是缺乏贴近的陪伴。生病了,要在她身边。否则,远方再温暖的关怀,都有隔阂。

(《羊城晚报》2016 年 3 月 13 日)

少说"要听老师的话"

新华社记者近日在湖南攸县调查，揭开了一起农村小学男教师多年来持续猥亵多名小学女童的黑幕。问题触目惊心，这个教师的黑手一般都伸向留守女童。记者采访时问了当地所有受害女童同一个问题：为什么不大声呼救？不公然反抗？让记者吃惊的是，每一个孩子都给了记者几乎相同的答案："他是老师"，"家里总说，要听老师的话"。

专挑留守女童下手，不是愤怒地骂一声"禽兽"就可以越过这个沉重的话题。我们听多了"要听老师的话"这样的说法，习以为常并不觉得有什么问题，这种语境中才会看到是一把双刃剑，可能让孩子乖巧守纪学习好，也会让孩子缺乏独立思考，缺乏基本的自我保护意识和能力，成为任人宰割的沉默的羔羊。

"要听老师的话"——预设着一个前提，老师是天使，老师说的都是对的。可真的是这样吗？老师中也有人渣，老师也有错的时候，家长应该培养孩子有基本的判断力，弥补学校教育可能出现的缺漏。"要听老师的话"，这种顺从式教育的根源，既有传统问题，更有当下很多父母的偷懒和卸责，自己不教育孩子基本是非判断和自我保护意识，而是都推给学校和老师，以为把孩子放到学校自己就没有教育责任了。那些越是不陪孩子的父母，越喜欢在给孩子打电话时说"要听老师的话"。一句"要听老师的话"就把作为父母的自己排斥在教育责任之外了。不是有老师吗？听老师话就行了。尤其是女童，一味地听老师的话，遇到"禽兽"可能就是灾难。

（《羊城晚报》2016 年 5 月 1 日）

网络友谊说翻就翻

最近有一种网络病毒叫"翻船体",这种病毒在各行各业传染,网友们肆意地借"友谊说翻就翻"吐槽本行业本群体的辛苦。什么刚取的人民币说没就没,月头的流量说没就没,好好的姑娘说胖就胖,卡里的余额说没就没,楼下的WiFi说关就关。虽然"翻船体"主要是吐槽行业辛酸,却也在另一个问题上戳中了公众痛点,就是新媒体上人际关系的脆弱,友谊说翻就翻了。

我所加入的一个评论人微信群,群友们说"开撕"就"开撕",说翻脸就翻脸,说退群就退群,这种脆弱的关系用"说翻就翻"来形容多么形象。

网络增加了社交机会,却因为工具的割裂,让人与人面对面的社交越来越少,机器上过度依靠符号的交流方式因为失去了人的温度而变得异常敏感和脆弱,未经深思的情绪会轻易通过键盘敲击而传播出去,未经深虑的话会轻易说出,轻易地加不熟悉的人为好友,爱得那么轻易,又恨得那么盲目,轻易地拉黑、屏蔽和删除,轻易地将一扇门变成一堵墙。

现实中人们之间的翻脸,是有较高成本的,有些话轻易说不出口,会顾及自己的形象,三思之后会克制自己的情绪——所以现实中很多问题一般"撕"不起来,也做不到"说翻就翻"。而网络则为"说翻就翻"提供了一种可能,现实中说不出口的话,一冲动就通过键盘发出去了;现实中做不到的"绝交",一个按钮就可以拉黑或删除。

(《羊城晚报》2016年4月24日)

标签的奴隶

网民往往有一个习惯，很容易被标签牵着鼻子走，很多人都是标签的奴隶。同样的事件，如果贴不同的标签，会制造完全不同的网络情绪。

如果报道说男人与女人发生冲突，男人打女人，网民肯定站在女人一边；可如果说男司机与女司机发生冲突，网民会习惯地认为女司机有问题。如果报道说老师与学生发生冲突，网民会站在学生一边；可如果报道说学生的爸爸是当地一高官，网民情绪会立刻发生逆转。医患发生冲突，肯定习惯性站在患者那一边；可如果报道称患者是一公务员，新闻也会迅速反转。城管与路人发生冲突，不分青红皂白，肯定首先骂城管；可如果说那个路人是一厅级干部，迅速都会去站在城管那一边。这些都不是段子，都可以在一条条热点新闻中得到印证。

所以有人说，在网上，领导与平民发生冲突，永远是领导的错；公务员，逢事必错；开车的之间发生冲突，开好车的错；两个人发生冲突，有钱的一方错；两个无赖发生冲突，会是谁的错呢？永远都是不会发微博的那一方错。把标签化思维暴露得淋漓尽致，值得标签的奴隶们反思。

（《羊城晚报》2016年5月15日）

承认自己的偏见

"如果你不带着成见,那么你对这个世界根本就没有看待方式。"这是作家许知远在近期一个节目中对"成见"的理解,他说:"我提供偏见,你确保诚实。"我很欣赏这种在"成见""偏见"上的坦诚和真实。提到偏见,人人往往避之唯恐不及,都把偏见当成一个贬义词,竭力塑造着自己全面看问题、理性做判断、不带情绪和立场的"客观"模样。

其实,"客观"往往都是伪装出来的,人们看问题往往都会带着某种由利益、立场、理想期待、视野局限、经验欠缺、思维惯性所带来的成见。客观事实虽然存在,但都是由带着主观性的人表达、描述和还原出来的。每个人都是用自己看待世界的方式描述事实,价值观就是成见,语言就是成见。人们很多时候都坚信"Seeing is believing"(眼见为实),实际上多数时候都只是"Believing is seeing"(信什么就看到什么),一个手拿锤子的看什么都像钉子。人们往往相信自己愿意相信的东西,选择性截取符合自己期待的事实,把利益和立场误以为是发自肺腑的相信,这就是成见。

我承认这个世界上有客观的存在,但客观并不存在某个人身上,而是承认偏见的结果。客观最大的敌人并不是偏见和成见,而是每个带着成见的人都自诩客观,自以为是地垄断着客观的阐释,以真理和真相的垄断者自居,讳言自己的偏见。承认自己的偏见,谦逊地接受别人提供的事实,才会有开放和宽容,才会有客观的可能。

(《羊城晚报》2016年6月19日)

你听过最假的一句话是什么

有人做了一个小统计，问你听过最假的一句话是什么，答案五花八门，有的让你会心一笑，有的让你啼笑皆非，有的则让你感觉戳中了痛点。我总结了一下，排在前面的"最假的一句话"有：

1. 讲完这题就下课。2. 我就蹭蹭，不进去。3. 下次请你吃饭（改天一起吃个饭）。4. 再拼一年，到大学就好了。5. 有空大家一起聚聚。6. 只是想搂着你睡觉，其他什么都不做。7. 菜马上就好。8. 我已经在路上了（快了，马上到）。9. 分手了还是朋友。10. 咱们有时间再聊呵。11. 下面我简单说两句（只讲三点）。12. 压岁钱妈给你存着。13. 吸烟有害健康。14. 永远爱你。15. 放心，绝不跟别人说。16. 我真要减肥了。

这些假话，或多或少你都听过。严格说来，其实这些多数都不是我们常说的那种谎言，不属于欺骗性的假话，至多只能算是"明知故说"或"明知故听"的假话，说者不是故意的，听者也不会当真。一个人平均每天要说100多句话，每句话都是真的吗？当然不是，多数可能都属于这种假话。

这些假话中有一种是哄女人的甜言蜜语，恋爱中的女人多是傻子，面对男人真诚的谎言，毫无抵抗力。嗯，你那么帅说什么都对——很多时候未必不知道是假话，但有时候她可能就是想听假话，考验你愿不愿意为她说假话。比如，女人会问："你嫌我丑吗？"真诚的蠢男会说："不嫌，永远都不嫌。"而聪明的会撒一个女人爱听的谎："你怎么能跟'丑'这个词联系起来呢？你当然是最美的。"

更多的是社交中的逢场作戏和敷衍客套，说的人随口说说，听的人也不会当真，随便听听，傻瓜才会信以为真。"嘿，兄弟，有空一起聚呵，改天一起吃饭。"潜台词其实是，"今天我很忙"。傻子才会真认为改天会找你一起吃饭。

还有一种假话是，为了减轻负疚感或罪恶感的自我欺骗，骗自己比骗别人好骗很多，比如关于女生说的减肥。一句话说得好："当一个女生说她要减肥的时候，千万不要相信，尤其是吃货。因为说这句话时，她刚吃饱。"

也有一种假话叫善意的谎言，妈妈和老师最喜欢跟孩子撒的谎是，"讲完这题就下课"，这是一种战术，假如告诉你实话，讲完这题还有五题，你肯定坐不住。再如，"再拼一年，到大学就好了"——不给你画一个饼，高考你怎么会拼命。

"分手了还是朋友"——这种话也别较真。真的，很多时候如果你问的问题别人一直在闪躲，或者说一些你一看就知道是谎言的话，那是在委婉地告诉你：真相对你很残忍，你还是假装相信假话吧。

当然，还有缺什么喊什么，越做不到的事，越喜欢强化肯定，越假的人越热情，越爱撒谎的人越爱赌咒，越不靠谱的人越喜欢拍胸脯——"兄弟，我只告诉你一个人。""嗯，放心，我绝对不跟别人说。"

最后就是职业性谎言了，比如，中介跟你说的，催菜的服务员跟你说的，还有统计专家告诉你的。马克·吐温有句名言："世界上存在着三种谎言：谎言，该死的谎言和统计数字。"

（《羊城晚报》2016年7月10日）

越是失败的领域越多专家

一个媒体人的感慨引发了很多同行的共鸣,他说:"传统媒体转型还未见十分成功的案例,但此研究领域已经产生无数专家、权威、大咖了。放眼神州,遍地都是。"细想,确实如此,这个时代好像缺很多东西,最不缺的可能就是专家和大咖,越是失败的领域集中越多的专家。正如鱼香肉丝无鱼,一些新媒体专家其实也不懂新媒体,自己没做过一个成功的新媒体,却教人怎么做新媒体,没做过一个成功的媒体转型案例,讲起媒体融合却口若悬河。

媒体转型的一大问题就是,专家扯淡太多而实践创新太少。这种滑稽的现实,见证了媒体学界与业界的隔膜是多么的大,很多学者的研究与实践严重脱节,完全不理解媒体在实践转型和融合中的痛点,既没有对传统媒体在艰难转型中遇到的实际问题作出回应,更没有提出有实操和指导意义的方案、有解释力的理论体系。理论界的头头是道高谈阔论,与实务离得很远。

某些专家很多时候面对的不是实际问题,而是课题和经费。弄一个听起来很时髦的概念去骗经费,什么新媒体、全媒体、融媒体、大数据、VR、全景直播——自己对这些问题一脸懵,然后找几个更是一脸懵的研究生到网上搜一些资料,找一些别人的观点,搞几篇论文,拼凑一本论著,然后就成这个领域的权威专家了。这些所谓研究成果其实远远落后于媒体实践,花一段时间整出个研究,可新媒体技术升级速度越来越快,专家才整明白这技术,到媒体那里早被抛弃而换了新平台。最后这些研究成果除了评职称和忽悠学生之外,对实践毫无意义。

(《羊城晚报》2016年7月17日)

年龄的焦虑

最近我一个同事很焦虑,因为在年龄上被人歧视了。他跟"90后"新同事聊起一篇稿子,他说:"这些不同职业和背景的年轻人对同一件事情感兴趣……"这话被新同事下意识地纠正了:"他们也不都是年轻人啊!"他以为新同事会举出一些长者的例子,哪知解释竟然是:"很多人是1980年到1986年出生的。"他惊呼,弄啥嘞?生于1980年到1986年,如今不算"年轻人"了吗?他瞬间受到了打击。

其实代际间对"年轻"标签的争取一直都存在,别说"80后"的年轻人身份已受到挑战,就是"90后"也别以为自己就是正当红的小鲜肉了。有一次逛街,迎面走来几个小女生,一看就是"00后",其中一个小女生说:"我最不喜欢跟那些'90后'的老女人聊天了。"呵呵,在"00后"的眼中,"90后"已经是老女人了,这还有天理吗?我们这些"70后"还不成老东西了。难道"70后"不是正当年吗?

年轻与否,很多时候跟年龄无关,而跟心境有关。一句话说得好,"很多人25岁就死了,75岁才埋"。说的是什么?说的就是心态,死的不是身体,而是思想的能力,对新鲜事物的好奇心和追逐梦想的活力。一些所谓年轻人,本是朝气蓬勃的做梦年龄,应该充满锐气和创新精神,却一身暮气,整天宅着,没有闯劲,没有思想和梦想,对热点事件没有新鲜的判断,缺乏年轻人的视野。没有一种健康的生活方式,缺乏运动,整天熬夜,浑身是亚健康和负能量。这种人在年龄上肯定是年轻人,但思想上暮气沉沉,他们才应该被扫出年轻人的阵营。

撞鸡汤

撞脸、撞衫都是挺尴尬的事儿,更尴尬的是,撞鸡汤——名人演讲引用了同样的鸡汤或金句。

正当红的美国共和党总统候选人特朗普的夫人前段时间出了个大丑,她在共和党全国代表大会开幕之夜的演讲被人发现,某段讲话与现总统夫人米歇尔 2008 年在民主党全国代表大会上的演讲有惊人相似之处。对,就是这一段:"我们需要把这些教诲传给未来的一代又一代。因为我们想让这个国家的孩子们知道,你们成就的唯一限制,是你们梦想的力量以及你们为梦想而工作的意愿。"

没有考察过这段话是不是米歇尔的原创,反正这种大同小异的励志鸡汤是常能听到的,克伦威尔就说过,一个人所攀登的高度永远可能比他不知道的地方高——说的就是这个意思。很大程度上可能并非抄袭,而是撞鸡汤了。这种鸡汤,大家传来传去,引来引去,都不知道原创者是谁了,都跟着说,难免会撞上。一般人撞鸡汤没事,名人撞上就尴尬了,谁后用谁尴尬。特朗普夫人的写作班子可能在网上搜到了这段听起来很美国很精彩的句子,但不知道奥巴马夫人在演讲中用过,以为是万能金句,就直接拿去用了。这罐鸡汤,撞得特朗普夫人颜面丢尽,撞得美国人民尴尬癌都犯了。

记得小时候写作文时也遇到过这种情况,想象力太有限,作文写来写去就那么几个励志人物,思维太贫乏,无非就是司马迁如何如何,爱因斯坦怎么样怎么样,霍金多牛多牛。就那么几个例子,同学的作文常常撞名言、撞案例,甚至撞题目。这种撞，背后都是思想和原创力的贫乏吧。

(《羊城晚报》2016年8月7日)

教师是老板还是服务员？

教师节很多人都在反思师生关系，当下师生矛盾的一个很大问题是，传统关系被现代性所扭曲了，老师不像老师，学生不像学生。老师以企业管理关系看待师生关系，老师以"老板"自居，把学生当成给自己干活儿的员工。而学生则在另外一种框架内看待两者关系，我交钱上学，我是教育的消费者，老师是服务者。矛盾的根源就在这里，一个把自己当老板，一个把自己当上帝（消费者），都想在市场化的想象中把自己凌驾于对方之上，结果必然形成不可调和的符号冲突。

这个社会的一个悖论是，人们一边反对"教育市场化"，反对大学的企业化、公司化，反对教师的老板化；一边又习惯用"消费者"这种市场角度去看待师生关系。消费者就是上帝，我交了钱上学，你就应该怎么样；学费那么高，教师就应该怎么样。当下师生关系的恶化，经常发生冲突，就与这种消费者的傲慢有很大关系。

这种"交了钱就怎么样"的消费者傲慢，真把一些老师逼成了服务员心态，把学生当大爷，不敢得罪学生，对家长毕恭毕敬，姿态低到了不能再低的谦卑程度。让老师接受学生的各种打分考核，老师不得不以各种方式去"讨好"学生——亲，期终给好评哦；亲，最好不要逃课哦；亲，考试肯定不会为难你们哦；亲，上课睡觉没事，只要别打呼噜就行。

正如教育不能市场化一样，老师和学生的关系不是老板与员工的关系，更不是服务者与消费者的关系。虽然学生交了钱，但不像你在商场里购买产品和服务，不是一种商业合同，不是你花钱我服务，而是教育、被教育的关系。家长花钱让孩子接受教育，教育、知识的传授、教与学，本就是一种非平等关系，学生得尊重老师的权威，认同师道尊严，好好上课，聆听老师的教诲。当然，老师更不是老板，而是传道授业解惑的人。

（《羊城晚报》2016年9月18日）

暴力情境

人们常形容一个人有"暴力倾向",似乎常使用暴力的人是因为身上有某种暴力基因。不过看一篇文章说,没有暴力的个体,只有暴力的情境。暴力是某种特殊情境的产物,特殊情境能激发人的暴力倾向,甚至使正常人陷入疯狂。文章举了个案例,当年西安"反日流行"中,蔡洋在狂热中用一把钢锁击穿了一个日系车车主的颅骨,后来调查显示,蔡洋并非天性暴虐,甚至他的很多朋友都不相信这个"跟谁都乐呵呵"的人会以那种暴力方式砸穿别人的颅骨。

"情境说"给我们分析暴力提供了一个很新的视角。暴力很多时候确实是情境所激发,我把这种情境总结为:一群热血沸腾的亢奋围观者,一个正义凛然的简单口号,一个想象出来的敌人。所以我经常说,每个人都要警惕自己的网友身份,因为网络环境很容易制造一种暴力情境,将人骨子里阴暗的一面激发出来。现实中你也许是一个温文尔雅的人,你那些显在的身份有各种显在的规范约束——一个记者、一个父亲、一个儿子、一个邻居,每种身份都有相应角色规范。可当你置身于网络中时,就失去了天然的角色约束力,再温和的人也可能显出极其暴力的一面。开车的有"路怒",上网的有"网怒"。

其实不仅要警惕自己的网友身份,还要警惕的是自己在一切"群众氛围"中的身份,避免使自己陷于暴力情境之中。"群体"总有一种拉低个体智商、泯灭个体理性的倾向,让人在从众的热血沸腾、热泪盈眶或义愤填膺中失去判断,在狂热的围观下以正义之名集体作恶。一个社会最骇人听闻的暴力和罪恶，往往并非隐蔽情境下的个体所为，而是众目睽睽之下。

(《羊城晚报》2016 年 11 月 20 日）

享受舒适且不尴尬的沉默，不必没话找话

电梯里遇到领导，又没话可说，是件很难受的事。多年前，一个性格比较内向的前同事在电梯中遇到老总，偏偏老总也是个不太爱说话的文人，打完招呼后两人彼此对视无话可说。电梯里就两人，旁顾左右无视存在会显得不太礼貌，看着彼此相对无言又很滑稽，狭小的空间里写满尴尬。电梯开门时，这位仁兄觉得此时此景不说点什么，实在对不起老总，于是，拍了拍老总的肩膀（另一版本是"摸着自己的头"），说了一句注定会成为经典的雷语："我会好好干的。"

这种尴尬，叫没话找话的尴尬。

毛姆曾说过："我发现，你无话可说的时候就别说话，在你不知如何回答别人的话的时候就保持沉默，这是生活中一个很好的策略。"是的，像微笑一样，沉默是个好东西，能避免很多问题，可在我们生活的很多时候，有很多需要打破沉默、没话找话说的社交状态。对爱说话的人来说，那是他左右逢源、展现自己社交才能的舞台，而在我等不爱说话的人来看，那是煎熬。正如李宗盛有句歌词写道的："这世界是如此喧哗，让沉默的人显得有点傻。"

电梯里遇到半生不熟的人，厕所里遇到领导，不三不四的饭局上和一堆陌生人坐一起，遇到尴尬需要打破沉默，不爱说话的人被人起哄推出来讲几句，不善应酬的人置身于热闹的社交场合，等等，相信你我在生活中都遇到过某种没话找话的难受场景。很多人恐惧社交的心理障碍就是没话找话。一位不太爱说话的作家谈过这种感受，他说："平时我受不了爱讲废话的人，可

是，在某些社交场合，我却把这样的人视为救星。他一开口，我就可以心安理得地保持缄默，不必为自己不善于应酬而惶恐不安了。"

手机在很多时候解脱了人们，遇到那种快犯尴尬癌、没话找话说的状态时，可以低头玩手机。刷着手机，大家可以心安理得地保持沉默而不必装着热情的样子制造话题。聚会时低头玩手机常被诟病，可旁观者不知道，真应该感谢手机的存在，各人低头玩手机，真比那种没话找话说要舒适很多。很多时候沉默是比较尴尬的，可宁愿保持沉默的尴尬，也不要那种绞尽脑汁没话找话的尴尬。下面这句话说得深得人心："宁愿保持沉默让人看起来像个傻子，也不要一开口就证明自己确实如此。"

手机在现代社会受到很多批判，很多人无法理解现代人为什么那么依赖手机——我理解这种依赖，因为手机绝对地尊重着人的自主性，把人从"他人主导"的社交中解脱出来，让一个人可以以自己为中心去主导社交。手机是以个人为中心的，可以随意选择社交场景，可以选择社交对象，可以以让自己最舒服的方式去说话去沉默，不必要没话找话，可以避免现实社交场合给人带来的种种压力。手机在很多时候也确实成为人们的救星，尴尬沉默或话不投机时，低头刷手机。

相比嘈杂和热闹，沉默有时候更可贵，可社会会把沉默当成一种社交缺陷，社交对那些天生不太爱说话的人会形成压制，羞涩内向的人受到较低的评价甚至排斥，什么场合下总能找到话题夸夸其谈、喋喋不休、废话连天的世故圆滑者更吃香。沉默的价值被贬低，"不太爱说话"被当成缺点。

"你觉得爱情是什么？——舒适且不尴尬的沉默"。这句话受到了很多人的追捧，其实不只是爱情，人际关系也是如此，评价两人关系如何，就看有没有这种舒服且不尴尬的沉默。父子可以闷头抽烟什么都不说，恋人可以坐一起静静地听音乐享受安静，好基友可以无缘无故互望一眼就傻傻地笑了。有人调侃低头族说，"世界上最远的距离不是生与死，而是我坐在你面前，你却低头玩着手机。"我不这么认为，世界上最远的距离，其实是没话可说却装着很热情聊天的时候。正像一个人最孤独的时候，不是独处，而是在热闹的人群中。

(微信公众号"吐槽青年:曹林的时政观察"2017年2月10日)

交浅言深，你我都在刷着假朋友圈

常有人说，我的微信好友已经突破 5000 人上限了，再加好友的话，要么删一些人，要么换一个号。我问，5000 人的好友，你都认识吗？都是你的好友吗？回答都是，当然都只是一面之交，只是见个面就加好友了，甚至根本没见过，只是慕名而加的好友。微信好友中的人，多数并不认识。刷着刷着，看着那些陌生人的唠叨，经常怀疑自己刷了一个假朋友圈。

有时真是很尴尬，素不相识的人，上来就要加微信好友。可这似乎已经成为社交媒介时代的一种基本社交礼仪，不再掏名片和记手机号，而是掏出手机互相关注微信。有时明明不想加好友，可人家手机已伸过来了，其他人也都在热情地扫描二维码——这种明明不想加却不好意思拒绝、明明很陌生却假装热情的感觉真别扭。加了，怎么办呢？走了就立刻删除，会显得很失礼，而让一群陌生人围观自己的朋友圈状态和日常生活，又觉得很不合适，那只能不把朋友圈当朋友圈了。

随便加微信好友，并没有让我们的朋友越来越多，而是一种无效的社交，甚至隐藏着很多风险。熟人朋友间会有一种默契和信任，一般不会把你的朋友圈信息截屏外传，陌生人之间可能就缺少这种信任感了。

如今的社交似乎基本不用名片了，我真觉得名片是一种陌生人社交的合宜交流方式，既了解了彼此的职务身份，留下了联系方式，又保持了一定的距离。有事就电话联系，性情相投会走得更近，从而真正进入彼此的朋友圈，而没什么事就不会发生联系。朋友关系是一个交互渐进的过程，关系会随着日常交往的增多而变得紧密。而随便就加微信好友，则放弃了必要的过程。

这种没有距离分寸感的社交方式会带来很多问题，正如现实中的人们需要保持一定的距离才会有安全感，心理学对"安全距离"有专门的定义，而陌生人社交也需要保持距离，随意加好友则模糊了这种距离。

著名的"约哈里窗户理论"认为，人与人之间的关系多取决于对方暴露的程度，对每个人来说都可能存在这四个区域：自己了解、别人也了解的开放区域；别人了解而自己却不了解的盲目区域；仅自己了解、却从不向别人透露的秘密区域；自己和别人都不了解的未知区域。人际交往好坏，在很大程度上由相互之间"自我暴露"的程度所决定。这说明，要有好的人际关系，须有适当的自我暴露，但随意加微信好友带来的问题是，陌生人面前过度的自我暴露。虽然朋友圈有分组功能，朋友圈中还有更小的朋友圈，可以根据关系的远近进行不同程度的自我暴露，但分组是一个隐秘而非公开的行为，谁也不知道自己在别人的朋友圈中被置于何种分组，分组本就是对朋友圈功能的一种颠覆。

社交一大忌讳是，交浅而言深——随意加朋友圈也是"交浅言深"的一种表现，一见面就加好友，一加好友就以为亲近了，一亲近就口无遮拦。朋友圈"好友"泛滥成灾，带来的一大问题是，我们每天都在朋友圈跟陌生人讲着心里话，对亲人和朋友却无话可讲了。

随意加好友，实际上也异化了微信朋友圈原先的意义，而使相对隐秘、私人、封闭的朋友圈变成一种公共空间，使自己过多地暴露在大众审视之下。很多时候发的朋友圈内容已脱离了朋友分享，而成为半公共发言，因为受众是半公开的，传播是不可控的——很容易从不熟悉的微信好友传播到公共平台。实际上，如今的朋友圈也早已失去了原初的社交功能。

（微信公众号"吐槽青年：曹林的时政观察"2017年2月4日）

附 录

TA 评

（选摘在"吐槽青年：曹林的时政观察"微信公众号留言的网友评论）

《我倒很希望摔狗女真起诉曝隐私的狗主人》部分评论：

吐司1：赞成。还有一些人打着正义的旗号给一个所谓的摔狗女送去花圈。可笑的是那个地址是错的，给另一个人的生活带来严重的影响。在我眼里，这些人和摔狗女又有什么区别？有时候真的无法理解大多数国人的想法。

吐司2：大学生就是大学生，为什么要写女大学生，律师就是律师，为什么要写女律师。正面新闻不强调性别，负面的全来了。老铁你肯定是男孩吧，而且还有这个性别的癌。

夏落克：说得好，不针对此事，觉得现在的网络氛围有点可怕。大事小情都会被无限放大，像什么家长群中的截图、相亲的截图一被放上网，当事人就被不停地抨击或者"人肉"，简直要惊骇于我国网民们道德水平之高，对生活中的任何错误都无法容忍。

Yossism：公权力缺失的时候，"人肉"是一种公民自救方式，如果有关部门认真负责，也就不会出现摔狗、高铁扒门得逞的行为。

CXMH：小心被骂啊。

洛慧子：果断取关。

《投我以"谁让你救"报之以"责任我担"》部分评论：

六翼天使：这件事能成为正能量新闻的必备条件是医生救治成功了，而且患者家属没追究责任。缺少其中任何一个条件，结果可能就会反转。而反转之后呢，谁又能为医生辩护？

Sneer：我身边还挺多人在去年一毕业就义无反顾地选择了医科。感觉他们担心的都是上了大学，医科很难读很累，而不是以后进入了社会会被左右为难的事儿。大部分的学生是简单的，医生的想法亦是如此。可是媒体对于医疗界的报道，有时候太没有同理心了。

SZ：其实我觉得，"救死扶伤是医生的天职"这句话是一句谦辞，医生自己说可以；但是如果非医生行业的人说这句话，就有点奇怪。

何小胖子：身为一名医学生，老师在课堂上给我们讲了许多医患矛盾的事件（当然我也不否认医生当中存在一些害群之马），要我们懂得如何保护自己，让我不禁感慨何时医生成了"弱势群体"，哎，幸好学的是中医，不存在太多的医患矛盾……

天天：作为一个独生女，一个421家庭的核心，一个医学生，我希望我能有善良的底气，但是我死不起。勉强也算得上新闻中那位医生的未来同行，我看到他说的那句"出了什么责任我担着"，隔着屏幕都觉得心惊胆战。我没那个底气，所以我选择安安全全做一个"小"医生。

《不要指望没有舆论监督的舆论引导》部分评论：

蝉：有时候媒体想说实话，反被抓了典型，扣帽子，这就影响了媒体的第三方本质。

Gemini：然而现在以算法推荐为主流的新媒体、自媒体等，为了吸引受众，不择手段，标题党，夸大歪曲事实。而官方媒体又要为政府说话，想要找到一个完全中立的第三方很难。

卜广勇：老曹是一位思想深刻、文字扎实的手艺人，然而这样苦口婆心的肺腑之言又有多少地方主政者能够真正听进去并落实在行动中呢？

1：新华社没发吧，大家质疑这主流媒体怎么名不副实；新华社发文吧，又有人说引导舆论。新华社真的很冤啊！

竹青：谁有宣传部长的微信，拜托转给他们看看！舆论监督这本都是常识，如今的媒体哪有几家敢大声说话？

韩先生：作为一个在地方媒体做了八年民生节目的老记者，我对您的看法感同身受。但是地方媒体有地方媒体的责任，即便如国家级媒体，在涉及省一级的部分事件时，报道亦需要谨慎。

二哥：曹老师说得太好了，不能把媒体当夜壶用，老是干脏事还嫌它臭，当有一天想把它当花盆已经太晚了，种一盆花熏死一盆。媒体面对地方政府往往是无力的，能不主动说假话都算是有节操了，地方媒体舆论监督的环境越来越差。

Wade：似乎可以和娱乐圈的一个例子类比一下，王思聪为何被称为娱乐圈纪检委，他爆出来的八卦为何大多数人都信，就是因为他在吃瓜群众眼中就是敢讲真话（不怕惹事）的人，而这种形象也是在以往一次次舆论八卦中树立起来的。挺赞同曹老师的这一观点。

sLm：个中无奈，曹老师应该懂（来自合肥媒体）。

《不要让新年献词的调门高过媒体报道的贡献》部分评论：

秦玉龙：在主流媒体圈，老曹依然高擎新闻理想的大旗，不追风，不媚俗，不刷流量，说人话，写人事，冷静、理性、有温度！

潘登：为赋新词强说愁，愁愁愁啊！还是接点地气的好，一味追求华丽的辞藻堆砌，显示不出诚意，唯真诚能打动人心！

蘑菇：戴着时代的镣铐为时代歌唱，也是难为他们了。

成木：不要把新年献词看得有多重，那只是传统媒体的自嗨。

扈嘉翼：今天在合肥工业大学见到曹老师并有幸听了曹老师的讲座！本来已经开心得不行了，居然还让曹老师给我的《时评写作十讲》签了名！曹老师还拍了我的笔记！兴奋到飞起！曹老师在讲座里说从研三开始每天写一篇评论已经坚持了十二年。特别震撼，新闻工作者永远在路上，脚步或者心灵，向曹老师学习。

渐行渐老：虚无缥缈的贺词，到底还能给为生计死扛的人们多少精神鸦片，以往或许还会从中得到一点鼓励，现在只剩嘲讽的一笑和无力的吐槽，这种贺词也该食点人间烟火了。

皮蛋的奔跑：话在理。但媒体人想必也是满心悲凉吧，知其不可何必强为之。新年了，还是送上祝福吧，但愿阳光也能打在他们脸上。

Jingyi：《南方周末》那篇献词《把孤岛连成大陆》，前言不搭后语，段落之间毫无逻辑，像是硬凑在一起，写得远不如以前好了。每个段落都是一个岛屿，然而却没有连成大陆。

阿律：说实话，感觉今年《南方周末》的新年献词退步了，不仅没有深远立意，还照搬了往年的金句，有些江郎才尽之薄凉。

葎城：我从高中老师让我们背新年贺词，用到完全是空洞词汇堆砌起来的高考作文中开始，就对此产生了逆反心理。

胡波：期待《中青报》1月2日的新年献词，希望我的互动留言能被选中上头版。强国一代有我在。

《答暨南大学校园媒体谈媒体转型和评论写作》部分评论：

Mabel：啊，一直有不少人叫曹老曹老的，没想到评论员都做十几年了！看着挺年轻的啊。

美钰：就喜欢深夜看曹林老师的文章，直截了当，深刻。

雪儿：不忘初心，继续奋斗！下了晚自习就看到了曹老师的更新，"高二狗"还在熬夜中，抽空看看曹老师的文章，毕竟要期末考了（当然本身我也挺喜欢曹老师的作品的）。

哲别：不是大学生的我，收藏了你的文章。喜欢曹林的评论，更喜欢他的深刻见解！

河洛之光：走自己的路，写自己的心。这就够了。纵然时势转型，唯有不忘初心，坚持自己的写作。

《滴眼液坑中国老人，媒体和监管不能患白内障》部分评论：

明媚如初：学广告的人学的就是这种做广告的方法，这难道不也是教育的问题吗？

竹报平安：又岂止是莎普爱思一个？我爸天天看电视购物，花了不知多少冤枉钱，广告胡说八道，太气人了。电视台只管收钱。

北野：老年人相信的是电视媒体的权威性。虽然互联网消息甚嚣尘上，但也抵达不了老年消费者视线范围。既然出了这个事件，那么后续报道和辟谣工作还是要依靠老年群体更多的电视媒体。

奥婕：看到文章后我第一时间转发到了群聊"欢乐一家亲"，而且每次家里人发什么伪科学、伪医学之类的东西，讲道理没有用，直接投诉就好了。再把丁香医生推荐给他们。

一蓑烟雨：很遗憾，那篇文章并不严谨，也没有有力的数据和科学实验报告证实自己的观点。对于专业的文章，这些要素至关重要，不可或缺，仅仅靠标题吸引读者眼球同样不负责任。它可以做得更好，而不是写成那样中不溜。关于广告投入和研发费用的对比，不能说明什么问题。

暴：最可怕的是，虽然莎普爱思现在被关注，但是可能那些买滴眼液的老年人永远看不到真相，如果没人和他们说，如果产品没下架，他们也许还会继续用下去。

《警惕"AK47保护买裙子"之类鸡血式正能量》部分评论：

王妤：感觉这就是我们这个年代，写作文求稳而用的各种技巧带来的弊端……案例的堆砌，鸡血式的正能量。

蓝色降落伞：嗯，怎么说呢，那个演说节目，始终是个综艺节目。多数的参赛者都靠煽情博同情，而非演讲。而且一季比一季差。但是不能否认，里面也有值得夸赞的选手。

喔喔：说实话，在没有看曹老师评论之前，真的被这种所谓的虚鸡汤感动了。

朱浩然：分析巴基斯坦人民想法的那段，曹老师运用逆向思维，很赞，有曹老师的特色。

米葱：在看到曹老发布了新文章后，我并没有马上看，而是找到了那个视频。很奇怪，我和曹老以及其他评论者想法不同，我被感动得稀里哗啦的，可能我的感受比较肤浅，可能这段演讲改变了我之前狭隘的思想，我被触动到的是中巴的友谊，对于持枪买裙子，你们看到了抢劫，我看到的却是士兵用笨拙的方式来表达自己的感恩，我并没有感觉到她是在以一种强者对弱者的心态来演讲，相反，我觉得她是被巴基斯坦的感恩所感动到了。

铃：不该用国家的强大来煽动舆论，就像比赛时不能因为自己国家队赢了就嘲讽别的国家队，摆好自己的位置，不要让祖国的强大没有自己的贡献，反倒拿出来肆意宣扬。

Oh oh oh：刚刚看完《那年那兔那些事儿》，兔子对小羊说："以后我保护你。"是一种平等的谦虚谦逊的力量，不是颐指气使的得意扬扬。

iislet：拿着枪去买裙子，难道不是打劫吗？为什么还会有"厉害了我的国！"这样的感想……

4K^FooD：恰恰部分媒体最喜欢给国人打这样的兴奋剂，渲染出我国天下第一，其他爱谁谁的态度！

《这次红黄蓝案,靠渲染焦虑收割流量的人又赢了》部分评论:

乐乐:事情过去那么长时间了,才来评论,就是想沉淀一下看会剩下什么。首先,我不同意曹老师您的"咆哮说",面对这样的事情,忍不住发声是人之常情。公众咆哮的背后,确实是焦虑,但这样的焦虑是确确实实存在的,并不是渲染出来的。这件事最后的舆论失控其实各方面的原因都有,不能仅仅归到网友身上。不透明的监管、反应迟钝的官方难道没有责任。如果可以,我也不希望在网上像祥林嫂一样,然而除了这样我们还能怎样呢?

白聋:其实我觉得只是大家无聊的一个消遣罢了,真相什么的似乎从来不重要吧。重要的是大多数人从中宣泄了自己担忧的情绪,就够了。至于未来会如何,那便无关紧要了。

SimonKing:看到老师说起这个话题,下面有人说"真相自有万钧之力",我想,"10万+"的流量中应该也会有那么一部分是期待着真相的吧。从刘国梁事件到江歌案,了解真相真是越来越困难了,我们似乎缺少一个能够获得彻头彻尾的真相的地方。

Yuri:这次曹老师有点避重就轻,新媒体的急功近利和不严谨的确是问题,但民众"咆哮"的本质是因为他们"只能咆哮"。

jenneya:一直很喜欢看你写的东西,买了你的书,追你的公号。除了,这次。可以不说话,不要去代表。

Charlotte:对于评论区一位朋友说的关于"无尾新闻"的观点,我不敢苟同。真相需要调查,但是媒体并非权威部门,更无法对所谓"嫌疑人"口头审判。即便是"当事人"的供述也难免有所出入。离开了舆论的风口浪尖,并不意味着新闻就此消失,相反,这恰恰能让大众从一边倒的舆论讨伐中冷静下来,客观地审视事件经过。正义可能会迟到,但不会缺席。

Young kid:一直看曹老师没有关于此次事件的评述,就在想也许会针对这次的极端言论发表见解。在极端舆论场中保持冷静和理性,也算是新闻人、媒体人的初心之一了。

清浅：我想更多的人想用舆论来倒逼真相，毕竟我们身在千里，手无缚鸡之力。

healer：不赞同曹老师的分析。认为自媒体追逐热点，人人咆哮不顾事实和理性，是否是第三人效果？您过度认为某些信息对第三者产生巨大效果，而对自己产生不了恶性效果，自己是理性的。但是，谁不是独立的"你"呢？大众媒介素养已经不低了，没有谩骂，有的只是要求真相，争取权利而已，难道自由发声都可以口诛笔伐吗？

智丽茵：现在越来越庆幸能有那些为了流量而"咆哮"的自媒体，推动了事件进程，加大舆论压力。可悲的是，这样只能加速事件的不了了之。

《记者终于可以不必为格斗孤儿而内疚》部分评论：

VINNIE赵：其实有时候我都开始质疑自己学新闻到底是为了什么，揭露丑恶现象是我们的责任，可我们的初衷是为了这些能得到改善解决，而不是激化矛盾引起不必要的舆论。现在我明白，记者报道事实是做到自己该做的事，不丢人；而那些知道这些问题却只想着尽快平息舆论、堵住公众和记者的嘴的人，解决不了问题的他们才丢人。

奶西酱：看到报道蚁族的记者的内心拷问，真的是内心一酸。寄希望于社会舆论的推动，帮助这些人。我们的初衷是不希望受到质疑，但是也接受一定的批评，因为，我们的力量还不够。

MomokoLu：时刻提醒自己，笔能杀人，笔能杀人……

马晨儿：今天有位老师说，格斗孤儿终于可以拿大奖了。

秦岭涵烟：以"最弱者的最大利益"为原则，努力协调，让"不合法却合情合理"的事物变成合法的事物。

叶思淼：希望有更多的记者朋友能在真实不夸大报道之后继续跟踪报道，有时候报道变成举报，有关部门简单粗暴的处理，使得原有的差变得更差。我相信公众的怨言和愤怒在本质上不是针对记者的报道真相，而是有些记者没有勇气后续跟进，揭露简单粗暴的懒政，使得事件本来有希望可以向好的方向扭转，却戛然而止，最终不了了之。

《"马航终结篇"将成不死谣言，世人过不去这个心理坎儿》部分评论：

流年似水：曹林什么时候也喜欢空对空了？全篇充斥着谎言编造的责骂，却看不到作者曹林一丁点的论证论据！人是要讲证据的，曹林在说别人是编造的时候，却不知道曹林你自己是不是编造了！

Laura：我也看到有人在同学微信群里转发"马航终结篇"，但没有点开。因为一看标题就知道是胡扯，如果真相真的"水落机出"，俺手机里世界各大主流媒体 App 怎么都默不作声？

王际沣：有一分材料说一分话，我觉得历史研究的方法也是很通用的。

晓磊：看了这么久"吐槽青年"，深深感到曹林评论大多都可以成为一篇传播心理学论文。看他的评论，观点已经是其次了，看他如何洞悉新闻事件中的人性最过瘾。

铭言：关键是没有权威调查结论，所以只能任由谣言占领舆论空间。这么大一件事为什么没有权威调查呢？事出反常必有妖。这就是阴谋论之所以会诞生，以及人们愿意相信阴谋论的原因。

《你们没有资格像马原那样逃离北上广》部分评论：

逯艳：向别人讲述自己所认可的观念，理所应当地要规避掉不如意的客观因素来实现满意的效果。我们要有自己的判断，联系自己的处境做决定。另外感谢曹老师中肯的话语，让他人不迷失。

嫣然一笑：没有努力奋斗过的人生，没有热血拼搏过的经历，不足以谈逃离，否则只是懦弱和逃避。奋斗在当下，而不要活在别人的桃花源中。马原老师身患重病，还这么乐观向上，就像文中说的，别人没有"资格"。

尹小一：马原的心里住了一个陶渊明，所以他有了精神的寄托。可是现实中，他的做法却很难被认可，精神可存，肉体还要生存。

烂人：北上广不是监狱，没人有资格说"逃离"。你只能默默或兴高采烈地来，默默或兴高采烈地走，挥一挥衣袖，带走或留下几片云彩。城市再大，只要无心，便也是小；城市再小，只要有意，便也是大。

岁岁平安：每个人都想拥有一个属于自己的桃花源，但是这真不切合实际。你看马原他因病逃离了，但他并不是孤身逃离的，他身后有别人的支持和资助，他有名人的号召力，所以受到了一般人没有的待遇。这不是一般人能享受到的，不信你试试看。

木月龙一：逃离北上广真的需要勇气啊，看来真是有钱人想过田园生活了。城市套路深，我要回农村，殊不知农村已经不是原来的农村，都被逃离北上广的城里人占领以后，农村的套路不一定比城市套路少啊！

《我知道你们也希望我跟着一起怒撕刘鑫》部分评论：

MysteriouS_怒马：曹老师，我作为女儿在和妈妈讨论时，我发现当我们在发自肺腑地同情江歌和江母的不幸以及在痛骂刘鑫的时候，我们同时也在发自肺腑地告诫自己，下次自己遇到这种情况可千万不要做"江歌"，而要选择性地沦为"刘鑫"。这样的想法不知道是不是只有我一个人觉得，但此时我痛骂刘鑫的底气就会不足了，便也觉得自己的人性也不比刘鑫善良到哪里去。

众木成林：我想怒撕刘鑫。不要说什么大道理。陈世锋给了江歌十刀的刀子是她给的，而江歌终结生命后她和她的妈妈又给了江歌妈妈无数的刀。

王涵：第一次不能认同。说了那么多，主旨态度却并不鲜明，也不够有力，有点失望……这件事，明显两家不能和解，作者能否更深入地了解一下三方家庭背景、成长经历，分析一下其行为心理，或许会更有说服力，也希望您能提出一些建设性观点和建议，谢谢。

风散云清：最喜欢每次你给燥热泼冷水的样子。

萌萌：那张和朋友的三人合影的照片中间的人是江歌。咪蒙、呵呵吧，一个蹭流量的东西。不管孰是孰非，就算刘鑫真的做错什么，罪不可恕，实事求是地说出来就好了，没必要处心积虑地伪造些什么给她罪上加罪。希望流量大V们写字能摸着良心，毕竟文字真的具有杀人的力量。

九十九度：看到大家都反驳你，我就放心了。事实上，感同身受只是用来安慰人的，没人能对别人的感受亲临其境。

中秋月：民众努撕刘鑫没有错！就案件本身来说，没有人发声声讨，那对这个民族、这个社会来说，才真是让人无语，那才是无法言说的悲哀！

榆木：想起了之前杭州绿城纵火案的林先生。那大概是这么多年来我所见的最令人敬佩的受害人。

弋~cereus：曹老师说得对，有些有钱有权人会利用舆论反转真相！但是，江歌妈妈一个无权无势之人，怎么可能！我不原谅，是因为全程看了刘鑫的采访视频，是非曲直我们都有数……我不原谅，其心可诛，其人可毁！

老少年：写了评论再考评论，突然有点害怕……毕竟这一次受害人太无辜而且令人钦佩。说好的等着判刑结果呢，我也被舆论和媒体评论带跑了节奏……

某吐司：学了新闻以后，只希望自己能客观客观再客观。

蒹葭苍苍：曹老师，我不希望你跟我们一起撕，因为我们可能只是一群没有素养的乌合之众 而你处在所谓的精英群体，这的确赋予了你理性的头脑，跟我们不是同道中人。但是，如果每次遇到这样的新闻，还在一心谴责网民没有媒介素养的话，那我情愿当个没有素养的人。社会啊，其实良知比法律更重要。有良知其实就不要法律了，但是有法律却还是需要良知的。

鹿饮溪：沉默的螺旋，一味地舆论狂欢，每个人都干干净净地站在道德的高地上，不去听一丁点与自己相悖的声音，大声喊着你跟我想的不一样，你就是道德败坏。我们在同情受害者的同时，不要制造另一个受害者。真的想要刘鑫死吗？请大家都好好想想。

《他们争相放阅读量卫星，我们好好做新闻记者》部分评论：

阿君：记者节那天忘记看了，今天才把这篇文章看了。说实话，有些戳心，有些触动。想起来前两天在新闻写作课上与老师讨论现如今的新闻写作，似乎越来越没有"规矩"了。记者放弃新闻最本真的东西，这可能是社会所致，但社会需要有坚持初心的人。记者这个职业最初吸引我的地方，是可以去探寻真相，了解人，现在也是。无论时代和社会如何变化，总要有些坚持的东西才行。

可是：说得真好，作为一个媒体逃兵，也很清楚地记得象牙塔的新闻理想。媒体本来就不是为了做出你喜欢看的内容而生的，而且要告诉你那些真实在发生的事。

秦玉龙：真记者老曹公众号阅读量鲜有"10万+"，但每一个阅读过他文章的人，都是读者。

Felicity：我总是一方面无比敬佩他们的坚守，一方面又想，为什么他们熬夜、加班、危险、冲锋陷阵……却不能得到好一点的物质回报。

阳阳：这是我今天最想看到的观点！不愧是我从大学开始就喜欢的新闻人，虽然我就是你笔下的那个逃兵。

Ellin：愿我们都能抱以"门外惊心动魄，门里我泰然自若"的态度，无论世界再纷繁复杂，都能够坚持初心。不忘初心，继续前行！老师，节日快乐！

温吉：说一点题外话，看"吐槽青年"这几年最大的感受就是，在这样的一个平台之上，曹老通过一篇篇的评论，尽可能多地把一些社会性议题纳入我们的公共话语体系之中，诉诸理性却又不忘人与人之间最朴素的感动，注重情感但更要挖掘事情背后的法理逻辑。这样的感觉我在《冰点周刊》里体会过，在《南方周末》的一些调查性报道中体会过，当然现在在"吐槽青年"上也一样。我觉得这是曹老作为一名报人最值得尊敬的地方，虽然观点偶尔会有不同。在众多写手"10万+"肆虐的当下，撕和怼除了刻意制造对立和生产戾气，还能有什么？媒介环境急剧变化的今天，需要的更多的是像曹老这样对初心的守望。最后，祝曹老节日快乐！

小婷：还是那个我最爱的老曹，真正意义上评论第一课的导师。

chicken：刷了这么多热血的记者节文章，都想立马投笔奔赴新闻战场了！还是老曹说得对，如今太缺乏弹吉他的内容耐心了，我们这群未来想做新闻的学生，还需经过一段漫长的学习和磨砺才好。

玥溪荧火：有人说"今日头条"的火爆向我们证实，内容为王的时代已经成为过去式；有人说人工智能的出现让新闻记者逐渐退出历史舞台；也有人认为传统媒体已经拜倒在新媒体脚下，时代在进步，技术在发展，传媒领域不断延伸，但是，我们不应当忘记，新闻的本源是什么。

何以静：那么问题来了，如果安心做一个真正意义的记者能满足"财务自由"，又怎么会有那么多人涌到"10万+"去面目狰狞地厮杀……谁还没个理想，没个追求？不过都是被可笑的现实给逼的。我喜欢你每次笔锋犀利的针砭时弊，但这种"鸡汤"，拒绝！

铭言：悲哀的是，围观脱衣舞的人永远比围观吉他手的人多得多，这也是我们当代新闻人的迷茫所在。

图书在版编目(CIP)数据

时评中国. 2，用静能量对抗狂热 / 曹林著. — 北京：北京大学出版社，2018.5
ISBN 978-7-301-29039-2

Ⅰ.①时… Ⅱ.①曹… Ⅲ.①时事评论–中国–文集 Ⅳ.①D609.9-53

中国版本图书馆CIP数据核字(2017)第311044号

书　　名	时评中国 2：用静能量对抗狂热 SHIPING ZHONGGUO 2：YONG JINGNENGLIANG DUIKANG KUANGRE
著作责任者	曹林　著
责任编辑	张丽娉
标准书号	ISBN 978-7-301-29039-2
出版发行	北京大学出版社
地　　址	北京市海淀区成府路205号　100871
网　　址	http://www.pup.cn　新浪微博：@北京大学出版社 @阅读培文
电子信箱	编辑部 pkupw@pup.cn　总编室 zpup@pup.cn
电　　话	邮购部62752015　发行部62750672　编辑部62750112
印刷者	河北吉祥印务有限公司
经销者	新华书店
	660毫米×960毫米　16开本　31.5印张　485千字 2018年5月第1版　2024年11月第18次印刷
定　　价	68.00元

未经许可，不得以任何方式复制或抄袭本书之部分或全部内容。
版权所有，侵权必究
举报电话：010-62752024　电子信箱：fd@pup.pku.edu.cn
图书如有印装质量问题，请与出版部联系，电话：010-62756370